서비스경영

이영희 · 황복주

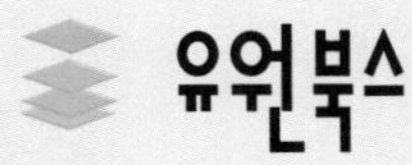

머 리 말

현대인의 삶에 있어서 서비스는 매우 중요한 의미를 지니며, 기업경영에서도 서비스는 기업의 경쟁력을 좌우하는 핵심요소가 되고 있다. 이처럼 서비스에 대한 중요성이 증대됨에 따라 세계 경제의 중심축은 제조업에서 서비스업으로 이동하고 있으며 경제의 서비스화 현상이 점점 더 심화되고 있다.

이제 우리나라도 선진국 대열에 진입함에 따라 서비스 산업은 전체 산업에서 가장 큰 비중을 차지하는 국가의 중추적 산업이 될 뿐만 아니라 국가 경쟁력을 제고하는 견인차 역할을 하게 되었고 고용창출에도 크게 기여하고 있다. 바야흐로 서비스 경영에 대한 체계적 연구가 요구되는 시대적 상황이 도래한 것이다.

서비스는 유형의 제품과 구별되는 고유의 특성을 가지고 있기 때문에 전통적인 제조업 중심의 경영이론을 서비스 경영에 그대로 적용하는 데는 한계가 있다. 따라서 글로벌 시대의 무한경쟁 상황에서 서비스 기업이 장기적인 생존과 발전을 도모하고 지속적 경쟁우위를 확보해 나가기 위해서는 서비스 고유의 특성에 기초한 서비스 경영이론을 개발하고 전략적인 접근을 필요로 한다.

본서는 서비스 운영관리와 마케팅을 결합하여 체계화하고 다양한 현장사례를 제시함으로써 대학생이나 업계 실무자들이 고객 중심의 서비스 경영을 이해하고 응용하는 데 중점을 두고 개발하였다.

본서는 전체적으로 3부로 구성되어 있다.

제1부는 서비스 경영의 기본원리를 이해하기 위한 단원으로서 서비스와 서비스 경영, 서비스와 고객만족경영, 서비스 전략 등의 내용을 다루고 있다.

제2부는 서비스 운영관리를 위한 단원으로서 서비스 수요와 공급관리, 서비스 상품개발, 서비스 입지, 서비스 프로세스 관리, 서비스 품질관리 등의 내

용을 다루고 있다.

제3부는 서비스 마케팅관리 단원으로서 서비스 마케팅의 개요와 기본적 마케팅믹스인 서비스 상품관리, 가격관리, 유통관리, 촉진관리 및 확장적 마케팅믹스인 물적 증거관리 등의 내용을 다루고 있다.

본서는 서비스 경영에 대한 저자들의 토론과 이해를 바탕으로 하여 공동집필하였다. 본서를 집필함에 있어 수년 간에 걸쳐 축적된 강의 자료와 많은 선학들의 저작물에 힘입은 바가 크다. 저자들이 나름대로 많은 의욕과 열정을 기울이면서 집필을 완성하였지만 여러 가지로 미흡한 점이 많을 것으로 사료되나 독자들의 많은 조언과 충고를 겸허하게 받아들여 앞으로 계속 보완해 나갈 것을 약속드린다.

끝으로 출판시장의 어려움에도 불구하고 본서의 출간을 위해 물심양면으로 도와준 유원북스의 이구만 사장과 임직원 여러분께 감사를 드린다.

2013년 6월
저자들 씀

◆ 강의용 파워포인트 자료는 출판사로 문의 바람.

차 례

제 1 부 서비스 경영의 기초

제 2 부 서비스 운영관리

제 1 부

서비스 경영의 기초

제1장

서비스와 서비스 경영

학 습 목 표

- 서비스의 개념과 특성
- 서비스의 분류기준과 유형
- 서비스 산업의 성장과 발전
- 서비스 경영의 개념과 배경

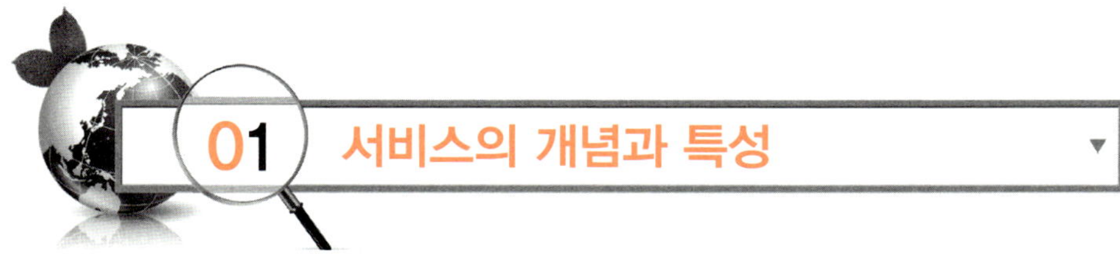

1. 서비스의 개념

서비스는 눈으로 보고 만질 수 있는 유형의 경제재인 재화(goods)와 대비되는 개념으로 이해되고 있다. 서비스는 그 종류가 다양하고 사회발전과 과학기술의 발달과 더불어 새로운 유형의 서비스가 계속 개발되고 있기 때문에 서비스를 정의하는 관점에 따라 학자들 간에 다양하게 정의되고 있다.

서비스의 개념은 어떤 행위(deeds), 과정(process) 및 그 결과로서의 성과(performance)를 뜻한다. 학교에서 교육을 받거나 병원에서 의사의 진료를 받는 일, 인터넷을 통해 정보탐색이나 전자우편, 전자상거래를 하는 일, 소매점에서 물건을 구매하는 일, 여행사를 통해 관광을 하는 일 등 어느 한 쪽이 다른 쪽을 위해 수행하는 일련의 행위나 과정 또는 성과는 모두 서비스의 형태를 지니게 된다.

서비스는 고유의 서비스업에서만 일어나는 것이 아니라 제조업 부문에서도 확대된 총제품(total product)의 개념으로 중요시되고 있다. 기업 간에 경쟁이 치열해지고 유사상품이 범람하게 됨에 따라 고객을 향해 제공되는 제품배달, 설치, 소비자교육, 보증, 사후서비스, 신용서비스 등의 서비스는 제품의 주요 속성이 되고 기업의 중요한 경쟁수단이 되고 있다. 예컨대, 자동차 제조업자는 자동차를 판매할 때 자동차에 대한 수리와 보증 서비스를 함께 제공하며, 컴퓨터 제조업자는 컴퓨터뿐만 아니라 제품배달과 소비자교육, 소프트웨어 제공, 보증, 수리 등의 서비스를 제공함으로써 제품의 가치를 높이고 경쟁력을 도모하려고 한다. 이러한 서비스들은 모두 어떤 행위나 과정, 성과로 나타나는 예가 된다.

지금까지 제시된 여러 서비스 정의들을 살펴보면 다음과 같다.

미국마케팅협회(AMA, 1960)에서는 서비스란 판매를 위해 제공되거나 제품

판매에 수반하여 제공되는 행위, 편익 또는 만족이라고 정의하고, 그 예로써 오락, 호텔 서비스, 전기, 통신, 운수, 이발 · 미용 서비스, 수선 · 정비 서비스, 신용서비스 등을 제시하고 있다.

스탠톤(Stanton, 1980)은 서비스란 소비자나 산업구매자의 욕구를 충족시키는 무형의 활동으로서 제품이나 다른 서비스의 판매와 반드시 연계될 필요 없이 개별적으로 확인 가능한 것이며, 유형재의 사용이 필요할지라도 그 소유권 이전은 수반되지 않는 것이라고 정의했다.

코틀러(Kotler, 1988)는 서비스란 본질적으로 무형성을 지니고 어느 한 쪽이 다른 쪽에게 제공하지만 어느 쪽의 소유로도 귀결되지 않는 행위나 성과를 말하며, 그 생산은 어떤 물리적 제품과 연계될 수도 있고 그렇지 않을 수도 있다고 정의했다. 이는 무형성을 전제로 대 고객 서비스와 공공적 서비스를 포괄하는 서비스 개념으로 정의한 것으로서 이후 많은 학자들이 서비스 정의를 도출하는 기준이 되었다.

서비스에 관한 이러한 정의들을 종합하여 볼 때, 서비스란 "고객의 편익이나 욕구를 충족할 목적으로 고객의 명시적 요청에 의해 제공되는 무형의 행위나 성과로서 어느 쪽의 소유로도 귀결되지 않는 것"이라고 정의할 수 있다.

2. 서비스의 특성

서비스는 유형적인 제품과 구별되는 여러 가지 고유의 특성을 지니고 있는데, 일반적으로 무형성, 생산과 소비의 비분리성, 이질성, 소멸성(저장불능)의 네 가지 기본적 특성과 여타의 부가적 특성이 있다.[1]

(1) 서비스의 기본적 특성

1) 무 형 성

서비스의 무형성(intangibility)은 제품과 서비스를 구분 짓고, 여타의 서비

1 이영희(2009), 「최신 서비스마케팅」, 두남출판사, pp. 15～21.

스 특성을 유발하는 가장 핵심적인 서비스 고유의 특성이다. 무형성이란 유형적 제품과 달리 소비자의 어떤 감각으로도 서비스를 확인할 수 없으며, 그 실체를 만지거나 볼 수 없는 것을 의미한다. 구매자들은 서비스의 무형성에 따른 불확실성을 줄이기 위하여 서비스 품질의 상징(signs)이나 증거(evidence)를 찾게 되며, 따라서 그들이 볼 수 있는 장소나 사람, 설비, 커뮤니케이션 소재, 상징, 가격 등으로부터 서비스의 품질을 추측한다. 다시 말해, 소비자들은 핵심적인 서비스 자체를 평가하는 것이 아니라 그에 가장 근사적인 유형적 제시물을 통해 평가하는 것이다. 예컨대, 호텔 숙박서비스의 경우 구매자들은 접객요원이나 안내원의 용모나 예절, 호텔의 규모, 내부시설 등을 통해 서비스를 평가할 수 있다. 이것은 서비스 제공자들로 하여금 유형적 증거나 실체적 단서를 통해 무형의 서비스를 알리고 관리하는 직무를 수행할 것을 필요로 한다.

2) 비분리성 또는 동시성

비분리성(inseparability) 또는 동시성(simultaneity)이란 서비스는 생산과 소비가 동시에 이루어짐을 의미한다. 이는 생산 → 저장(보관) → 판매 → 소비의 단계를 거치는 재화와 달리 서비스는 판매를 전후해서 생산과 동시에 소비가 이루어지며, 소비행위가 이루어질 때 서비스 제공자가 존재한다는 것이다. 즉, 고객은 서비스가 제공되는 시점에 항상 현존해야 하기 때문에 서비스 제공자와 고객 간의 상호작용은 서비스 마케팅의 중요한 특성이 된다. 이것은 고객이 원하는 서비스를 성공적으로 생산하기 위해서는 고객과 서비스 제공자 간의 상호작용이 요구되며, 고객과 서비스 제공자 공히 서비스의 결과(성과)에 중요한 영향을 미친다는 것을 의미한다.

생산자와 소비자가 동시에 동일한 장소에서 상호작용이 이루어지는 서비스의 동시성은 ① 서비스 구매자가 서비스 시설로 직접 찾아가는 경우(은행, 레스토랑 등), ② 서비스 제공자가 구매자에게 찾아가는 경우(파출부, 집수리 등), ③ 서비스 제공자와 구매자가 특정 목적지까지 가야 하는 경우(연극공연, 경기관람 등) 등의 세 가지 방법으로 서비스 전달이 이루어질 수 있다. 서비스 조직은 고객접촉요원인 서비스 제공자들을 교육 · 훈련시킴으로써 자사에 대한 고객의 신뢰도를 제고시킬 수 있을 것이다.

3) 이 질 성

서비스의 이질성(heterogeneity)이란 동일한 서비스에 대해서도 서비스를 누가, 언제, 어디서 제공하느냐, 또는 고객에 따라 제공된 서비스의 품질이나 성과가 다르게 평가된다는 것을 의미한다. 이것은 서비스의 표준화나 품질관리의 어려움을 말한다.

서비스의 이질성은 고객의 과거 경험에 의하여 주로 평가되는 대부분의 노동집약적인 서비스의 경우에는 특히 중대한 문제를 야기한다. 즉, 서비스의 무형성과 서비스 제공자－고객 간의 상호작용에 따라 상이하게 지각되는 서비스 성과는 서비스의 이질성을 더욱 크게 하는 결과를 낳는다. 소비자만족을 유도하고 일관성 있는 서비스를 제공하기 위해서는 서비스의 품질관리가 매우 중요하다.

서비스 기업이 품질을 관리하기 위해서는 우수한 서비스 요원의 선발, 훈련, 서비스 수행 프로세스의 표준화, 고객만족도 조사 및 피드백 등과 같은 조치를 취할 수 있다. 서비스의 이질성은 서비스 표준화와 품질관리의 어려움과 함께 고객들의 다양한 요구에 따라 대응할 수 있는 서비스 개별화의 기회를 제공해 주기도 한다.

4) 소 멸 성

서비스의 소멸성(perishability)은 생산과 소비의 비분리성이라는 서비스 고유의 특성에 기인하여 서비스가 저장될 수 없으며, 판매되지 않는 서비스는 사라지고 만다는 것이다. 호텔의 빈 객실이나 항공기의 빈 좌석, 사용되지 않은 전기발전용량 등은 회복할 수 없는 경제적 손실을 맞게 된다.

서비스의 소멸성(저장불능)은 물리적 제품에 이용되는 전통적인 유통경로와는 다른 유통경로의 필요성을 낳게 한다. 서비스는 대량생산을 하거나 미래의 수요에 대비하여 미리 저장할 수 없기 때문에 고도의 탄력적인 생산시스템이나 상당한 수준의 유휴 생산설비를 갖추지 않는 한 수요의 변동성에 대응하기 어렵다. 특히 서비스에 대한 수요가 안정적일 때 소멸성은 큰 문제가 되지 않으나 수요의 기복이 심할 때에는 서비스 제공자들은 매우 어려운 문제에 직면하게 된다. 이것은 서비스 제공자들로 하여금 수요와 공급 간의 균형을 유지할 수 있는 마케팅전략을 필요로 한다.

다만 서비스 자체는 저장할 수 없지만 수요에 따라 서비스 생산계획을 조정하거나 예약제 등의 형태로 수요를 저장하거나 부분적으로 조절하는 것은 어느 정도 가능하다. 즉, 서비스능력이나 설비가동률의 증대, 유휴시간의 사용, 임시직원의 채용 등을 통해 고객 대기시간과 균형을 맞춤으로써 수요의 불규칙성을 다소 완화시키는 방법을 강구할 수 있다.

(2) 서비스의 부가적 특성

위에서 살펴본 서비스의 기본적 특성을 기초로 하여 확인할 수 있는 서비스의 부가적 특성은 다음과 같다.

① 서비스는 무형성을 근간으로 하여 어느 한 쪽이 다른 쪽에게 제공하는 행위나 성과를 말한다.

② 서비스는 소유권 이전을 수반하지 않는다. 다만 도·소매 서비스의 경우처럼 서비스 제공의 결과로서 물리적 제품을 소유하게 될 수는 있다.

③ 서비스는 매우 변동적이고 비표준적인 특성을 갖는다. 서비스는 표준화가 어려우며 동일한 서비스라 하더라도 서비스 제공자나 고객에 따라 서비스가 다르게 평가될 수 있다.

④ 서비스에 대한 평가는 고객에 의해 주관적으로 이루어지며, 서비스의 소비를 전후하여 즉각적으로 서비스 품질의 평가가 이루어진다.

⑤ 서비스는 생산과정에 고객이 참여하고 고객과의 상호작용에 의해 서비스 가치가 창출된다.

⑥ 서비스는 대량생산이 어렵고, 획일적으로 대량생산된 서비스는 서비스의 품질을 떨어뜨리게 된다.

⑦ 서비스는 재화에 비하여 수요 · 공급의 시간적 · 공간적 조절이 중요하다.
⑧ 서비스 산업은 주로 노동집약적이고 인력에 의존하는 경우가 많다. 따라서 내부마케팅이 중요시된다.
⑨ 서비스 혁신은 정보기술과 커뮤니케이션 기술의 발달에 민감하다.
⑩ 서비스는 재화에 비하여 유통경로가 매우 짧다.

(3) 서비스의 특성과 관련한 문제 및 전략 대안

서비스가 갖는 고유의 특성과 이에 따른 문제 및 전략 대안은 〈표 1-1〉과 같이 요약할 수 있다.[2]

〈표 1-1〉 서비스의 특성과 관련 문제 및 전략 대안

서비스의 특성	문 제	전략 대안
무 형 성	1. 저장불능 2. 특허로 보호불능 3. 커뮤니케이션의 어려움 4. 가격결정 곤란 5. 지각된 위험이 높음	1. 유형적 단서 강조 2. 개인적 정보원 이용 3. 구전 커뮤니케이션 자극 4. 강한 기업이미지 창조 5. 구매 후 커뮤니케이션에 관여
비분리성 (동시성)	1. 고객의 생산참여 2. 다른 고객의 생산참여 3. 집중적 대량생산 불능	1. 고객접촉요원의 선발과 훈련 2. 고객관리 강화 3. 복수입지 이용 4. 내부마케팅 강화
이 질 성	1. 품질관리의 어려움 2. 표준화의 어려움	1. 서비스의 산업화 전략 2. 서비스의 개별화 전략
소 멸 성	1. 재고화 불능 2. 수요의 변동성	1. 변동적 수요대응전략 이용 2. 수요와 공급의 조화

2 Zeithaml, V. A., Parasuraman, A. & Berry, L. L.(1985), "Problems and Strategies in Services Marketing", *Journal of Marketing*, Vol. 49(Spring), p. 35.

먼저 무형성 특성과 관련하여, 서비스는 저장불능, 특허로 보호불능, 진열이나 커뮤니케이션의 어려움, 가격설정의 곤란, 지각된 위험의 높음 등의 문제를 내포하고 있다. 이에 대한 전략 대안으로는 서비스의 유형적 단서 강조, 개인적 정보원 이용, 구전 커뮤니케이션 자극, 강한 기업이미지 창조, 가격결정을 위한 원가회계 이용, 구매 후 커뮤니케이션에 관여 등이 있다.

생산과 소비의 비분리성(동시성) 특성과 관련하여, 서비스는 고객의 생산참여, 다른 고객의 생산참여, 집중적인 대량생산 불능 등의 문제를 내포하고 있다. 이에 대한 전략 대안으로는 고객접촉요원의 선발과 훈련, 소비자(고객)관리 강화, 복수 입지 이용, 내부마케팅 강화 등이 있다.

이질성 특성과 관련하여 서비스는 품질관리의 어려움이라는 문제를 내포하고 있으며, 이에 대한 전략 대안으로는 서비스의 산업화 또는 표준화 전략, 개별화 전략 등이 있다.

마지막으로 소멸성 특성과 관련하여, 서비스는 재고화 또는 저장불능, 수요의 변동성 등의 문제를 내포하고 있으며, 이에 대한 전략 대안으로는 수요와 공급의 조화(균형) 전략, 변동적 수요대응전략 등을 이용할 수 있다.

02 서비스의 분류

서비스는 그 종류가 다양할 뿐만 아니라 서비스와 제품 사이의 경계가 분명치 않기 때문에 서비스를 정확하게 이해하고 분류한다는 것은 쉬운 일이 아니다. 대부분의 제품이나 서비스에는 보조적 제품이나 서비스 요소가 함께 존재하고 있으며, 서비스 요소의 확대를 통해 고부가가치를 지향하는 제품의 소프트화 추세는 제품과 서비스의 구분을 더욱 어렵게 하고 있다. 이에 따라 서비스에 대한 분류체계는 실무적으로나 학자들 간에 다양한 형태로 제시되고 있다.

일반 산업의 분류기준으로서 미국의 통계청은 서비스를 기능별로 구분하여 ① 유통서비스, ② 도 · 소매업, ③ 비영리 서비스, ④ 생산자 서비스, ⑤ 소비자 서비스 등의 다섯 가지로 분류하고 있다.

우리나라의 통계청에서는 서비스를 생산관련 서비스와 소비관련 서비스로 양분하여 거시적으로 분류하고 있는데, 전자에는 도 · 소매업, 음식 · 숙박업, 운수 · 보관, 통신, 금융 · 보험, 부동산 임대, 기업서비스 등이 포함되며, 후자에는 교육 · 연구, 보건, 사회보장, 사회서비스, 개인서비스, 공공서비스, 기타 서비스가 포함된다. 그러나 이러한 분류는 기업의 경영관리나 마케팅 연구를 위해서는 부적절한 경우가 많다.

서비스의 체계적인 분류는 특정 서비스의 성격을 이해하는 데 도움을 줄 뿐만 아니라 분류된 서비스들 간의 유사점과 차이점을 조명하고 서비스 유형별 경영전략을 개발하는 데 유용하게 사용될 수 있다. 서비스에 대한 분류는 〈표 1-2〉에서 보는 바와 같이 학자들에 따라 다양한 분류기준이 제시되어 왔다.

문헌들을 통해 나타나는 서비스의 분류체계는 크게 1차원적 분류와 다차원적 분류 체계로 구분할 수 있다. 1차원적 분류는 한 가지의 분류기준하에서 서비스를 직선적으로 분류한 것을 말하고, 다차원적 분류는 두 개 이상의 분류기준을 결합하여 서비스를 평면적으로 분류한 것을 말한다. 〈표 1-2〉에서

〈표 1-2〉 학자별 서비스 분류체계

학 자	서비스 분류기준
Judd (1964)	① 제품임대 서비스(일정기간 동안 제품의 사용 또는 소유권리) ② 소유제품 서비스(고객 소유의 제품에 대한 유지, 보수) ③ 비제품적 서비스(개인적 경험이나 경험적 소유)
Rathmell (1974)	① 판매자 유형 ② 구매자 유형 ③ 구매동기 ④ 구매실제 ⑤ 규제의 정도
Shostack (1977)	각 제공물에 포함된 유형성과 무형성의 정도에 따라 분류

Thomas (1978)	① 설비중심 서비스 ㄱ) 자동화된 서비스(세차) ㄴ) 미숙련자 운영 서비스(영화관) ㄷ) 기술요원 운영 서비스(비행기) ② 사람중심 서비스 ㄱ) 미숙련 노동(잔디보호) ㄴ) 숙련 노동(수선작업) ㄷ) 전문 스탭(법률가, 치과의사)
Chase(1978)	◎ 서비스 제공에 필요한 고객접촉의 정도 ㄱ) 고접촉 서비스(의료, 호텔, 레스토랑) ㄴ) 저접촉 서비스(우편 서비스, 도매)
Kotler (1980)	① 사람중심 대 설비중심 ② 고객의 참여가 필요한 정도 ③ 개인 욕구와 기업 욕구의 충족 ④ 영리/비영리성에 대한 공적/사적 서비스
Hill(1977)	① 사람 대 사물에 영향을 주는 서비스 ② 영구적/일시적 서비스 ③ 가역적/비가역적 서비스 ④ 물리적/정신적 서비스 ⑤ 개인적/집단적 서비스
Lovelock (1980)	① 기본적 수요특성 ㄱ) 제공되는 대상(사람 대 소유물) ㄴ) 수요/공급의 불균형 정도 ㄷ) 고객과 제공자 간의 연속/불연속 관계 ② 서비스 내용과 편익 ㄱ) 물리적 제품 내용의 정도 ㄴ) 개인적 서비스 내용의 정도 ㄷ) 개별서비스 대 서비스패키지 ㄹ) 편익제공의 시점과 기간 ③ 서비스 배달절차 ㄱ) 복수입지/단일입지 배달 ㄴ) 능력할당(예약, 최초방문, 최초 서비스) ㄷ) 독립적/집합적 소비 ㄹ) 규정된 시간/규정된 과업 거래 ㅁ) 고객이 서비스 제공과정에 참여하는 정도

쇼스택(Shostack), 주드(Judd), 토마스(Thomas), 채이스(Chase), 코틀러(Kotler)의 분류는 전자의 분류체계에 속하고, 힐(Hill)과 러브록(Lovelock)의 분류는 후자의 분류체계에 속한다.

1. 1차원적 서비스 분류

(1) 쇼스택의 서비스 분류 – 유형성 수준

쇼스택(Shostack)은 시장에 제공되는 제공물은 대부분 유형적 요소와 무형적 요소를 모두 포함하고 있기 때문에 이를 단순히 재화 대 서비스나 유형성 대 무형성의 이분적 용어로 설명하는 것은 적절하지 못하다고 주장했다. 그는 [그림 1–1]과 같이 제품–서비스의 스펙트럼에 기초한 유형성 수준을 이용하여 연속선상에서 유형적 요소와 무형적 요소의 결합비중에 따라 서비스를 분류하였다. 고객의 입장에서 볼 때, 제공물이 유형적일수록 평가하기 쉬

[그림 1–1] 쇼스택(Shostack)의 서비스 분류

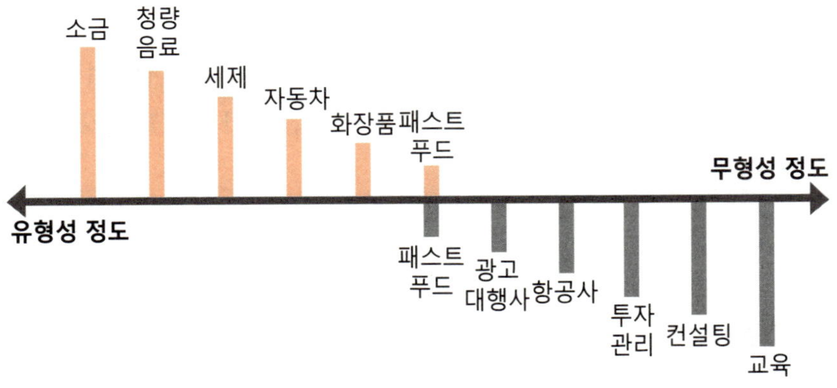

※ 자료: G. L. Shostack(1997), "Breaking Free from Product Marketing," *Journal of Marketing*, Vol.41(April), p. 75.

운 반면 무형적일수록 평가하기 어렵다고 할 수 있다.

(2) 코틀러의 서비스 분류: 재화 – 서비스의 결합수준

토마스(Thomas)의 서비스 분류기준을 발전시킨 코틀러(Kotler)는 기업이 제공하는 것을 재화–서비스의 결합으로 이루어진 것으로 보고, 서비스의 범주를 다음과 같은 네 가지 유형으로 구분하였다.

① 서비스가 전혀 수반되지 않는 순수 유형제품(비누, 치약 등)
② 서비스가 수반되는 유형재화(자동차 등)
③ 최소한의 재화가 수반되는 서비스(항공기 등)
④ 순수 서비스(정신요법 등)

그는 이처럼 다양한 재화–서비스 결합의 결과로 서비스를 일반화하기 위해서는 다음과 같은 추가적인 특성에 따른 분류가 필요하다고 역설했다.

① 서비스가 설비기준인가(자동세차, 영화관, 항공기)/사람기준인가(경비, 배관설비, 법률상담)?
② 고객이 서비스 제공현장에 있어야 하는가(정신요법 의사)/그렇지 않은가(자동차 수리)?
③ 서비스의 욕구충족 대상이 개인인가(개인서비스)/기업인가(기업서비스)?
④ 서비스 제공자의 목적(영리/비영리)과 소유권(개인소유/공적소유)은 어떠한가?

2. 다차원적 서비스 분류

러브록(Lovelock)은 기존의 서비스 분류체계가 미흡함을 지적하고, 마케팅 전략적 통찰력을 제공할 수 있는 서비스 분류체계를 위해서는 두 가지 이상의 분류기준을 결합함으로써 경영관리적 가치를 지니는 유용한 분류를 할 수 있다고 주장하였다.[3] 그는 이러한 관점에서 i) 서비스 행위의 성격, ii) 서비스 조직과 고객 간의 관계, iii) 서비스 제공자의 개별화와 재량적 판단의 정도, iv) 서비스에 대한 수요와 공급의 성격, v) 서비스의 배달방법 등 다섯 가지 영역의 질문에 대하여 각기 2차원적 격자 형태로 응답을 시도하면서 보다 포괄적인 서비스의 분류체계를 구축하였다. 그리고 제시된 다섯 가지의 분류기준에 따른 각각의 서비스 유형이 그 성격상 마케팅 과업에 어떻게 영향을 미치는지에 대하여 구체적으로 조명하였다.

(1) 서비스 행위의 성격에 따른 분류

서비스 행위를 직접 제공받는 대상이 사람인가 사물인가와 그 행위가 유형적인가 무형적인가에 따라 서비스를 〈표 1-3〉과 같은 네 가지로 분류할 수 있다. 이러한 분류는 서비스 상품의 본질과 그것이 제공하는 핵심 편익을 이해하는 데 큰 도움을 준다. 예컨대, 서비스의 직접적인 대상이 사람인 경우에는 종업원과의 상호작용이나 서비스 기관의 위치가 중요하지만, 서비스의 직접적인 대상이 사물인 경우에는 고객이 종업원과 직접 접촉할 필요가 없기 때문에 서비스 제공과정보다 서비스 행위의 결과가 매우 중요시될 것이다.

〈표 1-3〉 서비스 행위의 성격에 따른 서비스 분류

서비스 행위의 성격	서비스의 직접적인 대상	
	사 람	사 물
유형적 활동	〈신체에 대한 서비스〉 의료, 여객운송, 이·미용실, 헬스 클럽, 식당 등	〈재화나 소유물에 대한 서비스〉 화물운송, 장비수리·유지, 관리 서비스, 세탁, 잔디 깎기 등
무형적 활동	〈정신에 대한 서비스〉 광고, 경영자문, 교육, 방송, 정보서비스, 극장, 박물관 등	〈무형자산에 대한 서비스〉 은행, 법률 서비스, 회계, 안전, 보험

3 Lovelock, C. H.(1983), "Classifying Services to Gain Strategic Marketing Insights," *Journal of Marketing*, Vol. 47(Summer), pp. 12～18.

(2) 서비스 조직과 고객과의 관계에 따른 분류

서비스 조직과 고객 간의 관계가 회원관계인가 비공식적 관계인가와 서비스 배달이 지속적인가 개별적인가에 따라 서비스를 〈표 1-4〉와 같이 네 가지 유형으로 분류할 수 있다.

회원관계를 갖는 경우는 고객을 파악하기 쉽고 기록자료에 의해 서비스 이용상황을 분석할 수 있다. 서비스 조직은 고객들과의 지속적인 관계를 개발하는 마케팅전략을 통해 반복구매와 고객충성도를 유도할 수 있다. 가격정책에 있어서 서비스가 지속적으로 제공되는 경우(보험료, 대학 등록금 등)는 일반적으로 계약서비스에 의해 기간별로 일괄하여 비용이 청구되기 때문에 가격산정이 간단하지만, 서비스가 개별적으로 이루어지는 경우(전기·전화요금 등)에는 각 거래별로 비용처리와 가격산정을 하게 됨으로써 고객에게 공정하다는 인상을 줄 수 있다. 소비패턴이 다양하거나 서비스의 낭비적 이용을 막기 위해서는 거래별 가격산정이 좋을 것이다.

또한 공식적 관계가 없는 지속적 성격의 서비스 상품은 주로 공공재의 성격을 띠며 세금으로 충당되는 경우가 많다. 공식관계가 없는 단속적 거래의 경우는 회원제 관계에 비해 고객의 성격이나 소비목적을 파악하기 어려워 많은 노력이 요구된다.

〈표 1-4〉 서비스 조직과 고객 간의 관계에 따른 분류

서비스 배달의 성격	서비스 조직과 고객의 관계 유형	
	회원관계	비공식적 관계
지속적 관계	보험, 전화가입, 대학 등록금 등	라디오방송, 경찰, 발전소, 보건소, 국도 등
단속적 관계	장거리전화, 연극회원, 정기승차권 등	렌트카, 우편서비스, 유료고속도로, 공중전화, 극장, 식당 등

(3) 서비스의 개별화와 재량에 따른 분류

서비스 제공에 있어서 고객의 요구에 대응하여 서비스를 개별화하는 정도와 서비스 제공자인 종업원이 고객의 요구에 대하여 재량권을 행사할 수 있는 정도에 따라 서비스를 〈표 1-5〉와 같이 분류할 수 있다.

서비스의 개별화(customization)는 서비스의 품질이 향상되고 고객의 욕구를 잘 충족해 줄 수 있지만 비용 증가요인이 발생된다. 마케팅관리자는 서비스 가격과 품질에 대한 소비자의 고객의 욕구를 파악하여 서비스 개별화와 표준화에 대한 서비스 포지셔닝 전략을 전개해야 한다. 또 서비스의 산업화(industrialization)는 신속하고 표준화된 서비스를 제공함으로써 규모의 경제에 따른 비용절감 효과와 서비스의 품질관리를 도모할 수 있다.

서비스에 대한 서비스 제공자의 재량 범위는 서비스 유형에 따라 다를 수 있으며, 재량권이 높은 경우는 흔히 관리상의 문제가 야기된다. 예컨대, 법률서비스나 경영컨설팅과 같은 전문서비스는 문제해결을 위해 서비스 제공자의 판단이 요구되기 때문에 많은 재량권이 요구된다.

〈표 1-5〉 서비스의 개별화와 종업원 재량에 따른 분류

종업원의 재량 정도	고객에 따른 서비스 개별화의 정도	
	높 음	낮 음
높 음	법률, 의료, 건축설계, 시장조사, 부동산중개, 택시, 이·미용사, 교육(개인지도)	교육(단체지도), 예방진료 프로그램
낮 음	전화, 호텔, 은행, 고급 레스토랑 등	대중교통, 패스트푸드, 극장, 스포츠 관람 등

(4) 서비스 수요와 공급의 특성에 따른 분류

서비스에 대한 수요변동의 정도와 공급이 제한되는 정도에 따라 서비스를 〈표 1-6〉과 같이 분류할 수 있다.

〈표 1-6〉 서비스 수요와 공급의 특성에 따른 분류

공급이 제한되는 정도	수요의 변동성	
	많 음	적 음
최대수요 충족	전력, 천연가스, 전화, 병원분만, 소방, 경찰치안 등	보험, 법률서비스, 은행, 세탁 등
최대수요 미충족	회계·세무, 여객운송, 호텔, 식당, 극장 등	위와 같으나 규모가 작아 수용능력이 불충분한 경우

제조기업의 경우는 수요의 변동에 따라 재고를 조절하기 쉽지만 서비스 기업은 재고를 둘 수 없다. 따라서 서비스는 수요 · 공급관리가 수익성을 유지하는 데 매우 중요하다. 관리자는 수요상황을 분석하여 수요를 재고화하거나 가격차별화 전략 등으로 수요를 조절하는 전략을 수립할 수 있다. 호텔, 관광업계에서 비수기에 실시하는 할인제도나 다양한 판촉행사, 종합병원의 예약제도, 극장의 조조할인 등을 예로 들 수 있다. 또 수요의 조절이 어려울 경우는 수요의 변동에 적응하기 위한 수요적응전략이나 인력, 시설, 장비의 이용효율을 극대화하는 가용능력 균형전략을 전개할 수 있다. 서비스 기업 간에 시설 · 장비의 공유 또는 임차, 업무흐름상 병목현상이 발생되는 부문에 대한 인력 보강, 임시 고용직 활용 등을 예로 들 수 있다.

(5) 서비스 제공방법에 따른 분류

서비스의 제공방법과 관련하여 고객과 서비스 조직 간의 상호작용 방식과 서비스 점포의 이용가능성에 따라 서비스를 〈표 1-7〉과 같이 분류할 수 있다.

〈표 1-7〉 서비스의 제공방법에 따른 분류

고객과 서비스 조직 간의 상호작용 특성	서비스 점포 입지	
	단일 입지	복수 입지
고객이 서비스 조직으로 감	극장, 이발소	버스, 패스트푸드
서비스 조직이 고객에게 감	잔디관리, 방역, 택시	우편배달, 긴급 차 수리
서로 떨어져 거래함	신용카드, 지역 TV방송	방송네트워크, 전화국

고객이 서비스 조직으로 가는 경우는 점포의 입지가 중요하지만 서비스 조직이 고객에게 가는 경우는 입지의 중요성이 덜 중요하다. 이것은 고객이 지불하게 되는 서비스 비용에도 영향을 미친다. 또 서비스 점포가 많을 경우 고객에게는 편리하지만 서비스 품질의 일관성을 유지하는 데 문제가 야기될 수 있다. 서비스 조직과 고객 간에 직접 접촉하지 않고 거래를 하는 경우에는 전화, 팩스, 우편, 인터넷 등을 이용할 수 있다. 때로는 정보수집과 예약, 대금지불과 같은 보조서비스를 핵심서비스와 구분하여 에이전트나 브로커를 이용하기도 한다(예: 여행사의 항공권 발매).

러브록(Lovelock)의 2차원적 서비스 분류체계는 마케팅 관리자로 하여금 제시된 다섯 가지 차원의 질문과 관련하여 이들 요인이 각각 어떠한 마케팅 문제와 기회를 형성하며, 따라서 마케팅 과업의 본질에 어떻게 영향을 미치는지를 직시할 수 있게 해 준다. 또 흔히 서로 무관해 보이는 서비스 산업 간에도 자신의 서비스 특성이 다른 서비스와 어떻게 연관되는지를 파악함으로써 서비스에 대한 이해의 폭을 넓히고 관련되는 다른 서비스 산업으로부터 마케팅 문제해결을 위한 새로운 경영관리적 통찰력을 얻을 수 있게 해 준다.

1. 서비스 경제의 등장

산업구조의 고도화와 함께 서비스 산업은 그간 양적 · 질적으로 많은 발전을 해 왔다. 우리나라의 서비스 산업은 짧은 기간 동안 빠른 성장을 하여 국내총생산 대비 약 60%에 이르고 있으며, 전체 산업부문에서 가장 큰 비중을 차지하는 국가의 중추적 산업이 되고 있다.

〈표 1-8〉에서 우리나라의 산업별 성장률을 살펴보면, 서비스업은 꾸준한 성장세를 보여 왔지만 광공업에 비하여 상대적으로 낮은 성장률을 보여 왔음을 알 수 있다. 또 〈표 1-9〉에서 우리나라의 산업구조를 살펴보면, 서비스업의 비중은 1960년에 43.2%이던 것이 2010년에는 58.1%가 됨으로써 전체 산업에서 서비스업의 비중이 가장 높아졌다. 그리고 〈표 1-10〉에서 산업별 취업자 추이를 살펴보면, 서비스업에 종사하는 취업자 수가 1960년에 총고용의 24.1%에 불과하던 것이 2010년에는 총고용의 68.7%가 됨으로써 전체 산업에서 서비스업 종사자가 가장 높은 비중을 차지하였다. 여기에다 기획, 연구, 마케팅, 인사, 회계, 정보처리, 교육훈련 등 제조업 부문에서 서비스 부문에 참여하는 사람들까지 고려하게 되면 서비스 종사자의 비중은 실로 엄청나다고 할 수 있다. 이제 우리나라도 명실상부하게 서비스산업이 중심이 되는 선진화된 산업구조로 성장한 것이다.

미국을 비롯한 선진국에서는 서비스 산업이 차지하는 비중이 국내총생산 대비 70%를 넘어서고 있다. 우리나라의 서비스산업 비중이 국내총생산 대비 60%에 근접하고 있는 상황에 비추어 보면 과거에 비하여 서비스의 경제화가 많이 진전되었으나 선진국에 비해서는 아직 미흡한 상황이라 할 수 있다. 오늘날 서비스 산업은 국가경제를 발전시키고 소비자들의 삶의 질을 향상시키는 견인차 역할을 한다는 데 그 중요성이 있다.

〈표 1-8〉 우리나라 산업별 성장률 추이 (단위 : %)

산업구분 \ 연도	1960	1970	1980	1990	2000	2010
농림어업	−2.1	−1.4	−19.4	−5.9	1.1	−4.4
광 공 업	10.9	19.6	−1.3	9.1	17.2	14.5
서비스업	2.6	12.6	3.4	7.8	6.7	3.9

※ 자료: 통계청, KOSIS(2012).

〈표 1-9〉 우리나라 산업별 생산구조 추이 (단위 : %)

산업구분 \ 연도	1960	1970	1980	1990	2000	2010
농림어업	36.8	26.9	16.2	8.9	4.9	2.7
광 공 업	15.9	22.4	26.4	28.1	29.8	31.4
서비스업 (건설/전기가스수도사업)	43.2 (4.1)	43.6 (7.1)	47.3 (10.2)	49.5 (13.5)	54.4 (10.9)	58.1 (7.8)

※ 자료: 한국은행, ECOS(2012).

〈표 1-10〉 우리나라 산업별 취업자 추이 (단위 : %)

산업구분 \ 연도	1960	1970	1980	1990	2000	2010
농림어업	65.7	50.4	34.0	17.9	10.6	6.6
광 공 업	7.7	14.3	22.5	27.6	20.4	17.0
서비스업 (건설/전기가스수도사업)	24.1 (2.5)	32.4 (2.9)	37.0 (6.5)	46.7 (7.8)	61.2 (7.8)	68.7 (7.7)

※ 자료: 통계청, 경제활동인구총괄(2012).

한강의 기적을 낳고 급속한 경제발전을 거듭해 온 우리나라의 경제는 이제 다니엘 벨(Daniel Bell)이 말하는 '경제의 서비스화' 현상이 가속화되고 있는 상황이라고 하겠다.

현/장/사/례

서비스기업 경쟁력 선진국과 큰 차이

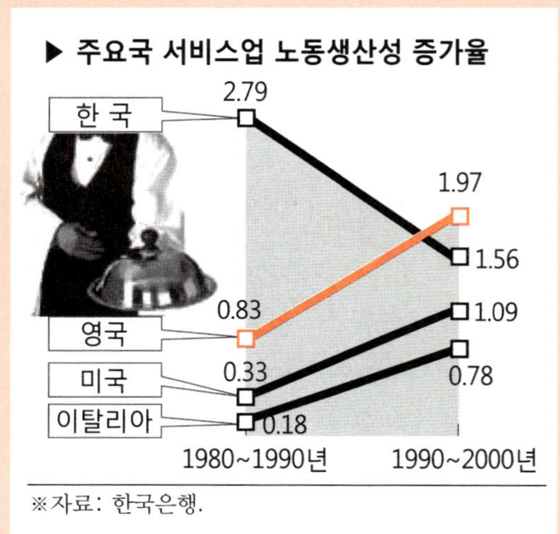

우리나라 서비스업종의 경쟁력이 선진국에 비해 현저하게 떨어지는 것으로 지적됐다.

한국은행 금융경제연구원은 16일 발간한 '서비스산업의 신성장동력 가능성 분석' 보고서에서 "국내 서비스산업이 확대되고 있으나 부가가치 비중이 선진국에 비해 훨씬 낮고 서비스 수지 적자가 급증하는 등 질적인 경쟁력은 매우 낮은 상태에 있다"고 진단했다.

보고서에 따르면 선진국의 서비스산업 노동생산성이 빠르게 높아지고 있는데 비해 우리나라는 노동생산성 증가율이 오히려 둔화하고 있는 것으로 나타나 서비스업 경쟁력이 떨어지고 있다고 분석했다. 실제로 지난 80년대 우리나라의 서비스업 노동생산성 증가율은 연평균 2.79%였으나 90년대에는 1.56%로 오히려 떨어져 제조업과의 노동생산성 격차가 심화된 것으로 나타났다.

한은 관계자는 이와 관련, "우리 경제는 서비스화가 선진국보다 덜 진전돼 있는데다 그나마 소비성 서비스산업에 의해 주도된 결과 서비스산업의 생산성이나 산업연관도가 매우 낮다"며, "이는 그만큼 서비스산업의 발전 가능성이 크다는 의미로도 해석될 수 있다"고 말했다.

자료: 세계일보, 2006. 5. 17

서비스 경제화 현상이 이루어지는 원인으로는 소득증가에 따른 소비의 서비스화 진전, 기업에서의 서비스 수요 증대, 정보기술의 발달과 기술혁신에 따른 새로운 서비스 산업의 발전 등을 들 수 있으며, 이를 세분하면 다음과 같이 서비스 경제의 성장 이유를 제시할 수 있다.[4]

① 소비자욕구의 다양성(오락, 관광, 레저 스포츠 등)
② 급속한 기술의 진보(CATV, 인터넷, 스마트폰 등)
③ 기업활동에서 서비스 수요의 증가(경영컨설팅, 시장조사, 디자인, 제품개발, 종업원 연수, 사후서비스 등)
④ 부의 증가에 따른 서비스 수요 증가(세탁, 청소, 육아 등)
⑤ 여가시간의 증가(여행사, 성인교육 프로그램, 레저산업 등)
⑥ 여성의 취업과 사회진출 증가(탁아소, 유아원, 파출부, 외식, 홈쇼핑 등)
⑦ 평균수명의 증가(유료양로원, 실버타운, 건강관리 서비스 등)
⑧ 제품의 복잡화 증가(컴퓨터 등의 복잡한 제품의 수리 유지 전문가 필요)
⑨ 삶의 복잡화(세무상담, 법률상담, 결혼상담, 취업상담, 카운슬링 등)
⑩ 정보기술의 발전에 따른 새로운 서비스상품의 증가(컴퓨터 프로그래밍, 수리, 인터넷 홈페이지관리, 웹디자이너, 정보검색 서비스 등의 관련 서비스 창출)

서비스 경제화의 양상은 다음과 같이 여러 가지 유형으로 나타나고 있다.

첫째 유형은 신종 서비스업의 등장이다(예: 사이버 경매장, 사이버 서점, 택배서비스, 이벤트 대행업체, 산소방 등).

둘째 유형은 서비스 기업이 주요 서비스 외에 부가적인 보조 서비스를 제공하여 기업 전체의 서비스 활동이 증가하는 것이다(예: 이동전화회사의 통화서비스 외에 전자우편, 음성사서함, 인터넷, 알람기능, 상품대금 결제 등의 보조 서비스).

셋째 유형은 기존 서비스업의 고급화 · 전문화 · 다양화로 나타나고 있다

4 이유재(1999), 「서비스 마케팅」, 제2판, 학현사, pp. 7～15.

(예: 토탈 웨딩 스튜디오, 비만 클리닉, 우체국의 서비스 영역 확대).

넷째 유형은 전통적인 제조기업이 서비스업으로 전환하거나 서비스 사업을 추가하여 확장하는 것이다(예: 제일제당의 영상, 외식, 정보서비스 사업 진출).

다섯째 유형은 제조기업이 제품판매시 부가적인 대 고객 서비스를 증가시키는 것이다(예: 컴퓨터회사의 사후서비스, 소비자교육, 사용안내, 소프트웨어 및 무료 프로그램 제공, 무료 업그레이드 서비스 등).

2. 서비스 산업의 성장배경

경제의 서비스화 현상은 서비스 산업의 양적 확대와 질적 변화를 가져오게 한다. 서비스 산업의 양적 확대는 서비스 산업의 확장과 경제적 비중 증가, 비서비스 산업에서의 서비스 관련 부문의 비중 증가, 모든 산업분야에서의 서비스 지출의 증가, 산업구조의 소프트화 등을 통해 이루어진다. 또 서비스 산업의 질적 변화는 소비자들의 소득증대, 소비자 욕구의 다양화 · 전문화 · 고급화, 정보통신기술과 기술혁신의 발달, 지식집약화, 신종 서비스업의 등장 등을 통해 이루어진다.[5]

서비스 산업이 성장하게 된 배경은 다음과 같이 요약될 수 있다.

첫째, 정보화 시대의 진전이다. 제조업 중심의 산업구조로부터 컴퓨터와 정보통신기술의 발달에 기초한 정보화 시대로의 전환은 서비스 산업의 발달을 가속화시키게 되었다. 정보화의 진전은 컴퓨터 시스템을 매개로 한 산업의 정보화와 정보의 산업화를 통해 서비스 산업의 발전을 촉진시켜 왔다.

둘째, 산업구조의 소프트화 현상이다. 산업구조가 고도화될수록 기업의 생산과정은 분화가 촉진되고 서비스에 대한 수요가 증대된다. 유통 · 물류, 교육훈련, 인력관리, 기술개발, 정보처리, 광고 · 홍보, 급식, 경비 등 기업활동에서 필요로 하는 많은 전문화된 서비스는 비용절감이나 경쟁강화를 위해 외주

---

5 최덕철(1997), 「서비스 마케팅」, 학문사, p. 33.

(outsourcing)의 형태로 수행되고 있다.

셋째, 소득의 증가와 소비구조의 서비스화이다. 가계소득의 증가와 함께 교육, 문화, 오락, 통신, 외식, 육아, 가사서비스 등 총 가계비에서 서비스 부문의 소비지출 구성비가 매우 증가하게 되었다.

넷째, 기술혁신에 따른 제품기술의 진보와 신제품 개발은 서비스의 수요를 증가시킨다.

다섯째, 신종 서비스업의 출현과 성장이다. 신종 서비스업은 기업의 부가가치 창출과정에서 필요로 하는 산업지원 서비스(디자인, 컨설팅, 연구개발 등)와 소비자 욕구의 다양화, 고급화, 전문화 추세에 따라 요구되는 생활지원 서비스업(문화오락, 레저, 교육, 가사서비스 등)으로 구분된다.

여섯째, 서비스 산업의 국제화이다. WTO체제의 등장으로 글로벌화된 세계경제는 서비스 산업의 개방화, 국제화를 더욱 촉진하게 되었다. 금융업(시티뱅크), 항공업(유나이티드항공사), 외식업(맥도날드, KFC), 호텔업(Hyatt), 운송업(DHL), 유통업(Wal-Mart), 컨설팅(BCG) 등 수많은 서비스 기업들이 국경 없는 서비스의 국제화를 지향하고 있다.

일곱째, 정부의 서비스 산업 활성화 노력이다. 지식집약도가 높은 지식기반 서비스 산업은 앞으로 우리 경제의 새로운 성장동력이 될 수 있다.[6] 즉, 지식기반 서비스 산업은 침체된 우리나라 고용시장을 활성화시켜 고용창출 효과를 가져 오고 적은 자본으로 높은 부가가치를 낼 수 있다.

이처럼 서비스 산업의 중요성이 강화되고 있는 가운데 정부는 지난 2006년 서비스 산업의 신성장동력화를 선언하고, 이를 실현하기 위한 중장기 로드맵과 함께 지식기반 서비스에 대한 재정지원과 제도적 기반 구축을 통해 서비스의 대형화 · 전문화를 추진해 오고 있다. 제조업이라는 튼실한 하드웨어 기반 위에 고부가가치의 소프트웨어로 성장하고 있는 지식기반 산업은 우리 경제의 재도약을 위한 견인차 역할을 할 것이다.

---

6 서비스 산업은 크게 생산자 서비스(통신, 부동산, 방송 등), 사회 서비스(사회복지, 교육 등), 개인 서비스(영화, 연예, 문화 등), 유통 서비스(도 · 소매)로 구분할 수 있다. 지식기반 서비스는 생산자 서비스와 사회 서비스, 개인 서비스 중에서 지식집약도가 높은 서비스 업종을 가리키는 말이다.

한편, 제품과 서비스의 결합을 촉진하는 서비타이제이션은 서비스 산업 성장의 중요한 요인으로 자리잡고 있다. 서비타이제이션(Servitization)은 제품의 서비스화(Product Servitization), 서비스의 상품화 (Service Productization), 기존 서비스와 신규 서비스의 결합 현상을 포괄하는 개념이다. 이것은 경제의 서비스화가 진전됨에 따라 기업들의 가치사슬 중심이 기존의 제조업에서 부가가치가 더 크다고 여겨지는 연구개발(R&D), 마케팅, 사후서비스(A/S), 재무 등의 서비스 분야로 이동돼 모든 산업이 서비스화로 발전되는 데 기인하고 있다.

서비타이제이션은 '융합'의 컨셉과 연결된다. 제품과 서비스의 융합, 제조업과 서비스의 융합, IT융합, 방송과 통신의 융합, 관광과 의료의 융합, 자동차와 유비쿼터스의 융합 등 서로 다른 분야와 기술의 융합을 통해 산업계는 새로운 경쟁력의 원천을 만들고 있다.

정수기 제조업체인 웅진코웨이의 코디제는 우리나라 최초의 서비타이제이션 모델이라 할 수 있으며, 이외에도 애플의 아이폰이 앱스토어와 아이튠즈를 통해 다양한 서비스를 제공하면서 부가가치를 창출하는 경우, 컴퓨터 제조업체인 IBM이 네트워크 컴퓨팅 기술을 기반으로 소프트웨어, 컨설팅 등에까지 관여하는 IT 서비스기업이 된 경우, GE가 GE헬스케어를 통해 MRI 사업을 진행하는 경우 등은 모두 제품의 서비스화에 의한 서비스타이제이션의 사례가 된다.

이처럼 서비스타이제이션이 제품의 서비스화를 중심으로 발전해 온 배경에는 제조업의 부가가치가 서비스업에 비해 상대적으로 낮다는 점이 작용한다. 많은 제조업체들이 경쟁을 통해 서로 비슷한 제품을 내놓고 원가를 절감하고 가격경쟁에 빠지면서 수익성이 악화됨으로써 제품과 서비스의 융합을 통한 서비타이제이션 기회를 찾게 되는 것이다. 그리고 산업의 고도화와 온라인 및 IT기술의 발달, 소비자의 서비스 수요 증가 등은 서비타이제이션의 성장을 촉진하고 있다.

3. 서비스 산업의 분류

서비스 산업은 무형의 경제재인 서비스를 생산하는 산업이라고 할 수 있다. 넓은 의미로 볼 때, 서비스 산업은 콜린 클라크(C. Clark)에 의해 분류된 3차 산업, 즉 소재를 수집하는 농림어업 부문의 1차 산업과 소재를 가공하는 광업 및 제조업 부문의 2차 산업을 제외한 나머지 부문의 산업을 일컫는 뜻으로 이해할 수 있다. 그런데 3차 산업에 속하는 '건설업'(특히 건축설계, 건물의 수선유지 등)은 서비스 산업의 범주에 포함시키기도 하지만 최종적으로 생산된 부가가치가 재화에 해당되기 때문에 이를 서비스 산업에 포함시키기에는 무리가 있다.

또 3차 산업 중에서 '전기 · 가스 · 수도사업'은 거대한 생산설비가 요구되고 시설의 가동상황에 따라 생산이 좌우될 수 있기 때문에 서비스 산업에 포함시키는 데 무리가 있다. 따라서 서비스 산업은 3차 산업에서 건설업과 전기 · 가스 · 수도사업을 제외한 나머지 부문으로 이해하는 것이 보다 현실적이고 타당한 것으로 볼 수 있기 때문에 본서에서는 이러한 관점에서 서비스 산업을 개념화한다.

한국표준산업분류는 각 생산주체가 수행하는 생산활동을 그 경제적 특성에 따라 산업을 분류하고 생산된 부가가치가 무엇인가에 따라 산업의 유형을 〈표 1-11〉과 같이 분류하고 있는데, 1963년 제정된 이래로 국내 산업구조의 변화와 유엔의 국제표준산업분류와의 국제 비교성을 제고하기 위하여 2008년 제9차 개정을 하여 오늘에 이르고 있다.

〈표 1-11〉 한국표준산업분류

대분류(A~U) / 중분류(01~99)

A 농업, 임업 및 어업 (01~03)
- 01 농업
- 02 임업
- 03 어업

B 광업(05~08)
- 05 석탄, 원유 및 천연가스 광업
- 06 금속 광업
- 07 비금속광물 광업; 연료용 제외
- 08 광업 지원 서비스업

C 제조업 (10~33)
- 10 식료품 제조업
- 11 음료 제조업
- …
- 33 기타 식품 제조업

D 전기, 가스, 증기 및 수도사업 (35~36)
- 35 전기, 가스, 증기, 공기조절 공급업
- 36 수도사업

E 하수 · 폐기물 처리, 원료재생, 환경복원업 (37~39)
- 37 하수, 폐수 및 분뇨 처리업
- 38 폐기물 수집운반, 처리, 원료재생업
- 39 환경 정화 및 복원업

F 건설업
- 41 종합 건설업
- 42 전문직별 공사업

G 도매 및 소매업 (45~47)
- 45 자동차 및 부품 판매업
- 46 도매 및 상품중개업
- 47 소매업; 자동차 제외

H 운수업 (49~52)
- 49 육상운송 및 파이프라인 운송업
- 50 수상 운송업
- 51 항공 운송업
- 52 창고 및 운송관련 서비스업

I 숙박 및 음식점업 (55~56)
- 55 숙박업
- 62 컴퓨터 프로그래밍, 시스템 통합 및 관리업
- 63 정보서비스업

K 금융 및 보험업 (64~66)
- 64 금융업
- 65 보험 및 연금업
- 66 금융 및 보험관련 서비스업

L 부동산 및 임대업 (68~69)
- 68 부동산업
- 69 임대업; 부동산 제외

M 전문, 과학 및 기술 서비스업 (70~73)
- 70 연구개발업
- 71 전문서비스업
- 72 건축기술, 엔지니어링 및 기타 과학기술 서비스
- 73 기타 전문, 과학 및 기술 서비스업

N 사업시설관리 및 사업지원 서비스업 (74~75)
- 74 사업시설 관리 및 조경 서비스업
- 75 사업지원 서비스업

O 공공행정, 국방 빛 사회보장 행정 (84)
- 84 공공행정, 국방 및 사회보장 행정

P 교육 서비스업 (85)
- 85 교육 서비스업

Q 보건업, 사회복지 서비스업 (86~87)
- 86 보건업
- 87 사회복지 서비스업

R 예술, 스포츠 및 여가관련 서비스업 (90~91)
- 90 창작, 예술 및 여가관련 서비스업
- 91 스포츠 및 오락관련 서비스업

S 협회 및 단체, 수리 및 기타 개인 서비스업
- 94 협회 및 단체
- 95 수리업
- 96 기타 개인 서비스업

56 음식점 및 주점업 J 출판, 영상, 방송통신 및 정보서비스업 (58~63) 58 출판업 59 영상 · 오디오 기록물 제작 및 배급업 60 방송업 61 통신업	T 가구 내 고용활동 및 달리 분류되지 않은 자가소비 생산활동 (97~98) 97 가구 내 고용활동 98 달리 분류되지 않은 자가소비를 위한 가구의 재화 및 서비스 생산물 U 국제 및 외국기관 (99) 99 국제 및 외국기관

※ 1. 분류구조의 소분류, 세분류, 세세분류 내용은 생략함(2008. 2. 1. 제9차 개정).
2. 한국표준산업분류의 자세한 내용은 통계청 홈페이지(www.nso.go.kr)의 통계표준분류 참조.

한국표준산업분류의 분류구조는 대분류(알파벳 문자), 중분류(2자리 숫자), 소분류(3자리 숫자), 세분류(4자리 숫자), 세세분류(5자리 숫자)의 5단계로 구성된다. 여기서 A~U까지의 대분류를 기준할 때, A~F에 속하는 농업 · 임업 · 어업(A), 광업(B), 제조업(C), 전기 · 가스, 수도사업(D), 하수 · 폐기물, 원료재생, 환경복원업(E), 건설업(F)을 제외한 나머지 산업, 즉 G~U에 속하는 도매 · 소매업(G), 운수업(H), 숙박 · 음식점업(I), 출판, 영상, 방송통신, 정보서비스업(J), 금융 · 보험업(K), 부동산, 임대업(L), 전문, 과학, 기술 서비스업(M), 사업시설관리, 사업지원 서비스업(N), 공공행정, 국방, 사회보장(O), 교육서비스업(P), 보건업, 사회복지 서비스업(Q), 예술, 스포츠, 여가서비스업(R), 협회 · 단체, 수리, 기타 개인 서비스업(S), 자가소비생산활동(T), 국제 및 외국기관(U) 등은 모두 서비스 산업의 범주에 속한다. 이는 서비스 산업이 얼마나 다양하고 전체 산업에서 차지하는 비중이 큰 지를 단적으로 보여주는 결과라고 할 수 있다.

그런데 이러한 산업분류는 급격히 변화하는 산업의 범위를 정태적으로 파악하고 있어 새롭게 등장하는 신종 서비스업들을 충분히 반영하지 못하는 한계가 있다. 따라서 산업의 고도화와 성장추세에 따라 기존의 산업분류체계와 업종을 주기적으로 보완해 나가는 노력이 필요하다.

1. 서비스 경영의 개념

우리가 살아가는 사회는 조직사회라고 불리워질 만큼 여러 분야에 걸쳐 다양한 조직이 수없이 존재하고 있다. 그리고 대부분의 사람들은 적어도 한 개 이상의 조직에 소속되거나 조직과 직접, 간접으로 관계를 맺고 살아간다.

조직(organization)이란 어떤 공동의 목적을 달성하기 위해 함께 노력하는 사람들의 집합체를 말한다. 조직의 유형에는 기업과 같은 영리조직과 학교, 병원, 군대, 정부, 관공서 등과 같은 비영리조직이 있다. 또 우리는 생활 중에 학교, 회사와 같은 정형적 조직이나 동아리, 동호회와 같은 비정형적 조직에 소속된 구성원으로서 각 조직이 추구하는 목적을 달성하기 위해 노력하며 세상을 살아간다.

산업기술의 급속한 발전과 함께 조직의 유형이나 조직 내에서 수행되는 직무도 점점 더 복잡하고 전문화되어가고 있다. 이러한 조직들이 저마다 고유의 목적을 성공적으로 달성하기 위해서는 경영을 잘해야 한다.

일반적으로 경영(management)이란 조직의 목표를 효율적으로 달성하기 위해 조직구성원들 간에 상호협력을 통해 계획, 실행, 통제 등의 경영관리기능을 수행해 나가는 일련의 과정이라고 정의할 수 있다. 흔히 좁은 의미의 경영을 말할 때에는 영리조직인 기업경영을 의미하지만, 오늘날은 영리조직과 비영리조직을 포함하는 넓은 의미의 조직경영을 의미하는 것으로 이해하고 있다. 즉, 기업경영뿐만 아니라 학교경영, 병원경영, 기관경영, 국가경영 등이 있다. 경영을 어떤 조직에 적용을 하든, 경영이란 조직구성원들 간에 상호협력을 통해 조직의 목표를 효율적으로 달성해 나가는 과정이라 볼 수 있다.

서비스 경영은 경제가 발전함에 따라 서비스의 경제화가 진전되고 기업경영의 패러다임이 기업중심에서 고객중심의 경영체제로 바뀌어짐에 따라 그 중요성이 증대하게 되었다. 경제발전과 함께 산업구조에 있어서 서비스업의 비중이 날로 증가되고 있으며, 전통적인 제조업 또한 서비스 부문을 강화하거나 서비스 역량을 강화함으로써 기업의 경쟁력을 키워나가게 된 것이다. 소비자는 제품을 구매할 때 단순히 물리적인 제품만 구매하는 것이 아니라 제품과 서비스가 결합된 의미의 총제품(total product)을 구매하게 된다. 소비자에게 있어서 제품은 그 자체가 목적이 아니라 '고객의 욕구충족을 위한 수단(도구)'인 것이다. 이를테면, 컴퓨터를 구매하는 소비자는 자신의 정보욕구를 충족하기 위해 하드웨어로서의 컴퓨터와 함께 그에 수반된 소프트웨어와 신용, 배달, 설치, A/S 등의 서비스까지 보장되는 제품을 구매하게 되는 것이다. 소비자가 원하는 이러한 서비스를 효과적으로 제공하지 못하는 기업은 경쟁력을 잃게 될 것이다.

서비스 경영의 목표는 고객을 위한 서비스 가치의 실현에 있다고 할 수 있다. 서비스는 고객의 편익이나 욕구를 충족할 목적으로 제공되는 무형의 행위나 성과를 의미하며, 서비스 경영자는 고객의 편익이나 욕구충족을 위한 서비스 가치를 제공해 줄 수 있어야 한다.

서비스 경영은 서비스업이나 서비스 중심의 조직을 대상으로 하는 경영을 말하며, 기본적으로 기업경영의 흐름 속에서 개념화되어야 한다. 따라서 서비스 경영(service management)이란 서비스 조직의 목표를 효율적으로 달성하기 위해 조직구성원들 간에 상호협력을 통해 계획, 실행, 통제하는 일련의 과정으로서 고객을 위한 서비스 가치의 실현을 목표로 하는 경영활동이라고 할 수 있다.

2. 서비스 경영의 배경

기업은 환경변화에 적극적으로 대응하며 상호작용해 가는 것을 중요하게 생각한다. 최근 서비스가 부각되면서 기업으로 하여금 서비스도 변화해야 하며, 이는 조직을 유지하기 위해서는 필수적으로 받아들이고 적응해야 할 목표가 되었다. 따라서 제품과 더불어 서비스 역시도 고객지향적으로 나아가지 않으면 안 되게 되었다.

오늘날 이러한 서비스 경영이 등장하고 발달하게 된 배경은 다음과 같이 설명할 수 있다.[7]

(1) 제조업의 변화

경제발전의 특성상 3차산업이 중심이 된다고 하더라도 기본적인 제조업이 사라지는 것은 아니다. 다만 오늘날 제조업은 단순히 물리적인 제품만 생산·판매하는 것이 아니라 자사가 판매하는 제품과 연관된 신용, 배달, 설치, 수선, 사후서비스 등의 관련 서비스를 함께 제공하고 있다. 제조업 자체가 서비스를 생산과 판매과정 중의 하나로 받아들이고 있는 것이다. 제조업에 있어서 서비스는 매우 중요한 과정이며, 치열한 경쟁 속에서 중요한 경쟁무기가 되는 것이다. 기업은 더 이상 소비자가 구매한 제품의 문제가 발생하여 교환이나 환불하는 과정조차도 가볍게 생각할 수 없게 되었다. 소비자들은 제품의 기본적인 품질과 더불어 이들과 연계된 부수적인 기업의 활동에 대한 기대수준이 높아졌기 때문이다.

이제 기업은 핵심적인 제품뿐만 아니라 그에 따르는 서비스까지 포함된 총제품(total product)을 판매하고 그 제품의 판매 후까지도 책임을 다해야 하는 환경에 적응해야 하기 때문에 변화는 필연적이라 할 수 있다.

(2) 규제완화와 경쟁심화

전통적으로 서비스와 관련된 산업은 가격, 유통, 금융, 광고, 시장진출 등에 있어 정부의 규제를 많이 받아왔다. 특히, 호텔, 항공, 철도, 은행, 증권, 보험, 통신, 의료 등의 전문 서비스 분야는 새로운 기업의 시장진입이 어려웠고 서비스 전달에 있어서 지역적인 한계가 많았으며 가격설정이나 광고 등의 규제도 많았다. 회계사, 의사, 건축사, 변호사 등의 개인 전문 서비스들도 많은 규

7 하대용(2006), 「서비스경영론」, 무역경영사, pp. 34~39.

제가 있었다. 이러한 규제들은 기존의 기업에 안정적인 위치를 확보하게 해 주는 반면에 기업의 성장이나 다각화의 장벽으로 작용하였고 소비자의 선택의 폭을 제한하였다.

하지만 경제가 성장하고 소비자들의 의식수준이 높아지고, 산업 전반에 걸쳐 국제화가 가속화되면서 국가적인 경쟁력 제고와 더불어 소비자들의 선택의 폭을 넓혀 주기 위하여 규제가 점점 완화되고 있다. 이러한 규제완화는 새로운 기업의 시장진출로 무사안일했던 기존 기업들을 자극하였고, 역량 있는 기업들의 다각화를 촉진하여 서비스와 관련된 경쟁이 심화되었다. 물론 이러한 경쟁심화는 소비자들의 다양한 욕구충족과 고객만족을 가능하게 해 주었으며, 전문 서비스기업이라고 하더라도 꾸준한 노력 없이는 시장에서 살아남을 수 없음을 인식하게 되었다. 특히 서비스산업도 시장개방에 따라 우수한 외국기업들의 국내 진출이 많아졌고 국내 기업의 해외 진출의 필요성도 증가하여 우수한 서비스 개발을 촉진하는 계기가 되었다.

(3) 공기업의 민영화

과거 국가가 관리했던 철도, 체신, 통신, 전기, 수도 등과 같은 공공 서비스 업체의 민영화 추세는 세계적인 추세이며, 우리나라도 통신, 전기 등 많은 부문이 민영화가 이루어지고 있다. 과거 공공 서비스 부문의 국가관리는 일반 기업이 투자하기엔 역량이 부족하거나 국가의 세수 확장을 목적으로 시행되어 효과적인 역할을 수행하였다. 하지만 경제성장이 가속화됨에 따라 이러한 국영기업들이 민간 사기업과 비교하여 관료주의적 자세와 무사안일주의로 인하여 효율성이 떨어진다는 비판을 받았다.

그러나 공기업이 민영화되면서 공공 서비스조직에 있어서도 조직의 재정립, 원가절감, 고객중심적 자세의 확립 등 효율성 제고를 위한 노력을 가속화하고 있다. 특히 정부기관에서 운영할 당시 공공 서비스의 원가는 국가가 보전해 주었으나 민영화되면서 서비스의 가격이 상승함에 따라 사람들의 불만이 높아졌고, 이러한 불만을 줄이기 위한 수단으로 서비스에 대하여 더욱 힘을 기울일 수밖에 없게 되었다. 공공 서비스 조직도 비용절감, 운영효율, 고객만족, 경쟁 강화와 같은 기업적 경영을 선택하고, 보다 시장지향적인 가격정책을 실현하는 상황이 된 것이다.

공공기관이 민영화됨에 따라 서비스 경영의 필요성이 인식되었고, 이제는 정부기관의 모든 부문에서도 서비스의 중요성이 부각되고 있다. 많은 정부기관의 민원 서비스 부서에서 고객만족(CS) 교육을 강화하고 베스트 친절 공무원을 뽑아 시상하는 것 역시 정부 서비스의 중요성이 부각되고 있음을 보여주는 것이다.

(4) 기술적인 발달

컴퓨터, 인터넷 등을 비롯한 전자 · 정보 · 통신의 발달과 보급은 기업의 서비스 본질과 범위에 있어서 변화를 가져왔고 새로운 서비스를 창출하고 서비스 품질을 향상시켰다. 기본적으로는 제품의 개발과 다양화를 통해 다양한 소비자 욕구를 만족시키고 있으며 이에 따른 서비스도 역시 발전하고 있다. 서비스를 개발하고 관리하는 과정에서 기업은 기술적 지원을 통해 물리적인 많은 편의를 가져왔고, 이로 인하여 서비스의 속도가 빨라지고 보다 체계적인 시스템으로 정착되어 가고 있다. 기업들은 서비스와 관련한 소비자들의 욕구에 대하여 좀 더 빠르게 정보를 얻을 수 있게 되었고, 소비자들도 원하는 서비스에 대하여 인터넷을 통하여 보다 적극적으로 반영하고 있다.

기술적인 발달은 기업의 서비스 제공시 원가 분담의 많은 부분을 감소시켰고 보다 많은 사람들이 저렴한 가격에 다양한 서비스를 이용할 수 있게 되었다. 하지만 이러한 기술적 발달은 소비자들의 욕구를 더욱 증대시키고 기업이 제공하는 제품과 서비스에 대하여 평가기준이 높아짐과 동시에 빠르게 변화하므로 기업은 과거보다 시장 변화에 더욱 민감해야 한다. 또한 새로운 서비스에 대한 경쟁기업의 모방이나 응용이 더욱 용이해짐에 따라 좀 더 차별화된 서비스 개발과 선도적인 서비스 이미지 구축에 많은 노력을 기울여야 한다.

(5) 서비스의 발전

서비스의 중요성이 부각되면서 서비스의 한계로 작용하던 특성들을 극복하기 위한 다양한 방법들이 개발되고 확산되었다. 대표적인 것으로 서비스 프랜차이즈 시스템을 들 수 있다. 호텔, 외식업, 편의점, 미용실 등 많은 부분에서 가변성을 극복하기 위하여 서비스를 표준화하고 동시성을 극복하기 위하여 많은 가맹점을 개설 · 운영하는 것이다. 따라서 과거 서비스의 영세성은 상당히 많은 부분에서 극복되었고 서비스 자체만으로도 대규모 조직 형성이 가능할 정도로 발전한 것이다. 이러한 서비스 기업의 발전은 과거에 제품을 생산 · 판매만 국한하던 기업에게 서비스와 관련된 기술들을 받아들여 활용할 수 있도록 하는 데 영향을 주었다. 전자제품의 A/S와 관련한 예약 서비스나 방문 서비스 같은 경우가 한 예라 할 수 있다. 리스(lease)나 대여업 같은 경우는 제조업과 서비스업의 혼합된 형태라고 할 수 있다. 물적 상품에 대하여 개인이나 기업이 소유권을 갖지 않고 빌려서 사용하는 것 역시 기존의 생산과 판매에 국한하던 기업 방향에서 서비스를 혼합한 확대된 사업 영역이라고 할 수 있다.

이외에도 제품 마케팅에서 지향하는 일대일 마케팅 역시 서비스와 연계되어 정보시스템을 기초로 하여 개인 하나 하나 또는 각각의 기업에 적합한 개별화된 서비스의 발전을 가능하게 하고 있다. 과거에는 서비스가 제품의 부수적인 기능이었다면, 오늘날 서비스는 제품과 대등한 수준이거나 어떤 경우는 제품 자체보다도 서비스가 핵심 상품의 위치를 차지하고 있다.

현/장/사/례

서비스산업 비중은 증가, 생산성은 제조업의 60~80%

서비스산업이 세계경제에서 차지하는 비중은 갈수록 증가하고 있다. 하지만 전 세계는 제조업에 비해 현저히 떨어지는 서비스산업의 노동생산성 때문에 고민이 깊어지고 있다. 서비스산업의 노동생산성은 선진국 제조업이 60~80% 수준이다. 최근 10년간 그 격차는 더 벌어지고 있다. 서비스 사이언스라는 새 분야가 주목받는 이유는 서비스산업 생산성이 낮고, 서비스에 대한 과학적이고 체계적인 분석이 부족하다는 경영계 · 학계의 인식 때문이다.

서비스 사이언스는 서비스산업의 본질을 규명하고 이를 바탕으로 혁신과 생산성 향상을 달성하기 위해 IT · 과학 · 수학 · 경영학 · 경제학 · 마케팅 등 다양한 분야의 지식을 종합하려는 영역이다. 2004년 12월 미국 국가경쟁력위원회가 미국을 혁신에 적합한 사회로 만들기 위해서 서비스 사이언스를 추진해야 한다고 주장했고, 영국 파이낸셜타임스와 하버드 비즈니스 리뷰가 향후 미래를 주도할 새로운 학문 영역으로 지목하면서 주목받기 시작했다.

이에 맞춰 최근 미국, 영국, 독일, 핀란드 등 선진국도 서비스 분야 혁신을 지원하는 정책을 강화하기 시작했다. 자금 지원 확대와 전문 연구 기관 설립 및 인재 육성 강화에 초점을 맞추고 있다.

독일은 서비스 부문에도 제조업과 같이 연구개발 기능을 도입해 국제적인 경쟁 우위를 확보하겠다는 국가 전략을 세우고 2008년부터 5년간 7,000만 유로를 투입했다. 핀란드는 2006년부터 7년간 2억 유로를 투자해 서비스 분야를 지원하는 산관학(産官學) 프로그램을 시행하고 있다. 지금 세계 각국은 서비스산업을 혁신해 경제성장을 견인하고자 발 빠르게 움직이고 있는 것이다.

과거 컴퓨터공학 발전은 IT 산업의 비약적인 발전을 촉진했다. 서비스 사이언스의 등장도 서비스산업의 새로운 기회와 가치를 확대할 것으로 기대된다. 우리나라는 선진국보다 서비스산업 비중과 생산성이 낮은 만큼 기회가 더 크다. 서비스 사이언스에 대해 더 많은 관심과 지원이 필요한 시점이다.

자료: 조선일보, 2013. 5. 14

연·구·문·제

1. 서비스의 특성과 관련하여 대두되는 마케팅 과업을 설명하시오.

2. 서비스의 분류기준에 대하여 설명하시오.

3. Lovelock의 서비스 분류기준이 갖는 의의에 대하여 설명하시오.

4. 서비스 산업의 성장배경에 대하여 설명하시오.

5. 최근의 신종 서비스업을 세 가지 이상 찾아 조사하고, 그 서비스업의 등장배경과 향후 성장성에 대하여 설명하시오.

6. 서비스 경영의 등장배경과 중요성에 대하여 토의해 보시오.

제2장

서비스와 고객만족경영

학 습 목 표

- 고객의 개념과 분류
- 고객만족의 의의
- 고객만족경영의 이해
- 고객만족경영의 실천과제와 전략
- 서비스 실패와 회복

01 고객의 개념과 특성

1. 고객의 개념

일반적으로 고객은 소비자라는 단어와 혼용해서 사용되는 경우가 많다. 소비자(consumer)란 일반적인 소비의 대상층을 의미하는 것으로 기업에서 생산 · 판매하는 제품을 소비하는 불특정 다수의 사람들을 지칭하는 말이다. 이에 대하여 고객(customer)이란 "자사의 제품이나 서비스를 구매하거나 구매가 예상되는 소비자"를 지칭하는 뜻으로 이해된다. 즉, 고객은 자사 제품이나 서비스의 구매고객뿐만 아니라 앞으로 구매할 가능성이 있는 잠재고객도 포함하는 것이며, 소비자 중에서 기업의 마케팅 대상으로 삼는 특정한 개인이나 집단을 의미하는 것이다.

고객을 넓은 의미로 정의하면 "자사의 제품을 구매하고 이용하며 서비스를 제공하는 일련의 과정에 관계된 자기 이외의 모든 사람"을 지칭한다. 즉, 회사 내 · 외부에서 나 이외의 모든 사람이 고객이 되는 것이다. 이들 중 회사 내부에 있는 고객, 즉 종업원을 '내부고객'이라 하고, 회사 외부에 있는 고객을 '외부고객'이라고 한다.

빈(L.L Bean)은 "고객이란 우리가 하는 사업과 업무의 궁극적인 목적으로 고객이 없다면 우리는 결코 존재할 수 없다. 고객이 우리에게 의존하는 것이 아니라 우리가 고객에게 의존하는 것이다. 따라서 고객은 우리에게 기회를 제공해 주는 사람이며, 우리가 그들과 논쟁하거나 싸워서 이길 대상이 아니다"라고 하였다. 또 데밍(Deming)은 "생산 라인에서 가장 중요한 요소는 바로 고객이다"라고 하였고, 드러커(P. Drucker)는 "고객은 왕이다"라고 하면서 고객의 중요성을 설파하였다.

오늘날 기업경영의 패러다임이 기업중심에서 고객중심으로 바뀜에 따라 기업은 모든 역량을 고객중심으로 운영하고 고객지향적인 경영활동을 전개해야 한다. 어떠한 경우에도 고객 없는 기업은 존재할 수 없기 때문이다.

2. 고객의 분류

고객은 그 분류기준에 따라 여러 가지 형태로 구분할 수 있으나 조직의 경계를 기준하여 구분하는 것이 일반적이다. 이는 조직의 모든 이해관계자들을 조직의 경계를 기준하여 내부고객과 외부고객으로 구분하는 것이다.

(1) 내부고객

내부고객은 조직 내부에 있는 고객, 즉 종업원들을 말하며, 조직의 가치생산에 직접 참여하는 고객으로서 '가치생산고객'이라고도 한다. 내부고객 만족은 고객만족의 출발점이 될 뿐만 아니라 내부고객 만족이 없이는 외부고객을 만족시킬 수 없기 때문에 내부마케팅, 특히 서비스 경영에 있어서 내부고객은 가장 먼저 만족시켜야 할 고객이 된다.

(2) 외부고객

외부고객은 조직 외부에 있는 고객(소비자)을 말하며, 기업이 생산한 가치를 사용(소비)하는 고객으로서 '가치사용고객'이라고도 한다. 외부고객은 기업이 고객만족을 위해 궁극적으로 만족시켜야 할 고객이기 때문에 가장 중요한 고객이라고 할 수 있다. 기업의 수익과 이윤은 고객에 의해 창출되며, 따라서 기업은 고객을 위한 가치창조에 모든 역량을 집중해야 한다는 점에서 외부고객의 중요성을 이해할 수 있다.

때로는 조직(기업)과 외부고객인 최종소비자 사이에서 가치를 전달하는 고객으로서 '중간고객'을 두는 경우도 있다. 중간고객은 도매상, 소매상, 대리점 같은 중간상, 원료공급업자, 부품을 공급하는 협력업체 등이 해당된다. 중간

[그림 2-1] 고객의 분류

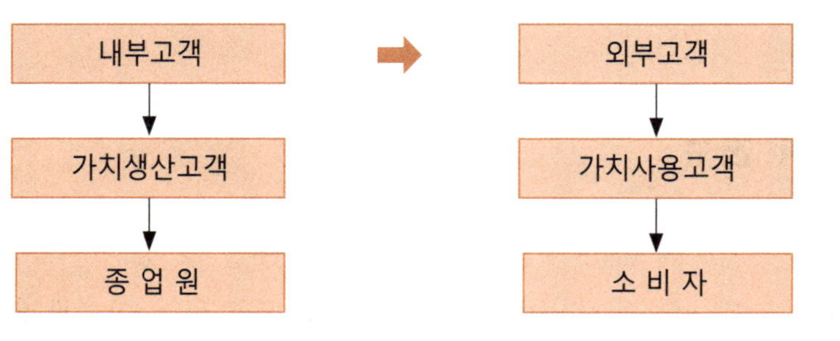

고객의 중요성은 이들의 만족이 없이는 결국 최종고객인 외부고객을 만족시키기 어려워지기 때문이다.

02 고객만족의 의의

고객만족은 현대 기업경영에 있어서 중추적인 개념이 되고 있다. 고객만족 · 고객감동 · 고객행복 · 고객을 위한 가치창조와 같은 용어들은 기업실무자뿐만 아니라 마케팅 개념을 모르는 일반인들에게까지 이제 아주 친숙한 용어가 되어가고 있다. 이러한 캐치프레이즈들은 모두 기업이 고객만족경영이념에 입각하여 운영하겠다는 뜻이며, 기업경영의 목적을 '고객만족'에 두고 고객만족 향상을 위해 지속적으로 노력하겠다는 의지의 표현이다. 고객만족은 고객의 재구매와 상표충성도, 구전활동, 불평행동 등과 같은 소비자행동에 영향을 줄 뿐만 아니라 기업의 장기적인 존속과 수익창출을 위한 필연적 조건이 된다.

오늘날 고객은 제품이나 서비스를 구매시 가격, 품질, 성능, 디자인, 서비스 등의 평가기준으로 대체안들을 평가한 후 구매를 하며, 구매 후 평가과정을 통해 만족 또는 불만족하게 된다. 그리고 소비자들은 구매를 하기에 앞서 어떤 제품이나 서비스에 대한 기대를 갖는다. 고객이 구매한 제품이나 서비스에 대하여 어느 정도 만족하느냐 하는 것은 구매 전에 가진 기대와 비교하여 그 제품이나 서비스가 어느 정도의 성과를 내느냐에 달려 있다. 따라서 고객만족(CS: Customer Satisfaction)은 제품이나 서비스에 대하여 고객이 구매 후 지각하는 성과(performance)가 구매 전 기대(expectation)와 비교하여 느끼는 상태를 의미한다.

[그림 2-2]는 고객의 구매 후 평가과정으로 가장 폭넓게 받아들여지고 있는 고객의 만족/불만족 패러다임을 기대-성과의 일치/불일치 모형으로 설명해 주고 있다. 이 그림에서 고객의 만족/불만족은 소비자의 구매 전 기대수준과 구매 후 성과 간의 차이, 즉 불일치에 대한 지각정도에 따라 결정된다고 본다. 즉 구매 후 성과가 기대보다 크거나(긍정적 불일치) 같을 때(일치)는 만족하고, 구매 후 성과가 기대보다 작을 때(부정적 불일치)는 불만족하게 된다는 것이다. 요컨대, 고객만족이란 구매한 제품이나 서비스의 성과가 고객이 기대한 것 이상이라고 느끼는 상태를 말한다.

마케팅의 목표는 고객만족에 있으므로 마케터는 가능한 한 고객의 만족도는 높이되 불만족도는 낮추기 위한 노력을 기울여야 한다. 고객만족의 수준을

[그림 2-2] 고객의 만족/불만족 형성과정(기대-성과 불일치 모형)

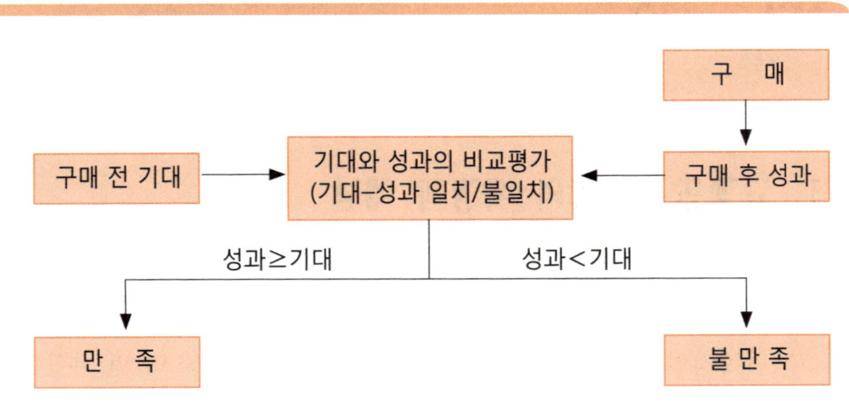

높이기 위해서는 구매 후 성과를 높게 유지하면서 고객의 기대는 적정한 수준을 유지해야 한다. 만일 고객만족의 조건이 되는 긍정적 불일치를 만들어내기 위해 고객의 기대수준을 낮게 하면 잠재고객을 유인하지 못하고 구매자를 감소시키는 결과를 초래한다. 또 고객의 기대수준이 너무 높게 형성되면 제품이나 서비스의 품질과 제공되는 편익을 아무리 높이더라도 높은 기대수준을 가진 고객을 만족시키기 어렵게 된다. 과장광고나 판매원의 과다한 약속으로 인해 고객의 불만을 야기하는 상황이 대표적인 예가 된다.

기업의 고객만족 노력은 경영성과로 나타날 수 있어야 한다. 학자들의 연구결과를 살펴볼 때, 고객만족은 고객충성도를 낳고, 이는 다시 재구매의사와 긍정적 구전활동으로 이어져 기업의 수익증대로 연결된다. 또 신규고객을 창출하는 데 소요되는 비용은 기존고객을 유지하는 비용에 비해 5배에서 11배의 비용이 더 많이 소요된다는 연구결과가 있다. 이것은 신규고객보다 기존고객의 유지 강화노력이 훨씬 더 경제적이고 효율적이며, 특히 경쟁이 치열하고 시장이 포화 상황인 경우에는 고객만족경영을 통한 기존고객 관리의 중요성이 더욱 더 커진다는 것을 의미한다.

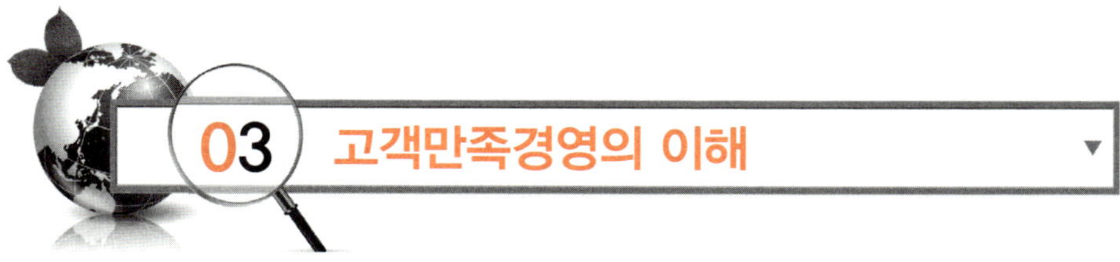

03 고객만족경영의 이해

1. 고객만족경영의 배경과 개념

(1) 고객만족경영의 배경

고객만족경영의 개념은 1980년 스칸디나비아 항공사(SAS)의 사장인 얀 칼슨(Yan Kalson)이 일선 종업원과 고객이 접촉하는 순간, 즉 '진실의 순간' 또는 '결정적 순간(MOT: Moment of Truth)'의 개념을 회사경영에 도입한 결과, 적자기업을 흑자기업으로 만들어 놓은 데서 유래한다. 얀 칼슨에 의하면 천만 명의 스칸디나비아 항공사의 승객들은 평균 5명의 종업원과 접촉하며, 종업원의 1회 고객응대시간은 평균 15초이다. 이 15초의 짧은 순간에 의해 항공사의 전체 이미지가 결정되므로 종업원들은 이 순간 순간에 최상의 이미지를 고객들의 마음 속에 새겨 넣어야 한다는 것이다. 고객과의 접점에서 고객이 불만족하게 되면 불만족한 고객 중 91%가 그 회사를 다시 찾지 않게 되기 때문에 MOT관리와 일선 종업원들의 고객 지향적인 서비스가 매우 중요함을 강조하고 있다.

고객만족경영은 이후 미국의 IBM, 월마트, 제록스, 일본의 도요타, 마쓰시다 등 세계적인 기업들이 고객만족을 기업 최고의 경영이념으로 도입하여 괄목할 만한 성과를 거두면서 더욱 확산되었다. 우리나라의 기업들 중에는 LG그룹이 가장 먼저 고객만족경영 개념을 도입하였다. LG그룹은 1990년에 그룹의 경영이념을 '고객을 위한 가치창조와 인간존중'의 경영으로 정하고 회장실의 주도하에 대대적인 고객만족 캠페인을 실시한 이래로 고객만족경영을 지속적으로 실천해 오고 있다. 또 삼성그룹은 1994년에 회장비서실 직속기관으로 삼성소비자문화원을 설립하여 고객만족도를 조사하고 그 결과를 계열사 평가에 반영하는 등의 노력을 통해 고객만족경영을 실천해 나가고 있다.

기업이 고객만족경영을 도입하는 배경은 다음과 같다.

① 글로벌 경쟁의 격화이다

글로벌 경쟁시대가 도래함에 따라 소비자들은 제품의 선택범위가 보다 넓어졌고 까다로워진 고객의 요구를 외면한 기업은 경쟁에서 살아남을 수 없게 되었다.

② 시장의 성숙화와 제품차별화의 한계이다

대부분의 시장이 성숙기에 접어들고 경쟁이 격화됨에 따라 제품차별화, 다품종 소량생산, 감성경영 등의 활로를 모색해 왔으나 이 역시 한계에 부딪치자 우수한 품질과 서비스로 제품의 부가가치를 높여주는 고객만족을 높이는 경영이 필요하게 되었다.

③ 시장 내 파워의 이동이다

산업이 발달하고 경쟁이 격화됨에 따라 생산자 또는 기업중심의 시장에서 소비자가 주도하는 소비자중심의 시장상황으로 변화되었다.

④ 종업원의 의식과 노동환경의 변화이다

회사 내에 노사 간의 신뢰관계와 민주적 가치관이 정착되고, 종업원 만족이 고객만족의 전제가 됨에 따라 종업원에 대한 동기유발과 보상, 교육훈련, 종업원 임파워먼트(권한부여, empowerment) 등이 중요시되고 있다.

⑤ 소비자 욕구와 가치의 변화이다

소비자의 욕구는 점점 더 다양해지고 빠르게 변하고 있으며, 그들의 가치기준 또한 시간가치와 서비스를 중요시하고 개별화된 기호를 갖게 되었다.

⑥ 소비행동의 변화이다

소득이 향상되고 생활의 여유가 생김에 따라 생존을 위한 소비보다 즐기며 자신의 기호와 개성을 나타내는 소비패턴을 보이게 되었다.

⑦ 소비자 주권의식의 확산이다

뉴미디어가 등장하고 정보화사회가 도래함에 따라 소비자가 대중매체와 같은 제한된 정보에 의존하는 수동적인 존재에서 소비자 스스로 정보를 창조하고 처리하는 능동적이고 주체적인 존재로 변신하게 되었다.

⑧ 기술혁신이다

급속한 기술혁신은 고객만족도를 높이고 기업의 경쟁우위를 창출하게 해 준다. 특히 정보통신분야의 기술발달은 고객정보의 수집과 처리능력을 높여주고 고객의 욕구와 참신한 아이디어를 보다 빠르고 정확하게 파악하게 해 준다. 이로써 기업은 경쟁사보다 우수한 제품을 공급하고 자사 제품에 대한 고객만족도를 보다 높일 수 있게 된다.

이 밖에도 고객만족경영은 기업의 사회적 책임의 중요성 대두, 고객만족경영의 도입에 대한 사회적 분위기의 고조, 고객지향적 기업문화의 필요성 대두 등의 도입배경을 들 수 있다.

(2) 고객만족경영의 개념

고객만족경영(CSM, CS경영: Customer Satisfaction Management)이란 고객지향적 사고가 기업경영의 모든 측면에 반영되어 고객의 입장에서 고객만족의 향상을 위해 지속적으로 노력하는 경영을 말한다. 여기서 고객지향적 사고란 표적고객의 필요와 욕구를 찾아 이를 충족시켜줄 수 있는 제품과 서비스를 제공함으로써 고객만족을 극대화하고, 이를 통해 기업의 장기적 생존과 성장을 도모하는 고객중심의 경영이념을 의미한다.

오늘날 많은 기업들은 고객만족 활동이 A/S나 보상, 환불, 보증수리 등과 같은 판매 이후의 고객서비스에 집중되고 있어서 기업경영의 모든 측면에서 고객지향적 사고가 반영되어 이들 모든 활동이 전사적으로 고객을 중심으로 조정, 통합되지 못하고 있음을 볼 수 있다. 제품의 개발은 생산자 중심의 사고로 기술자 입장에서 이루어지고, 제품판매 이후의 고객서비스 부분에 대해서만 고객만족을 유도하겠다는 것은 진정한 의미의 고객만족경영이라고 할 수 없다. 따라서 진정한 고객만족경영은 제품개발에서부터 조달, 생산, 마케팅, 물류, 영업, 그리고 마지막 A/S에 이르기까지 기업 내에서 이루어지는 모든 가치창출활동이 고객을 중심으로 이루어질 때 달성된다. 즉 고객의 관점에서 기업의 모든 가치창출활동이 수행되고 이러한 활동들이 전사적으로 통합 조정되어 고객에게 높은 가치를 제공할 때 비로소 진정한 고객만족이 이루어진다. 따라서 고객만족경영은 기업의 모든 가치창출활동을 고객중심으로 추진하는 것으로서 고객중심경영이나 고객지향경영과 같은 의미로 이해할 수 있다. 고객만족경영은 지금까지의 기업중심적 경영, 즉 생산자 또는 판매자의 관점에서 결정되고 이끌려 왔던 기업경영을 고객이 중심이 되고 고객에 의해 이끌어지는 경영으로 바꾸자는 것이다.[1]

1 이철(1998), 「고객의 눈으로 보면 모든 것이 새롭다」, 학현사, pp. 31~32.

현/장/사/례

고객이 가장 추천하는 고속버스 - 최고 경영가치는 고객행복

▶ **고속버스 부문**

회사	수치
금호고속	44.8
중앙고속	34.6
동부고속	34.3
동양고속	32.8

금호고속의 최고 경영가치는 '고객행복경영'이다. 업무 시스템을 고객 위주로 개선하고, 이를 실천해 고객 만족을 높이기 위해 노력하고 있다. 고객으로부터 인정받지 못한다면 회사가 지속 발전할 수 없기 때문에 고객행복경영은 결국 회사의 가장 중요한 생존 전략이라는 게 금호고속의 믿음이다.

고객행복경영을 강화하기 위한 가장 대표적인 실천 사례는 '현장60' 활동이다. 금호고속 전 임직원이 직무에 관계없이 하루 60분 이상 영업 현장에 나가 현장 업무를 지원하는 활동으로, 고객과의 대화를 통해 개선해야 할 사항을 발견하고 현장에서 바로 적용해 서비스 품질을 높이고 있다. 전 직원이 월 1회 회사 버스를 이용하도록 하는 '우리버스 타기' 제도도 시행하고 있다. 고객의 입장에서 직접 금호고속의 서비스를 체험하고 불편사항은 즉시 고치기 위한 취지이다.

금호고속을 정기적으로 이용하는 고객 가운데 '고객행복 모니터스'를 선발해 정기적인 피드백 보고서도 받는다. 이를 통해 이용 중 개선해야 할 점이나 제안할 점을 영업 현장에 즉시 반영해 서비스 품질을 향상시키고 있다. 고객행복경영의 전사적인 공감대를 강화하기 위해 각 팀에서는 매일 오전 '서비스 생활화 회의'를 진행하고 있으며, 최고경영자(CEO)가 직접 주재하는 '고객행복 다짐회의'를 실시하고 있다. 사내 통신망 내 '고객행복경영 이야기' 게시판을 통해 CEO가 고객행복에 관한 의견을 직접 게시해 임직원들과 의견을 교류한다. 운송업계 최초로 '고객행복경영맵'을 제작, 정기적으로 고객만족도를 측정하고 있으며 고객만족지수를 데이터베이스(DB)화해 표준화한 응대를 하고 있다.

금호고속 관계자는 "다른 운송 수단의 발전 등 업계 간 경쟁이 치열해지는 상황에서 특화 서비스를 제공하지 않으면 살아남을 수 없다"며 "CEO부터 직원까지 '사기위인(捨己爲人 · 나를 버리는 것이 남을 위하는 것)'의 마음을 갖고 고객행복경영을 실천하고 있다"고 말했다.

자료: 한국경제, 2012. 12. 12

2. 고객만족경영의 추진원칙

고객만족경영은 진심으로 우러나오는 고객제일의 마음을 바탕으로 하여 다음과 같은 고객만족경영의 3대 원칙에 따라 구축해야 한다.[2]

[그림 2-3] 고객만족경영의 3대원칙

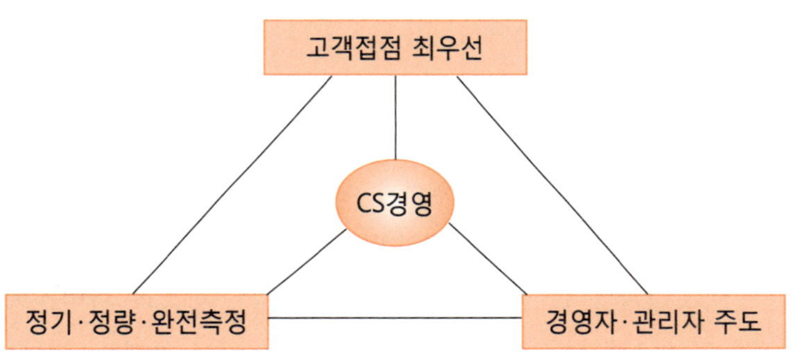

※ 자료: 일본능률협회 CS경영추진팀/한국 JMAC 역(1994), 「CS경영추진사례집」, 21세기북스, p. 18.

(1) 고객접점 최우선 원칙

고객과 기업이 가장 먼저 접촉하는 모든 접점에서 사건의 실태를 정확하게 파악하여 그것을 경영의 출발점으로 삼는 것이 제1의 원칙이다. 고객과의 접점이란 전화응대와 접객태도 등 종업원과의 접점은 물론이고 제품 그 자체의 기능과 이미지, 시설 내부의 상황과 분위기, 환경의 쾌적함과 설비 등 고객만족에 영향을 미치는 모든 요소를 포함한다.

이 접점에서 기업이 고객에게 미치는 인상에 의해 고객만족도가 결정되고 경영의 모든 것이 결정되는 것이다. 이러한 고객접점 관리의 중요성은 얀 칼슨이 주장한 MOT(진실의 순간) 관리의 중요성과 같은 맥락의 개념이다.

따라서 직접적인 접점이 되는 일선종업원 부문을 가장 중시하고, 공장, 연구소, 본사, 그리고 경영자, 관리자도 고객접점에서의 활동이 완전하게 이루

2 일본능률협회/한국 JMAC 역(1994), 「CS경영추진사례집」, 21세기북스, pp. 17~19.

어질 수 있도록 제일선을 지원하는 것이 '고객접점 최우선'의 개념이다.

(2) 정기 · 정량 · 완전측정 원칙

고객접점에서의 대응과 여기서 제공되는 상품과 서비스에 대한 고객의 만족도를 정량적 · 계속적으로 측정하는 것이 고객만족경영의 제2의 원칙이다.

자사의 제품과 서비스에 관한 만족도 요소의 일부만을 포함하고 있는 불완전하고 간단한 형태의 조사로는 고객의 만족도라는 복잡하고 유기적인 구조를 정확하게 파악하기 어렵다. 현장과 업무 담당자의 착상에 의한 단순한 질문의 열거와 같이 자사의 입장에서가 아니라, 고객의 입장에 서서 고객의 관심부분을 조사하는 것이 고객만족도와 그 구조를 파악하는 데 있어서 필요하다. 또 임의적이거나 1회성 조사는 의미가 없다. 제품과 서비스에 관한 소비자의 평판은 경쟁제품의 등장과 고객의 욕구에 따라 바뀐다. 고객만족도의 측정은 정기적이고 지속적으로 실시함으로써 일정기간 비교가 가능해야 한다.

그리고 측정은 통계적으로 신뢰할 수 있는 설계에 의거한 것이어야 한다. 조사결과로부터 고객이 어떤 점을 어느 정도 중시하고 있는가를 밝혀내어, 거기에 초점을 맞춘 경영개혁을 실행할 수 있도록 통계적으로 필요한 조건을 충족시키는 엄밀하고 정량적인 측정을 할 필요가 있다.

(3) 경영자 · 관리자 주도 원칙

경영자를 비롯하여 중간관리자들이 측정결과에 대하여 지대한 관심을 가지고 선두에 서서 검토하여야 한다. 그리고 자사의 제품과 서비스의 개혁에 신속하게 대처하는 것이 위의 두 원칙보다 더 중요하다. 경영자와 관리자에게 보고되지 않고 조직의 실무 차원에서만 회람, 검토되거나, 관계자들 간의 형식적인 설명과 질의만으로 끝나서는 의미가 없다.

제품과 서비스 그 자체의 개선 · 개혁은 사내에 관계되는 부문이 많고, 그 이해관계도 복잡하기 때문에 부문 차원의 문제제기만으로는 시원한 개선 성과를 이끌어낼 수 없다. 그러는 사이에 귀중한 고객을 잃고 만다. 경영자와 관리자가 스스로 선두에 서야 할 경우는 많이 있지만 제품과 서비스에 대한 의사결정은 그 중에서도 가장 중요한 것이다.

3. 고객만족경영의 추진절차

고객만족경영은 다음과 같은 5단계 절차로 추진할 수 있다.[3]

(1) 제1단계: 고객만족경영 이념의 확립

자사의 제품과 서비스에 대한 고객의 만족을 얻기 위해 기업이 지금까지 어떤 사고방식과 경영이념 및 신조를 가져왔는가를 조사한다. 불문율은 성문화하고, 성문화된 것이 있을 때에는 이를 재검토하여 재확립한 후에 사내에 침투시켜 나간다.

(2) 제2단계: 고객만족도 측정시스템의 설정과 측정 해석

기업과 고객 간의 모든 접점을 파악한다. 접점마다 질문항목을 설정하고 측정계획을 수립하여 조사를 실시한다. 측정결과를 분석하여 전체의 만족도에 대한 기여도가 높은 중점항목을 명확히 한다. 조사설계시 사내 관련 부서의 고객접점업무를 분석 · 정리한다. 사전에 고객만족 향상에 대한 개선계획을 세워두지 않으면 다음 행동으로 연결하지 못하기 때문이다. 주요 고객들에게 면접방식으로 질문항목들을 확인해 보는 과정이 필요하다.

(3) 제3단계: 제품 및 서비스의 개선 · 개혁안 수립

고객만족도의 측정 결과를 토대로 고객만족 향상을 위한 과제가 추출되

---

3 상게서, pp. 30~32.

어 업무개선과 개혁안의 작성이 이루어진다. 여기서는 최고경영층에 의한 검토 · 작성, 일선 종업원에 의한 업무개선 · 개혁안의 작성, 고객의 불만 · 클레임에 대한 즉시 대응, 조사결과에 대한 부문별 대응 또는 전사적 심의기관을 통한 대응 등의 과제들이 포함된다.

(4) 제4단계: 시행결과의 평가와 행동

입안된 개선 · 개혁안이 실시되고, 정기적으로 만족도 조사에 의해 개선 · 개혁의 유효성과 만족도 향상 정도를 측정하게 된다. 고객만족도의 지표화와 정기적인 측정, 결과의 피드백, 개선 · 개혁활동의 실시를 반복함으로써 고객만족도를 조직적이고 계획적으로 향상시킨다. 그리고 이상과 같은 활동을 조직 내에서 지속적으로 실시 · 정착시킬 수 있도록 고객만족경영체제의 정비에 힘써야 한다.

(5) 제5단계: 고객만족 기업풍토 개혁

고객만족경영 이념의 침투, 개선 · 개혁의 실시를 통해 사내의 가치관, 행동관습을 고객만족 제일주의로 바꿔야 한다. 현재 사내의 고객만족 마인드를 측정하여 고객만족 기업풍토 형성에 영향을 주는 마인드상의 문제점과 과제를 추출하는 것도 효과적이다.

〈표 2-1〉에는 고객만족경영 혁신을 저해하는 다섯 가지 조직체질을 보여주고 있다.

〈표 2-1〉 고객만족경영 혁신을 저해하는 다섯 가지 조직체질
1. 고객과의 접점을 경시하는 조직
▷고객정보는 영업이나 전문창구에 맡김
▷접점업무에 미경력자 배치
2. 사원의 지적 능력향상을 게을리하는 조직
▷업무일선에서는 매뉴얼대로 하면 된다고 생각한다.
▷아래로부터의 정보는 알려고 하면서 위의 정보는 내려 보내지 않는다.
3. 고객만족경영의 중요성을 종업원들이 실감하지 못하는 조직
▷개선되지 않는 직장환경과 노동조건
▷시간관리, 감정주의, 상대평가의 폐해
▷업무일선을 지원하지 않는 내향적인 중간관리부문
4. 개선 체험이 적은 조직
▷형식적인 개선활동으로 실제 개선이 없는 조직
▷기본적 사고방식을 바꾸지 않은 채 방법만 도입하려고 한다.
5. 본질적인 커뮤니케이션이 약한 조직
▷지도력에 의한 리더십을 발휘할 수 없는 관리자
▷계층 간에 과제를 깊이 생각하며 대화하는 습관이 없는 조직

4. 고객만족경영의 효과

어떤 제품이나 서비스를 구매한 고객은 구매 후 평가과정을 통해 만족 또는 불만족한 반응을 보이게 된다. 고객은 구매 후 만족 또는 불만족의 결과변수로서 [그림 2-4]와 같은 다양한 반응들을 나타낸다. 만족한 고객은 긍정적 재구매 활동과 고객충성도, 기존고객의 유지에 따른 비용절감, 긍정적 구전활동 등을 통해 기업성과에 긍정적 영향을 미친다. 불만족한 고객은 사적행동(구매중지, 판매자에 경고, 부정적 구전활동)이나 공적행동(회사에 보상청구, 소비자보호기관에 고발, 법적 행동)의 불평행동을 통해 기업성과에 부정적 영향을 미치며, 때로는 무관심, 망각 등의 이유로 불만족한 결과에 대하여 어떤 행동반응을 나타내지 않기도 한다.

[그림 2-4] 고객만족과 불만족에 따른 행동대안

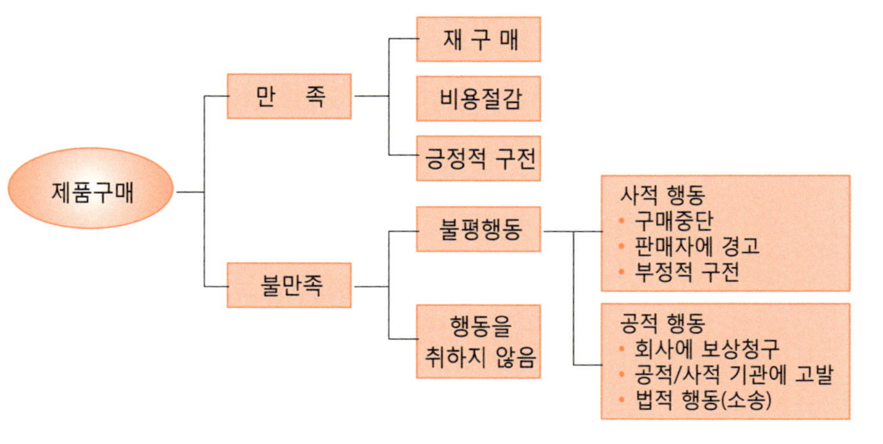

따라서 기업이 고객만족경영을 통해 얻을 수 있는 효과는 구체적으로 다음과 같은 세 가지로 요약할 수 있다.

(1) 재구매행동과 상표충성도

제품구매를 통해 만족한 고객은 재구매를 하게 되고, 특정 상표에 대하여 반복구매가 이루어짐에 따라 상표충성도(brand loyalty)를 보이게 된다. 경쟁이 치열하고 성숙된 시장구조를 갖고 있는 오늘날 대부분의 시장에서는 신규고객을 확보하는 것보다 기존고객의 유지 · 강화를 통해 재구매와 반복구매를 유도하는 것이 훨씬 더 경제적이고 기업에 이익이 된다. 이것은 한 번 맺어진 고객관계가 평생고객 관계로 이어질 수 있고, 상표충성도를 확보함으로써 고객을 재창출할 수 있게 해 주기 때문이다.

기업이 재구매 고객을 확보하기 위해서는 고객의 만족도를 높일 뿐만 아니라 전환장벽을 높여야 한다. 만일 고객이 상표나 공급자를 변경하고자 할 때, 많은 자본비용이나 탐색비용이 소요된다든지 충성고객에게 제공되는 다양한 혜택을 잃게 된다면 자연스레 높은 전환장벽이 형성되는 것이다. 또한 기업이 고객의 재구매를 유도하고 고객충성도를 확보하기 위해 노력하는 것은 신규고객의 창출보다 기존고객과의 관계를 유지 · 강화하는 데 초점을 두는 관계마케팅적인 접근방법이 된다.

(2) 비용절감

고객만족은 재구매의사뿐만 아니라 기업의 비용절감 효과를 가져다 준다. 기업이 신규고객보다 재구매나 반복구매 고객을 확보하는 데 노력을 집중해야 하는 이유는 신규고객을 창출하는 데 소요되는 비용이 기존 고객을 유지하는 데 드는 비용의 5~11배가 더 소요되고, 기업 간에 경쟁이 치열할수록 신규고객을 확보하기가 점점 더 어려워지기 때문이다.

고객만족을 통해 상표충성도가 형성되고 반복구매가 이루어지면, 판매비나 광고비와 같은 비용을 절약하고 고객설득에 소요되는 시간을 A/S나 고객불만 해결에 사용할 수 있으며, 고객의 욕구나 기대치를 예측하여 불필요한 지출을 줄일 수 있다. 또한 만족한 고객은 가격에 민감하지 않게 되므로 기업은 비용절감과 함께 더 많은 이익을 창출할 수 있다.

(3) 구전효과

제품구매에서 만족한 고객은 친구나 이웃, 친지, 동료 등 주변사람들에게 제품을 선전하고, 그 제품의 구입을 권유함으로써 구전(word of mouth)을 통해 최대의 광고효과를 발휘한다. 즉, 한 사람의 만족한 고객은 구전을 통해 여러 명의 새로운 고객을 창출할 수 있게 해 주며, 기업이 별도의 촉진비용을 투입하지 않고도 커다란 성과를 낼 수 있게 해 준다. 구전활동은 광고나 판촉 등 다른 어떤 촉진 커뮤니케이션보다 설득력과 신뢰감이 높고 소비자의 구매행동에 강한 영향을 미치기 때문이다. 또 만족한 고객은 긍정적 구전활동을 통해 다른 사람들에게 기업이나 상표의 이미지에도 긍정적 영향을 미치게 된다. 물론 불만족한 고객은 부정적인 구전활동을 통해 자신의 주변 사람들에게 제품구매에 매우 나쁜 영향을 미치게 된다.

고객만족은 그 결과변수로서 위에서 살펴본 재구매의도와 비용절감, 구전효과뿐만 아니라 기업성과나 기업이미지, 기업 간의 관계몰입이나 장기거래지향성, 점포애호도 등에 긍정적 영향을 미친다는 연구결과도 있다.

현/장/사/례

고객만족경영대상 – 성공기업들의 비결은 '고객 눈으로 본 혁신'

한국능률협회컨설팅(KMAC)의 고객만족경영대상이 올해로 20주년을 맞았다. 고객만족경영대상은 고객지향적 이념과 시스템을 구축해 이를 경영으로 실천한 기업을 발굴하고 장려하기 위한 제도이다.

▶ 지난 20년 간 수상기업들의 특징

고객만족경영이 성공적으로 정착된 기업들에는 공통적으로 탁월한 리더십을 발휘한 최고경영자(CEO)가 있다. 이들은 솔선수범, 혁신에 대한 열정, 핵심 프로세스에 대한 이해 등을 바탕으로 조직을 고객 중심적으로 변화시키는 구심점 역할을 해 온 것이다. 초기에 고객만족경영을 담당했던 기업의 CS 조직은 단순히 '고객만족팀'을 발족시키는 정도였다. 하지만 2000년대 중반 들어서면서 CS 관련 조직은 마케팅기획팀, 전략기획팀 등 기업의 핵심부서에 통합되면서 '고객만족'이라는 명칭은 갖지 않더라도 역할은 확대되었다.

고객만족경영에 두각을 나타낸 기업들은 CS를 단순한 친절운동에서 전사 차원의 경영시스템으로 발전시켰다. 고객의 소리(VOC)에 기반한 고객만족경영전략을 수립하고 이를 실행하기 위한 조직, 프로세스, 평가체계, 인재육성체계 등을 갖춘 것이다. 또한 상품 기획 및 개발부터 영업, 사후 서비스 등 모든 영역에 고객만족을 위한 모니터링 체계를 갖추고 있다.

과거에는 주로 고객과 직원이 직접 만나는 '대면접점'에서의 고객만족 활동이 중심이었다. 최근에는 정보통신 기술이 발달하면서 콜센터, 홈페이지 등과 같은 '비대면 접점'에서의 고객만족 또는 서비스품질 관리에도 힘쓰고 있다.

▶ 향후 고객만족경영에 있어서 변화 포인트

최근 접점서비스가 부각되면서 고객만족 경영활동이 서비스 기능 조직에서만 실행되는 경우가 많다. 하지만 진정한 고객만족경영의 성공은 고객 관점에서 전사적인 혁신 활동으로 실천되어야 가능하다.

고객의 소리(VOC)는 고객가치 발굴에 있어 가장 핵심 원천이다. VOC를 통해 고객의 내면에 잠재된 욕구까지 발굴할 수 있도록 그 활용범위가 확대돼야 한다. 방대해지는 온라인상의 각종 고객의견 분석을 기반으로 향후 트렌드를 파악하기 위한 활동 또한 적극적으로 전개돼야 한다. 또 단순히 고객이나 기업이 일방적으로 의사를 표출하는 단방향이 아닌 기업과 고객이 서로 의견을 교환하는 쌍방향의 VOC를 구축해야 한다.

아울러 수많은 정보와 고객서비스에 노출돼 있는 고객의 마음을 사로잡기 위해서는 고객경험의 전반에서 새로운 고객가치를 지속적으로 창출해 내야만 한다. 고객경험흐름을 세분화하고 접점 중에서 고객이 중요시하는 것이 무엇인지 어떤 것을 기대하는지 등을 파악해 기업 고유의 색깔을 입힌 남다른 경험을 제공할 수 있어야 한다.

자료: 한국경제, 2012. 12. 13

1. 고객만족의 실천과제

기업이 고객만족경영을 성공적으로 전개하기 위해서는 다음과 같은 실천과제가 필요하다.[4]

(1) 최고경영자의 강력한 추진 의지

고객만족경영은 시장점유율 확대나 원가절감이라는 근시안적 경영목표 추구에서 벗어나 고객만족을 궁극적 경영목표로 삼음으로써 시장변화에 흔들리지 않는 안정적 수익기반을 장기적 · 지속적으로 확보해 나가려는 경영방식이다. 따라서 최고경영자는 고객만족을 달성하기 위한 강력한 의지를 기업 내부의 조직구성원들에게 전파해야 한다.

(2) 전체 조직구성원의 적극적 참여

고객만족경영을 성공적으로 추진해 나가기 위해서는 최고경영자의 강력한 추진의지와 함께 전 조직구성원의 적극적인 참여가 있어야 한다. 이를 위해서는 고객만족 성과를 명확히 측정하고, 이를 토대로 철저히 보상하는 평가시스템의 운영이 필요하다.

4 최계봉(1997), "고객만족 경영에 관한 연구,"「경기대학교 논문집」, 제41집 1-2호, pp. 95~98.

(3) 고객만족지향적 기업문화 구축

최고경영자로부터 하부 직원에 이르기까지 기업 내부의 모든 구성원들이 고객만족을 최우선 목표로 두는 고객만족경영 문화가 정착되어야 한다. 고객만족지향적 이념을 설정하고 고객정보시스템 및 교육시스템을 구축한 후 고객만족 성과와 보상시스템을 연결시켜 구성원에게 고객만족에 대한 동기유발을 제공해야 한다.

기업이 진정한 의미에서 고객만족지향적 문화를 구축하려면 다음과 같은 세 가지 요건이 충족되어야 한다.

첫째, 최고경영층은 지시나 감시 일변도의 자세에서 탈피하여 고객만족지향적 문화구축에 필요한 지원책 수립에 중점을 두어야 한다.

둘째, 최일선에 있는 현장사원의 견해를 직접 청취할 수 있는 의사소통 라인을 마련해야 한다.

셋째, 현장사원에게 최대한의 재량권을 부여해야 한다. 재량권이 없이는대 고객서비스가 창출될 수 없기 때문이다.

(4) 내부고객 만족

고객에는 기업외부에 있는 최종고객이나 중간고객을 일컫는 '외부고객'과 기업내부에 있는 종업원을 일컫는 '내부고객'으로 구분할 수 있다. 고객만족경영을 기업내부에 성공적으로 정착시키려면 내부고객, 즉 사내 종업원들을 만족시켜야 한다. 즉, 외부고객의 만족을 위해서는 내부고객의 만족이 전제가 되어야 하며, 이는 내부마케팅의 중요성을 대변해 주는 말이다. 자사의 상품과 서비스에 만족하지 못하는 종업원들이 자부심과 긍지를 가지고 고객에게 만족스런 판매활동이나 서비스 활동을 전개하기를 기대하기는 힘들기 때문이다.

따라서 모든 종업원은 외부고객이나 내부고객인 상사, 동료, 부하에게 서비스를 제공하고 있는 것이다.

(5) 고객만족 실현을 위한 고객정보관리체제 구축

고객만족경영의 기본과제의 하나는 고객만족 측정이 고객의 입장에서 객관적으로 이루어져야 한다는 점이다. 즉 고객의 만족도를 고객의 입장에서 평가하도록 하고 이를 계량화해 경영의 지표로 삼아 개선활동을 지속적으로 전개해 나가도록 해야 한다. 이렇게 하기 위해서는 고객만족의 지수화를 통한 지속적 개선활동이 목표설정과 성과측정이 가능하도록 고객정보관리체제를 구축해야 한다.

미국의 페더럴 익스프레스는 SQI(Service Quality Indicator)라는 독자적 지표를 개발하여 정기적인 고객만족 측정을 실시할 뿐만 아니라 서비스 품질 저하가 48시간 후에 시장점유율에 어떤 영향을 미치는지를 파악할 수 있도록 초단기적 품질평가시스템을 구축하고 있다. 이처럼 체계적이고 과학적인 고객정보관리체계가 구축되면 고객만족경영은 성공적으로 정착될 수 있게 된다.

(6) 역피라미드형 조직구조

고객만족경영을 위해서는 역피라미드형 조직구조가 필요하다. 역피라미드형 조직구조란 기존의 최고경영자가 최상단에 있는 기존의 피라미드형 조직구조와 반대로 고객이 조직의 맨 위에 있고, 그 다음에는 고객접점에 있는 일선종업원이 있고, 관리자와 최고경영자는 조직의 하단에서 고객과 일선종업원을 지원하는 역할을 하는 것이다. [그림 2-5]는 역피라미드형 조직구조를 보여주고 있다. 고객만족을 위해서는 고객에 대한 이해와 고객지향적 경영이 중요하며, 고객을 가장 중요시하는 역피라미드형 조직구조가 고객만족경영의 필연적 조건이 된다.

역피라미드형 조직구조에서는 목적달성을 위해 고객을 접촉하는 일선종업원에게 가능한 한 많은 임파워먼트(권한부여, empowerment)를 해야 하고, 고객의 요구나 불만요인에 대하여 즉각적으로 의사결정에 반영할 수 있는 커뮤니케이션 통로가 필요하다.

[그림 2-5] 역피라미드형 조직구조

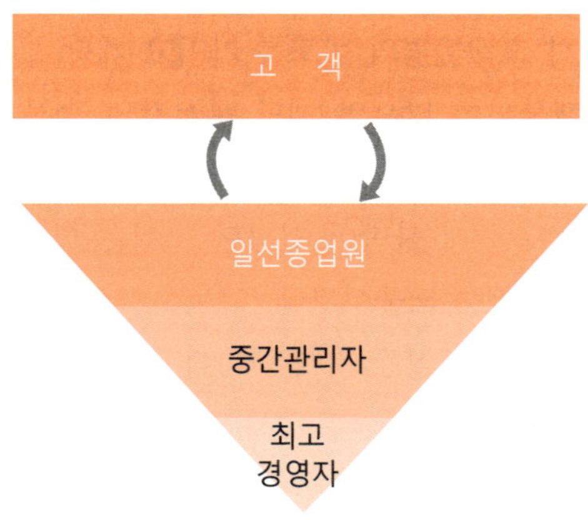

2. 고객만족경영의 실천전략

기업이 고객이탈을 막고 고객유지를 통해 고객만족경영을 실천하기 위한 방안을 살펴보면 다음과 같다.[5]

(1) 고객의 소리에 귀를 기울여라

고객은 기업에게 끊임없는 아이디어를 제공해 주는 원천이 된다. 기업은 고객의 소리를 적극적으로 찾아 듣고자 하는 노력을 기울여야 하며, 그들의 소중한 소리를 데이터베이스화하여 개별적이고 세심한 관리에 활용하여야 한다. 기업은 특히 고객의 불평을 들어주는 일에 많은 신경을 써야 한다. 고객의 불만을 들어주는 것 자체가 중요한 고객 서비스가 되고 고객 불만을 해소해 줄 수 있기 때문이다.

5 이유재(1998), "고객가치 증대를 위한 고객만족경영," 한국소비자학회 학술발표대회 발표논문, pp. 62~66.

(2) 고객불평 악순환의 고리를 끊어라

기업에서는 흔히 고객불평의 빈도를 가지고 해당 부서의 성과를 평가하는 경향이 있다. 고객불평이 많으면 해당 부서장의 승진기회를 박탈하든지 인적 · 물적 지원을 줄인다. 이때 위축된 그 부서의 분위기는 고스란히 고객에게 전달된다. 때문에 원래 불만이 있었던 고객은 더욱 많은 불평을 하게 되고, 이러한 악순환은 계속 되풀이된다.

고객불평은 성가시고 귀찮은 것이 아니다. 우리의 문제를 해결하고 해당고객을 우리의 충성고객으로 만들 수 있는 절호의 기회이다. 따라서 고객불평이 많이 발생하는 부서일수록 시스템을 개선해 주고 더 많은 지원과 교육을 통해 관심을 가져 주어야 한다. 고객불평 악순환의 고리를 끊어주는 것이 고객만족경영의 첩경이 된다.

(3) 독특한 서비스를 창출하라

흔히 가격경쟁은 경쟁사의 모방이 용이하여 결국은 경쟁사와 함께 공멸하는 결과를 낳기 쉽다. 이런 상황에서는 고정고객을 확보하여 가격민감도를 떨어뜨려야 한다. 충성고객은 영업사원이 아무리 노력해도 달성할 수 없는 효과를 구전을 통해 가져온다. 만족한 기존고객은 신규고객을 확보하는 도우미의 역할도 하는 것이다. 뱅크 카트를 끌고 시장 상인들을 직접 찾아다니며 현금 교환과 예금 등의 업무를 독특하게 제공하여 '움직이는 은행'이라는 명성을 얻은 하나은행이 어려운 금융환경 속에서도 커다란 성과를 내고 있는 것은 좋은 예가 된다.

(4) 서비스 회복에 투자하라

제조업이든 서비스업이든 완벽한 기업은 없으며, 세계 최고수준의 기업이라 하더라도 소비자에게 상품이 배달되기까지 도착지연이나 배달 잘못 등의 실수가 있기 마련이다. 그래서 기업의 실수를 만회하고 상처받은 고객의 마음을 회복시키는 서비스 회복(service recovery)의 중요성이 대두되는 것이다. 실수나 잘못을 범하고 나서 어떻게 하느냐에 따라 상대방의 마음을 크게 바꾸어 놓을 수 있기 때문이다.

(5) 판매 후 고객관리를 강조하라

일반적으로 신규고객을 확보하는 것보다 기존고객의 유지 · 강화를 위해 노력하는 것이 훨씬 경제적이고 기업의 이익에 도움이 된다. 이를 위해 제품을 구입해 준 고객의 인적사항을 확인해 두고, 전화나 엽서, 이메일 등으로 판매 후 관리를 하는 것이 중요하다. 한번 거래한 고객과의 신뢰를 확립하면 고객의 이탈을 방지하여 고정고객이 될 확률이 높아진다.

(6) 우량고객을 집중 관리하라

마케팅에는 20 대 80의 법칙이 있다. 기업 매출액의 80%는 20%의 우량고객 또는 대량사용자가 차지하고 있고, 나머지 매출액의 20%는 소량사용자가 차지한다는 법칙이다. 제한된 자원을 가지고 있는 기업의 입장에서는 우량고객을 대상으로 고객만족경영 활동을 집중하는 것이 중요하다. 여러 기업들이 우량고객의 유지를 위해 우량고객에 대한 차별적 보상 프로그램을 실시하고 있다. 증권사나 은행 등 금융기관들이 우수고객을 위해 VIP룸을 설치한다든지 개인자산관리 등의 편의를 제공하여 이들을 집중 관리하고 있는 경우가 대표적인 사례가 된다.

(7) 데이터베이스 마케팅을 적극 활용하라

기업의 제품이나 서비스를 구매한 고객들의 자료를 데이터베이스화하고, 이 자료를 활용하여 개별고객의 욕구와 구매취향을 파악하고, 그들에게 맞춤

정보와 다양한 서비스 기회를 제공한다. 이처럼 고객 데이터베이스에 기반한 고객중심의 마케팅을 데이터베이스 마케팅이라고 하며, 대 고객관계를 유지, 강화시켜 나가는 활동은 고객만족경영과 관계마케팅을 실천하는 주요 방안이 된다.

고객정보파일이 잘 구비되고 업데이트되어 있어 개별 고객정보를 용이하게 검색, 이용할 수 있다면 종업원들은 관계지향적 고객접촉이 가능하게 된다. 고객 데이터베이스는 고객관계를 유지하는 데 이용될 뿐만 아니라 고객 세분화, 주문형 마케팅활동, 구매가능성이 높은 고객이나 충성고객의 확인, 고객의 장기적인 이익성과 같은 마케팅활동에까지 이용할 수 있다.

현/장/사/례

진정한 고객만족경영

얼마 전 한 백화점에서 와이셔츠를 구입한 적이 있다. 급히 구입하다 보니 사이즈를 제대로 확인하지 못하는 실수를 범했다. 백화점에 전화를 해 교환해 줄 수 있냐고 물었다. 다음날 이른 아침, 초인종이 울려 나가보니 20대 초반으로 보이는 여성이 집 앞에 서 있는 게 아닌가. 공손히 인사를 하며 내게 건넨 것은 다름 아닌 와이셔츠였다. 백화점 직원은 다른 지점에서 내가 요청한 사이즈의 와이셔츠를 급하게 구한 것이었다. 더구나 내가 그 옷을 다음 날 입고 나가야 한다는 말을 듣고 아침 일찍 우리 집에 오는 수고를 더한 것이다. 어떻게 감동하지 않을 수 있겠는가.

21세기 기업경영의 화두 중 하나는 '고객만족'이다. 기업이 지속적으로 성장하기 위해서 필요한 디딤돌 중 하나가 고객이기 때문이다. 제품이나 서비스를 구매하는 고객이 없어진다면 그 기업은 존재가치를 상실한 것이다. 기업들이 저마다 '고객만족'을 부르짖으며, 지금 이 순간에도 전략을 수립하고 있을 것이다. 그러나 이러한 노력에도 불구하고 소비자보호원에 접수된 상담 건수는 해마다 증가하고 있다. 이는 최신 마케팅 기법의 도입에도 불구하고 아직까지 우리 기업의 고객만족 마인드가 부족하다는 것을 나타내 준다.

고객에 대한 존중과 인간적인 배려를 소홀히 한 기계적인 마케팅은 고객과의 관계를 악화하는 결과를 낳을 수도 있다. 구호로만 부르짖는 고객만족은 더 이상 통하지 않는다.

기업이 고객과 가장 처음 만나는 것이 제품이다. 제품은 기업의 얼굴이라 해도 과언이 아니다. 고객이 진정으로 원하는 것은 상품구입을 통해 얻을 수 있는 효용의 극대화다. 따라서 기업은 품질에 대한 고객의 만족도를 높이고 잠재된 고객의 욕구를 발견하여 충족시키는 데 초점을 맞춰야 한다.

제대로 잘 만들어진 제품은 고객에게 기쁨을 준다. 고객의 기쁨은 기업이 존재하는 중요한 이유 중 하나다. 또 아무리 잘 만들어진 제품이라도 신속한 A/S가 따르지 않는다면 고객의 불만은 높아질 것이다. 그 결과 기업은 고객에게 외면당할 것이 불 보듯 뻔하다.

진정한 고객만족은 뛰어난 제품, 발 빠른 A/S, 고객의 욕구를 꿰뚫는 마케팅이 서로 조화를 이룰 때 그 가치가 빛난다. 여기에다 기업 조직원의 따뜻한 마음과 정성이 더해진다면 금상첨화다. 특히 이러한 모든 요소들의 기본은 고객의 입장에서 바라보고 생각하는 것임을 이 시대의 기업들은 다시 한번 되새길 필요가 있다.

자료: 황종대, 한국일보, 2012. 11. 22

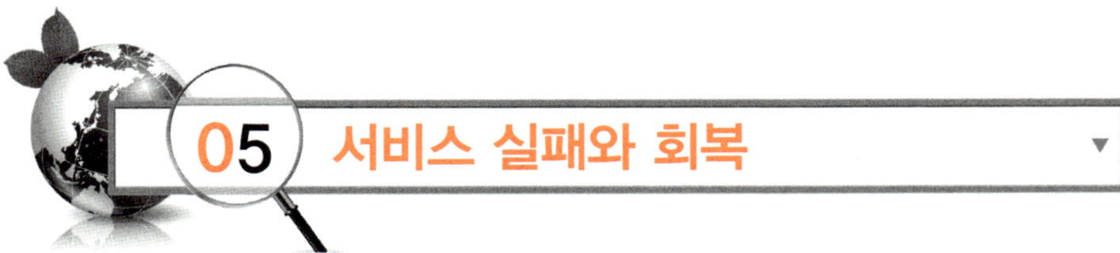

05 서비스 실패와 회복

서비스 기업이 약속된 서비스를 제대로 제공하지 못하거나 제공한 서비스가 고객의 기대에 미치지 못하게 되면 서비스 실패 상황을 맞이하게 된다. 서비스 실패는 곧 서비스 품질 문제를 야기하고 고객에게 불만족한 상황을 만들어 낸다. 고객불만족은 구매중지, 부정적 구전, 고발 등의 불평행동을 낳게 되고, 이는 기업 이미지와 수익에 치명적인 결과를 가져올 수 있다. 따라서 실패한 서비스에 대해서는 고객의 신뢰를 회복하기 위한 서비스 회복 노력을 필요로 한다. 서비스 제공자의 책임 있는 서비스 회복은 서비스 실패를 극복할 뿐만 아니라 고객유지와 강력한 고객충성도를 이끌어낼 수 있기 때문이다.

1. 서비스 실패

서비스는 무형성, 소멸성, 동시성, 이질성 등의 특징을 가지고 있기 때문에 고객에게 제공되는 서비스상품은 표준화하기가 쉽지 않다. 서비스의 품질은 지각된 서비스 품질의 개념으로 고객에 의해 평가하며, 서비스 제공자의 전문성과 태도, 개성에 따라, 또 고객이 누구냐에 따라 다르게 평가될 수 있다. 서비스 기업이나 서비스 제공자 입장에서 아무리 우수한 서비스를 제공한다고 하더라도 고객이 지각하는 서비스의 품질은 불만족할 수 있다.

서비스 실패(service failure)는 서비스가 제대로 수행되지 않거나 고객의 기대에 미치지 못하는 수준의 서비스를 제공하는 결과를 말한다. 즉, 서비스 실패는 책임소재와 관계없이 서비스 제공과정이나 결과에서 고객에게 어떤 불만족을 야기하는 문제 상황을 의미한다.

일반적으로 서비스 실패의 원인은 서비스 품질 속성에 기준하여 결과적 실패와 과정적 실패(기능적 실패)로 구분할 수 있다. 결과적 실패(outcome failure, 기술적 실패)는 고객이 요구하는 기본적 서비스를 충족시키지 못하거나 핵심서비스를 수행하지 못한 경우를 말하며, 과정적 실패(process failure, 기능적 실패)는 서비스 제공과정 또는 방법에 있어서의 결함이나 실수를 말한다. 예컨대, 항공사에 좌석을 미리 예약하였으나 예약초과로 인해 좌석이 없는 경우는 결과적 실패에 해당되고, 식당에서 종업원이 불친절한 경우는 과정적 실패에 해당된다.

서비스 실패의 원인 중 대부분은 서비스 전달체계상의 문제, 종업원이 고객의 요구에 제대로 응대하지 못하는 경우, 고객이 기대하지 않은 서비스를 제공한 경우와 같은 문제에서 비롯된다.

서비스 실패는 고객과의 지속적인 거래관계를 단절하는 결과를 가져와 장기적인 기업의 수익성에 나쁜 영향을 미친다. 우수한 서비스는 고객과의 연속적인 관계를 통해 고객충성도를 구축하고 낮은 고객전환과 고객만족으로 선순환한다. 반면에, 실패한 서비스는 고객과의 비연속적인 관계를 통해 고객충성도 구축에 실패하고, 높은 고객전환과 신규고객 확보에 집중함에 따라 고객불만족이 높아지게 된다고 하였다.[6]

[그림 2-6]은 실패한 서비스와 우수한 서비스의 사이클을 보여주고 있다.

서비스 실패는 서비스 제공자와 고객 간에 지속적인 거래관계의 유지 여부를 결정짓는 요소가 되므로 기업의 지속적인 성장과 수익성에 매우 중요한 영향을 미친다. 고객이 서비스에 대하여 만족한 경우에는 재구매를 통해 고정고객이 되며, 긍정적 구전을 통해 신규고객을 창출하는 효과를 낳는다. 하지만 고객이 서비스에 대하여 불만족한 경우에는 서비스 실패를 초래하여 고객 자신의 거래 중지는 물론 부정적인 구전을 통해 다른 잠재고객들까지 잃게 만든다.

불만족한 고객이 자신의 불만족을 해당 기업과 원만하게 해결하지 못한 채 끝나게 되면 다음 구매시 그 기업의 제품이나 서비스에 대한 기대에 부정적

6 Schlesinger, L.A. and J.L. Heskett(2000), *Service Breakthroughts: Changing the Rules of the Game*(New York: The Freepress).

[그림 2-6] 실패한 서비스와 우수한 서비스 사이클

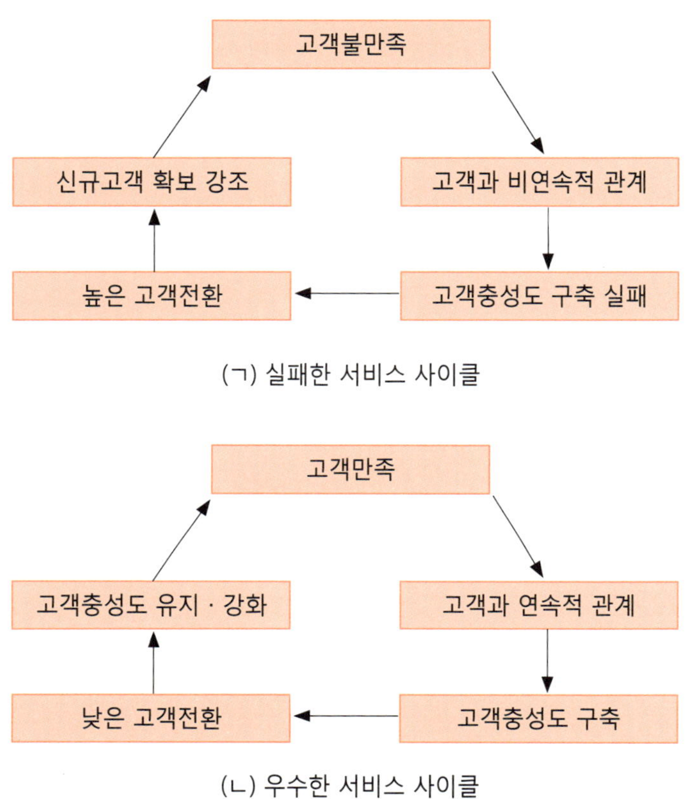

인 영향을 줄 뿐만 아니라 부정적인 경험은 긍정적인 경험보다 더 오래 기억되어 그 영향력은 더욱 커지게 된다. 이처럼 서비스 실패는 고객의 이탈은 물론 그 고객의 부정적인 구전활동으로 인해 기업에 막대한 비용을 초래할 수 있고, 고객의 전환행동에 중요한 요인으로 작용할 수 있다.

2. 불평행동

일반적으로 고객 불만족의 결과로 나타나는 불평행동(complaint behavior)

[그림 2-7] 불평행동 유형

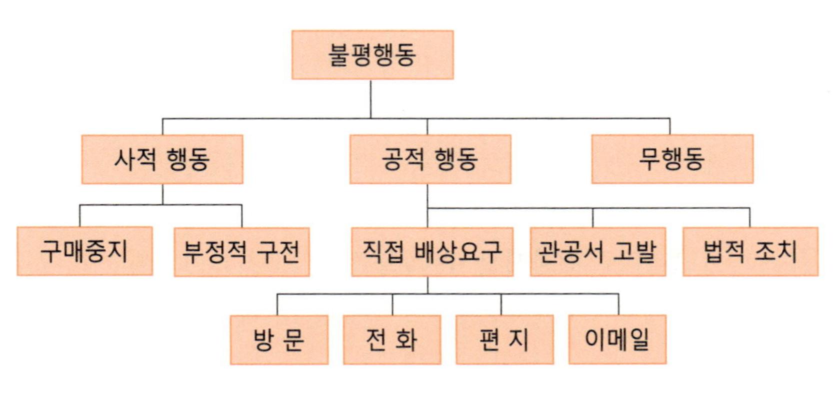

은 [그림 2-7]과 같이 크게 사적 행동과 공적 행동, 그리고 아무런 행동을 하지 않는 무행동으로 구분된다. 사적 행동은 본인의 구매중지나 주변사람들에게 부정적 구전의 형태로 나타나고, 공적 행동은 해당기업에 직접 배상요구, 관공서나 소비자단체에 고발, 소송 등의 법적 조치의 형태로 나타난다. 기업에 직접 배상 요구는 방문, 전화, 편지, 이메일 등의 방법을 사용할 수 있다.

고객의 불평행동은 불만요인의 해결을 통해 만족고객으로 전환될 수 있다. 윌리암스(Williams)는 불평이 만족스럽게 처리된 고객은 4명 중 3명이 계속 구매를 하며, 단순히 불만족한 고객은 재구매 빈도가 상당히 낮아진다고 하였다. 또 불만족하지만 불평을 하지 않은 고객은 3명 중 2명이 다른 기업으로 이탈한다고 하였다. 또 불만족한 고객은 평균 10명에서 20명에게 불평행동을 한다는 연구결과가 있다.

3. 서비스 회복

일반적으로 서비스 회복(service recovery)은 서비스 실패에 대한 반응으로서 서비스 제공자가 고객의 신뢰를 회복하기 위하여 취하는 일련의 활동을 말한다. 다시 말해, 서비스 제공자가 서비스 실패로 인해 약속한 서비스를 제공하지 못해 발생되는 고객의 손실을 회복 또는 완화시키는 서비스 제공자의 행위를 의미한다.

서비스 실패를 경험한 고객은 서비스 제공자에 대하여 불평행동을 하게 된다. 고객의 불평행동에 대하여 서비스 제공자가 우호적으로 대응할 경우 고객은 만족하게 되지만, 그 반대로 대응할 경우에는 더욱 불만족하게 된다. 실패한 서비스에 대한 서비스 제공자의 긍정적 대응과 적절한 불평처리는 불만족 고객을 만족고객으로 전환시킬 수 있을 뿐만 아니라 기업에 대한 신뢰와 몰입에 긍정적인 영향을 미친다. 따라서 효과적인 서비스 회복 노력은 고객유지에 긍정적 영향을 주어 강력한 고객충성도를 이끌어낼 수 있다.

서비스 회복은 서비스 품질과 고객만족, 고객충성도에 중요한 결정요인이 되며, 기업의 장기적 수익에 직접적인 영향을 미친다. 또한 효과적인 서비스 회복은 서비스 품질에 대한 고객의 지각을 향상시키며, 고객만족을 강화시켜 고객과의 우호적 관계를 구축하여 고객이탈을 방지하기 때문에 매우 중요하다. 서비스 기업이 적절한 회복시스템을 갖추어 서비스 실패에 효과적으로 대

[그림 2-8] 일반적인 서비스 회복 모델

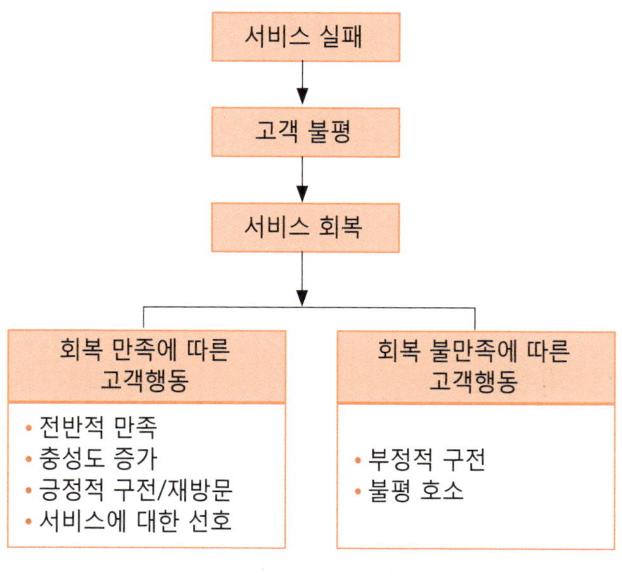

처하면 기업의 장기적인 성공의 결실로서 높은 수익을 실현하고 고객만족을 달성하여 기업정책에 대한 고객과 종업원의 신뢰를 강화시킨다.

[그림 2-8]은 서비스 회복의 일반적 모델을 보여주고 있다.[7] 이것은 서비스 회복의 역설(service recovery paradox)이라는 용어로 설명되는데, 서비스 실패가 서비스 회복에 의해 만족스럽게 치유된 고객들은 서비스 실패를 경험하지 않은 고객들보다 기업에 대한 전반적 만족도가 증가하고, 그 상품에 대한 충성도가 증가하며, 더 호의적인 구전활동을 한다는 것이다. 반대로, 기업의 서비스 회복노력에 불만족한 고객들은 기업에 불만을 품고 부정적 구전활동을 하며 불평을 호소하게 된다. 따라서 서비스 기업이 고객들을 만족시키기 위해서는 서비스 실패에 대하여 고객이 기대하는 수준 이상의 서비스 회복노력을 기울여야 한다. 서비스 기업이 실패한 서비스를 회복하기 위해서는 무료 제공, 할인, 보상, 쿠폰 제공, 관리자의 개입, 교환, 정정, 경청 및 공감, 종업원의 사과 등의 방법을 사용할 수 있다.

7 Lilienthal, S. K.(1997), "Service Recovery in Service Contexts: An Investigation of the Varieity of the Recovery Paradox," *Unpublished Doctoral Disertation*, Ohio State University.

연·구·문·제

1. 고객의 개념을 정의하고, 고객의 유형에 따른 차이를 설명하시오.

2. 고객만족의 개념과 고객만족경영의 의의에 대하여 토의해 보시오.

3. 소비자 의사결정과정에서 고객 만족/불만족의 형성과정에 대하여 설명하시오.

4. 고객만족경영의 도입배경과 그 중요성에 대하여 설명하시오.

5. 기업경영에 있어서 고객만족경영의 효과에 대하여 살펴보시오.

6. 공 · 사 조직의 고객만족경영 사례를 조사 연구하여 토의해 보시오.

7. 서비스 실패와 회복의 의미와 중요성에 대하여 설명해 보시오.

제3장

서비스 전략

학습목표

- 서비스 전략의 의의
- 서비스 경쟁전략과 경쟁국면
- 서비스 운영전략

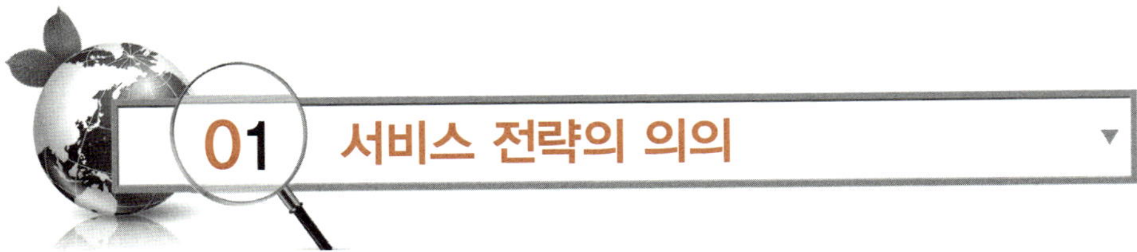

1. 서비스 전략의 개념

서비스 전략이란 서비스를 제공함에 있어서 경쟁우위를 확보하기 위한 방책이다. 서비스 전략은 고객에게 지각되는 서비스 품질을 높이고 고객의 욕구를 만족시킬 수 있는 전략이라고 할 수 있으며, 고객에게도 가치가 있고 유효한 경쟁상의 위치를 확립시킬 수 있는 비전으로 중요한 역할을 한다.

비전(vision)이란 기업이 전략적으로 지향하고자 하는 미래상을 의미하며, 장기적 안목에서 현실과 미래 목표를 연결시키는 전략적 구상이다. 비전은 시장에서 자사의 위치를 분석하여 자사가 차지하고 싶다고 생각하는 위치에 대한 명확한 개념을 확립함을 의미한다. 이것은 판단력, 창조성, 그리고 폭넓게 사물을 생각하는 능력을 요구하는 세련되고 기업적인 사고의 프로세스이다. 조직의 비전은 지속적으로 계속되는 반면, 사명은 변화하게 된다.

사명(mission)은 조직의 존재이유 또는 존재목적이라고 할 수 있다. 조직의 사명 속에는 고객만족을 위한 제품과 서비스를 제공하기 위한 것이 나타나게 된다. 이러한 사명은 단순한 이윤추구를 넘어 조직의 존재이유를 제시할 수 있어야 한다. 사명은 전략적인 의사결정과 장기적으로 목표를 달성하려는 지속적인 노력이 뒤따를 때 의미가 있다. 사명은 조직원들이 전략적으로 사고하고 행동할 수 있도록 도움을 주어야 한다.

서비스 전략을 이해하는 또 하나의 관점은 '제공되어야 하는 가치를 어떻게 표현 하는가'이다. 이는 서비스에 대한 고객의 니즈(needs)에 초점을 맞추는 것이며, 서비스 기업 관계자의 시각에서 가치있다고 비치는 것이 아니라 고객의 시각에서 비치는 가치가 어떤가 하는 관점에서 서비스 전략을 수립해야 하며, 반드시 기업의 비전과 일치되어야 한다.

또한, 서비스 전략은 기업이 경쟁력있는 서비스를 제공하기 위한 '조직운영 원리'라고 할 수 있다. 이 원리는 최고경영자로부터 조직 내 모든 구성원들의 활동지침이 된다. 즉, 각 구성원들이 누구이며, 무슨 역할을 하고, 어떠한 행동지침을 따르고 있는가를 말해 줘야 한다. 이 원리를 준수하는 것은 기업의 서비스를 결정하는 지침이 된다.

2. 서비스 전략의 필요성

효과적인 서비스 전략은 기업의 위치를 시장에서 경쟁우위를 확립할 수 있도록 한다. 이는 소비자의 구매욕구와 구매동기를 유발하는 방법 중의 하나가 된다. 기업이 확실한 서비스 전략을 가질 경우 다음과 같은 이점이 있다.

첫째, 기업의 메시지를 고객에게 전달하기 위하여 가장 창조적이며 효과적인 기법을 사용한다.

둘째, 명확히 규정된 서비스 전략은 조직 몰입 효과를 창출한다.

셋째, 명확히 규정된 서비스 전략은 기업의 향후 진로에 대한 내부고객의 중요한 판단 기준이 된다.

효과적인 서비스 전략을 구축하기 위해서는 시장조사, 기업문화, 조직원의 가치관이 중요하다. 이러한 기본적인 사고는 기업의 목표 프로세스와 연결하여 고객의 욕구와 기대에 일치시켜야 한다.

기업의 신상품과 아이디어 창출은 고객의 불만에서 얻을 수 있다. 따라서 시장조사는 서비스 전략의 가장 기초적인 단계로서 필수 요소이다. 장수기업의 공통점은 기업문화가 기업전체 혹은 조직원 전부에게 DNA가 되어 흐르고 있다는데 있다.

기업문화는 고객에게 일관된 이미지를 제공해주고, 새로운 시장 접근에서 고객은 인지된 기업문화를 선호하게 된다. 따라서 고객에게 제공되는 서비스 전략은 기업문화를 기초로 명확한 수단을 제시하여야 한다.

조직원의 행동방침을 프로세스화하고 규정을 준수하도록 하며, 특히 서비스에 대한 절차를 설정하고 창조적인 혁신을 추진하여야 한다. 이것은 경쟁우위를 확보하는 데 중요한 역할을 한다.

3. 서비스 전략의 내용

효과적인 서비스 전략에는 시장조사, 기업의 사명, 그리고 조직을 선도하는 가치관 등의 세 가지 중요한 개념이 있다. 이 기본적인 사고 프로세스를 연결시킴으로써 고객의 요구와 기대에 대해 의미 있는 접근을 진전시키고 이것이 바로 시장에서 차이로 나타나게 된다.

첫째, 신뢰할 만한 시장조사와 그 결과에 대한 적절한 분석이 좋은 서비스 전략을 위한 첫 걸음이다. 효율적인 서비스 기업은 전략적 서비스 계획에 도움이 되는 정보를 가능한 한 이용하고 있다. 자사의 사업환경에 대한 계속적인 조사를 크게 중시하고 있다.

둘째, 자사가 이루어야 할 것이 무엇인가를 명시하는 조직의 사명은 그 사업의 현장 또는 사업방침이 되는 것이다. 그것은 경영진 개인의 기호에 좌우되는 경우가 많다. 다만 어떤 경우라도 자신이 목표로 하는 시장, 그 시장에 제공되는 서비스의 형태, 또한 시장에서의 접근을 명확한 수단으로 제시하여야 한다.

셋째, 자사의 행동방침을 명시하고 철저화시키는 것이다. 특히 서비스에 대한 방침을 설정하는 일은 서비스를 제공하는 사업에 대한 창조적인 접근으로 연결된다. 이것은 경쟁회사를 이겨내는 데 필요한 경쟁사의 우위성을 확립하는 데 도움이 된다.

02 서비스 경쟁전략과 경쟁국면

1. 서비스 경쟁우위

(1) 지속적 경쟁우위의 개념

기업이 무한경쟁 상황하에서 장기적으로 존속 · 발전하기 위해서는 전략적 사고가 필요하다. 기업경영에서 요구되는 전략적 사고란 기업이 장기적인 목표를 달성할 수 있도록 역동적인 환경변화에 적응해 나가는 동시에 지속적인 경쟁우위를 확보하기 위하여 한정된 가용자원을 효율적으로 배분하는 사고라고 정의할 수 있다. 서비스 기업이 글로벌 시장에서 살아남기 위해서는 경쟁에서 우위를 점할 수 있는 어떤 방책을 강구하는 일이 핵심이 되며, 경쟁상의 우위는 시간이 지남에 따라 지속적으로 유지될 수 있어야 한다.

지속적 경쟁우위(SCA: sustainable competitive advantage)란 서비스 기업이 경쟁사 서비스와 구별되는 독특하고 우수한 서비스를 제공함으로써 시간의 흐름 속에서 지속적으로 경쟁상의 우위를 유지 · 강화해 가는 것을 말한다. 그런데 서비스는 물리적 제품에 비해 모방하기가 쉽고 특허로 보호를 받기 어려워 지속적 경쟁우위를 확보하는 데 많은 도전을 받게 된다.

(2) 지속적 경쟁우위의 요건

서비스 기업이 지속적 경쟁우위를 획득하기 위해서는 다음과 같은 네 가지 요건을 충족해야 한다.

1) 고객가치 제공

지속적 경쟁우위를 갖기 위해서는 고객에게 가치 있는 서비스로 평가되어야 한다. 고객에게 가치 있는 것으로 평가받지 못하면 추가적인 판매효과를 가져올 수 없다. 패드럴 익스프레스사는 하루 안에 배달이라는 신속한 배달로 고객들에게 높은 가치를 제공해 줌으로써 성공할 수 있었다.

2) 대체 불가능성

지속적 경쟁우위는 대체 불가능한 것이어야 한다. 대체 가능성은 경쟁사가 고객들을 향해 유사한 이점을 활용할 수 있을 때 발생한다. 예컨대, 어느 은행이 다점포화 전략으로 경쟁우위를 구축하고 있는 상황에서 경쟁관계에 있는 다른 은행은 중복 출점이 어려운 상황에 있다면 인터넷이나 팩스, 전화 등을 통해 고객의 접근성을 높이는 유통망을 구축할 수 있다.

3) 기업의 자원과 능력

서비스 기업은 고객들에게 SCA를 제공할 수 있는 자원과 능력을 갖추고 있어야 한다. 기업이 필요한 자원과 능력을 보유하지 못하면 SCA를 구축할 수 없다. 기업이 저원가, 저가전략으로 서비스를 제공하려고 하더라도 규모의 경제를 제공할 수 있는 사업규모를 갖지 못하면 불가능하다. 또 규모가 크다고 해서 항상 저원가 능력을 갖고 있는 것은 아니다. 대규모 체인망을 가지고 있는 힐튼이나 홀리데이인과 같은 호텔은 그들이 제공하는 우월한 시설과 서비스 수준을 고려할 때 저가전략을 구사하기는 어려운 상황이다.

4) 지속가능성

지속적 경쟁우위는 지속성이 있어야 한다. 이것은 경쟁사들에 의해 쉽게 모방될 수 없는 것이어야 함을 뜻한다. 경쟁사의 모방에 대한 장벽으로는 규모의 경제, 자본비용, 서비스 차별화, 구매자 전환비용, 유통경로 접근성, 경험효과 등이 있다. 예컨대, 항공사나 택배회사와 같이 설비에 기반한 서비스 회사들은 자본비용을 바탕으로 하여 여러 장벽을 구축하고 있다. 미국 라스베가스의 네바다 대학은 다른 대학들이 제공하지 못하는 특화된 호텔과 환대 서비스 학위 프로그램을 개발하여 이 지역의 호텔, 카지노, 레스토랑 등으로부터 많은 수요를 창출하며 서비스 차별화에 의한 성공을 거둘 수 있었다. 또 회계법인이나 법률회사와 같이 고객과 긴밀한 관계를 유지하고 고객에 대한 많은 지식을 축적하고 있으면 높은 전환비용을 창출하기 때문에 고객들은 쉽사리 서비스 제공자를 변경하지 못하게 된다. 이 밖에 전기공급과 같은 법적 독점권이나 대학 구내식당과 같이 독점적 서비스 공급계약에 의한 경쟁사 진입제한은 유통경로의 접근성에 대한 진입장벽이 되기도 한다.

(3) 서비스 경쟁우위의 원천

서비스 기업이 경쟁사에 비해 상대적으로 우수한 자원이나 독특한 기술을 가지고 있을 때 지속적 경쟁우위를 창출할 수 있다. 우수한 자원은 다른 기업이 흉내 내기 어려운 능력을 개발하게 해 주며, 독특한 기술은 기업의 구성원들이 독특하고 차별화된 방식으로 서비스를 제공할 수 있게 해 준다. 이 두 가지 요소가 결합될 때 경쟁우위는 더욱 더 오래 지속될 수 있다.

지속적 경쟁우위는 차별화된 서비스 운영전략, 규모의 효과, 원가와 수요 시너지, 브랜드자산, 고객관계, 공간의 선점, 서비스 환경, 정보기술 등을 통해 구축할 수 있다.[1]

1) 차별화된 운영전략

서비스 경쟁우위는 다음과 같은 서비스 운영전략으로 창출될 수 있다.

첫째, 서비스를 새로운 운영전략으로 바꾸는 것이다. 예컨대, 컨설팅회사는 개별화 전략으로 운영하는 것이 일반적이지만, 기술적 서비스 품질전략으로 전환하여 경쟁우위를 확보할 수 있을 것이다.

둘째, 서비스의 다양성이나 복잡성을 변화시켜 동일한 운영전략으로 더 효과적으로 운영할 수 있다. 병원에서 최신 의료진단장비를 도입하여 진료서비스의 복잡성을 줄이거나 진료분야를 제한하여 서비스의 다양성을 줄이는 경

1 Kurtz, D. L., Clow, K. E.(1998), *op. cit.*, pp. 311～318.

우를 생각할 수 있다. 이러한 전략은 의사나 변호사와 같은 전문직 서비스 종사자들에게 많이 이용된다.

셋째, 경쟁사보다 더 높은 수준의 운영전략을 전개하는 것이다. 만일 원가효율성 전략을 사용한다면 경쟁사보다 더 나은 가격/비용상의 이점을 가지고 있어야 한다. 미국의 사우스웨스트 항공사는 항공산업 분야에서 원가효율성 전략의 리더업체로 성공해 왔다.

2) 규모의 효과

규모의 효과(scale effects)란 기업 특유의 경제, 서비스 특유의 경제, 입지 특유의 경제에 기초한 지속적 경쟁우위를 말한다. 서비스에 대한 가장 효과적인 규모의 효과는 기업 특유의 경제를 통해 창출된다. 다점포를 가지고 있는 기업은 가장 큰 기업 특유의 규모효과를 개발할 수 있다. 본사를 통해 직원의 선발과 교육을 하고 지식을 공유할 수 있으며, 광고 촉진과 같은 마케팅 프로그램에서도 상당한 절약을 할 수 있다. 서비스의 표준화를 통해 추가적인 비용절감도 가능하다.

설비비용의 비중이 높은 서비스 기업이나 서비스의 고객접점부분을 지원기능과 분리한 기업은 규모의 효과를 통한 경쟁우위를 개발하기 쉽다. 이러한 상황에서 기업은 비용절감을 위해 중앙집중적 입지를 이용할 수 있다. 고가의 전문 의료장비를 병원본부에 두고 있는 경우, 각 지방의 병원들은 해당 환자가 발생하면 본부로 이송하여 진료할 수 있다.

서비스 특유의 규모효과로 경쟁우위를 누리는 회사 중의 하나인 라이더 시스템(Ryder System)사는 미국에서 가장 큰 트럭 서비스회사이다. 이 회사는 지금 트럭 임대뿐만 아니라 항공서비스업에도 진출하여 현재 세계 제일의 비행기 부품업체로서 40대 이상의 비행기를 임대해 주고 있다.

3) 원가와 수요의 시너지

원가와 수요의 시너지는 원가절감과 수요증가에 바탕을 둔 지속적 경쟁우위를 말한다. 기업은 비용절감을 통해 저가격 또는 양질의 서비스를 제공할 수 있다.

또한 고객들에게 다양한 서비스를 교차판매를 하는 복합서비스 기업은 원가와 수요의 시너지를 창조할 수 있다. 원가는 비즈니스 활동이나 고객에 대한 지식 및 중앙집중식 사무실 입지의 공유를 통해 절감될 수 있다. 예컨대, 서비스 마스터사는 모 기업을 통해 세탁과 음식제공 서비스를 하고, 자회사들을 통해 해충박멸 서비스와 잔디관리 서비스를 제공하였다. 또 복합서비스를 제공함에 따라 사무실 빌딩의 내 · 외부까지도 모두 관리할 수 있었다.

4) 브랜드 자산

브랜드 자산이란 고객들의 마음 속에 어떤 브랜드에 대한 호감이 형성됨에 따라 상품의 가치가 증가된 부분을 말한다. 브랜드 자산은 브랜드 충성도를 비롯하여 브랜드 인지도, 지각된 브랜드 품질, 브랜드 심볼, 상표명 그 자체를 포함한다. 브랜드 자산의 경쟁우위를 가진 기업은 여러 가지 면에서 이점이 있다. 브랜드 자산은 서비스 기업을 다른 경쟁기업과 차별화하고, 상표명은 고객들에게 일관된 수준의 서비스 품질을 제공한다. 또 소비자의 구매위험이 줄어들고, 재구매 상황에서도 덜 알려진 브랜드보다 구매위험이 적기 때문에 더 선호된다. 경험 질과 신용 질이 높은 서비스의 경우는 특히 브랜드 자산에 따른 선호도가 높다.

브랜드 인지도는 브랜드 자산을 개발하기 위한 첫 번째 열쇠가 되며, 주로 상표명에 대한 광고와 촉진을 통해 개발된다. 브랜드 자산을 개발하는 두 번째 열쇠는 일관된 서비스 품질을 제공하는 것이다. 즉, 브랜드 인지도와 양질의 일관된 서비스 품질은 브랜드 자산의 경쟁우위를 개발하는 데 매우 중요한 요소가 된다.

5) 고객관계

기능적 서비스 품질이나 개별화 전략을 선택한 서비스는 고객관계의 경쟁우위를 구축할 기회를 갖게 된다. 긴밀한 고객관계는 소비자의 행동적인 요소뿐만 아니라 인지적 · 정서적인 관계를 포함하며, 따라서 단순한 계약이나 매매 합의 이상의 의미를 갖는다.

고객관계의 경쟁우위가 서비스 기업에게 제공해 주는 이점은 첫째, 기존 고객을 유지하는 비용이 신규고객을 얻는 데 드는 비용보다 적게 들고, 둘째, 서비스 기업과 강한 고객관계를 맺고 있는 고객은 그 기업을 더 많이 이용하게 되고 결과적으로 고객당 판매고가 높아진다는 점이다.

흔히 고객관계의 경쟁우위는 고객과 서비스 기업 간의 계약에 의해 얻어지는데, 이는 양자 간의 관계를 더욱 강화시켜 주고 재계약의 이점도 안겨 준다. 그러나 고객관계 경쟁우위를 개발하는 열쇠는 단순한 계약을 획득하는 것이 아니라 상호간의 신뢰가 구축되어야 한다. 즉, 고객은 서비스 기업을 믿고 기대하는 수준의 서비스가 제공될 것임을 알아야 하고, 서비스 기업은 상호호혜적인 관계에서 고객을 신뢰할 수 있어야 한다.

6) 공간적 선점

공간적 선점은 고객에게 가장 편리한 입지를 확보하는 것을 말하며, 계약을 통해 특정 장소의 독점권을 획득하는 것을 포함한다. 공간적 선점의 경쟁우위를 개발하는 것은 비분리성이 높은 서비스에서 더욱 중요하다. 소매유통업에서는 입지가 소매운영의 핵심적인 성공요소가 된다. 또한 소매유통방식을 이용하는 서비스에서도 입지는 매우 중요하다. 맥도널드는 많은 월마트 슈퍼센터에서 공간적 선점을 획득해 점포 내에서 유일한 패스트푸드점이 되었다.

기술발전으로 인해 서비스의 비분리적 특성에 변화를 가져오게 되면 공간적 선점의 경쟁우위가 상실될 수도 있다. 예컨대, 은행에서 ATM 서비스나 컴퓨터를 이용한 온라인 뱅킹은 고객들에게 매일 24시간 은행을 이용할 수 있게 해 주었고, 이에 따라 공간적 선점의 이점이 많이 줄어들게 되었다.

7) 서비스 환경

서비스는 경험적 · 비분리적 특성을 지니고 있기 때문에 서비스 환경은 소비자에게 중요한 요소가 된다. 라스베가스의 카지노 사업이나 테마파크 산업의 디즈니랜드나 에버랜드의 성공사례에서 보듯이 오락이나 환대형 서비스에서 서비스 환경은 특히 중요하다.

8) 정보기술

정보기술(IT)은 전자수단을 이용하여 정보를 수집, 결합, 저장, 전송, 처리, 검색하는 것을 의미한다. 정보기술 경쟁우위의 이점으로는 운영비의 절감, 고객의 높은 전환비용, 시장변화에 대한 신속한 대응, 향상된 서비스 품질 등을 들 수 있다. 정보기술의 가장 보편적인 이점은 온라인 주문 입력과 재고관리이다. 페더럴 익스프레스사는 휴대용 컴퓨터를 통해 운전사가 우편물을 실은 시간부터 배달지에 도착할 때까지 모든 우편물을 처리하며, 고객들은 컴퓨터 소프트웨어를 통해 온라인으로 항상 수하물의 현재 배송위치를 파악할 수 있을 뿐만 아니라 화물의 도착시간과 화물 수령인의 이름까지도 알아낼 수 있다. 페더럴 익스프레스의 이러한 온라인 서비스는 보다 우수한 서비스 품질을 제공하고 고객들의 전환비용을 높이는 결과를 낳는다. 만일 고객이 다른 운송회사로 바꾸려고 하면 그 회사가 제공하는 새로운 시스템을 설치하고 테스트하는 등의 노력이 필요하기 때문이다.

2. 본원적 경쟁전략

마이클 포터(Michael Porter)는 기업의 세 가지 본원적 전략으로 원가우위 전략, 차별화 전략, 집중화 전략을 제시하고 있다. 서비스 기업들이 경쟁사보다 우수한 성과를 얻기 위해 각 전략을 어떻게 이용하는가를 살펴보자.

(1) 원가우위 전략

원가우위 전략을 실행하기 위해서는 최신시설에 대한 고도의 자본집약적 투자, 원가 및 간접비의 치밀한 통제, 그리고 흔히 혁신적인 기술을 필요로 한다. 때로는 공격적 가격정책과 초기 시장점유율 확보를 위한 손실 등이 따를 수 있다. 원가우위 전략은 안정적인 사업환경하에서, 규모형 사업에서 효과적이다. 맥도널드(McDonald), 월마트(Wal-Mart), 페더럴 익스프레스(Federal Express), 이마트(E-mart)에서 보았듯이 때때로 하나의 산업 전체를 혁신시킬 수도 있다. 이 뿐만 아니라 서비스 회사는 여러 가지 접근방법을 사용하여 원가주도를 달성할 수 있다.

1) 저원가 고객 추구

어떤 고객들은 다른 사람들보다 봉사하는 데 비용이 적게 들고, 이러한 고객은 서비스 제공자의 목표가 될 수 있다. 예를 들면, 공무원이나 교직자는 자동차 보험회사들 사이에 우선적인 대상이 된다. 왜냐하면, 사고발생률이 낮아서 보상비용이 적게 들기 때문이다. 이러한 전략의 또 다른 예로는, 쓸데없는 포장 없이 대량 구매하려는 고객을 목표로 하는 프라이스클럽(Price Club)이나 도매클럽(Wholesale Club) 등이 있다.

2) 고객서비스의 표준화

전형적으로 소득세 신고서 작성은 표준화된 서비스로 생각할 수 있다. 점두(storefront) 법률서비스 및 가족건강보호센터 등은 일상적인 전문서비스를 저렴하게 제공하기 때문에 매우 매력적이다.

3) 서비스제공 과정에서 개인적 요소 감축

서비스전달에서 편리함이 증가된다면 개인적인 요소를 줄이는 위험성 높은 전략을 고객이 수용할 수 있다. 예를 들어 현금자동입출금기(ATM)의 편리한 접근은 고객과 은행 직원과의 개인적인 상호작용을 감소시켜 결과적으로 은행은 거래비용을 줄이게 된다.

4) 네트워크 비용 감축

처음 시작할 때 공급자와 고객을 함께 연결하는 운송망이 필요한 서비스 기업은 상당한 사업개시 비용에 봉착하게 된다. 운송라인에서 상당한 고정비를 차지하는 전기설비가 좋은 예이다. 페더럴 익스프레스(Federal Express)는 '수레바퀴형(hub-and-spoke)'을 이용하여 네트워크 비용을 줄이는 독특한 방법을 생각해 냈다. 최신분류기술을 갖추고 멤피스(Memphis)에 중심축을 두고, 밤새 항공운송으로 서비스하는 도시들 간의 직접 항로 없이 미국전역에 걸쳐 운영하였다. 새로운 도시가 네트워크에 추가될 때마다 하나의 새로운 경로가 늘어난다. 방사형 네트워크 전략의 효율은 여객운송에서도 적용될 수 있다.

5) 서비스의 오프라인 운영

이 · 미용이나 여객운송과 같은 많은 서비스는 본질적으로 고객이 그 자리에 없으면 이루어질 수 없기 때문에 '온라인' 운영이 불가피하다. 그러나 고객이 그 자리에 꼭 있어야 할 필요가 없는 서비스의 경우, 서비스 거래는 그 내용의 일부를 '오프라인'에서 수행함으로써 고객과 서비스 제공행위가 '분리'될 수 있다. 예를 들면, 신발수리 서비스의 경우 고객들이 신발을 맡기고 찾아가는 간이 장소를 여러 곳에 설치한다. 그리고 나서 다른 곳에 위치한 수선공장에 모든 고객 주문을 받아 놓는다. 서비스를 오프라인 상태에서 수행함으로써 합병(주문의 합병)에서 나오는 규모의 경제, 저렴한 원가가 가능한 시설에 입지, 고객의 비참여로 상당한 비용을 절감할 수 있다. 간단히 말해서, 분리된 서비스는 제조공장처럼 운영될 수 있다.

(2) 차별화 전략

차별화 전략의 핵심은 독특한 것으로 인식되는 무언가를 창출하는 데 있다. 그리고 그 특이성이 고객에게 가치로 인식되어야 하고, 또 경쟁자가 간단하게 모방할 수 없는 것이어야 한다. 차별화를 위한 방법으로는 여러 가지 형태가 있다. 즉 브랜드 이미지에 의한 차별화, 기술에 의한 차별화, 제품특징에 의한 차별화, 고객서비스에 의한 차별화, 판매망에 의한 차별화 등이 있다. 차별화 전략은 사업환경이 불확실한 경우에 보다 효과적이다.

1) 무형의 유형화

서비스는 무형적인 것이라 고객의 기억 속에 오래 남지 않는다. 따라서 서비스의 명성을 확고하게 인식시킬 수 있는 보관상품을 제공함으로써 고객의 기억 속에 오래 남아 있도록 하여 경쟁우위를 누리려고 노력한다. 예를 들면, 호텔에서는 명소를 만들어 놓고 그곳에서 기념사진을 찍어 주기도 하고, 기억에 남을 만한 기념품을 제공하기도 한다.

2) 표준제품의 고객화

고객 개개인의 욕구에 맞는 개별화된 서비스를 제공함으로써 그 기업에 호의를 갖도록 하는 무기가 될 수 있다. 호텔에서 객실 이름에다 고객의 이름을 붙여 배정하면 강력한 이상을 심어줄 수 있다.

3) 인지된 위험의 감소

서비스에 대한 상세한 지식이나 구매정보를 갖지 못한 고객은 서비스에 대해서 불안감을 떨치기 어렵다. 자동차 수리와 같은 서비스에서 관련지식이나 확신이 없는 고객에게 수리절차를 상세히 설명해 주거나, 깨끗하고 조직화된 설비를 보유한 업체나 수리업무를 보증해 주는 업체를 갖게 된다.

4) 사원의 교육

서비스의 품질을 개선해 주는 인적자원의 개발 및 훈련에 대한 투자는 경쟁사들이 모방하기 어려우므로 경쟁우위를 갖는 수단이 된다.

5) 품질관리

노동집약 시스템에서 다양한 점포에서 일정수준의 품질을 갖는 서비스를 제공하는 것이 중요하다. 이는 인력교육, 명확한 절차, 기술, 서비스 규모의 제한, 직접감독, 그리고 동료들의 조언 등 다양한 방법을 통해 이루어질 수 있다. 서비스의 품질 문제는 고객의 기대치와 실제수준과의 차이가 불명확하기 때문에 훨씬 복잡하다. 고객의 품질기대치에 영향을 미치는 것이 문제이다.

차별화가 고객에게 인식되었다 하더라도 위험은 따른다. 어떤 기업이 차별화를 달성했다 하더라도 경쟁회사와의 가격차가 적으면 충분히 경쟁해 나갈 수 있다. 그라나 차별화에만 너무 주력하고 비용면에서 경쟁회사에 비해 너무나 크게 뒤지게 되면 비용경쟁력을 가진 기업이 일시에 진입해 올 수 있다. 즉 차별화 전략이 비용우위 전략에 의해 밀려나게 되는 것이다.

또 경쟁회사의 모방이 성행하게 되어 제조업자측이 차별화하고 있다고 생각하더라도 구매자측이 차별화를 인정하지 않게 될 위험도 있다. 이러한 상황은 한번 성공한 차별화에 만족하여 사업환경의 변화를 느끼지 못하고 거기에서 획득한 자금을 새로운 차별화를 위해 재투자하지 않음으로써 나타난 위험이라고 말할 수 있다.

(3) 집중화 전략

집중화 전략은 특정 고객집단, 특정제품, 특정지역 시장 등 한정된 영역으로 기업의 경영자원을 집중하는 전략이다. 원가우위 전략과 차별화 전략은 광범위한 대규모 시장을 상대로 하지만, 집중화 전략은 처음부터 특정 대상을 위한 것이다. 집중화 전략은 광범위한 시장을 상대로 하는 다른 기업들보다 좁은 목표시장에 보다 효율적 또는 능률적으로 봉사할 수 있다는 전제조건에 기초를 두고 있다.

집중화 전략이 성공하기 위해서는 고객(목표시장) 선정이 매우 중요하다. 그러나 집중화 전략도 특정 시장부문에서 원가우위나 차별화를 실현하는 전략으로 분류할 수 있다.

집중화전략을 추구하는 기업이 갖는 위험으로는 표적시장에서 책정한 가격이 전체시장에서 볼 때 경쟁회사의 가격에 비해 너무 높아서 고객이 그만큼의 프리미엄 가격을 지불하지 않게 되면 중점화에 의해 실현한 차별화의 가치를 유지할 수 없게 된다는 점이다. 또 전략적으로 선택한 표적시장과 전체시장과의 사이에서 요구되는 제품욕구의 차별이 적은 경우, 표적을 선택하여 시장을 세분화하는 것 자체가 의미 없게 되고 차별화를 할 수 없게 되는 점도 있다.

3. 고객확보 전략

(1) 고객에게 편의 제공

단골고객이 된다는 것은 고객은 더 많은 편의를 제공받고, 서비스 기업은 고객관리에 유리한 이점에 이르게 된다. 단골고객은 소비자가 받는 품질, 만족, 편익 등에서 경쟁기업보다 우수하다고 판단하기 때문이다. 많은 소비자들은 삶의 질을 향상시키고자 하기 때문에 서비스 프로세스 내에서도 우월한 위치에 있기를 바란다. 고객의 장기적인 관계를 유지하기 위하여 단골고객 지원 시스템을 만들고 유지함으로써 서비스 기업의 이익과 연계될 수 있다.

소비자 또한 단골고객으로 머물면서 특화된 서비스, 자기만의 우월한 서비스를 받기를 원하고 있다.

(2) 고객확보 방안

1) 차별화 요인

고객들은 타 서비스와 비교하여 자신에게 우수한 서비스를 찾아간다. 이러한 고객을 확보하고 유지하는 방안으로 시중은행들은 최우수고객들에 대해서는 VIP룸에서 별도의 서비스를 제공한다. 이때 고객은 다른 사람보다 차별화된 서비스를 받는 우월감과 신속성, 편리성 등에 의하여 단골 고객으로 머물러 있고 싶어 한다.

고객은 경쟁과 개인적인 필요에 따라 다음에 제시된 요소들을 이용하여 서비스 제공자를 선택한다. 이 요소들은 완전한 것은 없으며, 기업 상황에 맞게 활용하여 차별화전략을 시도하게 된다.

㉠ **이용가능성**: 서비스에 어느 정도 접근할 수 있는가? 은행에서 개설한 현금자동입출금기(ATM)로 고객은 전통적인 은행업무시간과 상관없이 24시간 이용할 수 있게 되었다. 많은 서비스 회사들이 080이라는 수신자 부담 전화번호를 제공함으로써 정상근무시간 이후에도 쉽게 서비스를 이용할 수 있도록 한다.

㉡ **편리성**: 서비스의 위치 때문에 서비스 이용을 위해 이동해야 하는 고객들은 편의성이 제한되기도 한다. 따라서 주유소, 패스트푸드점, 세탁소 등의 서비스 제공 기업들이 사업 성공을 위해서 번화한 거리에 위치를 선정하는 이유가 여기에 있다.

㉢ **신뢰성**: 어느 정도 서비스를 신뢰할 수 있는가? 예를 들어 해충 제거 후 얼마만에 다시 해충이 생길까? 자동차 수리센터의 주요 불만은 애초에 문제를 해결하지 못하기 때문에 발생한다.

㉣ **개인화**: 개인적으로 대우받기를 원하는가? 예를 들어 호텔에서는 자주 이용하는 고객에게 그들의 이름을 불러주면 좋아한다는 것을 알게 되었다. 서비스의 고객화 정도는 아무리 하찮은 것일지라도 제공된 서비스를 개인화된 서비스로 간주하게 한다.

㉤ **가격**: 가격경쟁은 제조업과는 달리 서비스에서는 효율적이지 않다. 그 이유는 각각의 서비스가격을 객관적으로 비교하기가 어렵기 때문이다. 오일 교환과 같은 일상적인 서비스에서는 가격을 비교하기가 쉽다. 그러나 전문적인 분야에서 가격경쟁은 오히려 비생산적이라고 여겨질 수도 있다. 왜냐하면 가격은 때때로 품질을 대체하는 것처럼 보이기 때문이다.

㉥ **품질**: 서비스 품질은 서비스에 대한 사전 기대와 서비스 경험 후, 혹은 경험하는 동안 서비스에 대한 고객 인식 차이의 관계를 의미한다. 제품 품질과는 달리 서비스 품질은 서비스 전달과정과 그 결과에 의해서 판단된다.

㉦ **브랜드이미지 및 평판**: 서비스 기업을 선택하는 과정에서 발생하는 불확실성은 다른 경험자와 대화함으로써 해결될 수 있다. 제품과 달리 불만스러운 서비스 경험은 다른 모델로 교환되거나 반품될 수 없다. 가장 효

과적인 광고 형태는 긍정적인 구전이다.

ⓞ **안전** : 복지와 안전은 중요한 고려요소이다. 많은 서비스의 경우, 즉 항공기나 의약품의 경우 서비스 제공자에게 고객의 생명이 달려 있기 때문이다.

ⓩ **속도** : 서비스를 받기 위해 얼마나 기다려야 하는가? 화재나 경찰의 보호와 같은 긴급한 경우, 대응시간은 서비스 성과에 중요한 기준 요소가 된다. 또 다른 서비스에서 대기 시간은 할인요금과 같은 개인화된 서비스로 상쇄될 수도 있다.

2) 자격요건, 서비스 승리요인 및 실패요인

「생산전략」에 관한 저서에서 힐(Terry Hill)은 제품을 파는 과정에서 경쟁적 차원을 의미하는 수주기준(order-winning criteria)이라는 용어를 사용하였다.[2] 그는 나아가 몇 가지 기준들을 최소요건(qualifiers)이라 제안하였다. 왜냐하면 이들 차원은 시장진입을 위한 상품에 필수적인 것이기 때문이다. 마지막으로 힐(Hill)은 몇 가지 최소요건들은 주문실패요건(order-losing sensitive)으로 볼 수 있다고 말한다.

서비스 구매결정을 설명하기 위해서 앞에서 나열한 서비스 기준들을 이용하여 동일한 논리를 적용할 수 있다. 구매결정 순서는 대상 서비스기업에 자격요건을 적용함으로써 시작된다. 그리고 서비스 승리요인(service winners)을 이용하여 서비스기업들로부터 최종 선정을 하게 된다. 최초의 서비스경험이 이루어지고 나면, 그 결과는 서비스 실패요인(service loser)이 발생했는지 여부의 근거가 될 것이다.

㉠ **자격요건**: 한 서비스 기업이 시장에서 경쟁자로 등장하기 위해서는 먼저 각각의 서비스 경쟁차원에 대해 보편적으로 정의되는 일정수준에 도달해야 한다. 이를 최소요건(qualifier)이라고 부른다. 예를 들어 항공사의 분명한 최소요건으로서 조종사의 비율, 항공기의 안전성 준수와 같은 항

---

2 Terry Hill(2000), *Manufacturing Strategy*, 3rd ed., Boston, Irwin McGraw-Hill, pp. 36~39.

공 서비스의 안전성을 논할 수 있다. 패스트푸드와 같이 성숙기 시장에 위치한 경쟁자는 청결성으로 품질 수준을 정의할 것이며, 새로운 진입자가 경쟁적이고자 한다면 이 정도의 수준은 갖추어야 할 것이다. 패스트푸드의 경우, 일단 우위요건이 되었던 것은 고객들이 이를 계속 이용하기 때문에 차후에는 최소요건이 된다.

㉡ **서비스 승리요인**: 승리요인(winner)은 고객이 경쟁자 사이에서 선택하기 위해 사용하는 것으로 가격, 편의성, 명성 등과 같은 차원들이다. 그런데 구매 시점에서 고객의 요구에 따라 승리요인은 다양하다. 예를 들어 점심시간에 식당을 찾을 때는 편의성을 기준하지만, 데이트를 위한 저녁시간에는 레스토랑의 명성을 기준하여 찾을 것이다. 그리고 우위요건이 다른 산업에서는 최소요건이 된다는 점을 유의해야 한다(예, 은행의 ATM 사용).

㉢ **서비스 실패요인**: 경쟁차원에서 기대 수준에 미달되면 고객은 영원히 돌아오지 않을 것이다. 신뢰성, 개인화, 속도 등의 차원은 여러 가지 이유로 실패요인(loser)이 되기 쉽다. 예를 들어 자동차 딜러가 기계상의 문제를 해결하지 못하는 경우(의존성), 의사가 환자를 무례하게 대하는 것(개인화), 그리고 소포의 익일배달 실패(속도) 등을 들 수 있다.

4. 서비스 기업 경쟁의 단계적 국면[3]

만약 서비스 기업이 경쟁력을 갖기 위해서는 생산과 품질의 지속적인 향상이 기업의 전략이면서 기업문화의 일부분이 되어야 한다. 〈표 3-1〉에서 제시하는 서비스 기업의 4단계 경쟁국면 틀(frame)은 서비스 기업의 전략개발에 있어서 운영상의 역할을 기술하기 위해 체이스(Chase)와 헤이즈(Hayes)에 의해 개발되었다. 이 틀은 생산성과 품질 향상의 대안으로 매우 유용하다. 또한 이 틀은 서비스 전달시스템의 개발에 있어서 기업의 진행 추이를 측정하고 평가하는 방법을 제시하고 있다. 이 틀은 서비스 전달의 경쟁에 따라 서로 다

3 Adapted from R. B. Chase, and R. H. Hayers, "Operations Role in Service Firm Competitiveness," *Sloan Management Review* 33, No.1(Fall 1991), pp. 15~26.

른 네 가지 발전단계에서 서비스 기업을 구조화하며, 각 단계에 대한 관리실행과 기업태도를 주요 운영차원의 전반에 걸쳐 비교하고 있다.

서비스 기업은 반드시 1단계부터 서비스를 시작할 필요가 없다. 그러나 서비스 수명주기 동안 자기도 모르는 사이에 1단계로 되돌아 갈 수도 있다. 예를 들면 페더럴 익스프레스(Federal Express)는 헌신적인 본점과 지점 개념 때문에 3단계 경쟁자로서 서비스를 시작하였다. 그래서 모든 분류는 단지 멤피스 본점에서 이루어지고 익일배송이 보증된다.

(1) 서비스 가능단계

몇몇 서비스 기업(그리고 때로는 특히 행정서비스)은 운영을 최소비용으로 수행하는 필요악으로 간주하기 때문에 이 범주에 속한다. 고객들은 대안을 갖고 있지 못하기 때문에 향상된 품질을 찾으려고 하지 않는다. 작업자들은 최소한의 훈련투자로 인한 한정된 기술과 형편 없는 성과 가능성 때문에 직접적인 감독이 요구된다. 새로운 기술투자는 생존을 위해 반드시 필요하다고 생각하기 전에는 기피된다. 이들 기업은 특히 비경쟁적이고, 경쟁으로 인해 도전을 받을 때까지 단계 1에 머무른다.

(2) 숙련단계

1단계에서 지속적인 보호를 받다 보면, 서비스 기업은 곧 경쟁에 직면하게 되고 전달시스템은 재평가될 것이다. 이때 운영관리자들은 새로운 경쟁자들과 동일 수준을 유지하고 시장점유율의 손실을 피하기 위해 산업경쟁자들과 동일 수준을 유지하고 산업 내에서 준수해야 할 실천사항을 채택해야만 한다. 예를 들어 모든 성공적인 항공사가 동일기종을 사용한다면, 시장에 막 진입한 신규 항공사도 동일기종의 항공기를 사용하려 할 것이다. 산업 내의 모든 기업은 동일한 공급자로부터 장비를 구입받아서 유사한 혹은 동일한 훈련을 해왔기 때문에, 이러한 가상적 상황에서 운영에 대한 기여는 경쟁 중립적이라

할 수 있다.

기업들이 운영 효과성 측면에서 경쟁하지 않을 때, 종종 다른 차원의 경쟁부문(예를 들면 생산라인의 폭, 지엽적인 서비스, 광고 등)에서 창조적인 활동을 보인다. 노동자들은 표준 절차를 따르도록 훈련되어, 예외적인 상황이 발생하면 주도적인 대처를 하지 못하게 된다. 이들 기업은 기업경쟁력에 대해서 운영이 갖는 잠재적 기여를 아직 깨닫지 못하고 있다.

〈표 3-1〉 서비스 기업의 4단계 경쟁국면

	1. 서비스 가능단계	2. 숙련단계	3. 차별화 능력 단계	4. 세계수준의 단계
평 판	고객들은 성과보다는 다른 이유로 서비스 기업을 후원함	고객들은 기업을 찾지도 피하지도 않음	고객은 만족에 대한 평판에 따라 기업을 찾음	기업명은 서비스의 탁월성과 동일시됨. 서비스는 단순히 고객만족으로만 끝나지 않고 고객에게 즐거움을 주고, 경쟁자 수준까지 고객기대를 확장시킴
운영방식	운영방식은 기껏해야 반응적	평범한 방식으로 운영됨	탁월한 운영방식이 계속되며, 세밀한 고객집중을 지원하기 위한 인사관리와 시스템으로 강화됨	운영방식은 신속하게 학습되며 빠른 혁신을 이룸, 즉 모든 서비스 전달 단계를 습득하고 경쟁자를 능가하는 서비스 능력을 제공함
서비스 품질	비용을 수반하며 매우 가변적임	한두 가지 주요 차원에서 일관적인 약간의 고객기대를 만족시킴	다차원에서 일관적인 고객기대를 능가함	고객의 기대를 높이고 도전과제를 탐색함. 계속적인 개선이 요구됨
지원부서	경리실	서비스에 기여함. 전체 서비스에서 중요 역할을 수행. 중요시되나 여전히 별개 역할임	전방부서와 동등한 가치를 가지며 통합적 역할수행	혁신점임. 부서 능력을 개선시키고, 기회를 창출함

고 객	불특정하며 최소비용으로 만족되어야 함	기본욕구에 따른 시장 세분화	욕구의 다양성이 파악된 개인들의 집단	가상현실, 아이디어, 기회는 자원임
신기술 도입	불가항력의 조건에서 생존을 위해 필요한 경우	비용절감이 판단될 경우	서비스의 개선이 필요하다고 판단될 때	최초 실행이 자원임. 경쟁자가 할 수 없는 것을 수행하는 능력을 창출함
노동력	부정적인 제약	효율적 자원으로서 훈련되어지며, 절차를 준수함	대안적 절차 중에서 선택이 허용됨	혁신적이며 절차를 창출함
일선 경영진	근로자를 통제함	공정을 관리함	고객에게 귀를 기울이고 근로자를 지도 · 격려함	새로운 아이디어의 자원으로서 최고경영진은 일선경영진에 조언함. 멘토(Mentor)들은 일선 경영진이 경력성장을 향상시키기 위해 일함

※ 자료: Reprinted from "Operations' Role in Service Firm Competiveness," by R. B. Chase and R. H. Hayes, *Sloan Management Review* 33, no. 1(Fall 1991), pp. 17 by permission of publisher Copyrighter 1991 by the Sloan Management Review Association. All right Reserved.

(3) 차별화 능력 단계

3단계의 기업들은 다행스럽게도 고객을 위한 가치창조의 비전을 가지고 있고 또한 서비스 전달 시스템에서 운영관리자가 이행해야 하는 역할을 이해하는 선임관리들을 가진다. 예를 들면 스칸디나비아 항공사(SAS)의 CEO인 얀 칼슨(Jan Carzon)은 과거 공격적인 경쟁으로 상실했던 비즈니스 여행 시장의 재탈환을 위해 정시출발 이행에 개선이 필요하다는 것을 깨달았다. 이런한 목표를 성취하기 위해, 그는 전달시스템에 개선을 가져올 운영혁신을 독려하는 리더십 역할을 발휘해야만 했다.

운영 관리자들은 기업 내 전사적 품질관리(TQM)의 전형적인 신봉자들로서 서비스 보장, 근로자 권한 위임, 서비스 향상기술을 수립하는 데 주도적인 역할을 한다. 조직 내 근로자들은 명확하게 제시된 운영 목표의 달성을 위해서 필요하다면 주도적 역할 수행을 위해 종종 정교하게 훈련되고 동기부여된다(예를 들면, 페더럴 익스프레스의 익일 배송), 이 유형의 기업들은 기업비전을 성취하기 위해 경영전략을 수행하며 경쟁사들과 자사를 차별화시킨다.

(4) 세계수준의 단계

세계적인 수준의 기업들은 단지 고객 기대의 부응에 안주하지 않고 경쟁사들이 만족시키기 어렵다고 느끼는 수준까지 고객의 기대를 확장해 나간다. 경영자는 고객에게 귀를 기울여 높은 성과기준의 촉진과 새로운 사업기회를 파악하는 데 적극적이다. 디즈니, 메리어트호텔, 아메리칸 에어라인 같은 세계적 수준의 서비스 기업들은 서비스 품질기준을 달리 정한다.

새로운 기술은 더 이상 비용을 줄이는 수단으로만 볼 수 없다. 기술은 쉽게 모방되지 않는 경쟁적 이익으로 여겨진다. 예를 들면, 페더럴 익스프레스는 수집에서 배송에 이르기까지 수하물을 추적하는 시스템을 공급하기 위해 COSMOS(Customer Operaions Service Master On-line System)를 개발하였다. 고객들은 언제든지 온라인상으로 연결해서 본인 수하물의 정확한 위치정보를 확인할 수 있다. 이 시스템은 운전자들이 도중에 고객 수하물을 수집하는 데 이용될 수도 있다.

세계적인 기업에서 일하는 것은 특별한 것으로 여겨지며 종업원들은 기업과 기업의 사명을 정확히 인식하도록 격려된다. 예를 들어, 디즈니에서 근무하는 환경 미화원들은 방문고객들이 다양한 체험을 즐기도록 도와주는 '연출자(cast member)'로 여겨진다.

서비스 전달 시스템을 통해 탁월한 성과를 유지하는 것은 주요한 도전과제이다. 그러나 여러 곳에서 특히 해외에서 이루어지는 서비스 모방은 세계적 수준의 경쟁자에 대한 진정한 시험과제라고 할 수 있다.

03 서비스 운영전략

서비스 기업이 경쟁관계에 대응하기 위해서는 원가효율성, 개별화 및 서비스 품질 차원의 세 가지 접근방법으로 운영전략을 개발할 수 있다. 원가효율성(cost efficiency)은 자본투자를 줄이기 위해 공업화 절차를 강조하는 전략이다. 개별화(customization)는 고객들의 개인적인 욕구(needs)를 충족시키기 위해 서비스를 설계하는 전략이다. 또 서비스 품질(service quality)은 보다 우수한 수준의 서비스 품질을 강조하는 전략이다. 기업의 서비스 운영전략은 이들 세 가지 대안 중 어떤 부문에 비중을 둘 것인가에 의해 결정된다.

1) 원가효율성 전략

원가효율성 전략은 경쟁사보다 낮은 가격으로 서비스를 제공하고 총매출액의 증가를 통해 이익을 얻는 것을 목표로 한다. 따라서 이러한 기업은 비용을 줄이고 보다 능률적인 운영을 하려고 할 것이다. 패스트푸드업계에서 컴퓨터 정보기술을 이용하여 운영효율성을 높이는 경우를 예로 들 수 있다.

2) 개별화 전략

개별화 전략은 개별 고객의 욕구를 이해하고 이를 최대한 충족해 주는 것을 목표로 한다. 컨설팅 서비스는 개별화 전략의 전형적인 서비스 유형이라고 할 수 있다. 각 컨설팅 프로젝트는 철저히 고객의 특정한 욕구를 충족할 수 있도록 설계된다. 개별화 전략이 전개되는 상황에서는 원가효율성을 얻기 어렵다.

3) 서비스 품질전략

서비스 품질전략을 강조하는 기업은 경쟁자보다 더 높은 서비스 품질을 제공하기 위하여 노력한다. 우수한 서비스 품질은 기능적 품질이나 기술적 품질에 의해 나타낼 수 있다. 기능적 품질은 반응성이나 확신성, 공감성의 관점에서 고객을 어떻게 응대할 것인가 하는 과정에 중점을 둔다. 반면에 기술적 품질은 서비스의 결과와 유형성, 신뢰성과 같은 서비스 품질 차원에 중점을 둔다.

서비스 관리자가 선택할 수 있는 운영전략 대안은 [그림 3-1]과 같은 '포지션 맵(position map)'으로 설명할 수 있다.

그림에서 삼각형의 세 점은 원가효율성과 개별화, 서비스 품질을 나타낸다. 여기서 서비스 품질은 기술적 품질과 기능적 품질로 나눌 수 있으므로 삼각형의 두 면에 표시된다. 기능적 품질을 강조하는 기업은 원가효율성보다 개별화에 더 중점을 두고, 기술적 품질을 강조하는 기업은 개별화보다 원가효율성에 더 중점을 두게 된다. 그림에서 기술적 품질은 원가효율성과 같은 면에 표시되고 기능적 품질은 개별화와 같은 면에 표시되고 있다. 그리고 삼각형 내의 ■ 표시는 경쟁사들의 위치를 나타내고 있다.

서비스 기업이 운영전략을 선택하기 위해서는 먼저 경쟁사들의 전략적 포지션을 파악하여 [그림 3-1]과 같이 포지션 맵의 삼각형에 표시하여야 한다. 어느 지역의 레스토랑업계에 10개의 경쟁사들이 있으며, 여기서 '우리 레스토랑'은 6개 기업이 치열한 경쟁을 벌이고 있는 삼각형의 중앙에 위치하고 있

[그림 3-1] 서비스의 전략적 포지션 맵

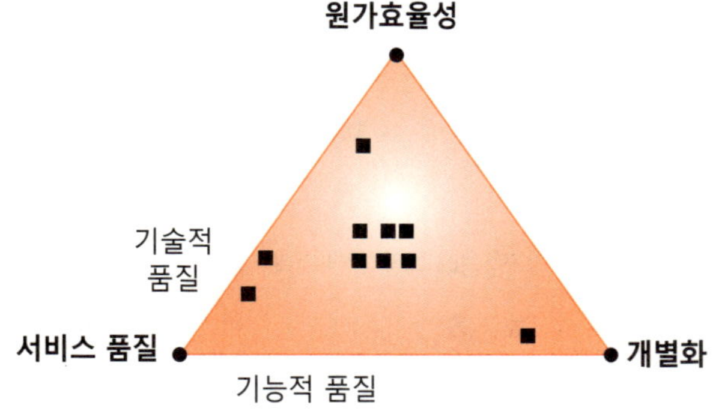

다고 하자. 이러한 상황에서 우리 레스토랑이 선택할 수 있는 운영전략 대안으로는 ① 아직 경쟁자가 없는 기능적 품질에 초점을 둔 전략을 전개하는 방법, ② 원가효율성 전략을 강화하여 기존의 1개 기업에 대한 경쟁우위를 구축하는 방법, ③ 개별화 전략을 강화하여 개별 고객의 욕구를 보다 잘 충족시킬 수 있는 서비스를 설계하여 제공하는 방법 등이 있을 것이다.

서비스 기업이 효율적인 경영을 위해서는 다음과 같은 세 가지 운영목표를 달성해야 한다.

첫째, 서비스 기업이 목표로 하는 운영전략을 지원해야 한다.
둘째, 가능한 한 단위원가가 낮아야 한다.
셋째, 고객들에게 균질적이고 일관된 서비스 품질을 제공해야 한다.

서비스 기업의 운영전략별 운영방안은 운영목표, 설비 입지와 배치, 직무설계 등의 관점에서 검토해 볼 수 있다.[4]

1. 원가효율성 전략

원가효율성 전략은 운영상의 원가절감을 통한 저원가 구조를 지향하게 되며, 이를 위해 서비스 프로세스의 다양성과 복잡성 수준을 모두 줄이는 노력이 필요하다.[5] 리틀시저스 피자는 피자업계의 선두주자인 피자헛과 경쟁하기 위해 복잡성과 다양성을 모두 줄이는 전략을 선택했다. 운영상의 복잡성을 줄이

4 Kurtz, D. L. and Clow, K. E.(1998), *Service Marketing*, John Wiley and Sons, pp. 145~158.
5 서비스를 일련의 프로세스로 규정할 때, 서비스 프로세스의 복잡성과 다양성에 따른 운영전략은 아래와 같다.

[서비스 프로세스의 복잡성과 다양성에 따른 운영전략]

복잡성 / 다양성	높 음	낮 음
높 음	개별화 전략(컨설팅, 전문서비스)	기능적 품질전략(연예, 레크리에이션)
낮 음	기술적 품질전략(호텔, 건축)	원가효율성 전략(패스트푸드, 편의점)

기 위해 픽업과 배달서비스만 제공했고, 다양성을 낮추기 위해서 피자의 크러스트와 토핑 수를 줄이고 고객들에게 제공되는 부가적인 아이템 수를 줄였다.

(1) 운영목표

원가효율성 전략을 전개하는 기업은 효율성 극대화와 생산성 극대화라는 두 가지 목표를 갖게 된다. 서비스 운영의 청사진을 통해 생산성이나 효율성에 악영향을 미치는 부문과 병목지점을 나타내고, 이러한 문제를 해소할 수 있는 방안을 강구하게 된다. 서비스 기업은 자동화나 표준화, 전문화와 같은 기법들을 원가효율성을 높이는 데 적용할 수 있다. 예컨대, 극장업계에서는 홈비디오나 유선TV와 경쟁하기 위해 보다 효율적이고 생산적인 운영방법을 채택해 오고 있다. 멀티플랙스의 도입으로 인력과 공간의 활용을 통한 설비의 효율성을 높일 뿐만 아니라 멀티스크린과 편안한 좌석, 전산화된 매표시설, 넓은 주차장 확보 등으로 많은 고객을 다시 유인할 수 있었다.

(2) 설비의 입지와 배치

서비스 설비의 입지와 배치는 단위당 생산비를 줄이고 높은 매출고를 유도함으로써 원가효율성을 높일 수 있다.

입지 결정은 고객접촉부분과 지원부분의 상대적 비중에 따라 좌우된다. 고객접촉부분은 매출고 증대를 위해 고객들에게 편리한 곳에 입지해야 하지만, 고객지원부분은 자본투자가 적게 소요되고 임대료가 저렴한 지역에 입지해도 무방하다. 예컨대, 제과점은 고객접촉부분이 되는 매장은 잠재고객들에게 최대한 노출될 수 있는 곳에 위치시키고, 대신에 고객지원부분이 되는 주방설비는 임차료가 싼 곳에 위치시켜 하루에 한두 번 신선한 빵을 공급함으로써 전체 운영비용을 낮추고 원가효율성을 높일 수 있다. 그러나 고객접촉부분과 지원부분을 분리하기 어려운 경우도 있다. 주유소는 통행량이 많고 운전자들의 눈에 잘 띄는 곳에 입지하여 고객접촉지점을 최대한 편리하게 설계하고 고객지원부분은 후방에 위치하도록 해야 할 것이다.

원가효율성 전략을 선택하는 기업의 설비 배치는 단위원가를 절감하면서 서비스 운영의 속도와 효율성을 극대화해야 한다. 이를 위해 고객접촉부분에서는 서비스를 제공받는 고객 수를 극대화하는 것이 목표가 되며, 고객지원부분에서는 단위생산비를 줄이면서 설비의 생산성을 극대화하는 것이 목표가 된다. 많은 극장은 멀티플랙스 설계를 통해 인력과 공간활용의 극대화를 기하고 설비의 효율성을 증가시킬 수 있었다. 또 멀티스크린이나 매표창구, 영사실, 매점 등을 효율적으로 배치함으로써 입장객 수를 극대화할 수 있었다.

(3) 직무설계

원가효율성 전략을 취하는 기업의 종업원 직무설계는 고객지향이 아니라 생산지향적인 설계가 되어야 한다. 이를 위해 이용할 수 있는 기법으로는 고객접촉부분의 최소화, 지원부분의 최대화, 서비스 제공절차의 표준화, 분업과 전문화, 종업원의 직무순환교육, 전산화, 자동화, 업무의 일괄처리, 요소구매, 셀프서비스 등이 있다.

분업과 전문화는 고객접촉부분과 고객지원부분의 분리로부터 시작된다. 서비스 기업은 운영상의 원가효율성을 높이기 위해 고객접촉기능을 최소화하고 고객지원기능을 최대화하기를 원한다. 고객접촉기능보다 고객지원기능의 생산성과 원가효율성을 높이는 것이 상대적으로 더 쉽기 때문이다.

서비스 기업이 고객접촉부분을 줄일 수 있는 방법에는 세 가지가 있다.

① 셀프서비스를 이용하는 것이다.
② 자동화와 전산화이다.
③ 고객접촉부분 종업원의 업무를 지원부분 종업원에게 위양한다.

서비스 제공절차의 표준화는 고객지원부분과 고객접촉부분 모두 가능하다. 종업원 순환교육은 종업원의 유연성을 증가시켜 원가효율성을 높이며, 피크 수요나 긴급상황이 발생했을 때 효과적으로 활용할 수 있다. 업무의 일괄처리는 고객의 주문이나 서비스 지원기능을 한데 묶어서 붐비지 않는 시간에 처리함으로써 생산성과 원가효율성을 높이는 것을 말한다. 요소구매는 서비스 생산에 필요한 요소나 원 · 부자재를 전문 공급업자로부터 구매함으로써 단위 원가를 줄이고 생산성을 높이는 것을 말한다.

2. 개별화 전략

개별화 전략을 취하는 서비스 기업은 서비스 프로세스의 복잡성과 다양성이 모두 높다. 주로 의료, 법률, 컨설팅과 같은 전문 서비스에서 활용되며, 고객중심적인 서비스 설계가 요구된다.

개별화 전략을 이용하는 기업에 필요한 운영목표와 설비 입지 및 배치, 직무설계에 대하여 살펴보기로 하자.

(1) 운영목표

개별화 전략을 전개하기 위해서는 고객접촉부분과 고객지원부분의 분리가 필요하기 때문에 서비스 운영 청사진이 매우 중요하다. 고객접촉부분은 생산지향이 아니라 고객지향적이어야 한다. 고객접촉부분에서는 각 단계별 처리시간과 단위당 산출을 측정하는 것이 중요하지 않지만 고객지원부분에서는 각 단계별 소요시간을 측정하는 것이 도움이 될 것이다. 결혼이나 출장 파티와 같은 캐이터링 서비스에서는 고객접촉부분과 고객지원부분이 분리된 청사진을 바탕으로 하여 개별화된 서비스가 제공되고, 행사와 관련한 모든 결정은 고객의 입장에서 이루어지게 된다.

(2) 설비의 입지와 배치

개별화 전략을 전개하는 상황에서는 입지가 중요하더라도 기업의 생존에 직결될 만큼 중요하지는 않다. 고객접촉 지점을 잘 입지시킴으로써 고객들에게 서비스 제공자의 전문성과 역량을 강화하는 이미지를 전해 줄 수 있다.

설비배치는 고객의 중요성을 강조하는 방향으로 이루어져야 한다. 고객 대기실, 고객 상담실, 사무실 등의 공간은 회사의 이미지와 역량을 높일 수 있도록 배치하여야 한다.

(3) 직무설계

개별화 전략을 전개하는 기업의 종업원 직무설계는 고객지향적이어야 한다. 그리고 직무설계에서 서비스의 고객접촉부분과 고객지원부분은 분리시키는 것이 중요하며, 고객접촉부분은 특히 고객지향적으로 설계해야 한다. 종업원들은 즐거운 마음으로 고객들과 접촉해야 하고 뛰어난 커뮤니케이션 기술을 가지고 있어야 한다. 또 이들은 좁고 전문적인 식견보다는 서비스에 대한 광범한 지식을 가지고 있어야 한다. 개별화된 서비스를 위해서는 광범한 지식이 필수적이다. 고객과 서비스 제공자 간의 상호작용적 질을 강화하기 위해 전산화와 자동화가 이용될 수도 있다.

개별화 전략을 취하는 기업은 고객접촉부분에서는 원가우위를 획득할 수 없기 때문에 생산성 향상을 위해서는 고객지원기능에 중점을 두어야 한다. 기업은 고객지원부분에서 분업, 전문화, 순환근무, 자동화, 전산화, 업무 일괄처리 등의 원가효율성 제고 방안을 이용할 수 있다.

3. 서비스 품질전략

서비스 품질전략은 서비스의 결과를 반영하는 기술적 품질이나 서비스의 제공과정을 반영하는 기능적 품질을 강조한다. 기술적 품질을 강조하는 서비스 기업은 다양성이 낮고 복잡성이 높으며, 고품질의 서비스를 생산하기 위해서는 서비스의 전문화가 필요하다. 따라서 이러한 기업은 고객의 선택성을 최소화해야 한다.

이와 반대로, 기능적 품질을 강조하는 서비스 기업은 다양성을 높이고 복잡성은 낮추려고 할 것이다. 따라서 서비스 제공과정상의 단계나 절차를 줄이되 각 단계별로는 고객들에게 더 많은 선택권을 주면서 효율성을 높이게 된다. 서비스 기업은 고객과의 상호작용적 질을 증가시키려고 한다. 이는 개별화 전략을 전개할 때와 비슷하지만 운영상의 복잡성이 줄어든 것이라고 할 수 있다.

(1) 운영목표

기술적 품질을 강조하는 서비스 기업은 서비스의 지원부분에 초점을 두어 고품질 서비스를 생산할 수 있는 설비투자에 중점을 둔다. 그리고 서비스 청사진을 만들어 서비스 제공에 소요되는 시간을 효율적으로 관리하고, 품질관리를 위한 감독자를 필요로 한다.

기능적 품질을 강조하는 서비스 기업은 고객접촉부분에 초점을 두고 고객과의 접촉 횟수나 커뮤니케이션을 늘린다. 또 설비와 감독에 투자하기보다는 고객접촉부분의 인력부문에 더 많은 투자를 한다. 서비스 접점에 있는 종업원의 역할과 상호작용을 중요시하고, 이들을 통해 고객을 만족시킬 수 있다고 본다.

(2) 설비의 입지와 배치

서비스 품질전략을 선택하는 기업은 고품질 서비스라는 인상을 창출하기 위해 고급이미지를 갖는 지역에 고객접촉부분을 입지시켜야 한다. 고객접촉부분과 고객지원부분을 분리할 수 있으면 고객지원부분은 저렴한 지역에 입지시켜도 된다. 설비의 배치는 고객지향적이어야 하며, 고객접촉부분은 고객들에게 고품질의 서비스를 제공한다는 인상을 심어주어야 한다.

(3) 직무설계

기술적 품질을 강조하는 서비스 기업은 원가효율성 전략하의 직무설계 과정을 이용할 수 있으며, 기능적 품질을 강조하는 서비스 기업은 개별화 전략 하의 직무설계 과정을 이용할 수 있다.

기술적 품질을 강조하는 기업은 서비스 결과 질에 초점을 두고 있기 때문에 일선업무에 대한 전문지식을 가진 감독자를 고용한다. 감독자는 엄격하게 설정된 기준에 부합되는지 여부를 철저히 검사하고 기준에 부합되지 못하면 감독자는 재작업을 시킨다.

기능적 품질을 강조하는 기업은 서비스 접점에 있는 종업원과 고객 간의 상호작용을 중요시하는 과정 질에 초점을 두고 있다. 감독자는 종업원들의 직무수행을 정기적으로 또는 가끔씩 점검하며, 주로 고객과 종업원의 매개적 역할을 수행한다. 고객을 정기적으로 방문하여 문제가 확인되면 이를 해당 종업원에게 통보하고, 전문가인 일선 종업원을 통해 문제를 해결하게 한다. 감독자에게는 대인관계에 관한 교육을 실시한다.

서비스 품질전략을 이용하는 상황에서는 직무전문화와 분업이 매우 중요하다. 기술적 품질을 강조하는 기업은 종업원을 전문가로 양성하고 표준화된 서비스 절차와 업무지침서에 따라 업무를 수행하도록 하여 서비스의 품질을 높이고자 한다. 또 일괄처리 방식으로 업무를 수행하여 규모의 경제를 실현하기도 한다. 한편 기능적 품질을 강조하는 기업은 직무설계를 함에 있어서 기능적 측면보다 고객중심적인 측면에서 직무전문화와 분업을 추구한다. 종업원들은 다양한 업무기능을 익히고, 프로세스 중심의 업무설계를 한다. 기능적으로 전문화된 직무를 수행하기보다 고객이 원하는 바를 이해하고 고객의 편의를 최대한 도모하는 서비스를 제공하고자 하는 것이다.

지금까지 살펴본 서비스 운영전략별 운영방안들을 요약하면 〈표 3-2〉와 같다.

〈표 3-2〉 서비스 운영전략의 운영방안

운영 전략 / 운영 방안	원가효율성 전략	개별화 전략	서비스 품질전략	
			기술적 품질	기능적 품질
운영 목표	• 생산성 극대화	• 서비스 개별화와 고객지향성 극대화	• 서비스 결과 질 극대화	• 서비스 과정 질 극대화
설비 입지	• 고객접촉부분은 고객 가까운 곳에 입지 • 고객지원부분은 저렴한 곳에 입지	• 고급이미지 지역에 입지	• 고객접촉부분은 고급이미지 지역에 입지 • 고객지원부분은 저렴한 지역에 입지	좌 동
설비 배치	• 운영 속도와 효율성 극대화	• 고객의 중요성 강조	• 고객접촉부분에서 고객중요성 강조	좌 동
직무 설계	• 고객접촉부분의 최소화 • 고객지원부분의 최대화 • 절차의 표준화 • 분업과 전문화 • 순환근무제 • 전산화 • 자동화 • 업무 일괄처리 • 셀프서비스	• 고객접촉부분의 강화 • 고객지원부분의 표준화 • 분업과 전문화 • 전산화 • 자동화	• 고객접촉부분의 최소화 • 고객지원부분의 최대화 • 절차의 표준화 • 분업과 전문화 • 순환근무제 • 전산화 • 자동화 • 업무 일괄처리 • 요소구매	• 고객접촉부분의 강화 • 고객지원부분의 표준화 • 분업과 전문화(고객중심) • 전산화 • 자동화

현/장/사/례

불황 때 기업경쟁력을 키우려면…

마이클 포터는 독특한 제품을 통한 차별화 우위 전략과 낮은 비용을 통한 비용 우위 전략은 양립하기 어렵다고 했다. 그러나 싱가포르항공은 이 두 전략을 동시에 추구하면서 타사에 비해 압도적인 경쟁 우위를 갖췄다. 싱가포르항공의 주요 성공 요인은 비용절감이 아닌 과감한 투자에 있었다.

싱가포르항공은 치열한 경쟁 속에서 위기를 극복하고 경쟁우위를 갖추기 위해 다음의 3가지 분야에 과감한 투자를 단행했다.

첫째는 제품에 대한 과감한 투자다. 싱가포르항공의 평균 비행기 연령은 74개월로 항공업계 평균 비행기 연령 160개월에 비해 최신 기종 비중이 높다. 그러나 새로운 항공기에 대한 투자로 소요되는 비용이 많아도 싱가포르항공의 연간 총비용은 경쟁사보다 적게 든다. 새로운 항공기들은 오래된 항공기에 비해 연비가 높고 고장률이 낮아 수리 유지비나 관리비, 연료비가 적게 들기 때문이다. 총비용 중 수리 유지비가 차지하는 비중은 아메리칸항공이 4.8%, 유나이티드항공이 5.9%인 데 비해 싱가포르항공은 4% 수준이다. 일일비행 시간 역시 항공업계 평균 11.3시간에 비해 싱가포르항공은 13시간으로 더 길다. 항공기에 대한 많은 투자에도 총비용은 적게 드는 역설의 결과가 초래된 것이다.

새로운 기종의 항공기들은 오래된 항공기들에 비해 정시에 도착하는 경우가 많았고 결항하는 경우도 적었다. 또한 쾌적한 환경으로 인해 고객만족도까지 향상시켰다. 고객만족도 향상은 이용고객 수의 증가로 이어지면서 싱가포르항공의 매출총액은 지속적으로 성장했다. 총비용은 절감하면서 총매출액이 증가하다 보니 싱가포르항공의 순이익 증가는 당연했다.

다음은 사람에 대한 투자다. 싱가포르항공은 서비스는 결국 사람이란 생각으로 직원 교육에 대대적인 투자를 감행해 소프트웨어 측면에서도 경쟁우위를 갖췄다. 싱가포르항공은 직원 교육에 연간 7,000만 달러의 막대한 금액을 투자했다. 이로 인해 신입사원 연수 기간은 업계 평균의 2배인 4개월, 재직사원의 재교육도 연간 110시간에 달하게 됐다. 재교육 내용도 에티켓이나 와인, 문화 차이를 고려한 응대법 등 다양하고 필수적인 사항으로 이뤄졌다. 수익성에 따라 급여의 50%까지 인센티브를 지급하는 전략을 통해 직원들의 주인의식을 향상시켰다. 이러한 교육에 대한 과감한 투자는 낮은 임금에도 우수 인력을 확보하는 비결이 됐다. 우수 인력은 결국 고객만족도 향상으로 이어져 고객이탈을 막고 고객 충성도를 향상시켜 기업의 성과를 극대화시키는 원동력이 됐다.

마지막은 서비스에 대한 투자다. 싱가포르항공은 고효율의 프리미엄 서비스 제공을 목표로 업계 최초로 주문형 엔터테인먼트 시스템을 제공했다. 기내식 예약 서비스, 허니문 서비스 등 고객이 생각지 못한 감동을 주는 와우(WOW) 서비스를 제공했다. 와우 서비스 제공을 위한 투자비용은 그리 크지 않았지만 효과는 매우 훌륭했다.

과감한 투자로 싱가포르항공의 ㎞당 유효좌석 비용은 4.6센트로 미국 항공사의 7~8센트, 유럽 항공사의 8~16센트보다 압도적으로 낮아 결국 비용 우위까지 갖추게 됐다. 싱가포르항공은 이처럼 세 가지 분야의 과감한 투자로 비용절감으로는 절대 이룰 수 없는 수확을 거뒀다.

이처럼 우리는 기존의 통념을 뒤집는 전략이 성공할 수도 있다. 지금까지 위기 극복을 위해 필수적인 전략으로 여겼던 비용절감보다 과감한 투자가 보다 효과적일 수 있다는 것이다. 제대로 된 투자를 할 수 있다는 전제하에 비용절감보다는 과감한 투자가 강력한 경쟁우위를 가져다 줄 수 있다. 우리나라 기업들도 비용절감이라는 미명하에 움츠러들기보단 제대로 투자해 세계적인 기업으로 발돋움할 수 있기를 바란다.

자료: 김수욱, 매일경제, 2013. 3. 22

연·구·문·제

1. 서비스 기업 중에서 집중화 전략과 차별화 전략을 함께 사용하거나 집중화 전략과 원가주도 전략을 함께 사용하고 있는 사례를 조사해 보시오.

2. 세 가지 본원적 전략에 대해서 정보의 네 가지 경쟁적 사용 중 어떤 것이 가장 효과적이라고 생각하는지 설명해 보시오.

3. 세계적 수준으로 출발했고 그러한 범주 속에 남아 있는 기업의 사례를 조사해 보시오.

4. 경쟁의 '세계 수준 단계'에 있는 기업들이 '학습조직'으로 표시될 수 있는지 설명하시오.

5. 서비스 운영전략의 운영방안과 그 적용사례에 대하여 토의해 보시오.

6. 서비스 운영전략의 유형별 운영방안을 비교 설명해 보시오.

제 2 부

서비스 운영관리

제4장

서비스의 수요와 공급관리

학 습 목 표

- 서비스 수요와 공급의 이해
- 서비스 수요예측
- 서비스 수요관리전략
- 서비스 공급관리전략

1. 서비스 수요와 공급관리의 문제

서비스의 수요와 공급을 관리함에 있어서 당면하는 가장 근본적인 문제는 미래의 판매를 위해 재고 상태로 보관하거나 저장할 수 없다는 데 있다. 이것은 소멸성과 생산-소비의 동시성이라는 서비스 고유의 특성에 기인하는 것이다.

고객에게 판매되지 않은 비행기 좌석이나 극장 티켓은 이후에 재판매할 수 없다. 시간이 지나면 좌석의 서비스 제공능력이 소멸되기 때문이다. 서비스의 공급능력에 비해 수요가 부족하여 남아도는 서비스는 저장할 수 없으며 다른 장소로 운반하거나 다른 사람에게 이전할 수 없다. 초과공급 상황이 되면 서비스 공급능력의 유휴화에 따라 과잉 투자비용과 고정비 부담, 유지관리비, 인건비 등의 비용이 발생하여 경영 악화를 초래할 수 있다. 반면에 수요가 공급을 초과하면 고객의 대기상황이 발생하고 서비스 품질이 낮아지며, 고객이 대기할 수 없으면 판매(수익)기회를 잃게 된다. 은행 창구에서 대기열이 길어지고 혼잡해지면 은행 서비스의 품질이 위협받게 되고, 고객을 잃게 될 수도 있는 것이다.

모든 기업이 서비스의 수요와 공급관리에 있어서 같은 문제를 안고 있는 것은 아니다. 시간에 따른 수요변동의 정도와 공급능력의 제한 정도에 달려 있다. 서비스의 수요가 안정적이고 예측가능한 경우에는 문제가 되지 않지만 수요의 변동이 심하고 예측하기 어려운 경우에는 한정된 서비스 가용능력 때문에 경영상 커다란 어려움에 봉착할 수 있다.

기업의 서비스 공급능력(service capacity)이란 고객들에게 한 번에 서비스를 제공할 수 있는 공급능력을 말한다. 공급능력은 다시 최대가용능력과 최적공급능력으로 구분된다. '최대가용능력'은 고객을 최대한으로 수용할 수 있는 공급수준을 의미한다. 그리고 '최적공급능력'은 고객에 대한 서비스 품질을 최적의 상태로 유지할 수 있는 공급수준을 의미한다. 즉, 최적공급능력이란 인력, 설비, 장비 등의 제 자원을 완전히 이용하는 이상적인 활용수준을 말하며, 고객이 원하는 시간에 양질의 서비스를 제공받을 수 있는 수준을 의미한다.

일반적으로 서비스 기업의 최적공급능력은 교육이나 병원진료, 교통, 관광 서비스 등과 같이 최대가용능력보다 낮은 수준에서 결정된다. 그러나 어떤 서비스의 경우에는 최대가용능력과 최적공급능력이 일치하고 고객도 최대가용능력의 수요상황에서 최대의 만족을 느끼는 경우도 있다. 예컨대, 인기가수의 라이브 콘서트에서 관람객들은 콘서트장의 분위기와 가수의 가창력뿐만 아니라 붐비는 콘서트장에서 열광하는 관람객들 간의 상호작용이나 교감을 통해서 최대의 재미와 감동을 만끽하게 된다.

기업의 서비스 공급능력은 단기적으로는 고정되어 있는데, 서비스 공급능력에 따른 수요의 상황은 다음과 같이 네 가지 유형으로 나타난다.

1) 최대가용능력 초과수요

서비스에 대한 수요가 기업이 수용할 수 있는 최대가용능력을 초과하는 수

[그림 4-1] 수요의 변동과 공급역량 관계

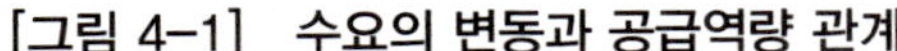

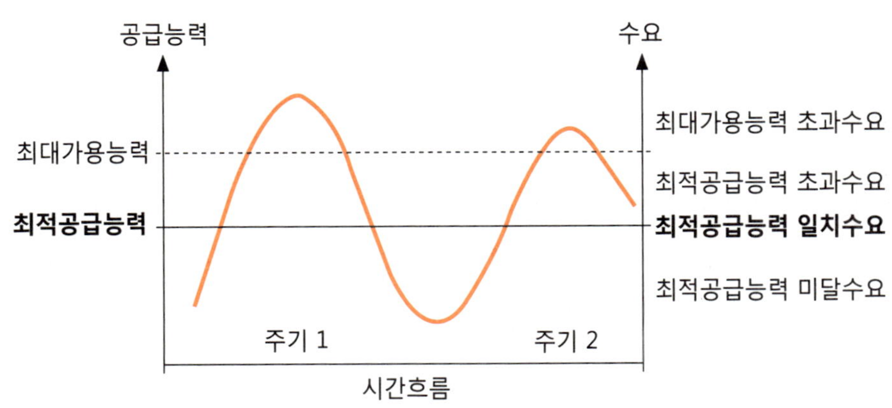

준을 말한다. 최대가용능력을 초과하는 수요상황에서는 잠재고객들에게 서비스를 제공할 수 없어 영업기회를 놓치고 고객을 상실하게 된다. 설사 서비스를 제공받는다 하더라도 사람들이 붐비거나 인력, 시설, 장비의 부족으로 인해 약속한 품질의 서비스를 제공하지 못하게 된다.

2) 최적공급능력 초과-최대가용능력 미달수요

최적공급능력을 초과하고 최대가용능력을 미달하는 수준의 수요상황에서는 서비스를 원하는 고객들에게는 모두 서비스를 제공할 수 있으나 종업원들이 과중한 업무에 시달리고 혼잡, 시설의 과다한 사용 등으로 인해 당초에 약속했던 양질의 서비스를 제공하지 못하게 된다. 따라서 고객들은 불만족을 느끼고 서비스 품질을 낮게 평가한다. 이동통신이나 초고속인터넷 사업자들이 최적공급능력 수준을 초과하는 가입자를 유치하여 적정수준의 서비스 품질을 유지하지 못함에 따라 고객불만을 야기하는 경우가 해당된다.

3) 최적공급능력 일치수요

이는 기업의 최적공급능력에 일치하는 이상적인 수요상태, 즉 수요와 공급이 균형을 이루는 상황을 말한다. 고객은 원하는 시간에 양질의 서비스를 제공받을 수 있게 된다.

4) 최적공급능력 미달수요

서비스에 대한 고객수요가 기업의 최적공급능력에 미치지 못함에 따라 인력, 설비 및 장비가 유휴화되는 초과공급능력 상황을 말한다. 결과적으로 수익성이 악화되고, 이는 종업원들에 대한 낮은 보상과 종업원들의 사기 저하로 이어진다. 이는 다시 고객에 대한 서비스 품질이 낮아지고 고객이 이탈하며 수익성이 악화되는 악순환을 겪게 된다. 고객 입장에서는 기다릴 필요 없이 서비스를 쉽게 제공받을 수 있어서 그만큼 우수한 서비스를 제공받을 수 있지만 기업 입장에서는 유휴자원 문제로 인해 자원을 낭비하는 결과를 초래하게 된다.

2. 서비스 공급능력의 제약조건

서비스 기업의 공급능력은 단기적으로 고정되어 있다고 할 수 있으며, 이는 서비스 수요에 대한 수용능력을 결정짓는 중요한 요소가 된다. 서비스의 형태에 따라 서비스 기업의 공급능력을 제약하는 핵심적인 요소는 시간, 인력, 장비, 시설 및 이들의 조합이라고 할 수 있다.

(1) 시 간

많은 서비스업의 경우 서비스 생산을 제약하는 가장 근본적인 제약조건은 시간(time)이다. 변호사나 컨설턴트, 세무사, 의사 등의 서비스 제공자들은 기본적으로 자신의 시간을 판매한다. 이들은 시간을 생산적으로 사용하지 않으면 이익이 줄게 되고, 초과수요가 존재한다 하더라도 이를 충족시킬 만한 시간을 만들어 내기가 어렵다. 따라서 서비스 제공자 입장에서 볼 때 시간은 중요한 공급 제약조건이 된다.

(2) 인 력

많은 서비스 요원을 고용하고 있는 기업의 경우, 서비스 인력(요원, labor)의 수나 그들의 서비스 제공수준은 서비스 공급능력에 대한 주요 제약조건이 된다. 대학이나 컨설팅회사, 회계법인 등은 서비스 요원들을 풀가동하여 서비스를 제공하는 상황에서 추가적으로 수요가 발생하면 초과수요에 제대로 대응하지 못하는 경우가 생긴다. 이런 상황에서 정규직 사원을 추가로 채용하는 것은 수요가 감소할 경우를 생각하면 바람직하지 않을 것이다.

(3) 장 비

장비(equipments)는 서비스 공급능력의 중요한 제약조건이 될 수 있다. 택배나 항공 운송업의 경우 서비스 수요를 맞추는 데 필요한 트럭이나 항공기 확보는 공급능력의 중요한 제약조건이 된다. 명절이나 연말연시 때의 우편 · 택배서비스업체, 러시아워 때의 대중교통업체, 저녁시간대의 헬스클럽 역시 수요의 집중에 따라 장비의 제약을 많이 받는 상황이 된다.

(4) 시 설

서비스 기업의 보유 시설(facilities) 또한 공급능력의 주요 제약조건이 된다. 호텔의 객실 수, 항공사의 항공기 좌석 수, 대학의 강의실, 레스토랑의 테이블과 좌석 수 등은 모두 서비스 기업의 한정된 시설에 의한 제약조건이 된다.

서비스 마케터가 수요 · 공급문제 해결을 위한 장 · 단기계획을 수립하기 위해서는 먼저 서비스 공급의 주요 제약요인들을 이해하고 이들 요인을 결합한 전체적인 제약요건을 종합적으로 검토함으로써 자사 서비스의 최적공급능력을 정확히 파악해야 한다. 자사의 최적공급능력을 초과하거나 미달하는 수요상황에서는 고객 또는 종업원의 불만족을 야기하고 서비스의 품질을 저하시킬 수 있기 때문이다.

3. 서비스의 수요유형

서비스는 저장불능, 무형성, 이질성, 생산－소비의 동시성 등의 특성 때문에 재화에 비해 수요의 변동성이 크고 수요를 예측하기가 더 어렵다. 효과적인 서비스의 수요관리를 위해서는 수요유형을 잘 이해하는 것이 필요하다.

서비스의 수요유형은 다음과 같은 몇 가지 질문을 통해 확인할 수 있다.

① 서비스에 대한 수요가 주기적으로 변화하는가? 그렇다면 어떤 주기를 가지고 있는가?
- 임의적, 불규칙 변동
- 주기적 변동(시간대별, 일별, 주별, 월별, 계절별, 기타 주기적 변동)

② 수요가 주기적이라면, 그 원인은 무엇인가?
- 계절적 변화, 월급일자, 공휴일 · 명절, 학교의 방학 · 개학 등

③ 수요가 불규칙적이고 예측하기 어렵다면, 그 원인은 무엇인가?
- 날씨 변화, 긴급상황 발생(병원의 응급환자, 자동차 긴급수리 등)

④ 수요를 시장 세분화할 수 있는가?
- 서비스 이용패턴, 추구편익, 이용빈도, 이용시간 등

서비스의 수요유형은 일정 단위기간 동안의 수요수준을 지속적으로 추적 집계하여 도표화하면 쉽게 확인할 수 있다. 고객들의 서비스 구매일시를 기록에 남겨 시간별, 일별, 주별, 월별, 계절별 수요수준을 추적하고, 과거 연도의 수집 자료와 비교하여 도표화함으로써 서비스 수요의 유형이나 변동주기를 파악할 수 있다. 예컨대, 음식점이나 소매점은 일일 시간대별로, 또 호텔업이나 여행사는 계절별로 수요패턴을 파악할 수 있을 것이다.

컴퓨터화된 고객정보시스템을 활용할 수 있다면 데이터베이스화된 고객들의 구매 관련 정보를 구매일시, 구매량, 구매빈도, 구매성향, 고객특성 등에 따라 분석함으로써 단위기간 또는 세분시장별로 수요의 유형이나 수요주기, 수요의 예측가능성을 보다 정확하게 파악할 수 있다.

02 서비스 수요예측

1. 서비스 수요예측의 개념

어떤 기준에 의하여 수요를 예측한다는 것은 미래에 대한 불확실성을 줄이고 수행하고자 하는 정책에 대한 의사를 결정하는 데 매우 중요한 역할을 한

다. 수요예측은 모든 생산적 활동을 수립하기 위한 기반이 되기 때문에 대단히 중요하며 수요가 어느 정도 발생할 것인가에 대한 방향을 제시하여야 한다. 기업이 결정한 가격은 상이한 수준의 수요를 유발하므로, 그에 따라 기업의 마케팅 목표에 상이하게 영향을 미친다. 현재의 시점에서 채택한 대안적인 가격과 이에 대한 현 수요 간의 관계는 수요표로 나타낼 수 있다. 수요와 가격은 기본적으로 역방향의 관계이나 오늘날에는 가격품질 연상작용에 따라 가격이 높을수록 수요가 증가되고 있는 추세를 나타내기도 한다.

(1) 가격민감성

수요곡선은 상이한 가격민감성을 갖는 여러 사람들의 반응을 전부 합한 것이다. 수요를 예측하는 데 중요한 요소는 구매자의 가격민감성에 영향을 주는 요인들을 파악하는 것이다. 일반적으로 고객들은 고가격을 지불하거나 또는 자주 구입하는 제품에 대해서 가격에 가장 민감하고 저가격 품목이나 자주 구입하지 않는 품목에 대해서는 비교적 가격에 덜 민감하다.

(2) 수요곡선 예측방법

기업들은 수요곡선을 측정하기 위해 여러 가지 방법들을 사용한다.

① 가격과 수요의 관계를 예측하기 위해서 과거의 가격, 판매량 및 기타 요인에 관한 기존자료를 통계적으로 분석하는 것이다.
② 가격실험을 하는 것이다.
③ 상이하게 제시되는 가격수준에서 구매자들이 그 제품을 얼마만큼 구매하는지를 조사한다.

(3) 수요의 가격탄력성

가격탄력성은 가격변화의 크기와 방향에 따라 좌우된다. 약간의 가격변화는 무시할 수가 있지만, 커다란 가격변화에도 실질적으로 영향을 미칠 수 있기 때문이다. 수요의 가격탄력성이 낮을 조건은 다음과 같다.[1]

① 대체품이나 경쟁사가 없거나 소수의 경우
② 구매자가 가격이 높게 책정되어 있다는 것을 잘 인식하지 못하는 경우
③ 구매자의 구매습관 변화의 속도가 느린 경우
④ 구매자들이 고가격을 타당하게 보는 경우

2. 잠재시장 규모의 수요예측 방법

(1) 잠재수요와 추정방법

시장의 잠재수요(potential demand)란 일정기간 동안 자사제품이 소속된 시장에서 동종의 모든 제품들이 소비자에게 팔릴 수 있는 최대 판매가능액이다. 그리고 판매가능액(sales potential)이란 보다 좁은 의미로서 한 기업이 그 산업 내에서 실현할 수 있는 최대의 매출 가능액을 말한다. 비록 잠재수요는 이상적인 상황하에서 달성될 수 있는 최대 판매수준을 뜻하지만 판매예측(sales forecasting)은 미래의 특정 시간대에서 과거의 판매수준, 마케팅 노력 정도, 일반적인 경영환경 등을 고려했을 때 실제로 예상되는 매출규모에 관한 것이다.

㉠ **연쇄비율법(chain ratio method)**: 최대의 특정 계산규모에 사용률과 같은 일련의 비율을 곱해 나가는 사슬형식의 계산방법을 말한다.

㉡ **구매지수법**: 기존의 자료를 이용해서 잠재수요를 추정하는 방법이다. 소비재를 생산하는 기업이 자사제품의 지역별 시장 잠재수요를 추정하려고 할 경우 자사제품의 사용에 영향을 미치는 몇몇 변수들을 검토하는 방법을 사용할 수 있다. 그러나 하나의 요인만이 제품의 소비나 사용에 관여하기보다는 다수의 요인들이 관계를 맺고 있는 경우가 대부분이어서 여러 요인들의 비중을 고려한 복수요인 지수(multi-factor index)의 마케팅

1 조재립(2009), 「서비스경영」, 청문사.

[그림 4-2] 한국표준산업분류의 예

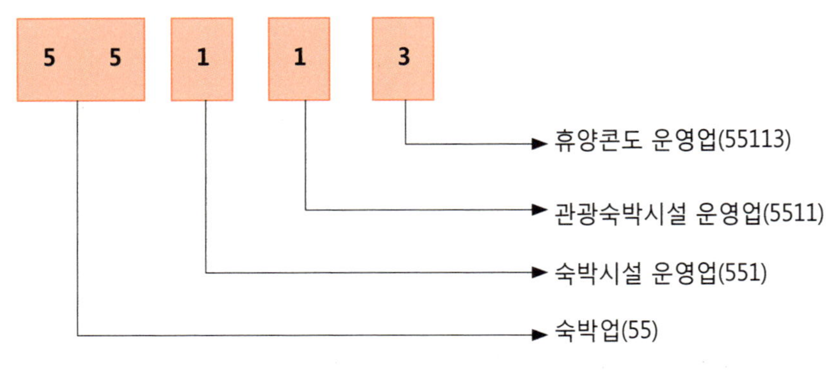

케팅 관리에 의해 개발된 구매력 지수이다.

ⓒ **표준산업분류법**: 기존의 자료를 이용해서 잠재수요를 추정하는 방법이다. 국내에서도 일반적으로 산업분류를 위해 한국표준산업분류(KSIC: Korea Standard Industrial Classification)를 사용하고 있다. 한국표준산업분류는 [그림 4-2]와 같이 총 5자리 숫자로 표시된다.

(2) 판매예측의 추정방법

1) 판단적 판매예측기법

기업에서의 판매예측은 대개 과학(science)이기보다는 기술(art)적인 성격을 띠는 경우가 많다. 보통 판단적 예측기법은 객관적이고 정확도가 높은 방법이기보다는 경험을 근거로 자사판매 이익을 예측한다는 것이 특징이다.

㉠ **중역의견법(executive opinions)**: 최고경영자나 경험이 풍부한 중역진들에 의해 내려진 판단을 기업의 차기 판매예측치로 정하는 것을 말한다. 이 방법을 사용하면 예측결정이 신속하다는 점과 많은 주관적인 요소들을 한꺼번에 포함하여 예측치를 산출할 수 있다는 장점이 있다.

㉡ **판매원 의견 합성법(sales force composite)**: 판매원들로 하여금 각 담당

지역의 판매예측을 산출하게 한 다음, 이를 모두 합하여 회사전체의 판매예측치로 사용하는 방법이다. 이 방법은 소수의 대규모 구매자들을 대상으로 하는 기업의 경우에 적합한 방법이다.

ⓒ **델파이법(Delphi method)**: 불확실한 특정문제에 대해 전문가들의 합의를 도출하는 데 사용되는 방법으로서 전문가 개개인의 의견을 통합함으로써, 미래 자사제품의 판매량을 예측하는 방법이다.

ⓓ **수명주기유추법(life cycle analogy)**: 기업이 시장에 판매하려는 대상제품과 특징이 비슷한 다른 제품의 과거 판매실태를 비교하여, 대상제품의 판매나 도입 및 성장의 패턴을 예측하려는 방법이다. 이 방법은 보통 중장기의 비교적 긴 시간대를 요하는 예측에 적합하며, 대상제품과 비교제품 간에 있어서 제품의 차이 정도나 시장요소의 차이 정도를 얼마나 정확히 추정할 수 있느냐에 따라 예측의 질이 좌우된다.

2) 시계열분석기법

시계열분석기법은 특정제품의 매출액의 변화와 같이 시간의 영향을 받게 되는 형태로 제시되는 자료를 시계열자료라 하며, 시계열자료 값들의 계열을 간단히 시계열(time series)이라 한다. 예를 들면, 과거 20년 동안의 매월 매출액을 기록한 자료라든지, 과거 10년 동안의 광고비 지출액을 기록한 자료 등이 시계열자료에 해당된다. 시계열분석은 자료의 추세를 이해하고, 이를 통해 미래의 추세를 예측하기 위한 것인데, 보통 자료의 추세를 시간의 함수로 나타내는 것이 일반적이다. 이러한 시계열분석의 기본 가정은 시간을 가장 중요한 변수로 인식한다는 것과 과거의 자료들이 미래에 우리가 관심을 두는 현상과 밀접하게 관련되어 있다는 것이다.

ⓐ **계절적 조정**: 과거 몇 년 동안 특정기업의 판매수치를 관찰해 보면 1년 단위로 특정시점에서 매출액의 두드러진 등락을 발견할 수 있다. 즉, 동절기에 난방기의 수요량이 증가한다든지, 여름에 빙과류의 소비량이 늘어난다든지, 봄에 건축자재 수요가 늘어나는 것과 같은 현상들이 1년을 주기로 하여 반복적으로 발생함을 볼 수 있다. 마케팅관리자는 우선 이

러한 제품의 계절적 변동을 파악하여 각 기간별로 적절한 판매예측을 해야 한다.

ⓛ **최근예측법**: 모든 예측기법들 중 가장 간단한 접근방법이며, 다른 기업들과의 비교기준으로 많이 사용되고 있다. 이 방법은 미래에는 아무런 변화가 일어나지 않으며, 최근의 자료가 미래에 대한 최선의 추정치라고 가정하고 있다.

ⓒ **추세분석법**: 기업이 다음 기의 판매를 예측하려고 할 때 자사의 전기 판매액에서 현재의 판매액에 이르는 추세를 이용하는 방법을 말한다. 예를 들어 K기업이 전기에 50억원을, 현재 100억원을 판매했다면 50억원에서 100억원으로 변한 추세를 다음 기의 K기업의 판매예측에 반영하는 것이다.

ⓔ **평활법**: 시계열자료의 체계적인 움직임을 찾아내기 위해 과거 자료의 불규칙적인 변동을 제거하는 방법이다. 평활법은 이러한 불규칙 변동의 제거를 이동평균을 이용하여 분석한다. 이동평균을 이용하면 결국 과거자료의 추세를 전 기간 또는 특정기간별로 평균을 계산하여 이를 통해 미래자료를 예측하는 것이다.

ⓜ **박스-젠킨스법(Box-Jenkins method)**: 시계열자료들 간의 상관관계를 예측에 이용하는 방법으로 자기회귀요인과 이동평균요인으로 구성된다. 박스-젠킨스법을 이용한 판매예측은 매우 복잡하여 상당히 많은 양의 과거자료를 필요로 하는데, 최소한 50기에 걸친 자료가 있어야 신뢰성을 가질 수가 있는 것으로 알려져 있다. 또한 자기상관 함수로부터 어떤 요소가 가장 나은 예측을 가능하게 한다고 판단하기 쉽지 않기 때문에 몇몇 예측상황에서는 비효과적일 수도 있다.

ⓑ **시계열확산모델**: 특정제품의 최초 구매예측이나 신제품의 판매성장 패턴 예측에 사용된다. 이러한 특성을 가진 모델 중 가장 널리 알려진 것은 배스(F. Bass)에 의해 개발된 모형이다. 그러나 배스의 시계열 확산모델은 과거의 자료들은 매우 잘 맞추나, 미래 자료의 예측은 잘하지 못하는 것으로 나타나고 있다. 이는 시계열분석이 지닌 근본적인 한계점에 기인하는 것으로 보인다. 이들 방법은 경제적, 인구통계적, 환경상의

변화나 기업의 마케팅 노력, 경쟁의 변화 등에 따른 미래 판매의 변화를 설명하지 못하는 단점을 지니고 있다. 따라서 일반적으로 경영자나 마케팅관리자는 시계열확산모델이나 일반적인 시계열분석방법을 적용하려 할 경우 세심한 주의를 기울일 필요가 있다.

3) 인과관계 분석기법

인과관계 분석기법은 판매액을 하나의 종속변수로 보고, 이에 영향을 미치는 여러 독립변수들을 찾아내어 이들과 판매액 간의 통계적 관계를 규명함으로써, 미래에 실현될 판매액을 예측하려고 한다.

㉠ **회귀분석**: 현재 사용하고 있는 인과관계 분석기법 중 가장 대표적인 형태가 회귀분석이다. 회귀분석은 어떠한 요소들이 자사제품의 판매에 영향을 미치고, 그 중 어떤 요소가 가장 중요한 요소이며, 판매에 영향을 미치는 정도는 각각 얼마나 되는지를 파악함으로써 이들 요소들, 즉 현재에 관찰된 독립변수들의 상태만을 측정해서 미래의 판매액을 예측하는 방법이다.

㉡ **구매의도조사법**: 회사의 제품이 판매된다는 것은 곧 표적시장 내의 소비자들에 의해 구매됨을 의미한다. 따라서 소비자가 특정제품을 구매할 의도가 어느 정도나 있는가를 알아보는 구매의도조사를 실시함으로써, 기업은 자사의 특정제품이나 브랜드의 판매를 예측할 수 있다는 것이 구매의도조사법의 취지이다.

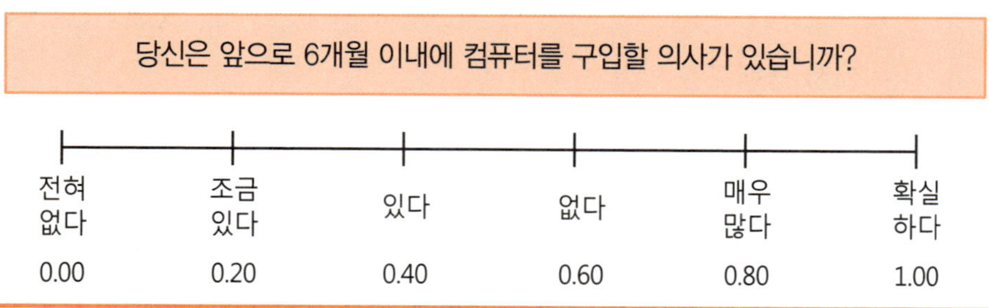

〈표 4-1〉 구매의도조사 설문결과

	전혀 없다	조금 있다	있다	없다	매우 많다	확실 하다	합계 (명)
가 중 치	0.00	0.20	0.40	0.60	0.80	1.00	
빈 도	50	100	300	400	100	50	1.000

이 회사는 이 설문결과를 통해 자사제품에 대한 소비자의 구매의도가 어느 정도인지를 측정할 수 있게 되고, 이를 이용하여 자사제품의 향후 판매를 예측하게 되는 것이다.

3. 수요예측의 정확성 및 예측기법의 선택

(1) 수요예측의 정확성

앞에서 설명한 여러 예측기법들은 각기 장·단점을 지니고 있기 때문에 특정방법이 언제나 다른 방법들에 비해 높은 정확성을 가지고 있는 것은 아니다. 어느 방법을 사용하더라도 자사제품의 판매예측이 정확하기를 바라는 것은 모든 기업에 있어서 마찬가지일 것이다. 좋은 예측은 다음과 같은 사항을 필요로 한다.

① 시장, 제품, 기업조직 등과 같은 판매예측과 관련된 모든 요소들을 전부 고려하고 이들 요소들로 구성된 시스템에 대한 이해가 충분히 반영된 상태에서 행해져야 한다.
② 예측결과로 나타날 수 있는 가능한 모든 형태의 결과의 정확도나 범위에 관한 추정이 포함되어 있어야 한다.
③ 예측을 행하는 담당관리자가 예측이 행해지는 절차나 사용한 예측기법의 특성 및 과정 등을 잘 이해하고 있어야 한다.

(2) 예측기법의 선택

어떤 방법을 판매예측에 사용할 것인가는 대단히 중요한 문제이다. 그러나 항상 좋은 예측결과를 가져다 주는 방법은 없다. 앞서 나온 예측기법들은

〈표 4-2〉 판매예측기법들의 비교

기 법	시간대	적절한 제품 수명주기단계	장점 및 단점
중역의견법	단기 중기 장기	어느 단계나 가능	• 예측결정이 신속 • 객관적 측정이 어려운 요소도 포함 • 경영자 주관에 따른 편향의 우려
판매원 의견 합성법	단기	어느 단계나 가능	• 판매원들의 동기에 따라 예측이 과대 · 과소 평가될 가능성이 있음.
델파이법	장기	제품개발 및 도입기	• 다수의 횡포 방지 • 돌발사건의 대처 용이
수명주기 유추법	장기	제품개발 및 도입기	• 신제품의 수요예측에 유용 • 이익률 예측에 유용
최근 예측법	단기	성숙기	• 판매추세가 안정적이어야 함
단순이동 평균법	단기	성숙기	• 평균산정에 사용하는 기간의 결정에 주의를 기울여야 함
지수평활법	단기	성숙기	• 평활상수(a) 값을 얼마로 정하느냐를 주의깊게 고려해야 함
박스-젠킨스법	단기	성숙기	• 예측절차가 너무 복잡함 • 너무 많은 양의 과거자료가 필요함
시계열 확산모델	단기	도입기	• 과거의 자료를 잘 맞추는 것에 비해 미래자료의 예측력이 떨어짐
구매의도 조사법	단기 중기	성장기	• 실험설계의 성패에 좌우됨
회귀분석	단기	성장기	• 많은 자료가 필요함 • 변수 간 상관관계를 알아야 함 • 자료들이 정규성의 가정에 맞아야 함

모두가 나름대로의 특징적인 면을 지니고 있기 때문에 특정기법이 한 기업에게 언제나 유용한 것은 아니다. 기업이 특정기법을 적용하고자 할 때에는 여러 요소들이 고려되어야 하며, 특히 제품수명 주기단계는 이때 상당히 중요한 영향을 미친다. 또한 예측에 할애할 수 있는 시간이 얼마나 되는가 등도 함께 고려하여야 할 사항이다. 〈표 4-2〉는 각 예측기법들의 장 · 단점과 사용상 적절한 제품수명 주기단계, 예측에 요구되는 시간별로 비교 · 정리해 보았다. 결국 예측기법의 선택은 현재 기업이나 제품이 처해 있는 상황에 맞게 이루어져야 한다.

현/장/사/례

양양국제공항이 살아난 이유

▶ 양양국제공항이 살아난 이유

① 중국을 직접 공략했다.
- 올 6월 중국 하얼빈 · 베이징에서 관광설명회 설치
- 베이징 · 상하이에 관광사무소 설치

② 중국 관광객 지원 '당근' 제시
- 중국 여행사에 여행객 1명당 1만원의 지원금
- 전세기 편당 200~400만원 운항 장려금
- 착륙료 등 공항 사용료 전액 면제

③ 중국 맞춤형 서비스
- 공항 곳곳을 오성홍기로 장식
- 직원들에게 중국어 교육

▶ 최근 5년간 양양공항 승객(단위: 명)

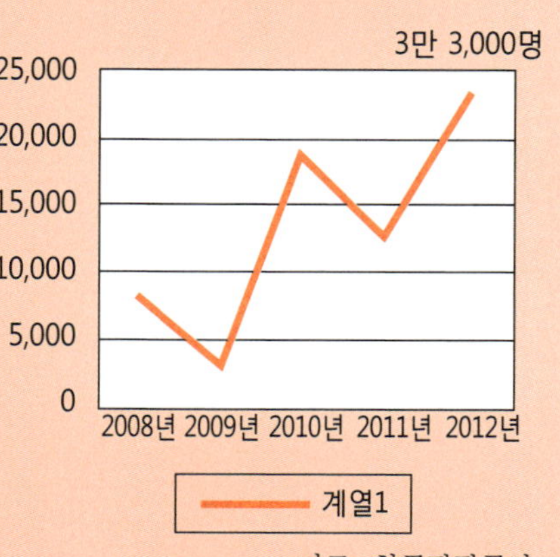

자료: 한국관광공사.

○강원도는 현재 2개인 양양공항 국제선 노선을 2013년 8개까지 늘린다는 목표다. 양양공항은 '공항 살리기' 2단계로 국내선 '에어택시'(18인승 소형 항공기) 이용객 늘리기에 안간힘이다. 올 5월부터 항공사 코리아익스프레스는 양양에서 김해·광주·김포로 향하는 소형항공기를 띄웠다. 그러나 현재 김해·광주 노선 승객은 각각 4,227명(탑승률 63%), 1,477명(탑승률 51%)이란 성적에 머물러 있고, 김포 노선은 이보다 더 부진한 188명(탑승률 20%)이어서 적자 운영을 하는 상태다. 강원도는 양양공항 국내선 유지를 위해 항공사측에 매월 탑승률에 따라 손실 보전금을 내준다.

임승달 교수는 "양양공항을 살리기 위해서는 중국 중소 도시와 양양 사이 직항로가 만들어지면 좋을 것"이라며 "중국은 중소 도시라도 인구가 200~500만 명 정도 되기 때문에 공항 활성화에 큰 도움이 될 수 있다"고 말했다.

자료: 조선일보, 2012. 11. 01

03 서비스 수요관리전략

서비스 기업은 서비스 공급능력의 제약조건과 수요유형을 이해하고 수요를 정확히 예측할 수 있을 때 효과적인 수요-공급관리전략을 수립할 수 있다. 수요와 공급을 일치시키는 것은 수요-공급관리전략의 핵심이 된다.

수요와 공급을 일치(균형)시키는 접근방법은 크게 두 가지로 구분된다. 하나는 수요를 공급능력에 맞추는 방법이고, 다른 하나는 기업의 서비스 공급능력을 수요변동에 맞추는 방법이다. 수요를 공급에 맞추는 전략을 '서비스 수요관리전략'이라 하고, 기업의 서비스 공급능력을 수요변동에 맞추는 전략을 '서비스 공급관리전략'이라고 한다.

[그림 4-3]은 수요의 예측가능성과 기업의 고객수요 이동능력에 따른 서비

[그림 4-3] 서비스 수요관리전략과 공급관리전략

기업의 고객수요 이동능력 \ 수요의 예측가능성	예측불능	예측가능	
낮음	수요적응전략	공급능력균형전략	〈공급관리전략〉
높음	수요재고화전략	수요조절전략	〈수요관리전략〉

스 수요관리전략과 공급관리전략 매트릭스를 보여주고 있다.

기업이 수요관리전략과 공급관리전략 중 어떤 전략을 선택할 것인가 여부는 서비스 기업이 당면한 수요의 특성에 따라 달라진다. 수요가 예측가능하고 고객들이 기업의 마케팅활동에 따라 기꺼이 서비스 수요시간과 구매장소를 바꾸려 한다면 서비스 수요관리전략이 효과적이다. 그러나 서비스 수요를 예측하기 어렵고 고객들의 수요를 이동시키기 어려운 경우에는 서비스 공급관리전략을 선택해야 한다.

서비스에 대한 수요를 기업의 공급능력에 맞추는 수요관리전략에는 수요조절전략과 수요재고화전략이 있고, 기업의 서비스 공급능력을 수요변동에 맞추는 공급관리전략에는 수요적응전략과 공급능력균형전략이 있다.

1. 수요조절전략

서비스 수요조절전략은 기업의 서비스 공급능력에 대응하여 고객의 서비스 수요를 증가 또는 감소시키는 전략으로서 크게 수요감소전략과 수요증가전략으로 구분할 수 있다. 먼저, 기업의 마케팅믹스 활동을 통해 서비스 공급역량을 초과하는 수요상황에서는 수요를 적정수준으로 줄이는 수요감소전략을 구사한다. 그러나 기업의 서비스 공급능력에 미달하는 수요상황에서는 수요를 자극하고 진작시키는 수요증대전략을 구사한다.

흔히 수요와 공급을 균형시키기 위해 사용할 수 있는 수단으로는 가격전략이 일차적으로 제시되곤 하지만 상품의 다양화나 커뮤니케이션 노력, 서비스 제공시간대와 장소의 조절, 대 고객 커뮤니케이션 노력 강화 등의 방법을 활용할 수 있다.

기업의 서비스 공급역량에 맞추어 변동적인 수요를 조절하기 위해 이용할 수 있는 마케팅믹스 요소들을 구체적으로 살펴보면 다음과 같다.

(1) 가격전략

가격은 효과적인 수요관리를 위해 활용할 수 있는 중요한 도구가 된다. 즉 서비스 상품의 수요탄력성에 기초하여 초과수요 상황에서는 할증요금제도나 고가정책을 통해 수익성을 높이고 수요를 하향 이동시킨다. 반대로 수요가 적정수준을 미달하는 상황에서는 가격할인제도를 통해 수요를 진작시키는 전략을 쓸 수 있다.

마케팅관리자들은 특정한 시점에서 상품 수요곡선의 형태와 기울기를 알고 있어야 한다. 시간이 지남에 따라 서비스 상품의 수요곡선이 어떻게 변하는지를 알아야만 가격차별화를 통한 수요조절이 가능하기 때문이다.

서비스 기업은 성수기와 비수기, 주말과 평일, 피크 타임과 비피크타임 인가에 따라 여러 가지의 수요곡선을 가질 수 있다.

[그림 4-4]에서 특정 시점에서의 고객 수용능력이 Q로 고정되어 있다고 하자. 이때 서비스 수요를 공급역량과 일치하는 Q로 조절하기 위해서는 각 시기에 따라 가격을 차별화해야 함을 알 수 있다. 즉, 성수기의 주말 피크타임의 수요곡선(t_1)하에서는 가격을 최고가 수준인 P_1로 결정하지만, 비수기의 주말 비피크타임의 수요곡선(t_4)하에서는 가격을 최저가인 P_4로 결정해야 한다. 만일 성수기의 주말 피크타임의 수요상황(t_1)에서 가격을 P_1보다 낮은 P_2로 한다면, 수요는 Q_1만큼 증가하지만 기업의 수용능력을 초과하는 상황이 발생하기 때문에 잠재고객을 잃거나 서비스 품질의 악화와 고객 불만족을 초

[그림 4-4] 시간대에 따른 수요곡선의 변화

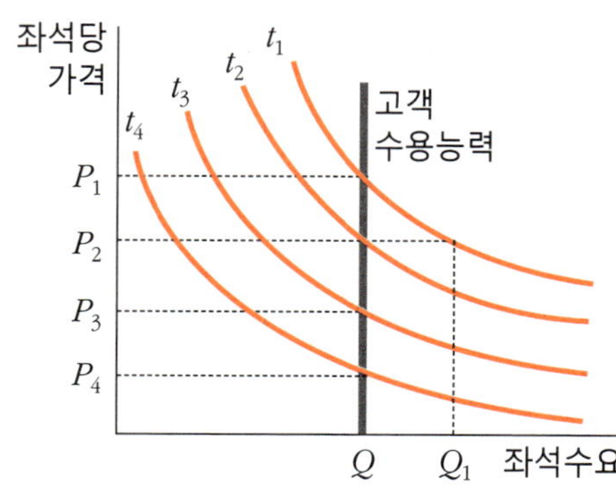

t_1 : 성수기, 주말, 피크타임
t_2 : 성수기, 평일, 피크타임
t_3 : 비수기, 주말, 피크타임
t_4 : 비수기, 평일, 비피크타임

래하게 될 것이다.

서비스 마케터가 당면할 수 있는 복잡한 현실 상황에서는 고객의 서비스에 대한 욕구나 지불능력이 세분시장 간에 차이가 있기 때문에 같은 시점에서도 세분시장별로 각기 다른 수요곡선이 존재할 수 있다. 예컨대, 항공산업에서 비즈니스 목적으로 항공기를 이용하는 고객과 여행 목적으로 항공기를 이용하는 고객은 이용 시간대, 즉 평일과 주말, 성수기와 비수기, 피크타임과 비피크타임에 따라 수요곡선의 형태나 기울기가 다르게 나타나고, 그에 따라 가격 차별화 전략을 구사할 수 있다.

많은 서비스 기업들은 세분시장별로 형성된 상이한 수요곡선에 대응하기 위하여 다양한 등급의 서비스 상품을 제공하고 있다. 항공사들은 일등석 고객들에게는 이코노미석 고객과 구분하여 넓고 안락한 좌석, 풍부한 식 · 음료 등 다양한 기내 서비스를 제공함으로써 고객들의 욕구를 만족시키고 있다. 국내의 이동통신업체들도 다양한 요금제의 상품을 개발하여 개별 고객의 욕구나 라이프스타일에 따라 최적요금을 선택할 수 있도록 옵션 가격제를 실시하고 있다. 이처럼 다양한 등급의 서비스 상품을 개발하여 운용하는 서비스 기업들은 수익성이 가장 높은 세분시장이 주된 고객층이 되도록 관리하여야 한다.

(2) 서비스 상품의 다양화

가격은 수요와 공급을 균형시키는 가장 일반적인 방법으로 선호되고 있지만 서비스의 경우는 물리적 제품만큼 가격으로 수요를 조절하기가 쉽지 않다. 예컨대, 스키용품 제조업자들은 비수기인 여름에 스키용품을 할인된 가격으로 판매함으로써 재고를 줄일 수가 있으나 스키 운영자들은 스키 리프트 이용권을 여름에 팔기는 어렵다. 따라서 스키장 운영자들은 여름에도 리프트나 스키장 콘도를 이용하도록 하기 위하여 옥외수영장이나 물썰매장, 인공호수, 삼림욕장, 골프장 등의 다양한 부대시설과 서비스 제공시스템을 갖추고 사계절 레저타운으로 변신하고 있다. 또 골프장에서는 수요가 적은 겨울철에 눈썰매장을 개장하여 수익성 악화를 타개하기도 한다.

서비스 제공자들은 연중 일관된 서비스를 유지하기도 하지만 계절의 변화에 따라 제공되는 서비스 상품을 수정 또는 새로 개발하여 수요를 창출하고 있다. 예를 들어, 병원은 연중 내내 동일한 진료 서비스를 제공한다. 그러나 호텔은 계절에 따라 고객들의 기호에 맞추어 제공되는 서비스를 계속적으로 변화시키면서 수요를 조절하고 있다. 비수기의 호텔은 기업연수나 세미나, 결혼예식, 문화 · 스포츠 이벤트 등 다양한 서비스 패키지 상품을 개발하여 호텔 이용률을 높인다. 또 레스토랑에서는 고객이 적은 낮 시간 동안에 실비의 점심 특선메뉴를 개발하여 고객을 유치하기도 한다.

요컨대, 서비스 기업은 각 세분시장 고객들의 욕구를 충족시킬 수 있는 다양한 서비스 상품을 제공함으로써 수요를 조절하고 최적수요에 접근해 나가도록 해야 한다.

(3) 서비스 제공시간대와 장소의 조절

서비스 기업들은 일정한 시간에 일정한 장소에서 서비스를 계속 제공하면서 수요를 조절하기보다는 서비스 제공시간이나 장소를 조정하면서 시장의 욕구에 반응하고 있다.

먼저 서비스 제공시간대를 조정하는 방법으로서, 일일 시간대별, 주중 요일별, 월별, 계절별로 변하는 수요에 적응하기 위하여 서비스 제공시간을 조정할 수 있다. 심야시간대에 극장을 상영하여 젊은이들의 유치에 성공한 사례를 들 수 있다. 서울 가락동시장에는 전국 각처에서 밤새 올라온 농수산물이 새벽시장을 통해 거래되며, 하나은행의 가락지점에서는 이 시간에 모닝뱅크를 열어 고객들의 수요 충족과 은행 수신고의 증가 효과를 가져 오기도 했다.

또한 서비스 기업이 서비스 제공 장소를 조절하여 고객의 욕구에 반응하는 방법이 있다. 즉 고정된 서비스 점포입지로 고객들이 찾아오도록 하는 대신에 고객이 있는 곳으로 이동하여 서비스를 제공하는 방법을 말한다. 시청에서 운영하는 이동문고나 병 · 의원의 방문진료, 자동차 긴급출동 서비스는 고객이 있는 곳으로 찾아가 서비스를 제공함으로써 고객의 욕구충족과 더 많은 수요를 창출하는 경우라 할 수 있다.

(4) 커뮤니케이션 노력

서비스 기업은 광고나 홍보, 인적판매, 현재 수요상황 공지, 안내방송과 같은 대 고객 커뮤니케이션 노력을 통해 수요를 조절할 수 있다. 이러한 노력은 피크타임 수요상황을 고객들에게 알려줌으로써 과다하게 수요가 집중되는 현상을 덜어주고, 보다 빠르고 편안한 시간대에 서비스를 받도록 유도하는 효과를 가져 온다. 매년 연말연시가 되면 우체국은 업무가 폭주해 체신업무가 마비되고 우편서비스가 지체되곤 하기 때문에 밀려드는 크리스마스 카드와 연하장을 미리 보내도록 홍보를 하고 있다. 또 교통방송에서는 고속도로나 시내 교통상황을 운전자들에게 실시간에 알려줌으로써 교통체증을 막고 도로 수요의 분산효과를 기하고 있다. 서비스 기업은 비수기에는 종업원들에게 자유로운 일정으로 잠재고객들을 접촉하여 서비스의 판매기회를 획득할 수 있도록 요청하기도 한다.

기업이 서비스 수요를 조절하기 위해 가격이나 서비스 상품, 유통 등의 마케팅믹스 요소를 이용하고자 할 때에는 명확한 커뮤니케이션 노력이 꼭 필요하다. 기업이 시도하는 마케팅믹스 요소들의 변화 내용에 대하여 충분히 알려주어야만 어떤 구체적인 고객반응을 얻어낼 수 있기 때문이다.

현/장/사/례

외식업, 금융업계 '타임마케팅' 열풍

최근 CJ푸드빌의 패밀리레스토랑 빕스(VIPS)가 오후 4시까지 매장을 찾는 고객에게 제공한 15주년 기념 샐러드바 1만원 행사에 매장당 대기인원 600명 이상이 몰려 화제가 됐다. 치솟는 물가 속에 이와 같이 시간대별 할인을 적용받을 수 있는 타임 마케팅에 관심이 모이고 있다. 신용카드 사용률이 높은 직장인을 대상으로 출퇴근 시간, 점심시간대에 커피전문점, 음식점 등에서 할인받을 수 있는 스탠다드차타드은행의 타임카드부터 패스트푸드점, 소셜커머스, 호텔 업계까지 각 기업에서 특정 시간을 노린 공격적인 마케팅을 펼치는 중이다.

▶ 직장인 위한 맞춤형 할인혜택! 스탠다드차타드은행 '타임카드'

최근 스탠다드차타드은행은 기존 상시적으로 제공하던 기본 할인 혜택과 더불어 직장인들의 라이프 스타일에 따라 시간대별 특별 할인 혜택이 강화된 타임카드를 새롭게 출시해 좋은 반응을 얻고 있다.

타임카드는 신용카드의 사용률이 높은 직장인들을 대상으로 출퇴근시간, 점심시간, 여가시간 등에 맞춰 대중교통, 점심식사, 주유, 엔터테인먼트 등 직장인들의 생활에 필요한 다양한 할인 혜택을 폭넓게 누릴 수 있도록 혜택을 마련했다. 출근 시간대인 오전 6시~9시에는 주요 편의점 및 제과점 10% 할인, 점심시간인 낮 12시부터 오후 2시에는 음식점 10% 할인 혜택을 제공하며, 커피전문점의 경우 최대 20%까지 할인된다. 오후 6시~오후 8시에는 음식점 5% 할인, 여가활동이 늘어나는 주말과 공휴일에는 S-Oil 리터당 60원(주중 40원) 할인 및 백화점과 대형할인점 2~3개월 무이자 할부서비스 등의 혜택을 활용할 수 있다. 각 시간대별 받게 되는 타임카드 서비스는 할인혜택의 횟수 제한까지 사라져 부담 없이 자유롭게 사용할 수 있다.

▶ 천원의 행복! KFC 인기메뉴 오후 시간대 할인

타임마케팅 열풍은 패스트푸드 업계도 예외는 아니다. 패스트푸드 전문점

KFC는 고객이 많은 점심과 오후 시간대에 대표적인 메뉴를 할인 가격에 제공한다. 평일 오전 11시부터 오후 2시 점심시간에는 치킨불고기세트와 새우버거 런치세트를 각각 1,700원, 2,000원 내린 3,700원에 저렴하게 제공한다. 출출해지는 점심과 저녁시간 사이인 브레이크 타임에는 KFC의 다양한 간식 메뉴를 1,000원에 만나 볼 수 있다. KFC는 오후 2시부터 오후 5시까지 에그타르트와 비스킷, 카사바칩, 후렌치 후라이, 미니해시 브라운 등 인기 디저트를 1,000원에 판매한다.

▶ 베니건스, 점심시간 18분 기다리면 식사는 반값!

조금만 기다리는 수고를 감수하면 고품격 메뉴를 반값에 즐길 수 있다. 패밀리레스토랑 베니건스에서도 짧은 점심시간에 부담을 느끼는 직장인들을 위해 현재 오피스 상권에 입점해 있는 코엑스, 종로, 대전둔산점을 대상으로 타임 크런치 런치(Time Crunch Lunch)를 실시하고 있다. 타임 크런치 런치는 오전 11시부터 오후 1시 30분까지 주문한 음식이 18분 이내에 나오지 않으면 50% 할인된 가격에 제공하는 프로모션이다. 몬테크리스토, 컨추리 치킨 샐러드 등 총 10가지 메뉴에 한해 18분 이내에 제공하지 못하면 주문된 식사가격의 50% 할인 가격으로 제공한다.

자료: 매경닷컴, 2012. 4. 6

2. 수요 재고화전략

서비스 기업은 공급되는 서비스를 재고화할 수 없지만, 수요는 재고화할 수 있다. 고객 수요를 재고화하는 방법으로는 대기시스템과 예약시스템이 있다.

(1) 대기시스템

일반적으로 서비스를 제공하는 과정에서 고객이 기다리는 시간에는 한계가 있다. 특히 시간 압박을 받고 있는 고객이라면 대기시간이 더욱 짧아지고,

보다 빠른 서비스 대안을 찾게 된다. 대기시간이 길어지면 고객은 불만족하거나 다른 서비스 업체로 떠나고 말 것이다.

대기시스템을 개발하는 것은 대개 운영상의 과업에 속하지만 고객들에게 지각되는 서비스의 품질과 서비스 제공속도에서 매우 중요한 의미를 갖는다. 서비스 기업이 대기시스템을 도입하기 위해서는 먼저 고객이 서비스를 제공받기 위해 기다릴 수 있는 최대시간이 어느 정도인가를 결정하고, 기다리는 동안 즐겁고 빠르게 시간을 보낼 수 있도록 해야 한다. 이를 위해서는 적정온도와 습도, 편안한 의자, 배경음악 등으로 쾌적한 환경을 만들고, 고객들에게 예상 대기시간을 미리 알려주며, 서비스 안내자료나 신문 · 잡지 등의 읽을거리와 음료제공과 같은 부수적인 서비스를 제공하는 마케팅 노력을 기울여야 한다. 예컨대, 은행이나 병원에서는 대기번호표를 주면서 고객의 대기순번과 예상 대기시간을 미리 알려주고 잡지나 신문, 소식지 등을 비치하여 기다리는 동안 고객들이 지루하지 않게 하는 것을 볼 수 있다.

때로는 대기시스템 전략을 설계할 때 시장세분화를 이용하여 다른 고객들보다 서비스 이용의 우선권을 주기도 한다. 이때 고객이나 업무의 중요도(우수고객, 회원고객 등), 서비스 소요시간, 빠른 서비스를 위한 프리미엄 가격조건 등의 방법을 기준하여 우선적인 서비스가 제공될 수 있다.

마이스터(D. Maister)는 대기시간에 대한 고객의 심리 차원에서 '대기관리의 원칙'을 다음과 같이 제시하고 있다.[2]

〈대기관리의 원칙〉

1. 아무 일을 하지 않고 있는 시간이 뭔가를 하는 시간보다 길게 느껴진다(읽을 거리, 음악감상, TV시청, 음료제공 등).
2. 서비스 제공 전의 대기시간이 서비스 제공 중의 대기시간보다 길게 느껴진다.
3. 걱정스런 마음을 가질 때 대기시간이 더 길게 느껴지게 된다.

---

2 Maister, David A.(1985), "The Psychology of Waiting Lines," in *The Service Encounter*, eds. John A. Czepiel, Michael R. Solomon, and C. F. Surpreant(Lexington, Mass.: Lexington Books), pp. 113～123.

4. 막연하게 기다리는 것이 대기시간을 알고 기다리는 것보다 더 길게 느껴진다.
5. 기다림의 원인이 설명되지 않은 대기시간이 더 길게 느껴진다.
6. 끼어들기 등 불공정할 때 대기시간이 더 길게 느껴진다.
7. 대량구매나 가치가 높은 서비스일수록 더 오래 기다릴 것이다.
8. 혼자 기다리는 시간이 더 길게 느껴진다.

고객의 대기를 관리하는 방법에는 실질적인 대기시간을 단축시키는 운영관리 기법과 고객의 체감 대기시간을 줄이는 지각관리 기법이 있다.

1) 운영관리 기법(operations management)

서비스 운영관리 기법은 서비스 제공방법을 변화시켜 실질적인 대기시간을 줄이는 것을 말하며, 다음과 같은 방식을 적용할 수 있다.

㉠ **서비스 예약제 도입**: 수요 대응전략으로 수요를 적절하게 분산시킬 수 있다.

㉡ **커뮤니케이션 활용**: 고객들에게 서비스 이용과 관련한 정보를 알려줌으로써 자발적인 수요분산을 유도한다(혼잡시간대나 한가한 시간대 안내, 비수기 이용고객 인센티브제 안내, 상품배송정보 제공 등).

㉢ **공정한 대기시스템 구축**: 대기표 발급순, 서비스 신청접수순 등 공정한 순서에 따라 서비스를 제공하는 시스템을 운영한다. 때로는 당일고객과 예약고객 중 어느 쪽을 우선할 것인가에 대한 결정이 필요하다.

2) 지각관리 기법(perception management)

고객의 지각관리 기법은 서비스 대기시간에 대한 고객의 지각을 변화시켜 '체감 대기시간'을 줄이는 것을 말하며, 다음과 같은 방식을 적용할 수 있다.

① 가능한 한 빨리 서비스가 시작되었다는 느낌을 주라.

② 고객에게 예상 대기시간을 미리 알려주라.
"먼저 온 대기손님이 ○○명 있습니다. ○○분만 기다려 주십시오."
③ 고객접점에서 서비스를 제공하지 않는 사람이나 시설은 보이지 않게 하라.
④ 고객을 특성에 따라 유형별로 분류하고 차별적인 대응을 하라. 일반/VIP 고객, 회원/비회원 고객, 품질선호/시간선호 고객 등

(2) 예약시스템

예약시스템은 서비스를 사전에 판매하는 것을 의미한다. 예약을 하게 되면 고객은 서비스를 받기 위해 기다릴 필요가 없어서 좋고, 서비스 기업은 서비스에 대한 수요를 사전에 예측할 수 있으므로 수요-공급의 균형과 정해진 시간에 약속된 서비스를 제공해 줄 수 있어서 좋다. 그런데 예약을 한 고객이 임의로 예약을 취소하게 되면 서비스 기업은 손실을 입을 수 있기 때문에 예약 불이행시 범칙금을 부과하거나 예약부도율을 고려하여 약간의 중복예약을 받기도 한다. 어떤 경우에는 서비스 기업이 과다하게 중복예약을 받아 예약된 고객들에게 서비스를 제공하지 못하는 경우가 발생하기도 한다. 이렇게 되면 고객 불만족과 고객상실의 위험이 발생하게 된다. 호텔·콘도업계나 항공사들이 성수기에 지나치게 많은 중복 예약을 받아 문제를 일으키는 경우를 종종 볼 수 있다.

요컨대, 예약시스템을 효과적으로 운영하기 위해서는 정확한 수요예측을

〈표 4-3〉 서비스의 수요관리전략

수요가 너무 많은 상황	수요가 너무 적은 상황
1. 수요가 많은 때를 미리 알려줌	1. 서비스 상품의 다양화
2. 평상시 이용을 유도함	2. 가격할인이나 공제
3. 정상요금을 부과함	3. 기존고객의 이용 유도광고 실시
4. 수요분산을 위한 커뮤니케이션 노력	4. 서비스 운영시간·장소의 조정
5. 애호고객, 고가격 구매자 우선함	5. 방문서비스 또는 고객편의 제고
6. 예약제 및 대기시스템 실시	6. 수요증대를 위한 커뮤니케이션 노력

바탕으로 정교한 예약시스템을 개발하여 사전적으로는 예약선불금이나 예약 불이행 범칙금을 부과하고, 사후적으로는 중복예약에 따른 고객 보상제를 도입하는 마케팅 전략이 필요하다.

지금까지 살펴본 서비스의 수요관리전략은 서비스 수요를 제한된 공급능력에 맞추는 전략이라고 할 수 있으며, 〈표 4-3〉과 같이 정리할 수 있다.

04 서비스 공급관리전략

서비스 공급관리전략은 수요예측이나 고객수요 이동이 어려운 상황에서 서비스 공급능력을 수요변동에 맞추는 전략을 말하며, 수요적응전략과 공급능력균형전략으로 구분할 수 있다.

1. 수요적응전략과 공급능력균형전략

서비스 기업의 공급능력은 호텔이나 병원과 같이 사람과 장비를 포함하는 물적 시설과 전화기, 기계장치, 금전등록기와 같은 장비 및 장비를 다루는 인력으로 구성되며, 이들 세 요소의 제약을 크게 받는다.

서비스는 대개 연속적으로 제공되는 일련의 행동과정으로 이루어지기 때문에 장비의 용량이 어느 한 부분에서 미달되면 서비스의 전체 흐름상 병목현상이 생기고, 전체 서비스의 공급역량을 제한시키는 결과를 낳게 된다. 또 시설이나 장비가 많은 수요를 충분히 처리할 수 있을지라도 인력의 충원이나 배치가 잘못되면 역시 서비스 공급역량의 한계상황을 맞게 된다. 따라서 효율적인 서비스 공급관리를 위해서는 서비스 시설과 지원장비 및 서비스 인력의 균형이 요구된다. 서비스 기업이 마케팅활동을 통해 고객의 수요를 이동시키기가 어렵다면 수요의 변동에 적응하기 위해 서비스 공급능력을 변화시키는 방법을 선택해야 한다. 서비스 공급능력을 변화시키는 공급관리전략에는 수요적응전략과 공급능력균형전략이 있다.[3]

(1) 수요적응전략

수요적응전략(chase demand strategy)은 수요의 변동이 심하고 예측불가능하며 원가에서 변동비의 비중이 높으며 비숙련 노동력으로 충분한 경우에 사용하는 전략이다. 건설현장의 일용직 종사자들은 매일 아침에 당일의 일거리를 받게 되고 만일 일거리가 없으면 전혀 수입이 없이 지내는 하루가 됨으로써 전적으로 수요에 의존해서 서비스를 공급하는 상황이라 할 수 있다.

서비스 기업의 보유 시설이나 장비, 인력, 시간은 기업의 공급역량을 제한하는 요소가 되기 때문에 변동적인 서비스 수요에 기업이 효과적으로 대응하기 위해서는 단순한 수요적응전략을 전개하기보다 기업의 공급역량에 유연성을 부여하는 수정수요적응전략을 전개할 수 있다. 대중교통 버스나 지하철의 러시아워 시간대에 배차시간을 줄여 운행횟수를 늘림으로써 정상운행을 할 때보다 더 많은 인원을 수송하고 초과수요를 흡수하는 경우를 예로 들 수 있다.

(2) 공급능력균형전략

공급능력균형전략(level-capacity strategy)은 수요가 안정적이고 예측가능하며 숙련된 고급노동이 필요하거나 고가의 장비나 전문적인 장비가 필요한 서비스의 경우에 기업의 가용능력에 맞게 수요를 대응시키는 전략이다. 공급능력균형전략은 병원이나 대학, 호텔, 은행 서비스와 같이 상대적으로 시설이나

---

3 이유재, 전게서, pp. 153~154.

〈표 4-4〉 수요적응전략과 공급능력균형전략의 비교

비교기준	수요적응전략	공급능력균형전략
수요의 변동성	변동적이다	안정적이다
수요의 변화속도	빠르다	느리다
수요의 예측가능성	예측 불가능하다	예측 가능하다
서비스의 원가구조	변동비 비중이 높다	고정비 비중이 높다
질 낮은 서비스의 대가	적다	많다
판매기회 상실 비용	높다	낮다
기업의 수요 이동능력	낮다	중간

장비, 인적자원의 제약을 많이 받는 서비스에 적용하기 쉬운 전략이라고 할 수 있다.

〈표 4-4〉에는 수요적응전략과 공급능력균형전략의 차이를 비교하고 있다.

2. 공급관리의 방법

일반적으로 서비스의 공급을 관리한다는 것은 변동적인 수요에 대응하여 기업의 서비스 공급능력에 대한 변화를 수반하게 된다. 즉, 수요가 많을 때에는 증가된 수요에 맞추어 공급수준을 높이는 방법을 강구하고, 수요가 적을 때에는 비용이나 낭비적 요소를 줄이기 위하여 공급수준을 낮추는 방법을 찾는다.

기업의 경영자가 서비스 공급관리를 위해 선택할 수 있는 방법은 다음과 같이 몇 가지로 요약할 수 있다.

(1) 임시종업원 고용

피크타임이나 성수기에는 임시종업원을 고용함으로써 정규직원 채용에 따른 고정인건비 지출 부담을 줄이고 최소의 비용으로 가용능력을 증대시킬 수 있다. 연말연시 때의 우체국, 바겐세일기간 동안의 백화점, 식사시간대의 식당 등에서는 파트타임 종업원을 고용하여 특정 시간대에 집중되는 수요를 충족시킬 수 있다. 그런데 임시종업원은 정규직원들에 비해 기술력이나 숙련도가 낮고 이직률이 높기 때문에 업무성과와 서비스의 품질이 떨어질 수 있다. 결과적으로 기업의 생산성이 낮아지고 고객 불만족을 야기할 수 있으며, 서비스 마케터는 임시종업원을 활용하는 데 신중한 판단이 요구된다. 또 고객들은 임시종업원들에 대하여 업무지식이 부족하고 질문에 답을 잘해 주지 못할 것이라는 인식을 갖게 되며, 따라서 서비스 수준이 떨어지고 개별화된 서비스를 제공하는 데 한계가 있다고 느낀다.

서비스 기업이 임시종업원을 성공적으로 활용하기 위해서는 다음과 같은 몇 가지 노력이 필요하다.

① 임시종업원이 하는 일을 정규직원들이 하는 일과 동등하게 취급해야 한다.
② 임시종업원들에게 어떤 유의미한 혜택을 제공해야 한다. 그러나 그 혜택이 정규종업원들에게 제공하는 수준으로까지 확대되어서는 안 된다.
③ 적절한 훈련을 통해 임시종업원 자신이 기업의 중요한 부분을 맡고 있으며, 고객들에게 양질의 서비스를 제공하겠다는 다짐을 갖도록 한다.

(2) 공급능력의 일시적 확장

피크타임이나 성수기에 종업원이나 시설, 장비, 시간 등의 서비스 공급능력 자원을 일시적으로 확장함으로써 높은 서비스 수요를 충족할 수 있다.

먼저 종업원들의 야근이나 연장근무를 통해 수요를 충족시키는 경우, 기존 종업원들은 회사의 사정을 잘 알고 있을 뿐만 아니라 바람직한 서비스를 제공할 수 있기 때문에 임시종업원을 고용하는 경우에 비해 훨씬 더 효율적이다. 다만 임시종업원을 고용하는 경우보다 비용부담이 크고, 연장근무에 따른 피로감으로 인해 종업원의 사기와 서비스 품질이 떨어질 수 있다는 점을 고려해야 할 것이다. 대개 전문서비스나 기업 서비스 분야에서는 기존 종업원을 최대한 활용하는 방법을 많이 쓴다.

시설이나 장비를 일시적으로 확장시켜 많은 수요에 대응할 수도 있다. 극장이나 공연장, 강의실, 음식점에서는 보조의자나 필요한 시설물을 추가로 놓아 일시적으로 많은 수요를 충족할 수 있다. 또 컴퓨터나 전화회선, 유지·보수장비와 같은 장비를 일시적으로 증설하여 공급능력을 확장할 수도 있다.

서비스 시간을 연장하여 많은 수요에 대응하는 경우로는 백화점 바겐세일 기간 동안의 영업시간 연장이나 명절 때 귀성객들을 위한 지하철·버스의 운행시간 연장을 예로 들 수 있다.

서비스 공급능력의 확장은 제 자원(인력, 시설, 장비, 시간)의 복합적 활용을 극대화하는 차원이기 때문에 시설의 과다 사용이나 종업원의 과잉 근로에 따른 서비스 품질의 저하를 가져오지 않도록 세심한 주의가 필요하다.

(3) 피크타임의 운영절차 도입

수요가 집중되는 성수기나 피크타임에는 평상시와 다른 피크타임 운영절차를 마련하여 모든 인력과 장비를 서비스를 제공하는 데 집중함으로써 가용능력의 효율성을 극대화할 수 있다.

먼저 피크타임에는 장비와 인력을 서비스 제공과정의 중요한 파트에 집중시킨다. 이를 위해 시설 및 장비의 유지관리나 개·보수, 종업원의 교육훈련이나 휴가, 환경정비 활동은 비수기나 한가한 시간대에 실시하여 피크타임 때 최상의 서비스 제공조건을 갖추도록 한다. 또 피크타임 동안 종업원들은 업무가 집중되는 분야에 집중적으로 투입하여 서비스 흐름상의 병목현상을 피하도록 한다. 업무의 성격이나 우선순위에 따라 업무 수행시간을 조정할 수도 있다. 패스트푸드점에서 주방을 정리하거나 청소하는 일은 피크타임이 지난 뒤에 하는 경우를 예로 들 수 있다.

여기서는 수요가 폭주할 때 고객의 대기시간을 줄이기 위한 전략으로, 고객의 체감 대기시간을 줄이는 지각관리나 서비스 제공방법에 변화를 가하는 운영관리전략이 활용될 수도 있다.

서비스 기업은 가용능력의 활용성을 높이기 위한 방법으로 물리적 시설을 유연하게 설계함으로써 부분적인 가용능력의 한계를 극복할 수도 있다. 예컨대, 호텔의 객실구조를 고객의 요구에 따라 변경할 수 있게 설계한다든지 항공기 좌석의 등급별 배치를 고객수요에 따라 쉽게 조정할 수 있게 만드는 경우를 생각할 수 있다.

피크타임 운영절차를 활용하는 이점은 기업이 최대 가용능력으로 운영되게 함으로써 서비스 생산성을 높이고 수익을 최대화하는 데 있다. 그러나 이러한 노력이 업무내용과 절차의 변화에 따라 혼선을 빚거나 부실한 서비스, 개인적 관심의 부족, 종업원의 서툰 직무수행, 혼잡도 등으로 서비스 품질의 악화를 초래할 수 있음을 경계해야 한다.

(4) 종업원의 다기능화 훈련

종업원이 다양한 업무를 수행할 수 있도록 다기능화(multi-skiller) 훈련이 되어 있으면 피크타임에 업무가 집중되는 곳으로 재배치함으로써 병목현상을 방지하고 기업 전체의 최대 가용능력을 유지하면서 운용될 수 있게 해 준다. 다른 종업원이 업무를 볼 수 없게 될 때 그 업무를 대신 수행해 줄 수 있어 전체 서비스 업무의 흐름이 원활해진다. 뿐만 아니라 다기능화 훈련은 수요상황에 따라 보다 유연하게 서비스를 제공할 수 있게 해 주며, 보다 나은 고객서비스 제공을 위해 종업원들 간의 업무를 조정하고 협력관계를 유지하는 데 도움이 된다. 또 단순 반복적인 업무에서 벗어나 직무가 확대되고 종업원 만족이 증대될 수 있다.

(5) 고객참여 확대

피크타임 수요 동안 셀프서비스를 통해 서비스 제공과정에 고객의 참여를 확대하여 서비스 공급능력을 확대하는 방법이 있다. 식당에서 물이나 음료를 고객이 직접 가져다 마시게 하는 경우나 주유소에서 고객이 스스로 주유를 하는 경우, 은행에서 현금자동지급기(ATM)를 이용하여 고객 스스로 입출금이나 계좌이체를 하는 경우를 예로 들 수 있다. 이때, 고객은 시간적인 절약과 저렴한 가격 등으로 셀프서비스에 대한 보상을 받을 수 있고, 서비스 기업은 불필요한 인건비나 업무부담을 덜면서 더 많은 고객을 수용함으로써 이익을 누릴 수 있다.

서비스 기업은 서비스 제공과정에서 고객들이 참여하고자 하는 의지를 바탕으로 셀프서비스의 범위를 결정하여야 한다. 자칫 고객들이 받아들일 수 있는 범위를 넘어선 셀프서비스를 요구하게 되면 서비스 품질에 대한 평가가 나빠지고 고객불만이 가중될 수 있다. 특히 양질의 개별화된 서비스 제공을 지향하는 서비스 기업에서는 고객의 참여를 확대시키는 방법에 신중을 기해야 한다. 대개 고객들은 서비스 분야에 대한 전문성이 부족하고 자신에게 요구되는 과업에 대하여 이미 계산되었다고 생각하기 때문이다. 때로는 서비스 제공과정에 고객이 일정 부분 참여하는 것이 오히려 서비스의 흐름을 지체시키고 공급능력을 떨어뜨리는 결과를 낳기도 한다.

(6) 공급능력의 공유

서비스 기업 간에 시설, 장비, 인력과 같은 서비스 공급능력을 공유함으로써 피크타임의 수요를 충족하고 설비비용이나 인건비 부담을 줄일 수 있다. 항공사 간에 활주로나 공항시설을 공동으로 이용한다든지 병원들 간에 의료진이나 고가의 특수의료장비를 공동 활용하는 경우, 운송회사들 간에 복합운송시스템을 구축하기 위하여 운송수단이나 물류센터를 공동 활용하는 경우 등을 예로 들 수 있다. 서비스 기업 간에 가용능력 자원이 효과적으로 공유되기 위해서는 적절한 일정관리(scheduling)가 필요하다. 즉 각 기업은 공유자원에 대한 자사의 사용상황뿐만 아니라 다른 공유기업들의 공유자원에 대한 사용상황과 사용일정에 대해서도 파악하고 있어야 하며, 이로써 최대의 가용역량을 유지하고 기업당 비용도 줄일 수 있다.

(7) 공급능력의 임차 또는 임대

서비스 기업은 자사의 공급능력이 성수기나 피크타임의 수요에 미달할 때 다른 기업에서 시설과 장비를 임차하여 수요를 충족할 수 있다. 또 반대로 기업의 가용능력이 현재의 수요수준을 초과할 때에는 시설과 장비를 다른 기업에 임대함으로써 과잉설비 문제를 해결하고 수익성을 개선할 수 있다.

(8) 아웃소싱

아웃소싱(outsourcing)은 서비스 기업이 공급능력을 확장하는 매우 효과적인 수단이 된다. 이는 자사의 공급능력을 초과하는 서비스 수요에 대하여 외주 또는 하청계약을 통해 수요를 충족시키는 방법이다. 출장부페와 같은 캐이터링 서비스(catering service)에서는 자사의 공급능력을 초과하거나 까다로운 주문요리에 대하여 다른 기업에 외주를 줌으로써 자사의 공급능력을 확장하는 경우를 종종 볼 수 있다.

아웃소싱의 문제점은 외주업체가 자사와 같은 수준의 서비스를 제공하지 못할 수 있다는 점이다. 만일 외주업체가 제공하는 서비스의 품질이 낮으면 고객 불만족을 야기하게 되고, 반대로 서비스 품질이 너무 높으면 사업기회를

〈표 4-5〉 서비스의 공급관리전략

수요가 너무 많은 상황	수요가 너무 적은 상황
1. 가용능력의 일시적 확장	1. 시설, 장비의 유지관리 및 개·보수
2. 임시종업원의 채용	2. 종업원 교육훈련
3. 종업원의 다기능화 훈련	3. 종업원 휴가
4. 고객의 참여 확대	4. 가용능력의 임대
5. 피크타임의 운영절차 도입	5. 종업원 감원
6. 가용능력의 공유	6. 과잉설비 매각
7. 가용능력의 임차	7. 서비스상품 개량 또는 개발
8. 아웃소싱	

외주업체에 뺏길 위험이 있다. 다음 기회에 서비스가 필요하게 되면 고객은 그 외주업체를 찾게 될 것이기 때문이다. 따라서 외주업체를 효과적으로 관리할 수 있는 방안이 강구되어야 한다.

지금까지 살펴본 서비스의 공급을 관리하는 방법은 서비스 공급능력의 유연화를 통해 변동적인 수요에 일치 또는 대응시키는 방법이라고 할 수 있으며, 〈표 4-5〉와 같이 정리할 수 있다.

현/장/사/례

성공적인 IT 아웃소싱 전략

기업들이 핵심 경쟁력을 갖춘 업무에 회사의 경영자원을 집중하는 대신 비용절감 및 전문성 확보라는 전략적 목적으로 조직기능과 업무 일체를 외부 전문기업에게 맡기는 것이 바로 '아웃소싱(outsourcing)'이다.

아웃소싱의 근원지는 미국으로 리엔지니어링 붐이 한창이던 1980년대 말 이스트만 코닥이 IBM에 정보기술 부문을 맡긴 게 대형 아웃소싱의 시초로 알려져 있다. 초기에는 급여나 총무, 비서, 정보처리 등 간접부문에 머물렀지만, 이제는 모든 분야를 아웃소싱으로 처리하는 기업이 등장할 정도로 그 범위가 날로 확대되고 있다.

아웃소싱이 주는 많은 이점에도 불구하고 의사결정을 내리는 것은 쉬운 일이 아니다. 조직의 저항이 만만치 않은 점을 감안해 아웃소싱 대신 조직의 내부운영 효율성을 개선할 수 있는 방법을 고민해 보아야 한다. 그러나 정보시스템 인력 부족으로 시장 변화에 따른 정보시스템 요구에 적절한 대응이 어렵고 정보시스템 조직의 인력과 자원이 기존 시스템 유지 보수에만 집중돼 신규시스템 구축 여력이 없을 때에는 아웃소싱이 바람직한 대안이라고 할 수 있다.

효율적인 아웃소싱을 위해서는 고객과 서비스 공급사 간 상호 적극적인 노력과 지속적인 변화에 대한 적응이 절대적이다. 아웃소싱 자체가 기업의 변화혁신 전략의 일환으로 수행되는 현실에서 서비스 공급사의 전문적 지식과 경험, 고객사 특유의 핵심역량을 고려한 솔루션 공급이 중요하기 때문이다.

성공적인 IT 아웃소싱을 위해서는 첫째, 고객사의 정보시스템 환경을 이해한 후 고객과 성공경험을 공유할 수 있는 전문기업을 선택해야 한다. 그리고 이를 위한 조직 구성이 우선적으로 이루어져야 한다. 둘째, 고객의 미래사업에 대한 철저한 분석과 공유가 필수적이다. IT아웃소싱은 단기 프로젝트의 성격보다는 중·장기적 협력이 대부분이다. 셋째, 아웃소싱 전문기업은 고객사 산업 및 관련 정보기술에 대한 흐름을 이해하고 이를 지원하기 위한 조직적 서비스 지원 프로세스의 확립이 매우 중요하다. 트렌드를 선도하는 서비스 제공을 위한 전문가 확보, 서비스 전달 프로세스 확립, 평가시스템 운영 능력 확보 등이 IT아웃소싱의 성공에 커다란 영향을 미치기 때문이다.

국내 IT아웃소싱 시장은 많은 변화 속에서 성장을 하고 있다. 고객의 기업 기밀을 맡아서 운영할 업체들은 고품질 윤리적 서비스를 제공하고 아웃소싱의 가치를 높여야 한다. 전문인력의 배치와 양성, 고객과의 명확한 계약과 준수, 막연한 불안감을 해소할 수 있는 지속적인 마케팅 활동과 특화된 아웃소싱 모델의 창출 등 업체들의 변화를 위한 노력이 그 어느 때보다 필요한 시기이다.

자료: 오경수, 디지털타임스, 2006. 11. 13.

연·구·문·제

1. 서비스업에서 수요·공급관리의 중요성이 대두되는 이유는 무엇인가?

2. 서비스의 공급능력을 제약하는 요인으로는 어떤 것이 있는가?

3. 최적공급능력이 미달되는 수요상황에서 야기되는 문제점에 대하여 설명하시오.

4. 서비스 수요예측기법에 대하여 설명해 보시오.

5. 서비스 수요관리전략과 그 구체적인 방안에 대하여 설명하시오.

6. 서비스 공급관리전략과 그 구체적인 방안에 대하여 설명하시오.

7. 서비스 상품의 다양화 사례를 조사하고, 그 시사점에 대하여 토의해 보시오.

8. 서비스의 수요와 공급의 균형이 갖는 의미에 대하여 설명하시오.

제5장

서비스 상품개발과 e-Service

학습목표

- 서비스 상품의 개념과 신상품의 유형
- 서비스 상품개발
- e-Service

1. 서비스 상품의 개념

일반적으로 서비스 상품은 서비스 제공자가 무형의 서비스를 시장에서 판매를 위해 제공하는 것을 의미한다. 서비스 상품은 고객의 욕구를 충족시키기 위한 대상물로서 시장에서 상품화될 수 있고 교환을 통해 얻을 수 있는 무형적인 제 속성의 복합체라고 할 수 있다. 여행사의 관광상품, 은행의 금융상품, 식당의 음식메뉴, 학원의 개설강좌, 극장의 상영영화 등은 모두 서비스 상품의 예가 된다. 그리고 하나의 서비스 상품에는 그 하위 수준의 상품이 존재할 수 있다. 예컨대, 관광상품에는 국내관광, 해외관광 하위상품이 있고, 해외관광 상품에는 동남아관광, 미주관광, 유럽관광 등의 하위상품이 있을 수 있다.

서비스 상품은 일반적으로 핵심 서비스와 다양한 보조 서비스의 묶음으로 구성된다. 핵심 서비스(core service)는 고객의 기본적인 욕구인 핵심가치를 충족하기 위한 서비스를 말한다. 호텔에서의 숙박, 운송회사에서의 화물 운송, 병원에서의 질병 치료, 학교에서의 교육, 이동통신회사의 무선전화 통화 등이 핵심 서비스에 속한다.

또한 보조 서비스(supplementary service)는 핵심 서비스의 이용을 편리하게 하거나 확장시키기 위한 서비스로서 '부가 서비스'라고도 한다. 보조 서비스에는 항공사에서의 식사, 음료 등의 기내 서비스, 호텔에서의 헬스나 오락, 컨벤션 서비스, 이동전화회사에서의 인터넷, 전자우편, 전자수첩, 대금결제, 위치추적, 모발일 경호 등이 해당된다. 서비스 상품은 특허로 보호를 받기 어려워 경쟁사에 의해 쉽게 모방될 수 있을 뿐만 아니라 기술의 진보가 빠르기 때문에 핵심 서비스의 차별화는 어려워지고 있다. 따라서 차별화된 보조 서비스를 지속적으로 개발함으로써 상품의 경쟁력과 이미지를 강화해 나가는 노력이 필요하다.

2. 서비스 신상품의 유형

서비스 신상품의 유형은 서비스 혁신의 결과물로서 업계 최초의 신상품에서부터 단순한 기존 서비스 상품의 스타일 변화에 이르기까지 다양하지만, 크게 다음과 같은 6가지로 구분할 수 있다.

1) 주요 혁신

주요 혁신(major innovation)은 아직까지 명확하게 정의되지 않거나 세분시장이 구분되지 않은 시장을 겨냥한 업계 최초의 서비스 신상품이다. TV방송서비스가 처음 제공되었을 때나, 페더럴 익스프레스의 전국 24시간 내 수하물 배달 서비스 같은 경우가 해당된다. 향후 정보 및 컴퓨터기술의 발달로 인해 다양한 '주요 혁신' 서비스가 등장할 것으로 예상된다.

2) 사업 개시

사업 개시(start-up business)는 시장에 기존 서비스 상품이 이미 존재하지만 동일한 본원적 욕구를 충족시킬 수 있는 새로운 유형의 상품으로 제시된 것을 말한다. 다양한 건강관리 프로그램(비만 클리닉, 에어로빅 교실 등), 은행업무처리를 위한 ATM 설치, 영업용 택시와 경쟁하는 공항 셔틀버스의 운행, 실버타운 등을 예로 들 수 있다.

3) 기존시장 신서비스

기존시장 신서비스(new service for the currently served market)는 다른 기업에서는 이미 제공되고 있으나 자사로서는 고객들에게 처음으로 제공하는 서비스를 말한다. 주유소에서 세차나 경정비를 하는 경우, 편의점에서 세탁, 공과금 수납, ATM 등의 서비스를 제공하는 경우, 항공사가 팩스나 전화 서비스를 실시하는 경우를 예로 들 수 있다.

4) 서비스 계열 확장

서비스 계열 확장(service line extension)은 현재 제공되고 있는 서비스 계열에서 새로운 서비스 계열을 추가로 제공하는 것을 말한다. 새로 추가된 식당 메뉴, 항공사의 새로운 노선 추가, 대학의 추가된 교육과정이나 학위과정, 우체국에서 다양한 금융상품을 추가로 개발하는 경우 등을 예로 들 수 있다.

5) 서비스 개선

서비스 개선(service improvement)은 기존에 제공되고 있는 서비스의 형태나 특성을 변화시켜 서비스 수행속도를 빠르게 하거나 서비스 제공시간을 연장 또는 서비스 제공환경을 개선하는 것 등을 말하며, 가장 일반적인 서비스 혁신의 유형이라고 할 수 있다. 대형 할인점의 신용카드 결제, 은행의 대기번호표 교부, 병원의 진료시간 연장이나 출장진료, 영화관의 심야상영 등을 예로 들 수 있다.

6) 스타일 변화

스타일 변화(style change)는 기존 서비스의 스타일을 변화시켜 고객의 인

[그림 5-1] 서비스 신상품의 유형

기업차원 신서비스 ↑고 / ↓저	저 ← 시장차원 신서비스		→ 고
고	기존시장 신서비스	사업 개시	주요 혁신
기업차원 신서비스	서비스 개선	서비스 계열 확장	
저	스타일 변화		

식이나 감정, 태도에 영향을 주고자 하는 것으로서 가장 미미한 수준의 서비스 혁신이라고 할 수 있다. 서비스 제공장소의 외관이나 내부 인테리어의 변화, 기업 로고의 변화, 서비스 제공절차의 변화, 종업원 유니폼의 변경 등을 예로 들 수 있다.

이상에서 살펴본 서비스 신상품의 유형은 기업 차원과 시장 차원의 새로움 정도에 따라 [그림 5-1]과 같이 나타낼 수 있다.

1. 서비스 상품개발의 개념

서비스 마케팅의 성공은 기존 서비스 상품을 통해 얻어질 뿐만 아니라 서비스 신상품의 개발에 의해서도 얻어질 수 있다. 서비스 신상품이란 일련의 서비스 상품 개발과정을 거쳐 시장에 출시되는 상품을 말한다.

서비스 상품개발이란 서비스를 구성하는 제 요소와 특성을 객관적이고 구체적으로 나타내고 그 실행과정에 대한 명세를 하나의 서비스 청사진으로 표현하는 것을 말한다. 서비스 신상품은 서비스 상품개발의 결과물로서 기존의 서비스 상품이 있을 때, 이에 대비되는 신상품을 의미한다.

서비스 신상품들 중에는 고객의 욕구나 시장조사 정보에 근거하여 설계되지 않고 경영자나 종업원들의 주관적인 견해에 기초하여 시장에 출시되어 실패하는 경우를 종종 볼 수 있다. 서비스가 무형적이기 때문에 서비스 컨셉트를 정확히 정의하지 못한다는 것은 정당화될 수 없다.

따라서 서비스의 무형성에 기인하여 서비스 상품을 개발할 때는 다음과 같은 네 가지 기본적인 특성을 필요로 한다.

① 주관성이 개입되지 않고 객관적이어야 한다.

② 정확하고 구체적이어야 한다.
③ 개인의 주관적인 견해에 기초하지 않고 사실에 근거해야 한다.
④ 방법론을 구체적으로 제시해야 한다.

서비스는 생산과 소비가 동시에 이루어지고 서비스 접점 종업원과 고객 간의 상호작용을 수반하므로 신서비스의 설계과정에는 종업원과 고객을 함께 포함시키는 것이 중요하다.

종업원은 서비스 그 자체인 경우가 많고, 그렇지는 않더라도 서비스 접점에서 종업원이 서비스를 수행하고 제공하며, 고객과 가장 근접해 있어서 고객의 욕구를 잘 파악하고 있기 때문에 서비스를 설계하는 과정에 이들을 참여시키는 것은 매우 중요하다. 또 서비스를 설계하고 개발하는 과정에 종업원들이 참여하게 되면 양질의 서비스 제공을 위해 해결해야 할 조직 내의 문제를 잘 파악할 수 있어서 서비스 신상품의 성공 가능성은 그만큼 높아지게 된다.

또한 고객도 서비스 제공과정에서 적극적인 참여자로서 일정한 역할을 할 수 있기 때문에 서비스 상품의 개발과정에 포함시켜야 한다. 이때 고객은 자신의 욕구에 관한 정보를 제공할 뿐만 아니라 서비스 신상품의 컨셉트와 설계과정에 도움을 줄 수 있다. 고객지향적인 서비스 개발과 설계를 위해서는 고객의 참여가 꼭 필요하다고 할 수 있다.

2. 서비스 상품 개발단계

서비스 상품의 개발과정은 제조업의 제품 개발과정과 유사한 단계를 거친다. 다만 서비스는 제품과 다른 고유의 특성을 지니고 있기 때문에 구체적인 서비스 상품 프로그램을 개발하는 과정에서는 차이가 난다고 할 수 있다.

기업이 서비스 상품을 개발하기 위해서는 기업의 전략적 비전과 사명에 기초하여 서비스 상품 전략을 개발해야 한다. 서비스 상품 전략은 〈표 5-1〉과 같은 성장기회 매트릭스를 이용하여 시장침투전략, 시장개척전략, 서비스 개발전략, 다각화 전략 등의 전략 대안을 검토할 수 있다.

〈표 5-1〉 서비스 상품 전략개발을 위한 성장기회 매트릭스

서비스 \ 시장	기존시장(고객)	신시장(고객)
기존서비스 상품	시장침투전략	시장개척전략
서비스 신상품	서비스 개발전략	다각화 전략

기업에 적합한 서비스의 유형은 그 기업의 목적과 비전 및 사업능력과 기업의 성장계획에 의해 결정된다. 경영자는 시장이나 서비스 유형, 시간범위, 수익기준 등의 관점에서 서비스 상품 전략을 개발함으로써 서비스 상품의 아이디어를 쉽게 창출할 수 있다. 기업은 주요 혁신에서 스타일 변화에 이르는 연속선상에서 특정 수준의 서비스 상품개발에 초점을 맞출 수도 있고, 특정 세분시장을 겨냥하여 서비스 상품 전략을 개발할 수도 있다.

일반적으로 서비스 상품의 개발과정은 [그림 5-2]와 같은 6단계로 설명할 수 있다.

[그림 5-2] 서비스 상품의 개발단계

제1단계	아이디어 창출
제2단계	아이디어 심사
제3단계	서비스 컨셉트의 개발과 평가
제4단계	사업성 분석
제5단계	서비스 상품의 개발과 검증
제6단계	시장 테스트
제7단계	상 품 화

(1) 아이디어 창출

서비스 상품을 개발하는 첫 번째 단계는 서비스 상품 전략을 기초로 하여 새로운 서비스 아이디어를 창출(idea generation)하는 것이다. 아이디어 창출을 위해서는 회사의 임직원이나 고객을 통한 아이디어 제안, 경쟁사 서비스 상품에 대한 학습, 브레인스토밍(brain storming) 등의 방법을 사용할 수 있다. 특히 서비스업에서는 서비스를 실제로 제공하고 고객과의 접점에 있는 종업원들이 서비스를 개발하거나 개선 · 보완할 수 있는 중요한 아이디어 원천이 될 수 있다. 서비스 기업은 아이디어 창출을 위한 공식적인 메커니즘으로 신서비스 개발 전담 부서나 제안제도, 신서비스 개발팀, 고객과 종업원으로 구성된 초점집단(focus group), 경쟁분석 등을 활용할 수도 있다.

(2) 아이디어 심사

아이디어 심사(idea screaning)는 수집된 많은 서비스 아이디어 중에서 기업의 목표와 자원에 부합하고 상품개발 잠재력이 가장 큰 아이디어를 선택하기 위하여 분석 · 검토하는 단계이다. 서비스 상품 아이디어를 심사하는 과정에서 기업은 탈락오류와 채택오류를 범하지 말아야 한다. 탈락오류(drop error)는 실제로는 좋은 아이디어임에도 불구하고 기각시키는 오류를 말하며, 채택오류(go error)는 그 반대로 상품성이 결여된 나쁜 아이디어임에도 불구하고 채택하여 상업화 단계까지 진행시킴으로써 불필요한 비용지출과 자원낭비를 초래하는 오류를 말한다.

아이디어 심사의 주된 목적은 부적합한 아이디어를 가능한 한 빨리 선별해내는 데 있다. 상품은 기본적으로 소비자의 욕구충족뿐만 아니라 장기적인 소비자복리를 증대시키는 것이어야 하며, 상품의 안전성과 책임성이 고려되어야 한다. 신상품 아이디어의 평가와 상품개발의 우선순위를 결정하기 위해서는 체크리스트법이나 투자수익률법(ROI)을 이용할 수 있다.

(3) 서비스 컨셉트의 개발과 평가

다양한 원천을 통해 수집된 서비스 아이디어가 기존사업과 서비스 상품 전략에 적합성이 높은 것으로 판명되면, 서비스 컨셉트를 명확히 정의하고 그 개념에 대한 고객과 종업원의 반응을 확인하고 평가하는 과정이 필요하다. 일반적으로 서비스는 고유의 특성상 구체적인 용어로 서비스 컨셉트를 묘사하기가 쉽지 않으며, 서비스 상품개발 관계자들 간에 합의점을 도출하기도 쉽지 않다. 따라서 이 단계에서는 서비스 컨셉트를 명확하게 정의하고 관계자들 간에 합일점을 도출하는 것이 중요하다.

일단 서비스 컨셉트가 명확히 정의되면, 서비스의 구체적인 특성과 내용을 기술하고 그 서비스 개념에 대한 고객과 종업원의 초기반응을 확인해야 한다. 이를 위해 만들어지는 서비스 설계안(service design document)에는 서비스 상품이 해결할 수 있는 문제와 고객 편익 및 서비스 프로세스를 상세하게 기술하고, 고객이 개발된 서비스 상품을 구매해야 할 합당한 논리를 제공해야 한다. 그리고 서비스 제공과정에서 종업원과 고객이 수행해야 할 역할도 기술되어야 한다. 서비스 설계안을 토대로 하여, 기업은 고객과 종업원들에게 제시된 서비스 아이디어에 대한 이해도, 서비스 컨셉트에 대한 호감 여부, 미충족된 욕구의 충족도 등을 질문함으로써 서비스 컨셉트를 평가하게 된다.

(4) 사업성 분석

서비스 컨셉트에 대한 평가 결과가 우수하게 나타나면, 세 번째 단계로 사업성 분석, 즉 실행가능성과 잠재수익성 분석을 한다. 이 단계에서는 수요분석과 함께 예상매출액과 비용분석 및 운영상의 실행가능성이 분석되어야 한다. 기업은 이러한 분석을 통해 자사에서 정한 최소한의 실행가능성과 수익성을 기준으로 평가하여 서비스 아이디어의 개발 여부를 결정하게 된다.

(5) 서비스 상품의 개발과 검증

사업성 분석이 끝나면, 서비스 청사진을 만들어 서비스 상품을 개발하고 검증하는 단계에 들어간다. 서비스 청사진(service blueprint)은 서비스 제공절차와 고객과 종업원의 역할 및 서비스 구성요소들을 상세하게 시각적으로 묘사해 놓은 것을 말한다.

이 단계에서는 서비스 접점에 있는 종업원과 고객뿐만 아니라 기업 내에서 서비스 제공에 관계하는 모든 당사자들이 참여하여 서비스 상품 제공과 관련한 그들의 입장과 해결과제를 종합적으로 검토해야 한다. 그렇지 않으면 겉으로 중요하지 않아 보이는 운영상의 문제요인들로 인해 개발된 신서비스가 실패로 끝날 수 있기 때문이다. 예컨대, 어느 통신서비스 회사가 새로운 서비스 상품을 제공하면서도 고객 서비스요원을 충분히 확보하지 않아 고객 문의에 제대로 응답하지 못함으로 인해 매출기회를 잃고 고객불만을 야기하는 경우를 생각할 수 있다.

서비스 상품 제공과 관련된 모든 부서나 집단은 서비스 청사진의 내용을 검토하고 각기 세부적인 실행계획으로 발전시켜야 한다.

(6) 시장 테스트

이 단계는 개발된 서비스의 시장수용성을 알아보는 단계를 말한다. 제품과 달리 서비스는 서비스 신상품이 기존 서비스의 제공시스템과 얽혀 있는 경우가 많아 별도의 한정된 시장에 신서비스를 출시하여 테스트 마케팅(test marketing)을 실시하기가 어렵다. 따라서 그 대안으로 일정기간 동안 종업원과 그 가족들에게 개발된 서비스를 제공하고 마케팅믹스 변수의 변화에 대한 그들의 반응이나 구매의도를 조사해 봄으로써 시장의 수용성을 알아보는 방법이 있다. 또 시험운영(pilot run)을 통해서 개발된 서비스가 정상적으로 운영될 수 있는지 여부를 평가해 볼 수도 있다.

(7) 상 품 화

상품화는 개발된 서비스 상품이 시장에 도입되어 출시되는 단계를 말하며,

여기에는 두 가지의 목적이 있다.

첫 번째 목적은 서비스 제공과정에 참여하는 종업원들에게 새로운 서비스 상품을 수용하게 하고 강화하는 것이다. 이것은 종업원들에 대한 적극적인 내부마케팅을 통해 가능하다.

두 번째 목적은 서비스수명주기 동안 서비스 상품의 모든 국면을 모니터링하는 것이다. 만일 고객이 신서비스를 경험하는 데 6개월이 걸린다고 한다면 적어도 6개월에 걸친 모니터링이 필요하다. 이때 전화통화나 대면접촉, 계산서 청구, 고객불만, 서비스 제공에 따른 문제 등 서비스의 세부항목들에 대한 평가와 서비스 신상품의 운영효과와 수익/비용에 대한 추적 · 평가가 자세하게 이루어져야 한다.

상품화 단계에서 서비스의 시장도입을 통해 수집된 정보는 시장의 실제 반응에 기초하여 서비스 제공과정과 종업원의 충원상황, 마케팅믹스 변수 등을 수정하는 데 이용할 수 있다.

03 e-Service

1. e-Business[1]

(1) e-Business의 등장 배경과 개념

1970년대 컴퓨터의 도입을 계기로 시작된 디지털 혁명은 1990년대 들어와 컴퓨터를 매체로 한 인터넷 혁명으로 연결되었고, 2000년대에는 인터넷이라는 가상공간에서 시행되고 있는 e-Business 혁명을 유발함으로써 우리 삶을

1 김기홍 외(2005), 「서비스경영론」, 대왕사, pp. 251~266.

송두리째 바꿔 놓고 있다. 디지털 혁명으로 막을 올린 정보혁명은 인터넷 혁명이라는 절정을 거쳐 e-Business 혁명으로 완결되고 있는 것이다. 이처럼 e-Business가 발전하게 된 가장 중요한 배경에는 바로 디지털 혁명과 인터넷 혁명이 자리하고 있는 것이다.

정보기술의 발달과 혁신을 기반으로 하는 e-Business는 21세기의 새로운 메가트렌드로서 아직 통일된 개념이 정립되어 있지 않으며 연구자들에 따라 다양하게 정의되고 있다. 흔히 e-Business는 전자상거래(e-Commerce)나 인터넷 비즈니스(internet-Business)의 개념과 동일한 개념으로 사용되기도 하지만, 이는 e-Business에 대한 명확한 이해가 부족하고 이들 간의 상호관계를 잘 파악하지 못한 데서 기인한다고 볼 수 있다.

e-Business는 [그림 5-3]에서 보는 바와 같이 전자상거래와 인터넷 비즈니스를 포괄하는 개념이다. 인터넷 비즈니스는 인터넷 혁명으로 인해 급속도로 발전된 네트워크 기술을 비즈니스에 활용하여 업무의 효율성과 효과성을 증폭시킨 비즈니스를 총칭하는 개념이다. 최근 급속히 성장하고 있는 인터넷 뱅킹(internet banking)은 인터넷 비즈니스의 대표적인 예이다. 반면에 전자상거래는 기존의 아날로그 방식과 물리적인 방법에 따라 이루어지던 모든 상거래 가운데 디지털 혁명과 디지털 네트워크 시스템을 이용해 이루어지는 상거래로서 기존에 비해 상대적으로 고도의 효율성과 효과성을 창출한 모든 상거래를 가리킨다.

e-Business라는 말은 '전자적'이라는 뜻의 'Electronic'과 '사업'이라는 의

[그림 5-3] e-Business의 개념

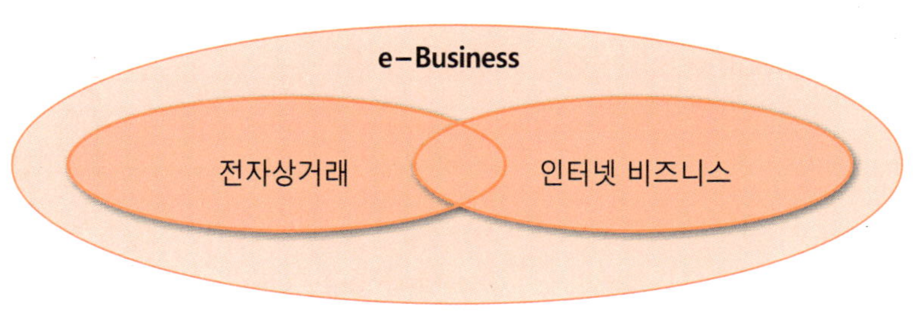

[그림 5-4] e-Business와 전자상거래

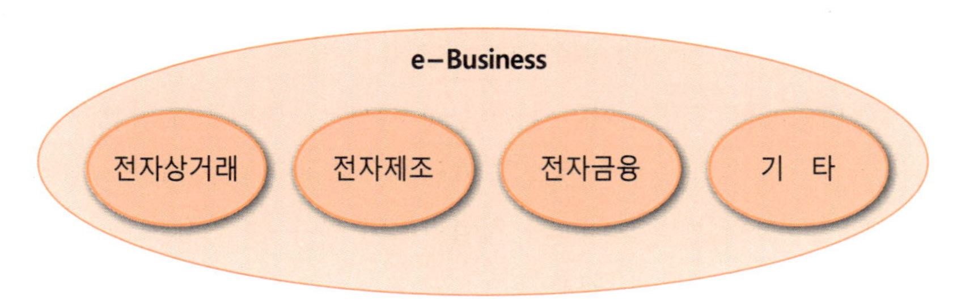

미를 가진 'Business'의 합성어이다. 즉, 기존의 아날로그 방식의 사업방식에 대비되는 것으로 전자화된 방식으로 수행되는 사업을 말한다. 따라서, e-Business는 전자적으로 수행되는 제조업과 서비스업, 기타 모든 사업을 의미하며, 상거래가 전자적으로 수행되는 전자상거래는 이런 e-Business의 중요한 범주 가운데 하나이다.

(2) e-Business의 특성

e-Business는 전통적인 경제환경과는 근본적으로 다른 정보기술(IT: Information Technology) 중심의 디지털 네트워크 경제환경을 바탕으로 창출된 비즈니스이므로 기존의 비즈니스와는 다른 여러 가지 특징을 가지고 있다. 그리고 이런 특징은 e-Business를 효과적으로 수행하는 데 비즈니스의 모든 영역에 걸쳐 중요한 영향요소로 작용한다. 따라서 다음과 같은 e-Business의 특징을 이해하는 것이 매우 중요하다.

첫째, e-Business의 경우 정보기술은 사업전략을 수립하는 데 2차적인 고려요소가 아니며, 오히려 전략수립의 핵심적인 고려요소이며 전략실행의 추진동인이다.

둘째, e-Business에서 정보의 흐름을 효율적으로 구조화하고 통제해 정보를 전략적으로 활용하는 능력은 물리적인 제품의 유통과 생산능력보다 더 중요하며, 이는 경쟁우위의 확보와 직결된다.

셋째, e-Business에서 협력전략을 바탕으로 한 기업들 사이의 전략적 제휴 또는 전략적 아웃소싱의 중요성은 매우 중요하다.

넷째, e-Business 시장은 기존의 어떤 시장보다 고객위주의 시장을 지향하고 있다. 따라서 고객과 관련된 정보를 효율적으로 관리하고 이를 효과적으로 활용할 수 있는 능력은 e-Business 기업이 갖추어야 할 가장 중요한 핵심역량(core competence) 가운데 하나이다.

(3) e-Business의 유형

e-Business의 유형은 여러 가지 기준에 따라 다양하게 분류할 수 있다. e-Business의 기술을 중심으로 한 분류방식은 최근 기술의 급속한 발전속도를 감안할 때 일반화하는 데 어려움이 있다. 따라서 비즈니스의 거래주체와 사업내용을 기준으로 한 접근방법을 통해 e-Business의 유형을 분류하는 것이 적절하다고 할 수 있다.

1) 거래주체별 분류

전자시장(e-market)에서의 거래는 거래당사자들 사이의 수많은 상호작용을 잘 나타낸다. 예를 들어, 그 상호작용에는 마케팅, 주문, 대금지불 및 운송을 위한 지원과 같은 거래절차가 포함된다. 전자시장은 시장에 참가하는 판매자와 구매자가 IT의 도움으로 제품과 서비스를 교환할 수 있도록 한다.

전자시장의 거래주체이자 주요 시장참가자는 크게 기업(business)과 개인(individual), 정부조직(government oragnization)으로 구분된다. 이런 거래주체를 기준으로 e-Business를 분류해 보면, 이론상으로는 [그림 5-5]와 같이 9가지로 분류되지만 현재 전자시장에서 실제로 볼 수 있는 유형은 다음과 같은 5가지이다.

① B2B(기업 대 기업)

B2B(Business-to-Business) 유형은 한 기업이 자사의 공급자 또는 다른

[그림 5-5] 거래주체별 전자시장 유형

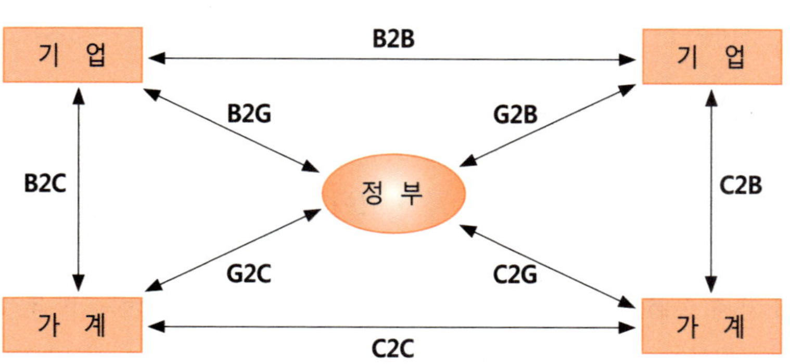

기업과 행하는 모든 종류의 거래를 포함한다. B2B 응용사업은 부가가치통신망(VAN: Value Added Network)을 통한 EDI를 활용해 이미 몇 년 전에 걸쳐 잘 확립되어 왔으며, 현재 전자시장에서 가장 활성화된 e-Business 유형이다.

② B2C(기업 대 소비자)

B2C(Business-to-Consumer)는 기업과 일반 소비자 간의 e-Business 거래를 말하며, B2B가 전자시장에서 수위를 차지하기 시작한 최근 전까지 가장 활성화된 e-Business 유형이다. 대표적인 예로는 전자소매(e-Retailing)를 들 수 있다.

③ C2C(소비자 대 소비자)

소비자 사이의 거래를 의미하는 C2C(Consumer-to-Consumer)는 전자시장에서 기본적으로 웹을 기반으로 한 경매사업을 통해 형성된다. 흔히 주변에서 수집가능한 물품과 중고차 및 지역신문에서 볼 수 있는 여러 가지 물건이 웹사이트를 통해 소비자들 사이에 손쉽게 매매될 수 있는데, 이를 C2C의 대표적인 예로 볼 수 있다.

④ G2B(정부 대 기업)

G2B(Government-to-Business)는 일반 기업과 정부조직 사이의 거래를

가리킨다. 이는 정부의 전자구매뿐만 아니라 정부와 기업 사이에 일어날 수 있는 모든 유형의 e-Business 거래를 포함한다. 대표적인 예로는 공공자원 구매나 기업의 전자세금납부 같은 것을 들 수 있다.

⑤ **G2C(정부 대 시민)**

G2C(Government-to-Citizens) 유형은 복지기금 납부와 세금 환급과 같은 분야에서 정부와 시민들 사이에서 전자 상호작용을 포함한다. 정부 민원포털 '민원24'나 '국세청 홈택스'와 같이 정부와 시민들 사이에 G2C가 활성화되면 거래의 효율성 제고는 물론 각종 낭비의 절감, 높은 소비자만족 등의 효과를 기대할 수 있어 앞으로 큰 성장이 기대된다.

2) 사업내용 중심의 분류

e-Business를 사업내용 중심으로 분류하면 다음과 같이 10가지로 유형화할 수 있다. 이와 같은 사업내용 중심의 유형은 전보기술(IT)의 급속한 발전과 함께 e-Business의 활용범위가 점차 증대됨에 따라 앞으로 더욱더 증가될 것으로 예상된다.

① 전자경매(e-Auction)
② 전자금융(e-Banking)
③ 전자상거래(e-Commerce)
④ 전자 프랜차이징(e-Franchising)
⑤ 전자학습(이러닝, e-Learning)
⑥ 전자우편(e-Post)
⑦ 전자마케팅(e-Marketing)
⑧ 전자운영자원관리(e-ORM: Operational Resources Management)
⑨ 전자공급(e-Supply)
⑩ 전자주식거래(e-Stocks)

2. e-Service[2]

(1) e-Service의 개념

1990년대 인터넷의 본격적인 등장과 함께 기업환경의 변화는 매우 급격하게 이루어지고 있다. 특히 마케팅과 상거래 분야의 발전은 그야말로 비약적이라고 말할 수 있을 정도이다.

e-Service는 IT와 인터넷을 기반으로 전자적으로 수행되는 서비스업을 말하며 온라인으로 서비스를 제공하게 된다. 20년 전까지만 해도 인터넷을 통해 쇼핑을 하고, 꽃배달, 주식매매, 은행거래, 온라인 교육을 한다는 것은 상상하기 어려운 일이었다. 하지만 이제는 이 모든 일들이 집이나 사무실에서 마우스 몇 번 클릭으로 가능하게 되었고, 스마트폰 시대를 맞이한 지금은 손안에서 이 모든 일을 해결할 수 있게 되었다. 인터넷을 통한 서비스의 등장이 거의 무한한 영역으로 뻗어 나가면서 기존의 많은 오프라인형 기업들에게는 위협으로 다가서면서 동시에 커다란 기회를 제공하고 있다. 거의 모든 기업들이 웹사이트를 운영하고 있으며, 이를 통해 제품과 서비스의 판매는 물론 고객관리, 정보교류 등이 매우 활성화되고 있다.

(2) e-Service와 전통적 서비스의 비교

〈표 5-2〉는 e-Service와 전통적 서비스의 차이를 보여주고 있다. e-Service와 전통적 서비스의 가장 큰 차이는 전달시스템의 차별성으로 설명된다.

e-Service와 전통적 서비스의 차이는 서비스 상품과 프로세스 차원에서 비교가 가능하다.

1) 서비스 상품 차원

e-Service는 많은 부분에서 전통적인 서비스와 공통적인 측면이 있다. e-Service도 역시 무형의 서비스이다. 왜냐하면 온라인을 이용해 제공되는 서비

2 전게서, pp. 267~275.

〈표 5-2〉 e-Service와 전통적 서비스의 비교

항 목	e-Service	전통적 서비스
서비스 접점	컴퓨터 화면으로 간접 접촉	직접 접촉
운영시간	항시	표준영업시간
접 속	유・무선 인터넷으로 접속 (집, 스마트폰)	점포까지 가야 함
시장영역	전 세계적	지역적
환 경	전자적 인터페이스	실제적인 환경
경쟁력 차별화	편의성	개인화
개인보호	익명	사회적인 상호작용

스 거래나 경험들은 완벽하게 측정하거나, 재고를 파악하거나, 혹은 묘사하기 어렵기 때문이다. 고객들이 서로 다른 요구, 기대치, 셀프서비스 능력, 상호작용 의사, 그리고 인식들의 e-Service를 서로 다르게 만든다. 고객의 모뎀 성능 혹은 e-Service 제공자에 대한 접속형태는 이를테면 배달속도를 다르게 할 수밖에 없다. 마지막으로, e-Service의 소비와 공급은 전통적인 서비스와 같이 진행되며, 따라서 불가분의 관계가 된다.

전통적인 서비스와 e-Service는 모두 핵심요소와 부수요소로 이루어졌다. 서비스의 핵심요소는 상품 자체에 모아지지만, 부수적인 요소는 상대적으로 덜 중요한 서비스에 관한 것이다. e-Service도 핵심요소와 부차적 차원을 함께 갖고 있으며, 이는 다수가 동시에 즐기는 게임 서비스와 같은 온라인 판매, 그리고 동네 슈퍼마켓의 식료품배달 같은 오프라인 모두에서 나타날 수 있다.

2) 서비스 프로세스 차원

서비스 프로세스에는 직접 고객과 접촉하는 프런트 오피스(front-office) 프로세스와 그렇지 않은 백 오피스(back-office) 프로세스가 있다. 서비스 프로

세스는 접촉과 상호작용 정도, 노동집약 정도, 노동고객화 정도 등에 따라 결정되며, 서비스 제공시 참여도를 포함한다.

e-Service는 고객과의 접촉, 고객화, 상호작용, 노동집약, 서비스입력, 그리고 기술 등이 운영의 차이를 구별하는 데 사용되는 정도에 따라 다르다. e-Service 제공은 온라인의 상호작용적 서비스 차원과 오프라인의 비상호적 서비스 차원으로 구성된다. 온라인 서비스 차원은 고객들에게 서비스 시스템에 대한 지속적인 접촉을 요구하고 있지만, 오프라인 서비스는 고객과의 만남을 거의 요구하지 않는다.

고객화는 e-Service를 통한 온라인상에서 고객들과의 상호작용 중에 일어날 수 있고, 고객들과 접촉이 없는 오프라인 백 오피스 프로세스를 통해 일어날 수도 있다. 온라인 고객화는 화상토론 시스템과 같은 기술을 사용하거나 이미 고객화된 기술을 온라인 서비스 운영에 직접 연결할 수도 있다. 전통적인 백 오피스 서비스 운영에서의 노동과 기술은 오프라인 고객화에 활용될 수 있다.

3. e-Service의 프로세스 구조

하임과 사이나는 [그림 5-6]과 같이 e-Service의 프로세스 구조가 네 단계로 구성되어 있다고 규명하였다. 각 단계들은 e-Service 프로세스 기술이 고객들의 복잡하고 변화무쌍한 욕구에 대한 적응력에 따라 결정된다. 이 네 단계는 '서비스 키오스크', '서비스 마트', '대량 서비스 고객화', '공동-협력 서비스 고객화'이며, 유연성이 거의 없는 기술에서 매우 유연한 기술에 이르기까지의 여러 형태와 수준으로 이루어져 있다. 초기 단계의 e-Service에서 사용되던 기술이 나중 단계에서 계속 요구되기도 한다. 하임과 사이나는 e-Service 프로세스 구조의 각 단계에 이름을 붙였는데, 이들은 전통적 시장현장에서 이미 활용되던 운영방식과 관계 있는 것들이라고 할 수 있다.

1) 서비스 키오스크

서비스 키오스크(service kiosk)의 온라인 서비스는 유연성이 거의 없거나 전혀 없는 기술을 사용한다. 온라인 화면은 HTML 같은 정적 스크립트 언어로 만들어졌고, 영상 또한 정적이다. 비록 초보적인 기술이지만 유지와 운영에는 비용이 역시 많이 든다. 따라서 많은 서비스 키오스크들은 필요한 기술,

[그림 5-6] 서비스 프로세스 구조 단계

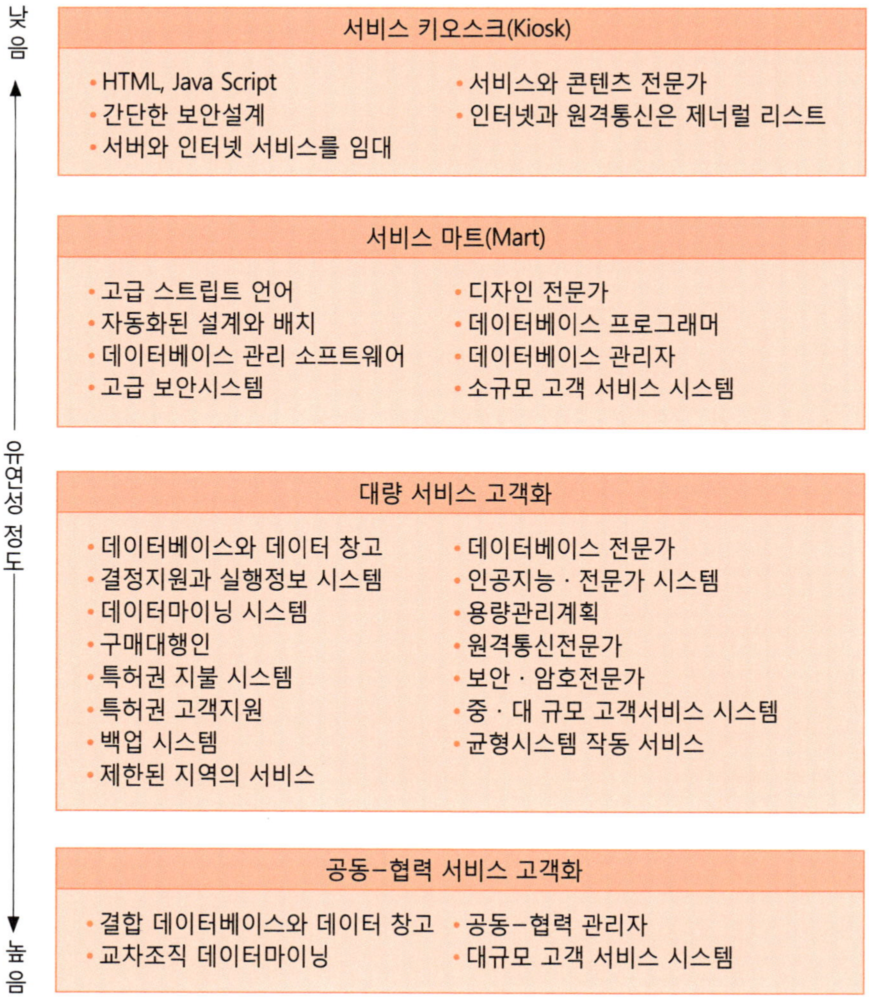

즉 서버 보안시스템, 원격통신 인프라에의 접속 등은 임대사용함으로써 아웃소싱하고 있다. 또한 시스템을 유지 · 운영하는 서비스를 이용하기도 한다.

서비스 키오스크는 오프라인의 유연한 요소를 결합하여 온라인 시스템의 비유연성을 보상하고 있다. 하임과 사이나는 서비스 키오스크의 특징을 "고객들이 오프라인 서비스의 항목을 결정하고 주문하게 해 주는 안내 데스크(store front)이다"라고 묘사한다.

이러한 형태에서는 서버를 임대하거나 인터넷 서비스 제공업체(ISP: Internet Service Provider)의 시설을 이용할 수 있다. 수요가 제한된 반면, 비용도 많이 들지 않는다는 장점이 있다. 적절한 니치마켓과 니치제품, 니치 서비스를 찾는다면 가장 적절한 형태의 e-Service라고 할 수 있다.

2) 서비스 마트

서비스 마트(serivce mart) 프로세스 단계는 서비스 키오스크의 기술을 수정하여 사용한다. 서비스 마트의 기술은 서비스 키오스크보다 유연하며, 기술지원팀이 직접 지원한다. 이렇게 증대된 유연성과 기술지원은 온라인 고객화를 가능하게 한다. 서비스 마트 웹사이트의 페이지는 고객의 선호도와 구매현황을 추적할 수 있는 동적 요소를 포함하고 있어야만 한다. 예를 들어 재방문한 사람은 고객 자신의 이름으로 환영받고, 처음 방문했을 때 작성한 선호도관리표에 있는 관련 신상품이나 세일상품에 대해 설명받게 된다. 주소나 전화번호 같은 청구서 작성의 정보는 고객관리표에서 변치 않는 부분이므로 매방문시마다 양식을 작성하느라 시간을 허비하지 않도록 한다.

하임과 사이나는 서비스 마트의 단계에 강력한 서버와 대용량 원격통신이 필요하다고 평가한다. 숙련된 기술자와 정교한 하드웨어 및 경험이 많은 설계담당인력 등이 서비스 마트 비즈니스를 개설하고 관리하는 데 필요하게 된다는 것이다. 거래의 보안성 문제가 이 단계에서 매우 중요하게 되는 것은 고객들이 지불정보를 온라인으로 보낼 수 있도록 하기 위해서이다.

3) 대량 서비스 고객화

대량 서비스 고객화(mass-service customization)는 가장 유연한 e-Service 기술을 사용하며, 가장 광범위한 기술과 지원이 필요하다. 여기에 속하는 회사들은 대량으로 발생하는 높은 수준의 수요를 처리하기 위한 복수의 서버 시스템이 필요하며, 일부 시스템에 문제가 생겼을 경우를 대비하여 여분의 백업 시스템을 보유하고 있다. 기술지원시스템에는 아주 숙련된 컴퓨터 프로그래머 외에도 음악 · 영상관련 디자인 인력 등과 같은 기타 창의력을 필요로 하는 인력이 포함된다.

4) 공동-협력 서비스 고객화

공동-협력 서비스 고객화(joint-alliance service customization)는 대량 서비스 고객화와 마찬가지로 기술적으로 가장 발전된 형태의 e-Service를 의미하며, 동시에 지역적으로 떨어진 다수의 서비스 조직을 e-Service로 관리할 수 있는 전문적인 관리인력과 데이터웨어 하우스 및 네트워크 전문가 등이 추가로 필요하다. 또한 슈퍼마켓형이 아닌 비교적 단순한 단일업종의 서비스라 하더라도 경쟁력 제고를 위해 관련 사이트들(포털, 뉴스사이트, 유관업체 등)과 제휴를 한 경우 다수 기업 간의 전략적 제휴를 지원하기 위한 기술적 인력과 관리적 인원도 필요하게 된다.

현/장/사/례

신영證, '금감원 우수금융신상품 개발' 최우수상 수상

신영증권은 금융감독원이 매년 창의적인 아이디어를 바탕으로 우수 금융신상품을 개발해 대고객서비스 증진 및 금융산업 발전에 기여한 상품을 선정하는 '2012년도 금융신상품'에 '플랜업 자산관리 상품'이 최우수상을 받았다고 밝혔다.

플랜업자산관리상품은 장기투자와 가치투자를 표방하는 신영증권이 철저한 준비를 바탕으로 내놓은 상품으로 증권업계 최초로 고객의 생애주기를 4단계로 구분해 맞춤형 상품과 서비스를 제공하는 자산관리형 상품이다. 특히 각 단계별 라이프 이벤트와 금융니즈를 분석하여 생애 전반에 걸친 체계적인 재무설계와 세대를 아우르는 종합적인 자산관리를 가능하게 했다는 것이 특징이다.

플랜업자산관리상품은 미성년 자녀들에 대한 장기적인 투자습관유도와 올바른 증여 · 상속문화에 대한 공감을 제시하는 '플랜업주니어'와 금융 경험이 많지 않은 사회초년생들의 주 소득원인 월급을, '투자와 저축'을 통해 '위대한 월급'으로 만들자는 취지의 '플랜업스타', 인생 100세 시대에 40대는 충분히 젊기에 지나치게 안정적인 투자보다는 중위험 중수익의 합리적 투자를 제시하는 '플랜업프라임', 은퇴 후 발생하는 금융 니즈를 체계적으로 분석, 그에 맞는 대표적인 6가지 은퇴설계 방향을 제시하는 '플랜업골드'의 4가지 생애주기를 포함하고 있다.

이러한 세대적인 특성을 반영한 상품철학에 따라 어려운 증시여건에도 불구하고 3단계까지 출시된 7개월여 기간 동안 약 2만 6천 계좌와 약 650여 건의 증여를 기록했다.

정종희 신영증권 상품전략본부 팀장은 "증권업계 최초로 가치투자와 장기투자를 기반으로 고객의 일생을 체계적으로 분석, 구분, 상품화한 근본적인 차별화가 높은 평가를 받았다"고 말했다.

자료: 머니투데이, 2012. 12. 31

연·구·문·제

1. 서비스 상품의 개념과 구성요소에 대하여 설명하시오.

2. 서비스 신상품의 유형에 대하여 설명하시오.

3. 서비스 상품의 개발단계를 설명하시오.

4. 서비스 상품의 실제 개발 사례를 찾아 토의해 보시오.

5. e-Business의 개념과 유형에 대하여 설명하시오.

6. e-Service의 특성과 프로세스 구조에 대하여 설명하시오.

제 6 장

서비스 입지

학 습 목 표

- 서비스 입지의 이해
- 서비스 입지전략 및 계획
- 서비스 입지 결정기법

01 서비스 입지의 이해

입지결정은 조직의 업무를 수행할 장소에 대한 의사결정을 하는 것이다. 그러므로 입지결정은 사업계획에 근거하여 입지 측면의 필요와 시장수요를 동시에 고려한다. 특히 서비스 기업의 경우 입지는 전략적으로 매우 중요하다. 시설입지 결정문제는 조직의 사업 초기 그리고 사업 진행 중 기존 시설의 확장이나 이전 등에 관계된 중요한 전략적 의사결정인 것이다. 따라서 의사결정의 파급효과나 수행기간의 측면에 비추어 장기적이고 지대한 것이 그 특징이다. 여타 전략적 의사결정과 유사하게 입지결정도 입지는 사후 조직의 운영 시스템에 지속적으로 영향을 준다. 조직운영의 척도가 되는 효율성과 효과성이 직접적으로 입지의 영향을 받기 때문이다. 또 새로운 입지는 지역 및 직원과의 새로운 연계를 필요로 하며 전체 조직에 적응을 요한다. 특히 조직구조와 의사결정 시스템이 새로운 변화를 수용하게끔 서비스 입지에 적응해야 하는 것이다.

1. 입지의 영향력

입지결정은 상당한 초기투자를 유발하는 것이 보통이며, 지속적으로 하위조직 운영 의사결정에 영향을 주게 된다. 예를 들어, 조직의 물류를 담당하는 주요 유통시설이 원거리에 입지하면 운송에 많은 비용과 시간이 소요된다. 비용과 시간이라는 유통업의 주요 전략변수에 직접 영향을 주게 되는 것이다. 이로 인한 전략적 영향은 제품 가격과 경쟁력에 결정적으로 작용한다. 보통 서비스 입지는 수요가 발생하는 장소라는 특성을 가지고 있다. 따라서 고객이 입지에 직접 왕래하므로 수요의 집중도와 경쟁자 입지가 함께 고려되어야 한다. 최근 교통 · 통신의 발달은 입지의 다양성을 높이고 탈도심화를 가능하게 하여 서비스의 공간제약을 완화시켜 주고 있다. 그리고 입지선택 기준도 장기적인 비용과 고객 서비스 수준을 중시하며 궁극적으로 고객만족을 지향하고 있다.

1) 수 익 성

수익성에 입지결정이 직접적 영향을 주므로 입지는 비용의 극소화나 이익의 극대화를 지향한다. 이러한 계량적 기준 이외에 질적 기준을 수립하고 고객 서비스 등도 고려해야 한다. 이는 단기적인 운영비용의 최소화가 입지의 관건이 아니라, 장기적인 고객에 대한 서비스의 품질이 보다 중요하다는 점을 나타낸다. 저장 가능한 서비스, 즉 정비공장이나 가전 수리 센터 등은 고객 근접 필요성이 적지만 생산 즉시 소비되는 서비스를 제공하는 영화관, 식당, 은행, 세탁소는 이용이 편리한 장소에 입지해야 한다. 이용이 불편하면 고객이 이탈되어 수입 감소가 초래된다.

2) 고 정 비

초기 투자비용은 장기적으로 수익에서 회수해야 한다. 시설의 건설비용에는 실내장식이나 장치비용이 포함된다. 특히 고정비 성격의 인건비나 임대료, 유지관리비 등은 입지에 크게 좌우된다.

3) 변 동 비

시설의 운영에 관계되는 인건비, 수송비 등의 운영비 역시 입지에 좌우된다. 해당 지역의 인건비 수준이나 입지지역의 사업 환경이 바로 변동비를 결정하는 것이다.

4) 서비스 수준

입지에 따른 고객 서비스 만족도는 정확한 측정이 어렵지만 궁극적으로 고객만족이 기업 부가가치를 창출하므로 가장 중요한 관건이 된다. 특히 고객접촉 서비스는 입지의 접근 용이성에 의해 고객만족도가 결정된다.

이상의 기준을 모두 만족시키는 입지는 발견이 어려우므로 조직의 장기적 목표인 고객가치의 창출과 기업전략에 비추어 가장 바람직한 균형점을 찾는 것이 중요하다.

2. 서비스 입지 고려요인

(1) 일반적 고려요인

입지의 고려요인은 우선 금전적 · 비금전적 요인으로 나눌 수 있다. 금전적 요인은 대지, 건물, 장비, 운송비, 전력요금, 세금, 보험료, 인건비 등이며, 비금전적 요인은 인력수준, 경쟁구도, 지역사회 관계, 노조성향 등을 포함한다. 이를 다시 서비스 입지에 중요한 고려요인으로 분류하면 일반 영업환경, 인력, 경쟁, 경제 하부구조, 그리고 지역사회로 나눌 수 있다. 〈표 6-1〉은 상세한 입지 고려요인을 밝히고 있다.

1) 일반 사업환경

사업을 영위하는 데 기본적인 고려사항으로 해당 지역의 경제 상황, 영업활동에 대한 규제, 그리고 수익에 큰 부담을 주는 임대료나 세금 및 준조세 성격의 지출을 고려해야 한다.

〈표 6-1〉 서비스 입지 고려요인

구 분	내 용
일반 사업환경	정부규제, 세금, 준조세, 지역경제, 임대료
인 력	인건비, 고급 인력풀, 직업윤리, 교육훈련
경 쟁	경쟁자의 수, 경쟁자 세력, 잠재경쟁자 가능성
경제 하부구조	금융, 항만, 항공, 철도, 고속도로, 통신 네트워크
지역사회	생활수준, 삶의 질, 교육환경, 문화, 예술활동

2) 인　력

인건비, 인력수급, 직업윤리, 인력의 숙련도나 기술수준, 경력, 교육훈련 필요성 등이 고려된다. 과거 보통 인건비와 훈련비가 저렴한 곳을 선호했지만 요즘은 점차 인력의 질적 요인을 중시하는 추세를 보이고 있다. 서비스는 특히 인력에 의존하는 부분이 많으므로 양질의 인력조달이 필수적이다.

3) 경　쟁

입지 결정시 경쟁자의 대응을 감안해야 한다. 현재 경쟁자의 입지만이 아니라 새로운 입지에 대한 경쟁자의 대응행동도 예상해야 한다. 따라서 경쟁자가 확실한 기반을 가지고 있는 지역을 회피하여 입지를 정하는 경우가 많다.

4) 경제 하부구조

공급자와 시장에의 접근 용이성이 필수적이며 유통 및 수송 용이성이 서비스 산업에서도 중요하다. 특히 패스트푸드, 소매점, 슈퍼, 주유소는 원료나 제품을 창고나 유통업자로부터 공급받아야 하고, 공급의 빈도와 물량이 많으므로 교통에 유리한 입지가 바람직하다. 재고의 절감효과도 입지의 근접으로 얻을 수 있다. 왜냐하면 거리가 증가할수록 공급의 시간적 불안정이 증폭되어 많은 재고부담을 안게 되거나, 아니면 품절로 인해 낮은 서비스 수준을 초래하게 되기 때문이다.

5) 지역사회

지역사회는 서비스업에 직접적 영향을 미친다. 우선 서비스 특성상 지역사회는 고객집단으로서 중요하고 동시에 인력의 공급원을 담당한다. 그러므로 원만한 지역사회와의 관계는 서비스업에 필수적이다.

〈표 6-2〉에는 서비스 유형별 입지요인의 중요도가 나타나 있다. 각 서비스는 이 요인들의 가중치를 고려하여 입지결정을 할 수 있다.

〈표 6-2〉 서비스 유형별 입지요인 중요도

입지요인	연구개발 하이테크	창고/물류	소 매	개인 서비스	의료/응급 서비스	공공 서비스
고객/시장 근접도	★★	★★	★★★	★★★	★★★	★★★
노동력 및 인건비	★★	★★	★★	★★★	★★	★★
지역사회 매력도	★★★	★	★	★	★	★
노조 결성률	★	★★	★★	★★	★	★★
건설, 토지비용	★★	★★	★★	★★	★★	★★
운송시설에 근접성	★	★★★	★★	★	★	★
내부 운송비	★	★★★	★★	★	★	★
외부 운송비	★	★★★	★	★	★	★
전력, 상하수도	★	★	★	★	★	★
원자재, 소모품 취득 용이성	★	★	★	★	★	★
환경 영향 및 지리적 제약	★	★	★	★★	★	★

★★★: 매우 중요, ★★: 중요, ★: 중요성 적음

(2) 특수 고려요인

일반 서비스 시설의 입지에서는 제조업과는 달리 고객에의 근접성이 자원의 취득 용이성보다 중요하다. 고객이나 시장의 근접입지는 판매신장과 더불어 높은 서비스 수준을 얻기 위한 것이다. 공급을 담당하는 유통업에서도 시장의 근접입지가 가장 중요하므로 시장과 고객을 우선 고려한다. 서비스업에서 입지에 따라 비용은 큰 차이가 없으나 사업의 양과 수입면에서는 현저한 차이를 보이는 것이 보통이다. 그리고 고객과 시장의 규모는 지역인구가 결정하므로 유동인구를 고려하여 인구가 집중되는 곳에 입지해야 하며 특히 통행량이 많은 곳일수록 경쟁자에 근접해 입지하는 것이 유리하다.

다음은 서비스 입지에 중요하게 고려해야 할 요인들이다.

㉠ **접근 용이성**: 고속도로 진출로와 출입턱의 편리성, 대중교통 이용 가능 여부

㉡ **가시성**: 도로 옆 위치, 간판위치 및 크기

㉢ **교통**: 교통량, 서비스 제공에 방해가 되는 교통 혼잡도

㉣ **주차**: 적정 수준의 전용주차장 확보 여부

㉤ **확장성**: 필요한 경우 시설의 확장 여지

㉥ **주변 환경**: 서비스를 보완해 주는 인접 분위기

3. 서비스 입지결정

(1) 업종별 결정요인

일반적으로 입지결정은 다양한 요인들에 의해 좌우되며 비용·편익 간의 상충이 일어난다. 그러나 어느 경우에도 중요한 절대적 입지결정 요인이 존재하며, 이것이 선택가능한 입지 수를 제한한다. 따라서 업종유형에 따른 입지 요인의 상대적 중요도는 각각 달라지게 되는 것이다.

㉠ **고객**: 고객의 편리성이 가장 중시되는 소매점, 건강·의료 관련 서비스, 극장, 은행지점, 레스토랑은 고객위주의 입지를 보인다.

㉡ **비용**: 전문점, 도매상, 사무처리 서비스는 운영비가 가장 중요한 입지요인이므로 비용 측면이 가장 중요한 고려대상이 된다.

㉢ **경쟁자**: 경쟁사 근처에 입지하여 자원을 공유하거나 고객을 유인하고자 하는 자동차 판매 대리점, 골동품상, 패스트푸드점이 전형적인 예이다.

㉣ **영업지원 시스템**: 영업에 불가결한 지원 시스템이 있는 곳에 입지한다. 보석상은 경찰경비가 있는 곳에 위치하며 놀이공원도 교통이 편리하고 전력공급이 가능한 곳에 입지해야 한다.

㉤ **지리적·환경적 요인**: 해양공원, 스키장, 골프장 등은 지리적·환경적 제약을 강하게 받는다. 따라서, 입지의 대안이 많지 않은 경우가 대부분이다.

ⓑ **영업환경**: 보험회사, 사설 교육기관, 각종 업무시설이 이 부류에 해당하며 일반 영업환경을 중시한다.

ⓢ **통신**: 금융 서비스는 금융기관 간의 빠른 통신을 중시한다. 따라서 대형 은행은 통신시설이 완비된 대도시 도심에 입지한다.

ⓞ **운송**: 통신판매나 특송 배달 회사는 운송 네트워크에 진입이 쉬운 곳에 입지한다.

(2) 업종별 입지 사례

1) 패스트푸드점

맥도날드 같은 체인 형태의 패스트푸드점은 보통 다음의 6가지 요인을 고려해야 한다.

① **지역인구**

24~45세 정도 연령층에 해당하는 직장인이 점심을 이용하는 주요 외식인구이므로 대규모 사옥, 공장, 쇼핑센터가 근접하고, 직장인이 외식하는 빈도가 클 때 이상적이다. 그리고 인구증가율, 세대증가율, 세대별 30대 미만 인구, 1인당 소득, 주거지역의 생활수준을 고려해야 한다.

② **상권존재**

쇼핑 중 충동적으로 식사를 하게 되는 수가 많으므로 소매점에 근접이 유리하다. 상권형성은 반경 1km 내 백화점, 슈퍼, 극장, 볼링장, 헬스클럽의 수, 500m 이내 학교나 학원의 수, 배후지 상권형성 여부, 반경 1km의 중 · 고 · 대학교 수를 감안한다.

③ **경쟁 입지**

고객 근접입지가 유리하며 입지 인접지역에 성공적 경쟁자의 존재는 사업성공의 가능성을 높여준다. 또한 경쟁자를 관찰하면 고객흐름과 방향을 평가하여 입지에 시사점을 얻을 수 있다. 다른 경쟁상권과의 거리, 상가 중 경쟁점의 수, 경쟁점과의 거리, 그리고 경쟁 정도를 파악한다.

④ **통행량과 교통흐름**

대부분 고객이 차량을 이용하는 경우 충동적 구매를 유발할 교통량, 혹은 반대로 구매를 억제할 교통체증이 있을 수 있다. 주요 교통시설(지하철 역, 버스 정류장)까지 거리, 주요 교통시설의 운행간격, 평일 오전 9:00시에서 21:00시까지 통행량, 통행량의 시간대별 변동, 통행인구의 25세 미만 연령비, 평일 통행량과 휴일 통행량의 비율, 여성 및 어린이 통행자 비율, 통행자의 교통수단, 점포전면의 도로형태, 통행목적, 그리고 통행자의 동반인원 패턴이 고려되어야 한다.

⑤ **지역 인구밀도**

일정 반경 내의 인구집중도는 야간과 주말 영업의 가능신호로 볼 수 있다. 중산층 인구밀집지역이 유리하다.

⑥ **접근 용이성과 가시성**

교통량, 신호등, 사거리, 대중교통 이용가능 여부, 그리고 평균교통량이 접근 용이성을 결정한다. 그리고 가시성은 도로부터의 위치, 인근 빌딩 및 간판 크기, 점포형상, 점포좌우 건널목 여부, 그리고 점포출점 건물과 주변의 조화로 평가한다.

2) 편 의 점

24시간 편의점은 패스트푸드점과 유사한 측면이 많지만 유통업 특유의 문제가 있으므로 이 요인이 반영되어야 한다. 〈표 6-3〉은 이 내용을 정리하고 있다. 특별히 감안할 점은 심야 유동인구가 많아야 한다는 것이다. 근처 학원이나 도서관 등 젊은 층이 집중되는 곳, 그리고 지역인구 중에서도 맞벌이 부부 같은 잠재고객이 많은 지역이 특히 유리하다. 따라서 유흥가 인접지역이나 학원가, 주택가가 우선 입지로 꼽힐 수 있다.

〈표 6-3〉 편의점의 입지 구비조건

입지요인	기본 입지조건	기타 입지조건
점포면적	최하 $70m^2$	
점포건물	1층(지하 2층 이상 금지)	1층이라도 5계단 이상 금지
경쟁점 위치	직경 80m 이내 금지	대부분 예외 인정
인근지역 인구	직경 1km 이내 1,000세대 이상 거주	
인접도로	차도로부터 3m, 보도폭 3m 이상	도로와 과도한 접근 금지
교 통	버스노선 인접도로, 버스 정거장 인접, 지하철 인접, 노면주차 지역, 주차장 인접도로, 주유소인접 선호	대로변 선호, 이면도로 무방
유동인구	오후 7시~새벽 1시 유동인구 다수지역 선호(유흥가 인접, 주택가, 학원가 등)	심야 유동인구가 많을수록 유리

현/장/사/례

벤처입지의 요건: 생태계 이론

최근 기술집약적 중소기업 형태인 벤처가 급속도로 발전하고 있는 것은 국가경제를 활성화하는 면에서나 고용 창출을 위해서도, 더 나아가 산업조직의 불균형을 시정하는 면에서나 중소기업의 기술 집약화를 위해서도 대단히 바람직한 일이다. 벤처 육성에 있어서도 벤처가 생존하고 성장하는 데 필요한 생태계를 이해하고 이러한 생태계가 제대로 갖추어진 곳에서 벤처를 육성해야 효과적인 결과를 얻을 수 있다.

미국의 스탠퍼드대학, 버클리대학 부근에 있는 실리콘밸리와 매사추세츠공대

(MIT), 하버드대학 부근에 있는 128번 국도 변의 벤처 단지도 바로 이러한 측면들이 잘 충족되는 조건으로 말미암아 자연발생적으로 형성된 것이다. 이에 비해 노스캐롤라이나 주가 설립한 연구 삼각(triangle)은 이러한 생태계가 제대로 조성되지 않은 환경에서 인위적으로 추진되었기 때문에 20년이 넘도록 제대로 활성화하지 못하다가 최근에 와서야 활기를 띠게 되었다.

우리나라에서 가장 대표적인 벤처단지는 테헤란밸리일 것이다. 테헤란밸리가 제대로 활성화한 것은 바로 생태계가 비교적 잘 갖추어져 있었기 때문이다. 정부가 벤처 단지를 서울시 외곽에 설립하려고 추진하고 있을 당시 몇몇 벤처기업인이 위의 세 가지 생태계 조건이 비교적 잘 충족되리라고 판단한 강남에 벤처센터를 설립한데서 시작됐다. 서울의 강남지역은 고급인력과 자금과 시장 간 유기적 관계가 비형성 초기 대덕연구단지에는 고도의 지식을 창출할 만한 연구 집약적 대학도 없었고, 연구소의 활동을 뒷받침하는 연구비는 정부가 마련해 주었다 하더라도, 연구소의 연구결과를 제품으로 연결시킬 수 있는 산업과 시장과도 상당히 먼 거리에 있었다.

벤처를 지원하는 자본시장과도 거리가 멀었다. 이러한 제약조건으로 말미암아 30여 년이 지난 지금에야 겨우 서울에서 이사한 한국과학기술원(KAIST)을 중심으로 벤처활동이 일어나고 있다. 지방자치단체가 추진한 춘천의 골든밸리가 활성화하지 않고 있는 것도 연구 집약적 대학, 고급인력이 운집할 수 있는 사회적 기반시설, 벤처를 육성하는 자본시장, 벤처의 제품과 서비스를 필요로 하는 제품시장 등이 구성하는 생태계가 제대로 형성되지 않은 환경에다 조성했기 때문이다.

자료원: 매일경제신문, 2000년 3월 7일

02 서비스 입지전략 및 계획

1. 입지전략

서비스 입지전략은 제조입지와는 여러 측면에서 다르다. 〈표 6-4〉에서와 같이 제조업의 초점은 비용최소화인 반면 서비스업은 수익창출이다. 제조는

〈표 6-4〉 서비스와 제조업의 입지결정

서비스(수입 초점)	제조업(비용 초점)
■ 판매량/수익 상권지역, 구매력, 경쟁자 광고/선전/가격정책	■ 유형적 비용 원자재 운송비, 제품 운송비, 에너지 비용, 전력, 용수, 노동력, 원자재, 세금
■ 물리적 서비스 환경 주차, 접근 용이성, 안전, 조명, 외관, 이미지, 관련사업	■ 무형적/미래비용 노조성향, 생활의 질, 교육비, 지역사회 수준
■ 비용결정요소 경영수완, 운영정책	■ 입지선정기법 수송법(수리기법), 가중치 이용결정, 손익분기분석
■ 입지선정기법 연관도 분석 통행량 분석	■ 입지선정시 기본과정 입지가 비용의 결정요소 주요 비용은 각 입지별로 파악가능 낮은 고객접촉으로 비용이 중요 무형적 비용은 객관적으로 평가 가능
■ 지역인구 통계분석 대상지역 구매력 분석	
■ 입지 선정시 기본 가정 입지가 수익을 결정 고객접촉 문제가 주요과제 비용은 특정 지역에서 고정적이므로 수익이 더 중요	

입지에 따라 비용이 현저히 달라지지만 서비스는 동일 지역 내에서 비용변동의 폭이 크지 않다. 그러므로 서비스 입지결정의 초점은 사업의 양과 수익의 극대화에 맞추어진다. 전통적으로 서비스의 입지는 진입장벽을 구축하거나 수요를 창출하는 역할 외에도 전략적 차원에서 유연성, 경쟁 포지셔닝, 수요관리 및 초점화에 영향을 준다.

1) 유 연 성

변화하는 환경여건에 적응할 수 있는 정도를 나타내는 것이 바로 유연성이다. 입지결정에는 장기적인 자본투자가 소요되며 조직운신의 폭을 제약할 수 있다. 따라서 입지는 현재 및 장래의 경제적 여건, 인구통계적 추세, 문화적 요인, 그리고 경쟁측면에서의 주요 변화에 신속하고 효과적으로 대응할 수 있어야 한다.

2) 경쟁 포지셔닝

경쟁자에 대하여 상대적으로 자신의 사업위치를 정하는 포지셔닝의 사례는 미개발 상권의 최선입지를 선점하는 것을 들 수 있다. 제품의 특허와도 같이 주요 위치를 미리 확보하는 선점전략은 경쟁자의 신규 시장진입을 억제하는 진입장벽으로 작용한다. 이 방법으로 경쟁력을 강화하고 자사의 시장 인지도를 높일 수 있다. 최근 유통업체들이 주요 역세권과 신도시 등에 다점포 전략으로 경쟁적인 점포확대 전략을 구사하고 있는 것은 이러한 선점전략으로 볼 수 있다.

3) 수요관리

수요의 양, 질, 시간을 조절하는 수요관리는 특히 단기적 수요조정이 쉽지 않은 시설 투자형 서비스업종의 경우에 경제상황 및 계절효과에 상관없이 안정적 수요를 얻기 위해 다양한 수요원을 발굴하고자 한다. 이 경우 입지는 수요창출에 중요한 역할을 한다.

4) 초 점 화

일부 체인점은 특정 시장 영역을 겨냥하여 구체적으로 좁게 정의한 차별화된 서비스를 복수입지에서 제공한다. 이 경우 복수입지 서비스는 시설 및 운영관리 기준을 개발하여 서비스 시설이 여러 장소에서 복사될 수 있게 한다. 그러나 동질 서비스의 경우는 시설 확장시 시설 간 수요의 상호잠탈이 일어나기 쉽다. 이를 방지하기 위해서 조직은 확장시 바람직한 성장패턴을 확립해야 한다.

이러한 4가지 전략적 차원을 염두에 두고 이제 입지계획의 세부절차를 알아보기로 한다. 입지결정은 원래 직관에 의존하거나 우연적 요인인 장소사용 여부와 유리한 임차조건에 좌우되기도 하지만, 체계적이고 구조적인 분석은 잘못된 입지로 인한 심각한 결과를 사전에 방지하게 해 준다.

2. 입지계획

입지계획은 사업의 성격과 입지 측면의 필요를 바탕으로 단계적인 목표수립 및 실행계획을 준비하는 것이다. 입지계획은 시장기회를 나타내는 사업계획과 조직의 사업의지를 담은 전략계획과의 상호연계를 파악한 후 가능한 입지를 탐색하고 이를 평가하여 최종 선택하는 일련의 과정으로 이루어진다.

1) 사업계획 검토

사업계획은 조직이 통제하기 어려운 시장환경을 파악한 후 만들어지며 제공하고자 하는 서비스의 유형, 사업의 규모, 전체 시설 수, 시장유형, 시장위치, 그리고 기타 주요 입지요인을 고려한다. 따라서 사업계획을 검토하면 사업의 성격과 입지 측면에서의 요구사항을 일치시킬 수 있다.

2) 전략계획 반영

상품과 시장의 지향점, 즉 틈새시장, 경쟁우위, 전략실행에 필수적인 특유능력, 가능한 위험부담 정도, 기존 경영자원의 개발 및 할당계획을 반영한다.

3) 가능한 입지탐색

입지의 사전탐사는 주요 결정요인에 가장 많은 비중을 두고 진행한다. 입지에 관한 주요 정보는 지역 상공회의소, 기타 부동산 관련 전문지, 중소기업연합회, 지방자치단체에서 구하거나 후보지를 현장 방문하는 방법이 있다.

4) 대안평가

대안의 평가는 일반적인 입지 평가기준을 참고로 자사의 특유한 상황을 반영한 기준을 추가하거나 수정하여 이용할 수 있다. 계량적 평가는 비교적 용이하게 산정이 가능하므로 상호비교가 쉽다. 다만 질적인 평가기준은 계량화가 용이하지 않지만 가능한 계량화한 후 비교하는 것이 편리하다. 평가기준의 영향력은 기준에 따라 입지결과가 완전히 달라질 수 있다.

5) 대안선택 및 실행

대안의 선택과 실행에는 자본 및 기타 자원의 투입과 인적 노력이 필수적이라 할 수 있다. 신중한 선택과정을 거친 후 실행과정은 신속한 것이 바람직하다. 특히 점포입지와 같이 경쟁에 민감한 결정은 정보유출로 입지에 차질이 생길 수 있으므로 신속하게 실행으로 옮겨야 한다.

3. 입지전략의 마케팅 측면

1) 경쟁적 집군화

경쟁적 집군화는 본래 소비자 행동이론에서 유래하는 것으로 마케팅 개념이다. 일반적으로 새 차나 중고차 구매시장은 비교쇼핑을 위해 군집화된 곳을 선호한다. 경쟁자에 근접시키는 입지방법은 전략적으로 군집화가 유리한 경우에 이용된다. 호텔 같은 숙박업도 마찬가지로 경쟁자 근처에 입지하는 것이 객실판매율을 높인다는 사실이 확인되었다. 이렇게 경쟁자와 공존하여 고객의 집중을 유도하려는 것이다. 경쟁을 의식하여 일정수준 이상의 경쟁이 존재하는 곳에 위치하는 이 방법은 고객으로 하여금 비교 쇼핑을 가능케 한다. 최근 압구정동, 문정동, 분당신도시 등지에서 각종 유명의류 브랜드를 전문으로 취급하는 아울렛이 집중적으로 특정지역에 밀집하여 고객을 유인하는 전략은 이러한 효과를 겨냥하고 있는 예이다.

유사한 추세로서 근래에 확산되는 오피스 파크(office parks)는 특수한 입지 니즈를 채워주는 기반을 제공하고 있다. 보험회사, 법률사무소, 병원, 부동산 중개업, 금융기관 등의 전문직종이 대단위 단지나 빌딩에 함께 입지하는 이 방법은 업무의 상호보완과 신규 수요창출에서 매우 유리한 결과를 얻고 있다.

2) 포화 마케팅

포화 마케팅은 여러 점포를 모두 특정지역에 집중하여 입지시키는 방법으로, 대개 대형 상권이나 교통중심지를 대상으로 한다. 심지어 백화점의 다른 층에 여러 동일 점포가 입지하는 경우도 있다. 이 경우 상호 고객 이탈이 있지만 선전비 감소, 감독 용이, 그리고 고객인지도에서의 경쟁자 압도 등의 장점은 결점을 만회하는 그 이상의 효과를 가진다. 이 방법은 고객의 이동 패턴을 근거로 하여 작은 표적시장을 획득하자는 것이다. 고밀도 중심가의 쇼핑 지역에서 쇼핑 시간이 많지 않은 충동구매자를 얻기 위한 최선책이 될 수 있다.

3) 마케팅 중개자

서비스 생산과 소비의 동시성은 중간 유통채널의 존재를 인정하지 않는다. 그리고 서비스가 무형적이고 저장·운반될 수 없다는 것은 서비스의 지리적 제약을 대변해 준다. 하지만, 별도의 제3자를 생산과 소비 사이에 위치시켜 공간의 한계를 극복하는 방법이 있다. 예를 들면, 은행의 신용을 고객에게 연장하는 소매상은 신용유통의 매개자로 볼 수 있다. 또 고용주와 노조 간의 체결된 직장보험은 조직을 매개로 이용하여 보험 서비스를 유통시키는 방법이다.

4) 정보의 인적 · 물적 이동 대체

인적 · 물적 이동의 대안은 정보통신을 이용하는 것이다. 교통과 통신수단의 발달로 인해 이제 서비스업에서는 본사가 중앙으로 업무를 집중화하기보다 지사를 고객에 근접시켜 보다 밀착된 서비스 제공을 하려고 한다. 본사의 이전은 임대료, 높은 생활비, 대도시 생활의 질 하락 등에 따른 것이다. 그 밖에 원격 진단 · 치료, 자동급여이체, 그리고 본사를 해체하여 거주 지역별 네트워크를 형성하는 것은 유사한 정보의 대체 사례로 볼 수 있다. 보험회사나 정보 서비스 기업도 통신기술을 이용해 일상적 정보처리 작업을 수행하기 때문이다. 사업상의 접촉은 처음과 주기적으로만 필요하고 의사결정이나 업무수행에 계속적인 대면이 필요하지 않는 서비스의 경우는 분산화가 유리하다.

현/장/사/례

은행 무인점포 입지결정

은행의 무인 자동화 점포망은 빠르게 확산되고 있다. 비용 측면에서 소형출장소 설치에는 평균 7~8여 억원이 소요되는데 무인점포는 1억 6천만원 정도면 가능하다. 이 밖의 환경요인으로는 카드 문화의 성숙을 카드 보유비율과 사용비율이 증가하고 전자은행 시대의 개막이 급속히 진행되고 있는 점을 들 수 있다. 또 은행의 영업여건이 점차 악화되고 대출금리가 낮아짐에 따라 수익감소와 인건비 증대에 대처하여 비용절감이 필요하게 되었다. 무인점포는 고객들이 가장 원하는 사항인 가까운 은행을 실현하기 위해서, 그리고 연간 점포 확대 수를 제한하고 있으나 무인점포에 한해서는 규제가 없는 점을 이용하기 위한 목적으로 선호된다. 국내 최다 무인점포망을 보유하고 있는 신한은행의 무인자동화 점포 입지로는 수도권 위주로서 통행량이 많은 곳, 상권이 잘 발달된 곳, 임대료나 유지관리비가 저렴한 곳, 관리가 용이한 지역, 상주인구 수가 많은 곳이 선호된다. 또 지역 특성으로 유동인구 중 특히 젊은 층이 많이 모이는 곳, 지점과 지점 사이나 출장소와 출장소 사이의 취약지구 등도 그 대상이다. 무인점포 입지 선정 절차는 다음과 같다.

- 우선 수도권지역 지하철 역 주변 중 자행 C.D/ATM기가 설치되어 있지 않은 곳을 대상으로 타당성 조사
- 위에 열거된 입지선정 요인을 감안하여 적정 후보지 물색
- 주요 역세권 분석집'을 참조로 주변 인구 수, 가구 수 조사, 그러나 분석집은 참고 자료이고 실제로 현장 조사한 결과를 중시
- 실제 조사를 통해 주변상권의 분석과 인구의 흐름을 파악, 주거 인구나 가구 수 등 수치화된 입지 결정 요인이 없는 경우는 실사 결과를 중시
- 최적 후보지 위치의 선정과 보증금, 임대료, 권리금 등 소요비용 조사
- 건물주와 최후 교섭 후 확정

03 서비스 입지결정 기법

입지결정은 보통 우연한 변수에 의해 좌우되기도 하지만 체계적 결정방법이 도움이 되므로 입지결정에는 비용 이외의 요소를 모두 고려해야 한다. 특히 계량적 모델은 질적인 요소를 간과하기 쉬우므로 입지결과의 해석에 신중을 기해야 한다. 입지결정시 고객의 편리나 비용 측면을 우선적으로 고려하지만 이 밖에도 많은 고려사항이 있다. 다음은 대표적인 서비스 입지기법에 대해 논의하고자 한다.

1. 가중치 이용법

가장 간단하고 이해가 쉬운 방법인 가중치 이용법은 다양한 입지결정 기준을 열거하고 여기에 가중치를 두어 산정한다.

A 예제 #1

패스트푸드점의 입지결정에 가중치 이용법을 적용해 보기로 한다. 아래의 정보를 이용하여 A, B 두 입지를 비교하라.

입지요인	가 중 치	A입지	B입지
상권형성	30	9	6
유동 및 거주인구	25	8	7
교통현황	20	6	7
통행량 구성	15	6	6
점포형태	10	5	8

[풀이] 위의 표는 입지의 중요도에 따라 가중치를 결정한 다음, 각 입지후보의 요인 점수를 매긴 것이다. 가중치의 합은 100이며 점수는 10점 만점이다. 이 점수에 가중치를 곱해 주면 아래와 같이 총 가중점수가 계산된다. 높은 점수를 얻은 A입지가 유리한 선택으로 결정된다.

A입지 총 가중점수: 270+120+200+90+50=730

B입지 총 가중점수: 180+140+175+90+80=665

2. 중력 모델법

중력 모델(gravity model)은 본래 다수의 소매점에 공급하는 창고의 단일입지를 위해 개발되었다. 특정 지역의 중심점을 찾아 거리와 운반물량의 측면에서 비용을 최소화하는 것이 목표이며, 비용은 거리에 비례한다고 가정한다. 이 모델은 물리의 중력법칙에 의거하여 두 물체 사이의 인력은 물체의 질량에 직접 비례하는 동시에 거리에 반비례한다는 것을 이용하고 있다.

1) 소매점 입지

중력 모델을 소매점 입지에 응용하면 고객수요를 산정하는 데 도움이 된다. 여기서 소매점의 고객수요를 결정하는 것은 점포의 규모와 입지, 두 가지 의사결정 변수이다. 이렇게 고객수요를 산정하는 방법은 이미 보편화되어 있으며, 소매업과 입지와의 관계에 대해서는 많은 경험적 관계가 도출되었다. 몇 가지 예를 들면,

- 상권을 선호하는 고객층의 비율은 쇼핑 지역까지의 거리에 따라 달라진다.
- 상권을 선호하는 고객의 비율은 각 상권에 의해 제공되는 상품의 범위와 깊이에 따라 달라진다.
- 고객의 상권까지 이동하는 거리는 상품구매의 유형에 따라 다르다.
- 상권의 견인력은 경쟁상권의 근접 정도에 영향을 받는다.

이상을 고려하면 서비스에서 특정 시설의 매력도(A_{ij})는 아래 식과 같이 서

비스 시설의 규모와 이동시간의 관계로 나타낼 수 있다.

$$A_{ij} = \frac{S_j}{T_{ij}^{\lambda}}$$

A_{ij} : 고객 i에 있어서 시설 j의 매력도
S_j : 시설 j의 규모
T_{ij} : 고객 i가 시설 j까지 이동에 필요한 시간
λ : 이동시간이 쇼핑에 미치는 영향 정도를 반영하는 파라미터로서 보통 할인점은 2, 편의점은 더 큰 값을 이용

이 법칙을 서비스에 응용하면 서비스 시설의 매력도는 시설의 규모에 비례하고 이동시간에 반비례한다. 허프는 중력 모델을 이용하여 특정 시설규모와 입지에서의 고객수요를 예측했다. 고객은 얼마든지 경쟁자에 끌릴 수 있으므로 이 방법으로 고객이 특정 시설을 이용할 확률, 즉 고객 i가 j시설을 이용할 확률(P_{ij})을 구하면, 이 값은 아래와 같이 서비스 시설의 총매력도에서 특정 서비스 시설이 차지하는 비율이 된다.

$$P_{ij} = \frac{\dfrac{S_j}{T_{ij}^{\lambda}}}{\sum_{j=1}^{n} \dfrac{S_j}{T_{ij}^{\lambda}}}$$

그 다음 특정 상품이나 상품 계열에 대한 총소비지출(E_{jk})은 다음과 같이 소비자 수에 평균지출을 곱해 구한다.

$$E_{jk} = \sum_{j=1}^{m} (P_{ij} C_i B_{ik})$$

C_i : i지역의 소비자 수
B_{ik} : i지역 고객의 상품계열 k에 대한 평균 지출예산
m : 지역 수

이제 상점 j가 상품계열 k의 판매로부터 얻을 시장점유율(M_{jk})은 소비자의 상품계열 k에 대한 총지출에서 차지하는 상점 j에 대한 지출(E_{jk})의 비율을 구

하면 된다.

$$M_{jk} = \frac{E_{jk}}{\sum_{J=1}^{m}(C_i B_{ik})}$$

이런 방법으로 이 지역에서 다양한 규모의 예비점포에 대한 연간 순익도 계산될 수 있다. 점포규모를 고려하여 세금을 공제한 후 판매액의 비율로 순익을 계산하면 각 입지에서 규모에 따른 최대 이익을 보장하는 점포를 얻을 수 있으므로 각 입지대안 비교 후 점포를 계약하여 실제 입지를 구하면 되는 것이다.

3. 공공시설 입지법

1) 최대 서비스 거리 내 수요포함 입지

이미 언급된 것처럼 공공시설의 입지결정 평가에 있어서 어려운 문제는 시설입지의 혜택을 측정할 직접적 방법이 없다는 것이다. 한 가지 가능한 대리 측정 방법은 가장 원거리에 위치한 고객이 시설까지 이동해야 하는 거리로서 이것을 최대 서비스 거리라고 한다. 문제는 최소한의 시설로써 미리 규정된 최대 서비스 거리 내의 수요를 충족하는 시설 입지를 발견하는 것이다. 이것이 바로 최대 서비스 거리 내 수요포함 입지 문제(location set-covering problem)이며 주어진 대응시간과 거리의 제약하에서 전체를 포괄하는 최소 입지 수를 결정한다. 예를 들어, 주민 전체가 최대이동거리 이내에서 보건 서비스를 받기 위해서는 몇 개의 보건소가 어느 곳에 입지해야 할 것인가의 문제가 그것이다. 이러한 시설입지법이 적용될 수 있는 서비스는 창고, 소방서 등이며 혜택의 측정은 거리, 시간, 그리고 비용을 대신할 수 있다. 이상의 기준 중에서 시간이 가장 중요하고 신속한 서비스를 요하는 응급 서비스, 또 운송, 교통비가 높고 이동이 잦은 서비스의 입지에도 이용된다.

도시 내 6개 인구밀집지역이 있을 때 소방서의 대응 시간에 따른 입지문제를 고려한다. 그림은 각 지역에서 타지역까지 이동시간을 나타내고 있다. 대응시간을 최소 대응시간 5분에서 최대 15분까지로 정하고 이를 충족시키는 소방서의 수와 입지를 정하라.

[풀이] 표에 정리된 바와 같이 5분 내 출동을 충족하기 위해서는 나, 라, 마, 바 지역에 최소 4개 입지가 필요하며 이를 10분으로 연장하면 다, 라 혹은 다, 바 지역에 2개 입지로 가능하다. 또 15분 출동 시간에는 라 혹은 마 지역에 1개 입지만으로 충족시킬 수 있다. 복수 답안이 존재하므로 질적 고려요인을 반영하여 선정하면 선택의 폭이 넓어진다.

〈지역수요의 네트워크〉

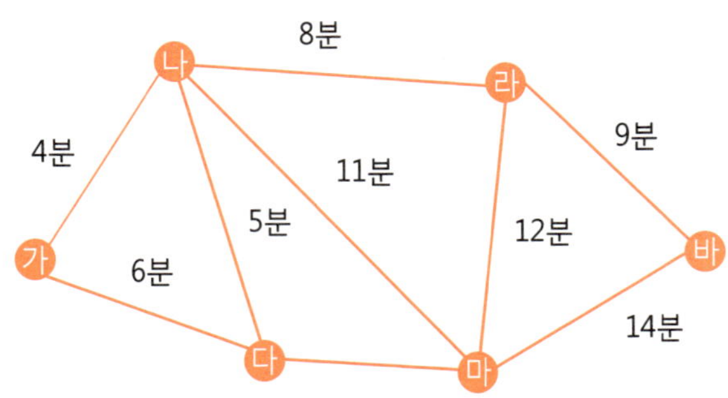

〈대응시간별 포함지역〉

지 역	5분 이내	10분 이내	15분 이내
가	가, 나	가, 나, 다	가, 나, 다, 라
나	가, 나, 다	가, 나, 다, 라	가, 나, 다, 라, 마
다	나, 다	가, 나, 다, 마	가, 나, 다, 라, 마
라	라	나, 라, 바	가, 나, 다, 라, 마, 바
마	마	다, 마	가, 나, 다, 라, 마, 바
바	바	다, 바	라, 마, 바
충족입지	나, 라, 마, 바	다, 바 혹은 다, 라	라 혹은 마

2) 시설이용 인원 최대포함 입지

위 방법의 변형이 시설이용 인원 최대포함 입지문제이다. 이 방법은 적정한 서비스 거리 내에 포함되는 인구를 최대화한다는 매우 설득력 있는 목표를 가진다. 앞의 문제에 각 지역의 인구정보를 추가하면 첫 번째 입지는 최선의 입지로서 가장 많은 인구를 포함한다. 그 다음 입지는 나머지 인구를 최대한 포함해야 한다. 이렇게 전체 시설이용 인원을 최대화하는 문제(maximal covering location problem)는 공공 서비스 입지 모델로서 소방서나 택시 서비스에 적용이 가능하다.

4. 복수시설 입지법

기존시설의 네트워크 내에 입지하는 복수시설 입지문제(multi-location problem)이다. 이런 유형의 문제가 복잡한 이유는 입지만이 아니라 신규입지를 최대한 이용하기 위해 시설 간 업무의 재할당이 필요하기 때문이다. 업무의 할당은 시설의 규모나 시설 이용률을 결정한다. 그러므로 3가지 차원, 즉 입지, 업무할당, 서비스 능력이 동시에 고려되어야 한다.

1) 유통시설 입지

우선 신규입지가 담당할 수요의 원천을 선택해야 한다. 한 가지 방법은 시장을 지역으로 분할하여 각 시설이 특정 지역을 담당할 능력을 보유하게 한다. 즉 지역 수요를 고려하여 능력을 결정하는 것이다. 각 시설규모를 유사하게 하면 규모의 경제가 가능하다. 구체적으로 전체 시장을 여러 개로 분할하고 지역 수요에 근거해 각 시설 능력을 계산한 후, 단일 입지법으로 최선입지를 결정하는 것이다. 이 방법을 업무할당 우선법(allocate-first)이라 한다. 컴퓨터 시뮬레이션을 이용한 사료업체 랠스톤 퓨리나의 창고 입지문제는 미국 내 137개 수요 센터, 5개 지역창고, 4개 공장과 부대창고의 입지문제에 가장 근접한 창고로부터의 재고 수요를 충족시키는 모델을 이용했다. 재고수준, 운송비, 창고운영비, 주문적체 등을 일정기간 모의실험한 결과, 5개 지역창고를 3개로 축소했으며 이로 인해 엄청난 비용절약 효과를 거두었다.

2) 개인 서비스 시설 입지

개인 서비스에서는 고객이 시설을 선택하므로 전자와는 다른 방법이 필요하다. 우선 잠정적으로 입지를 결정하고 고객선호도를 가정하여 각 시설의 작업할당과 능력산정이 이루어진다. 그 다음 최고근접 혹은 제1경쟁자 기준으로 추정 고객수요를 예측하고 이 수요에 근거하여 능력을 결정한다. 마지막으로 단일입지 기법으로 확인하면 된다.

연·구·문·제

1. 서비스 입지 고려요인에 대해 설명하시오.

2. 특정한 서비스 사례를 선정하여 시설 입지상의 문제점을 파악하여 설명하시오.

3. 은행지점에 대해서 허프모형의 λ값을 어떻게 추정할지에 대해서 설명하시오.

4. 어떤 서비스의 특징이 수송 또는 고객의 이동을 커뮤니케이션으로 대체할 수 있도록 하는지 설명하시오.

5. 서비스 유통채널에서 중간 마케터를 이용하는 이점은 무엇인지 설명하시오.

6. 소그룹으로 나누어 각 그룹별로 분석모델이 적용되지 않을 것 같은 서비스 설비 입지의 예를 들어 토의해 보시오.

제7장

서비스 프로세스 관리

학 습 목 표

- 서비스 프로세스의 의의
- 서비스 프로세스 관리
- 서비스 설비 배치
- 서비스 접점관리

01 서비스 프로세스의 의의

1. 서비스 시스템

서비스는 일련의 투입물을 투입하여 이를 변환시켜 고객이 원하는 산출물을 제공하는 시스템의 개념으로 이해할 수 있다. 여기서 투입물은 인력, 자본, 기계설비, 건물, 자재, 경영 등의 요소를 말하며, 이러한 투입물을 고객의 요구에 맞게 변형, 즉 처리·가공하여 보다 가치 있는 상품이나 서비스 형태로 산출물이 만들어진다.

〈표 7-1〉은 투입-변환-산출과정을 갖는 서비스 전달·운영시스템의 사례를 보여주고 있다.

서비스 시스템은 하나의 서비스가 고객의 욕구충족을 위해 투입-변형-산출과정을 거쳐 생산·운영되는 시스템을 말하며, 서비스 운영시스템과 서

〈표 7-1〉 서비스 전달·운영시스템의 사례

서비스	투입물	변환과정	산출물
경호서비스	경호원	신변·귀중품 보호	신변안전, 물건보전
서비스센터	부품, 수리요원	부품교체, 수리	수리된 제품
은행	은행원, 여행상품, 현금지급기, 금고	고객 재산보호, 재산증식	높고 안정된 이자, 예금, 대출서비스
항공서비스	비행기, 기장, 스튜어디스	빠르고 안전한 운행	목적지 정시도착
이·미용실	이·미용사, 미용, 기기, 화장품	커트, 파마, 면도, 화장, 이발	깔끔한 외모
식당	식자재, 조리대, 종업원, 시설	음식요리, 종업원 서빙	식욕충족, 식사

※ 자료: 원석희(1998), 「서비스 운영관리」, 형설출판사, p. 68 수정.

비스 전달시스템으로 대별된다. [그림 7-1]에는 서비스 시스템의 기본모형을 보여주고 있다. 그림에서 보는 바와 같이 전체적인 서비스 생산 · 전달과정에서 볼 때 서비스 운영시스템과 서비스 전달시스템은 부분적으로 중첩될 수 있다. 이는 생산 · 소비의 동시성이라는 서비스의 고유 특성에 따른 것이며, 따라서 서비스의 접점요원은 서비스 생산 · 전달기능과 서비스 마케팅기능을 동시에 수행해야 한다.

서비스 운영시스템(service operations system)은 서비스의 투입-산출과정에서 투입물을 변환하는 과정을 말한다. 서비스 운영시스템은 가시적 부분(전방부분)과 비가시적 부분(후방부분)으로 구분되며, 가시적 · 비가시적 부분은 서로 결합적으로 상호작용하여 서비스 생산이 이루어진다. 비가시적 부분은 식당의 주방과 같이 고객의 눈에 보이지 않는 곳에서 기능하는 부분으로 '기술적 핵심(technical core)'이라고 한다. 기술적 핵심은 서비스의 질에 크게 영향을 미칠 수 있으나 대개의 경우 고객은 비가시적 부분의 존재를 의식하지 못하는 경우가 많다.

또 가시적 부분은 식당의 식탁과 의자, 서빙 종업원과 같이 고객의 눈에 보이는 곳에서 기능하는 부분을 말하며, 물리적 환경과 접점 종업원으로 이루어진다. 이 · 미용이나 교육, 진료와 같은 인적 서비스는 물적 서비스에 비해 가

[그림 7-1] 서비스 시스템의 기본모형

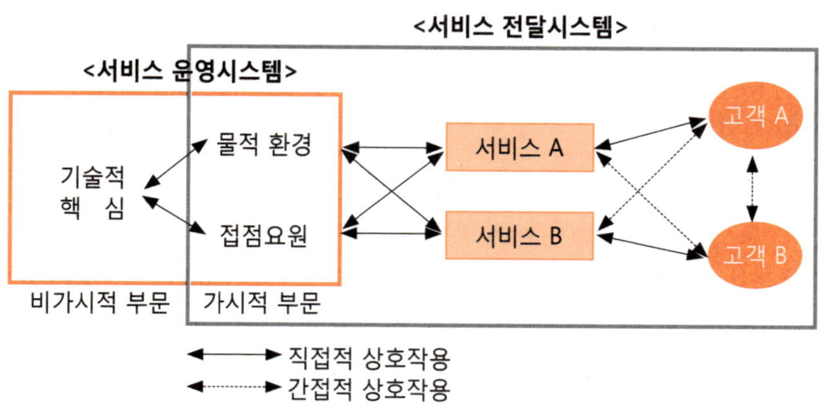

※ 자료: Lovelock, C. H.(1991), *Service Marketing*(2nd ed.), Prentice-Hall International Editions, p. 14.

시적 부분의 역할이 매우 중요시된다. 소비자들은 가시적 부분에서 이루어지는 서비스 상황이나 행위에 기반하여 서비스를 평가하는 경향이 있기 때문이다.

서비스 제공시스템(service delivery system)은 서비스가 언제, 어디서, 어떻게 고객에게 제공되는가 하는 것으로서 생산된 서비스 제공과정과 관련된 개념이다. 여기서 서비스는 가시적 요소인 물적 지원환경과 접점 종업원을 통해 고객에게 제공되며, 이들과 서비스 현장의 다른 고객들은 고객의 서비스 지각에 직·간접적으로 영향을 미친다. 따라서 서비스 제공시스템은 표적고객의 니즈와 욕구를 충분히 반영하여 설계해야 한다.

전통적으로 서비스는 주로 서비스 제공자와 고객의 만남을 통해 제공되지만, 최근에는 전자통신 기술의 발달로 인하여 자동화된 시스템이나 원격 서비스 등이 도입됨에 따라 서비스 제공자와 고객의 접촉이 없이 제공되는 서비스가 늘어나고 있다.

2. 서비스 프로세스의 개념과 중요성

서비스를 무형의 행위 또는 어떤 과정(process)이라고 개념화한다면 서비스 프로세스는 서비스 상품 그 자체이자 서비스의 배달과정인 유통의 성격을 갖는 것으로 이해할 수 있다.

서비스 프로세스(과정, service process)는 서비스가 제공되는 절차나 메커니즘 또는 활동들의 흐름을 의미한다. 다시 말해 서비스가 제공되는 일련의 과정을 의미하는 서비스 프로세스는 어떤 투입물을 변환시켜 산출물을 제공하는 서비스 시스템으로 이해할 수 있으며, 서비스 시스템은 위에서 살펴본 바와 같이 서비스 운영시스템과 서비스 제공시스템으로 이루어진다.

고객은 자신의 서비스 이용 경험이나 서비스가 제공되는 과정을 통해 서비스를 평가하게 된다. 서비스 프로세스의 중요성은 대부분의 경우 서비스 제공과정이 서비스 상품으로 인식된다는 점과 고객이 지각된 서비스 질을 평가할 때 결과 질(outcome quality)보다 기능적·상호작용적 질을 나타내는 과정 질(process quality)이 더 중요시된다는 점에 있다. 일반적으로 물리적 제품의 경우는 과정 질보다 결과 질을 중요시하지만, 서비스 상품의 경우는 결과 질보다 과정 질을 더 중요시한다. 특히 의료서비스나 컨설팅, 법률 서비스와 같은 고접촉 서비스나 인적 서비스에서는 과정 질의 중요성이 더욱 커진다.[1] 따라서 서비스 프로세스는 고객의 요구(needs)를 충분히 반영하여 설계하고, 이를 뒷받침할 수 있는 내부마케팅과 상호작용 마케팅이 이루어져야 한다.

02 서비스 프로세스 관리

1. 서비스 청사진

(1) 서비스 청사진의 개념

훌륭한 건물을 시행착오 없이 빠른 시간 내에 건축하기 위해서는 공사를 시작하기 전에 먼저 완공된 건물을 담아내는 상세한 설계도면이 필요하다. 이처럼 서비스 제공자가 양질의 서비스를 제공하기 위해서는 무형의 서비스 프로세스를 설계하는 서비스 청사진이 필요하다.

서비스 청사진(service blueprint)은 서비스를 생산하고 제공하는 데 필요한 모든 활동과 절차를 망라하여 묘사하고 설명해 놓은 것을 말한다. 즉, 서비스를 제공하는 절차와 각 단계별 종업원과 고객의 역할 및 서비스 요소 등 서비스 시스템 전반을 시각적으로 볼 수 있게 묘사해 놓은 것을 의미한다. 서비스 청사진은 서비스 시스템을 이해하고 서비스를 구성요소별로 구분해 줄 뿐만 아니라 종업원의 업무수행 방법과 고객이 경험하는 서비스 증거를 제시해 준다. 따라서 서비스 청사진은 서비스를 설계 또는 재설계하거나 어떤 목표달성을 위해 서비스 시스템을 체계적으로 운영하고자 할 때 유용하다.

---

1 Mittal, B. & W. M. Lassar(1998), "Why do customers switch? The dynamics of satisfaction vs. loyalty," *Journal of Service Marketing*, Vol. 12, No. 3. pp. 177~194.

(2) 서비스 청사진의 구성요소

서비스 청사진의 주요 구성요소는 [그림 7-2]에서 보는 바와 같이 고객의 행동, 현장종업원과 후방종업원의 행동 및 지원 프로세스 등으로 이루어진다.[2]

먼저 고객의 행동 영역은 서비스를 구매하여 소비하고 평가하는 프로세스로서 고객이 수행하는 활동, 단계, 선택, 상호작용 등을 포함한다. 예컨대, 레스토랑을 찾는 고객은 레스토랑을 선택하고, 예약전화, 주차, 메뉴 주문, 계산서 지불 등의 행동을 한다.

둘째, 현장종업원의 행동 영역은 고객의 눈에 가시적으로 보이는 종업원의 활동을 말한다. 예컨대, 레스토랑의 현장종업원은 주차요원이나 접객종업원의 인사와 식사주문 요청, 식사배달, 대금청구 및 수납 등의 행동을 한다.

[그림 7-2] 서비스 청사진의 구성요소

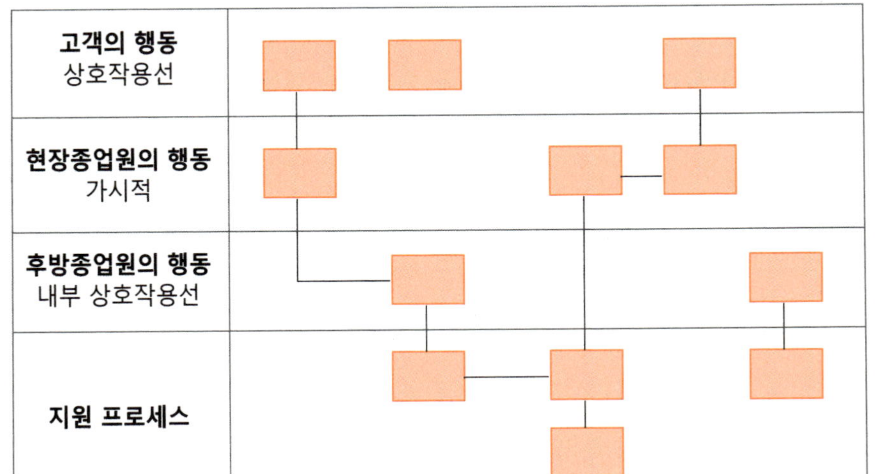

2 Zeitharnl, V. A. and M. J. Bitner(1996), *op cit.*, pp. 278~280.

셋째, 후방종업원의 행동 영역은 고객에게 직접 보이지 않는 곳에서 현장 종업원을 지원하는 종업원의 행동을 말한다. 예컨대, 예약전화를 받는 직원이나 주방장, 요리사, 설거지 종업원 등의 행동을 말한다.

넷째, 지원 프로세스 영역은 서비스를 제공하는 접점종업원을 지원하기 위한 내부적 서비스를 말한다. 서비스교육센터나 식 · 자재 관리센터, 체크아웃 시스템 등을 말한다.

그림의 각 행위영역에 있는 네모 상자는 각 행위자가 수행하거나 경험하게 될 단계를 보여주는 것이다. 그리고 네 가지 행동영역 간에는 세 가지의 수평선이 있다.

첫 번째 수평선은 고객과 접점종업원 간의 직접적인 '상호작용선'을 나타낸다. 상호작용선을 가로지르는 수직선은 고객과 접점종업원의 '서비스 접점'을 의미한다.

두 번째 수평선은 고객에게 보이는 서비스 활동과 보이지 않는 서비스 활동을 구분하는 '가시선'을 나타낸다. 이 선은 접점종업원과 후방종업원의 활동을 구분하며, 이 선을 기준으로 고객이 물리적 증거를 제공받는지 여부를 알 수 있다.

세 번째 수평선은 서비스 지원활동과 종업원의 활동을 구분하는 '내부 상호작용선'을 나타낸다. 내부 상호작용선을 가로지르는 수직선은 '내부적 서비스 접점'을 나타낸다.

서비스 청사진을 효과적으로 설계하기 위해서는 도표의 출발점을 고객에서 시작하여 최종 서비스 제공시스템에서 다시 고객으로 돌아가도록 해야 한다.

(3) 서비스 청사진의 개발

서비스 청사진은 최종 결과물을 만들어 내는 것만 유일한 목적이 아니다. 청사진을 개발하는 과정을 통해 청사진의 개념과 서비스 비전의 개발, 처음에는 몰랐던 서비스의 복잡성과 구성요소들 간의 연결관계에 대한 인식, 각 구성원들의 역할과 책임 규정 등의 목적을 달성할 수 있다. 청사진을 설계하고 개발하기 위해서는 고객에 관한 정보를 비롯하여 여러 부문의 대표들이 함께 참여해야 한다.

서비스 청사진을 개발하는 과정은 다음과 같은 5단계로 설명할 수 있다.

1) 1단계: 청사진에 담을 서비스 프로세스의 파악

청사진은 서비스의 다양한 서비스 수준에서 개발할 수 있으므로, 청사진 개발의 출발점에 대한 동의가 필요하다. 즉 기본적 서비스개념 수준(택배서비스), 구체적 서비스 수준(일반택배, 특급택배 등), 서비스 세부요소 수준(화물분류, 배달 등) 등의 청사진을 개발할 수 있다. 예컨대, 서비스 프로세스 중 특정 단계(예: 주문처리)에서 병목현상이 생긴다면 그 부분에 대한 세부 청사진을 만들 수 있을 것이다. 청사진에 담길 프로세스는 청사진을 개발하는 목적에 따라 결정된다.

2) 2단계: 고객의 관점에서 서비스 프로세스 묘사

이 단계는 서비스를 구매하고 소비, 평가할 때 고객이 경험하는 선택과 행위를 그리는 것이다. 고객의 관점에서 서비스를 파악하게 되면 고객에게 영향을 미치지 않는 프로세스나 단계에 중점을 두는 오류를 피할 수 있다. 따라서 이 단계에서는 누가 고객인지를 정확히 파악하고, 고객이 서비스를 어떻게 경험하게 되는지를 파악하는 일이 중요하다. 만일 세분시장마다 경험하는 서비스가 다르다면 세분시장별로 별도의 청사진을 만들어야 한다.

3) 3단계: 접점종업원의 프로세스 묘사

이 단계에서는 먼저 청사진의 '상호작용선'과 '가시선'을 그은 후, 현장종업원과 후방종업원을 구분하여 접점종업원의 행동과정을 묘사한다.

4) 4단계: 내부지원활동의 묘사

이 단계는 먼저 내부 상호작용선을 긋고, 내부지원활동을 묘사한다. 그리고 고객과 접점종업원의 활동을 내부지원기능과 연결한다. 이 단계에서는 고객에 대한 내부활동의 직접 · 간접적인 영향이 분명해진다. 고객과의 연결 관점에서 볼 때 내부서비스 프로세스의 중요성은 증가한다. 고객의 경험에 직접 연결되지 않는 프로세스 단계는 필요하지 않을 수도 있다.

5) 5단계: 고객행동단계별 서비스 증거 제시

마지막 단계에서는 고객이 서비스를 경험하는 단계에서 고객이 보거나 제공받는 유형적 · 물리적 증거물을 청사진에 나타낸다. 각 프로세스의 사진이나 슬라이드, 비디오 등이 포함되어 있는 사진형 청사진은 이 단계에서 매우 유용하고, 서비스 증거물의 영향과 전반적인 전략 및 서비스 포지셔닝에 부합하는지를 분석하는 데 도움이 된다.

[그림 7-3]은 호텔숙박 서비스의 청사진을 보여주고 있다.

[그림 7-3] 호텔숙박 서비스 청사진의 예

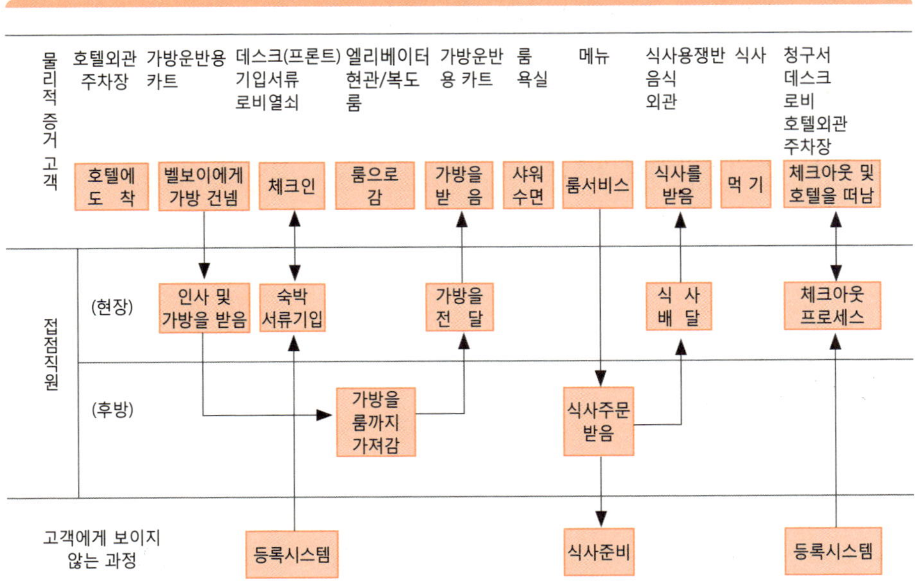

※자료: Zeithaml, V. A. and M. J. Bitner(1996), *op cit.*, p. 282.

(4) 서비스 청사진의 이점

서비스 청사진은 다음과 같은 이점이 있다.

① 종업원이 자신의 업무를 전체적인 관점에서 파악할 수 있어 고객 지향적인 자세로 업무를 수행할 수 있게 한다.
② 서비스 활동의 프로세스 중 취약한 부분(fail point)을 확인하여 지속적인 품질개선의 목표를 삼을 수 있다.
③ 상호작용선은 고객의 역할과 고객이 경험하는 서비스 품질을 알게 해 줌으로써 서비스 설계에 도움을 준다.
④ 가시선은 고객이 볼 수 있는 영역과 어느 종업원이 고객과 접촉하는지를 알려주어 합리적인 서비스 설계를 할 수 있게 해 준다.
⑤ 내부 상호작용선은 부문 간의 경계와 상호관계를 명확히 해 주어 점진적인 품질개선을 강화할 수 있게 해 준다.
⑥ 서비스 구성요소와 그 연결관계를 알 수 있어 전략적 토론과 서비스 전체의 관점에서 각 부문의 고유기능을 파악할 수 있다.
⑦ 각 서비스 요소에 투자된 원가와 이익, 자본을 확인하고 평가하기 위한 기반을 제공해 준다.
⑧ 내부 및 외부마케팅을 위한 합리적인 기반을 구성한다.
⑨ 서비스 품질개선을 위한 상향적 · 하향적 접근이 용이하다.

2. MOT 관리

(1) MOT의 배경과 개념

MOT(Moment of Truth)라는 용어는 원래 스페인의 투우용어로 투우사가 소에게 관심을 집중하여 일 대 일로 대결하여 온 힘을 다해 승부를 거는 결정적 최후의 순간을 일컫는 뜻이다. 이러한 MOT가 서비스 운영의 주요 이슈로 떠오른 것은 1980년대 초 스칸디나비아 항공사(SAS)의 CEO인 얀 칼슨(Jan Carzon)이 「고객을 순간에 만족시켜라: MOT」라는 책에서 고객과 접점종업원의 상호작용으로서의 진실의 순간(MOT)을 잘 관리해야 한다고 주장한 데서 비롯된다.

얀 칼슨은 적자 투성이인 SAS의 경영문제를 고민하던 중 시장조사를 통해 한 해에 천만 명의 승객이 SAS를 이용할 때 각각 평균 5명의 종업원과 접촉하며, 1회의 응접시간은 평균 15초라는 사실을 알게 되었다. 그에 의하면 종업원이 1회 15초라는 짧은 시간에 1년에 5천만 회 고객의 마음 속에 스칸디나비아항공사의 이미지를 새겨 넣고 있다는 것이다. 이 한 순간 한 순간이 스칸디나비아 항공사의 서비스 품질에 대한 이미지와 회사의 성패를 결정짓는다는 사실을 인식해야 한다고 주장하고 강력한 고객만족경영을 추진하게 되었다. 얀 칼슨은 MOT의 개념을 회사경영에 도입한 지 불과 1년 만에 연 800만 달러의 적자로부터 7,100만 달러의 이익을 내는 흑자기업으로 탈바꿈시켰다.

MOT(Moment of Truth)는 고객이 서비스 기업의 종업원이나 특정 자원과 접촉하는 순간을 말하며, 우리말로는 '진실의 순간' 또는 '결정적 순간'이라고 표현한다. 고객과 대면하는 순간 순간이 고객의 서비스 품질 지각과 회사의 이미지 형성에 결정적 영향을 미친다는 뜻이다.

항공서비스에서 맞이하는 진실의 순간(MOT)들은 다음과 같이 열거할 수 있다.

① 고객이 항공사에 문의전화를 한다.
② 고객이 비행기 좌석을 예약한다.
③ 고객이 공항 카운터에 도착한다.
④ 고객이 발권하기 위해 줄을 서서 대기한다.
⑤ 직원이 탑승권을 발행한다.
⑥ 고객이 탑승수속시간이 될 때까지 라운지에서 기다린다.
⑦ 고객이 출발 게이트를 찾기 위해 간다.
⑧ 게이트 담당직원이 고객을 맞이하고 탑승권을 확인한다.
⑨ 고객이 비행기 출발시간이 될 때까지 라운지에서 대기한다.

⑩ 고객이 비행기에 탑승한다.
⑪ 고객이 안내를 받아 자기 좌석을 찾는다.
⑫ 고객이 수하물을 올려놓는다.
⑬ 기내에서 문의사항이나 요구사항을 승무원에게 말한다.
⑭ 승무원의 안내를 받아 비행기에서 내린다.
⑮ 수하물을 찾아 직원의 인사를 받으며 공항을 나온다.

(2) MOT의 중요성

고객은 자신이 대면하는 접점종업원의 역량과 서비스 행위를 보고 회사를 평가를 하기 때문에, 고객의 입장에서 접점종업원은 곧 회사이며, 회사를 대표하는 것이다. 따라서 아주 짧은 순간 순간이지만 서비스 접점(service encounter)에서 진실의 순간을 관리하는 것은 매우 중요하다.

서비스 제공자가 서비스를 제공하는 매순간은 고객이 지각하는 서비스 품질과 기업 이미지, 고객만족, 고객충성도를 형성하는 데 중요한 영향을 미칠 수 있다는 데 MOT의 중요성이 있다. 즉 서비스 제공과정에서 고객이 경험하는 긍정적 인상은 서비스의 품질과 고객만족, 고객충성도를 강화하는 효과를 낳고, 부정적 인상은 그 반대의 효과를 낳는다. 또 긍정적 경험과 부정적 경험이 상호작용하여 혼재하는 상황이라면 서비스 품질에 대한 불확실성을 높이고 서비스의 일관성과 신뢰도를 떨어뜨려 경쟁력이 취약한 서비스가 되고 만다.

고객이 지각하는 서비스 품질과 고객만족은 '곱셈법칙'이 적용된다. 즉, 100−1의 값은 99가 아니라 0이라는 것이다. 여러 번의 MOT 중 어느 하나의 MOT에서 실패하게 되면 고객은 서비스 전체를 나쁘게 평가하고 한 순간에 고객을 잃게 된다. 또한 서비스 접점에서 모든 순간들이 고객들과의 관계 형성에서 같은 비중으로 중요한 것은 아니다. 왜냐하면 모든 서비스 기업들은 서비스 제공시 고객만족에 핵심적 역할을 하는 특유의 순간들을 갖고 있기 때문이다. 예를 들면, 호텔 서비스에서는 초기 접촉순간이 가장 중요하고, 의료 서비스에서는 식사나 퇴원 서비스보다는 의료진과의 접촉이 보다 더 중요한 것이다. 때로는 여러 번의 결정적 순간 중 한 순간의 긍정적 고객접촉이 그 고객을 평생고객으로 만들기도 한다.[3] 이처럼 주차요원이나 창구직원, 전화상담원, 안내원 등 일선 종업원들의 역량과 접객태도는 회사의 운명을 좌우할 수 있을 만큼 중요하다고 할 수 있다.

요컨대, MOT관리는 서비스의 경쟁력을 유지·강화하기 위한 필수요건이 되며, 이는 서비스 프로세스 및 서비스 접점관리의 중요성을 시사하는 것이라고 하겠다.

(3) MOT 도표

MOT 도표(Moment of Truth Chart)는 서비스 종업원들이 고객과의 접점에서 결정적 순간(MOT)들을 효과적으로 관리하기 위해 만들어진 도표를 말한

〈표 7-2〉 MOT 도표의 예(전화문의 상황)

− MOT	표준적 기대	+ MOT
• 계속 통화중임 • 여러 번 돌려 담당자와 연결됨	• 담당자와 바로 연결됨	• 항상 업무 담당자와 빠르고 쉽게 연결됨
• 돌릴 때마다 용건을 말함 • 잠깐 기다리게 해 놓고 한참 동안 응답이 없음 • 용건을 다 말하기도 전에 전화를 끊거나 다른 부서로 돌려 버림 • 퉁명스럽게 응대함	• 친절하고 자상하게 응대함	• 인사와 함께 자기의 소속과 이름을 밝힘 • 용건을 한 번만 말하고도 응답자와 연결됨 • 용건을 다 마친 뒤에도 더 문의할 사항이 없느냐고 물어봄
• 간단한 질문에도 확실한 대답을 못함 • 아마 그럴 것 같다는 식으로 즉답을 회피함	• 질문에 정확한 답변을 해 줌	• 전체 절차를 자세하게 설명함 • 고객이 잘 이해했는지 다시 확인해 줌

※ 자료: 이상환·이재철(1999), 「서비스 마케팅」, 삼영사, p. 69.

3 이명식(1999), 「서비스마케팅」, 형설출판사, p. 130.

다. MOT 도표는 세 가지 요소로 구성된다. 도표의 첫째 칸은 서비스 접점에서 고객을 불만족스럽게 하는 '마이너스(−) MOT' 상황을 나타내고, 둘째 칸은 고객의 '표준적 기대수준'을 나타내는 MOT 상황을 나타내며, 셋째 칸은 고객을 만족스럽고 기쁘게 하는 '플러스(+) MOT' 상황을 나타낸다.

〈표 7-2〉는 전화문의 상황에 대한 MOT 도표의 예를 보여주고 있다.

현/장/사/례

병원의 고객감동 서비스

오랜만에 서울아산병원을 찾은 김상희(58) 씨는 골프장에서 사용하는 전동카트가 병원 주차장에 있는 것을 보자 궁금증이 생겼다. "병원에서 전동카트를 어디에 쓰려는 것일까…." 김 씨가 잠시 지켜봤더니 주차장 한가운데 줄 서 있는 노인과 어린이가 전동카트를 타고 병원 본관에 들어섰다. 주차장에서 병원까지는 80m밖에 안 되지만 노약자가 힘들어 하는 모습을 보고 병원이 아이디어를 낸 것. 서울아산병원은 안전사고가 일어나지 않도록 전동카트에 안전벨트를 부착하고 전문 운전사를 고용했다.

분당서울대병원은 오전부터 늘 활기차다. 매일 아침 직원 20여 명이 본관 입구에 줄지어 서서 병원 방문객을 환하게 웃으며 맞는다. 처음에는 어리둥절해하던 환자들도 이제는 같이 인사를 나누게 됐다. 예약진료를 받으려고 오전 일찍 병원에 나온 이석우(56) 씨는 "백화점에서나 볼 수 있었던 장면을 병원에서 보니 기분이 좋다"며 "몸이 아파 찾아오는 환자에게 웃음을 주는 것이 병원 서비스의 첫걸음이라고 생각한다"고 말했다.

'병원은 치료만 잘하면 된다'는 말은 이제 더 이상 통하지 않는다. 한국의 의료기술은 선진국 수준이지만 의료 서비스는 후진국이라는 오명을 벗기 위해 병원마다 각종 아이디어를 동원해 '고객만족경영'에 적극적으로 나서고 있다.

병원은 서비스에 앞장서야 할 직원을 모아놓고 고객감동을 위한 교육을 시키고 있다. 삼성의료원은 지난달부터 월례조회 시간에 외부강사를 초빙해 강연을 듣고 있다. 이번에는 스마일 마케팅으로 유명해진 '총각네 야채가게' 이영석 사장이 강사로 와서 "고객이 즐거워야 내가 즐겁다는 것을 외우듯이 늘 염두에 두고 있으라"고 얘기했다.

자료: 동아일보, 2005. 6. 4.

03 서비스 설비 배치

설비 디자인과 더불어 서비스 전달시스템에서 배치 또는 배열은 서비스 제공자에게는 물론이고 고객의 편의를 위해서도 중요하다. 제대로 디자인되지 못한 서비스 기관에서 불필요한 짜증을 느끼면서 서비스받기를 원하는 고객은 아무도 없다. 게다가 잘못된 배치는 서비스 종업원에게 비생산적인 작업을 하도록 하여 시간낭비를 초래한다.

1. 제품별 배치와 작업할당

몇몇 표준화된 서비스는 고객들이 경험해야 하는 고정된 단계 또는 작업순서로 분리될 수 있다. 제품이 고정된 순서로 조립되는 생산조립 라인과 흡사한 제품별 배치가 그 예이다. 가장 명확한 예는 식사하는 사람이 쟁반을 들고 다니면서 자기가 먹을 것을 선택하는 카페테리아 식당에서 찾아볼 수 있다. 이러한 서비스에서는 직원들이 거의 같은 시간의 작업을 하게끔 작업을 할당할 필요가 있다. 그런데 손님당 가장 많은 시간을 요구하는 작업은 병목을 초래하고 서비스 라인이 서비스능력을 제한한다.

서비스 라인 능력에 어떠한 변화라도 발생하면 병목활동에 주의를 기울여야 한다. 이 경우 병목 작업에 다른 일손을 추가하기, 활동시간을 줄이기 위해 도움을 주기, 별도의 작업 할당으로 새 공정균형을 만들기 위해 작업을 다시 묶기 등 몇 가지 선택 가능한 대안이 가능하다. 균형화된 라인은 작업 할당에 있어서 불필요한 태만이나 불공정을 피하기 위해 모든 작업이 거의 같은 작업 시간을 갖게 할 것이다. 서비스 라인을 균형화하면 분업과 같은 효과를 내는 전용의 특수 장비를 사용하는 데 따른 부수적인 이점이 있다.

2. 공정별 배치와 상대적 위치 문제

공정별 배치(process layout)에서는 고객이 그들의 수요를 충족하기 위한 서비스 활동의 순서를 정할 수 있게 하므로 어느 정도 고객화가 가능하다. 공정별 배치에서는 또한 고객의 주문대로 맞춤 서비스를 하기 때문에 개별화된 서비스를 제공할 수 있다. 고객의 요구에 맞는 서비스를 제공하기 위해서는 그것을 수행할 역량과 기술이 있는 서비스 제공자가 있어야 한다. 법률, 의료, 컨설팅과 같은 전문서비스가 그 예다.

서비스 제공자의 관점에서 보면, 고객 흐름은 불연속적이므로 각 부서별로 대기실이 필요하다. 고객들이 별도의 서비스 순서를 선택하거나 제공된 서비스에 대한 수요가 다를 때 각 부서의 수요가 변동한다. 만일 고객이 도착하였을 때, 부서가 분주하면, 고객은 기본적으로 먼저 오는 사람이 먼저 서비스받는(FCFS: First-Come, First-Sserved) 대기행렬에서 기다린다.

서비스 공정별 배치에 관한 실제적인 사례는 교과목을 학생들이 선택할 수 있도록 하면서 학과별로 독립적으로 사용되는 건물을 갖고 있는 대학 캠퍼스에서 찾아볼 수 있다. 학생과 교수 모두의 편의를 위해서 경제학과 경영학은 각각 독립된 영역에 있더라도 근처에 있어야 할 것이며, 서로 상당히 관련이 깊은 공학과 물리학과 같은 학과는 가까운 위치에 배치되어야 한다. 도서관과 행정실은 캠퍼스의 중심부에 놓일 것이다. 이러한 배치를 선택하는 한 가지의 객관적인 목표는 교수와 직원과 학생이 이동하는 거리를 최소화하는 것이다. 하지만 여러 다른 배치가 가능하다. 즉 n개의 학과를 n개의 위치에 할당했다면 n팩토리얼의 배치가 가능하다(즉 10개 학과에 3,628,800개의 배치). 즉 이러한 대안 중에서 최선의 배치를 찾기 위해 하나 하나 대안을 열거하는 것은 어려운 일이기에 휴리스틱(Heuristic) 접근법이 사용된다. 작업순서 분석의 부서 교환 논리는 CRAFT(Computerized Relative Allocation of Facilities Technique)라고 알려진 컴퓨터 프로그램으로 통합되었다.[4] CRAFT는 다음의 입력자료가 필요하다. 즉 상호의존적인 흐름행렬, 비용행렬(즉 비용/시설/옮기는 시설 거리), 그리고 가능한 공간을 채우는 정확한 부서별 배치의 초기배치가 초기 입력자료이다. CRAFT는 부서의 위치를 강제적으로 수정할 수도 있다.

또한 이동거리 최소화 외의 다른 목적을 기준으로 하는 서비스 배치도 고려할 수 있다. 예를 들면, 핵심적인 사업과 그에 관련된 부수적인 사업이 있을 때, 고객이 편리하게 서비스를 받을 수 있도록 배치를 만들어 낼 수 있다. 카지노 도박장의 배치를 생각해 보면 고객은 패션매장을 따라 복도를 걷게 되고 정문 또는 식당으로 가기 위해서는 반드시 슬롯머신 지역을 통과하도록 배치가 되어 있음을 알 수 있다.

---

4 E. S. Buffa, G. C. Armour, and T. E. Vollmann, "Allocating Facilities with CRAFT," *Harvard Business Review 42*, no.2(March–April 1964), pp. 136~59.

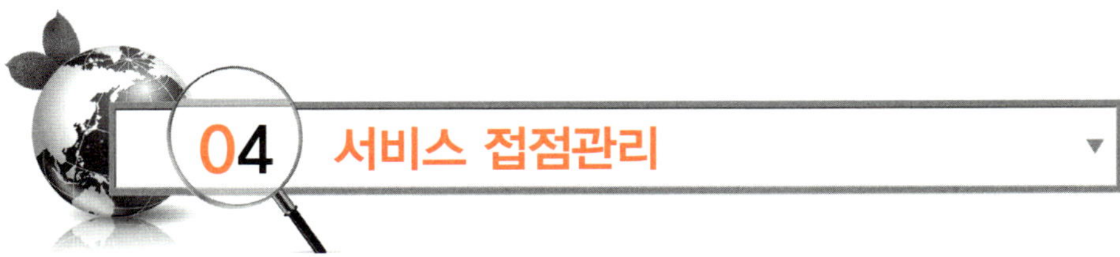

1. 서비스 접점의 개념과 중요성

(1) 서비스 접점의 개념과 유형

경제의 서비스화 현상이 가속화되고 서비스 산업의 중요성이 점점 더 커지고 있는 오늘날, 소비자들은 서비스 제공자들과의 상호작용에서 욕구불만과 불만족의 소리가 더 높아지고 있다. 서비스 마케터는 다양한 욕구를 가진 고객들을 동시적으로 접촉하는 상황에서 서비스운영시스템을 설계시에 서비스의 효율성과 개별화라는 두 가지의 상충되는 목표에 흔히 직면하게 된다. 효율성과 개별화 요소의 상대적 중요성은 서비스의 성격과 고객의 개별화에 대한 기대에 의해 결정된다. 대부분의 소비자들은 집합적인 다수로서가 아니라 개별화된 서비스를 제공받고 싶어 하기 때문에 개별화에 반하는 서비스는 원치 않을 것이다. '개별화된 서비스'를 제공한다는 것은 고객의 개별화 욕구를 충족시키기 의도된 상호작용이 일어나는 어떤 행동을 말한다. 이것은 서비스 접점의 중심이 궁극적으로 특정 서비스에 대한 고객의 만족에 있어야 함을 의미한다.

서비스 접점(서비스 인카운터, service encounter)이란 서비스 전달과정에서 고객과 서비스 제공자 간의 상호작용[5] 또는 '고객이 특정 서비스와 직접 상호작용하는 기간'[6]이라고 정의된다. 전자의 정의는 고객과 접점종업원 간의 상호작용 관점에서 정의한 것인 데 반하여, 후자의 정의는 개인 간의 상호작용

5 C. F. Surprenant & M. R. Solomon, "Predictability and Personalization in the Service Encounter," *Journal of Marketing*, Vol. 51(April 1987), p. 87.

6 Shostack, G. L., "Planning the Service Encounter," in *The Service Encounter*, New York: Lexington Books, p. 243.

에 한정하지 않고 물리적 시설과 기타 유형적 요소와의 상호작용까지 포함하는 보다 포괄적인 개념이다.

서비스 접점에는 다음과 같이 세 가지 유형의 접점이 있다.

① 면대면 접점(face-to-face encounter)

고객과 종업원 간에 직접적인 접촉을 통해 상호작용이 이루어지는 접점을 말한다. 고객은 서비스 현장에 출석하며 서비스의 물리적 환경에 직접 노출된다. 카운슬링이나 의료, 교육, 컨설팅, 놀이공원 등의 서비스 제공상황이 해당된다.

② 원격접점(remote encounter)

서비스 기업이 고객들과 직접 접촉하지 않고 기계장치나 시스템에 의해 원격으로 이루어지는 접점을 의미한다. 은행의 현금자동인출기, 자동판매기, 각종 인터넷서비스, 이동통신서비스, 우편서비스, 택배서비스 등을 말한다. 원격접점에서는 서비스의 유형적 증거와 기술적 과정 및 시스템 품질이 서비스의 품질을 평가하는 데 중요한 역할을 한다.

③ 전화접점(phone encounter)

서비스 기업과 고객 간에 전화를 통해 이루어지는 접점을 말한다. 각종 전화주문 서비스나 회사의 콜센터나 전화문의에 대한 응대상황 등이 있다. 전화접점에서는 전화를 받는 종업원의 음성과 서비스 지식, 고객에 대한 사려심 등이 중요하다.

(2) 서비스 접점의 중요성

대부분의 서비스는 물리적 제품에 비해 결과로서의 산출물보다 서비스 제공과정이 중요시되고, 고객들도 기계장치나 시스템에 의한 서비스보다 인간적인 접촉을 통한 서비스를 선호하고 있다. 은행의 현금자동지급기나 서비스센터의 자동응답전화에서 나오는 기계음성에 대하여 고객들은 거부감을 느끼고 불만스러워하는 경우를 볼 수 있다.

또한 고객들은 서비스를 제공받을 때 접점종업원뿐만 아니라 서비스의 물리적 증거물과도 접촉하게 되기 때문에 물리적 증거물의 관리도 매우 중요하다. 어떤 레스토랑에 고객이 들어서자 종업원은 친절하지만 내부가 청결하지 못하고 다른 고객들이 소란을 피우고 있다면 그 고객은 발길을 되돌리고 말 것이다. 이처럼 서비스 실패는 대부분 종업원과의 인간적 접촉이나 서비스 증거물과의 접촉에 실패할 때 나타나는데, 이것은 서비스 접점관리의 중요성을 설명해 주는 것이다.

따라서 서비스 접점관리는 고객과 종업원의 접점, 고객과 (타)고객의 접점 및 고객과 서비스 환경의 접점이라는 세 가지 접점상황을 모두 포괄하는 것이라 할 수 있다. 다시 말해 서비스 접점관리는 종업원들에게 단순히 인사예절을 가르치거나 '벨이 세 번 울리기 전에 반드시 전화기를 들어라'고 훈련시키는 것 이상의 의미를 내포한다. 서비스 접점의 관리는 서비스 제공과정에서 만족 또는 불만족 행태를 보이는 종업원을 이해하고, 그들을 교육훈련하고, 동기부여하고, 보상하며, 고객의 요구를 반영하는 물리적 환경을 갖추는 것을 포함한다.

서비스 접점의 중요성은 서비스 기업에 대한 소비자들의 평가가 서비스 접점, 즉 고객과 기업이 상호작용하는 동안에 결정된다는 데 있다. 서비스 접점에서 고객의 평가에 영향을 미치는 요인들을 파악하는 일은 고객들의 지각된 서비스 품질이 떨어지고 있는 상황하에서는 특히 중요하다.

2. 서비스 접점의 특성

서비스 접점의 특성은 다음과 같이 5가지로 정리할 수 있다.[7]

① 서비스 접점은 서비스 제공자와 고객의 양자적 개념이다. 즉 각자의 경제적 · 사회적 · 개인적 특성에 의해 좌우되는 서비스 제공자와 고객의

7 M. R. Solomon, C. Surprenant, J. A. Czepiel & E. G. Gutman, "A Role Theory Perspective on Dyadic Interactions: The Service Encounter," *Journal of Marketing*, Vol. 49(Winter 1985), pp. 100~102.

양자적 관계를 말한다. 서비스 접점에서 양자의 만족요소들을 파악하게 되면 서비스 설계와 서비스 환경 설계, 서비스 제공자의 선발, 훈련 및 동기유발, 고객서비스 등에 도움을 줄 수 있다.

② 서비스 접점은 인간적인 상호작용이다. 서비스 접점에서 이루어지는 서비스 제공자와 고객의 행동은 양자의 상호 조정된 행동에 따라 결정되는 목표 지향적 행위이다. 즉 서비스 제공자와 고객 간의 커뮤니케이션은 상호작용적이며, 호혜적 과정이다.

③ 서비스 접점은 목표 지향적인 역할수행이다. 서비스 접점은 고객의 욕구와 목표가 있을 때 발생하기 때문에 목표 지향적이고 과업 지향적인 상호작용의 성격을 지닌다. 서비스 제공자와 고객은 각기 특정 상황에 맞는 일련의 행동을 학습하여 목표성취를 위한 어떤 역할을 수행한다.

④ 서비스 접점의 목적은 정보의 교환에 있다. 즉, 서비스 접점은 서비스 제공자와 고객 간에 제공중인 서비스와 관련된 정보의 교환과 커뮤니케이션 과정으로 이루어진다.

⑤ 서비스 접점은 제공되는 서비스에 따라 제한을 받는다. 즉, 제공되는 서비스의 내용과 특성 및 참여자의 위치에 따라 서비스 접점의 범위가 제한된다. 예컨대, 영어회화 강좌에서 강사는 효과적인 영어회화 교육을 위한 노력에 집중하고, 수강생은 영어회화에 필요한 자신의 역할과 노력을 하게 된다.

현/장/사/례

국민은행, 창구고객을 만족시켜라!

국민은행 인천삼산지점. '딩동' 소리와 함께 번호표시기에 '3006'이 떴다. 고객이 다가가자 창구 직원은 "안녕하세요, 신지영 고객님. 예금계좌 만드시려고요?"라고 먼저 말했다. 지능형 창구 안내시스템 덕분에 고객이 말을 꺼내기도 전에 창구 직원이 개인정보를 보고 방문 목적을 추정할 수 있는 것.

고객이 번호표를 받으려면 번호표 지급기에서 방문 목적을 누른 후 통장 또는 카드를 긋거나 주민등록번호를 입력해야 한다. 순번표시 장치가 은행의 고객관리(CRM)시스템에 연결돼 있어 창구직원의 컴퓨터에 즉시 고객 관련 정보가 뜬다.

국민은행이 이른바 '점포 내 영업'을 강화하고 있다. 다른 은행들이 자동화기기나 인터넷뱅킹을 이용하도록 유도하면서 창구를 찾는 고객과의 대면 접촉을 줄이는 추세와는 대조적이다.

국민은행 채널기획팀 김기돈 과장은 "사무실이나 시장, 아파트단지 등을 돌면서 영업하는 것도 중요하지만 점포를 직접 방문하는 고객이야말로 영업 확대의 열쇠"라고 말했다. 창구 직원이 고객을 먼저 알아보면 고객이 친밀감을 갖게 돼 새로 나온 금융상품을 자연스럽게 소개할 수도 있다.

국민은행은 전국 각 지점에 지능형 창구 안내시스템을 도입함으로써 우량고객 중심으로 영업하기보다 창구를 찾는 고객들의 만족도를 높여 이들을 VIP 고객으로 만들어 나간다는 전략을 세우고 있다.

국민은행은 '점포 내 영업' 강화의 일환으로 전국 모든 영업점에 대형 플라스마 디스플레이 패널(PDP) TV를 설치했다. 이를 통해 2일부터 자체 제작한 금융상품 광고, 금융정보, 오락프로그램 등을 내보내고 있다. TV 화면의 하단에 지능형 창구 안내시스템의 고객 순번 표시도 나타나게 해 고객이 자연스럽게 TV를 시청하도록 유도하고 있다.

자료: 동아일보, 2006. 3. 6

연·구·문·제

1. 서비스 접점의 개념과 중요성에 대하여 설명하시오.

2. 서비스 접점의 삼각구조를 설명하시오.

3. 주인을 위해 온 몸을 바치는 노예와 같은 역사적인 서비스 이미지가 현대에 있어 고객 기대와 서비스 종업원의 행동에 어떻게 영향을 미치는지를 설명하시오.

4. 서비스 접점의 인지된 통제에 관하여 일대일 서비스와 그룹서비스 간의 차별적인 역학관계를 설명하시오.

5. 고객과 종업원의 관계인 '만족거울'에 대하여 조사하여 설명하시오.

6. 만일 고객에 의해 수행된 역할이 문화적 규범에 의해 결정된다면 서비스는 어떻게 이끌어 낼 수 있는지 토의해 보시오.

제8장

서비스 품질관리

학 습 목 표

- 서비스 품질의 이해
- 서비스 품질의 분류
- 서비스 품질의 결정요인
- 서비스 품질의 측정방법
- 서비스 품질의 관리

1. 서비스 품질의 개념과 특성

(1) 서비스 품질의 개념

품질에 대한 개념은 학자에 따라, 또 적용상황에 따라 다양하게 정의되고 있다. 루츠(Lutz, 1986)는 품질을 감정적 질과 인지적 질로 구분하고 있다. 감정적 질은 제품에 대한 전체적 태도로서 지각된 질을 의미하고, 인지적 질은 하위단계의 단서와 결과적인 전체적 제품평가를 매개하는 상위의 추론적 질을 평가하는 경우를 뜻한다. 루츠는 경험적 속성이 지배하는 서비스와 비내구성 소비재는 감정적 질이 중요시되는 반면에 탐색적 속성이 지배하는 산업재나 내구성 소비재는 인지적 질이 더 중요시된다고 했다.

서비스는 전형적으로 소비과정에서 높은 소비자몰입을 요하는 제품이다. 구매자와 판매자 간의 상호작용 또는 서비스 접점에서 동시적 생산–소비과정 동안 소비자들은 확인 가능한 많은 자원과 활동을 발견하고, 그것을 평가하게 된다. 서비스가 갖는 고유의 제 특성은 객관적인 품질의 평가가 용이한 재화와 달리 서비스 품질의 평가를 어렵게 만드는 요인이 된다. 이러한 연유로 서비스의 품질은 객관적 질이 아니라 주관적 질의 개념으로서 소비자가 평가하는 '지각된 서비스 품질(perceived service quality)'의 의미로 정의된다.

자이스믈(Zeithaml, 1988)은 지각된 서비스 품질의 개념을 '서비스의 전체적인 우수성에 대한 소비자의 평가'라고 정의하고 지각된 서비스 품질의 성격을 다음과 같이 규정하고 있다.

① 서비스 품질은 객관적 질이 아니라 주관적으로 지각된 서비스 품질이다.
② 서비스 품질은 상품의 구체적 속성이라기보다는 매우 추상적인 개념이다.

③ 서비스 품질은 태도와 유사한 개념 또는 태도의 한 형태로서 서비스에 대한 전체적인 평가(global assessment)를 나타내는 개념이다.
④ 서비스 품질은 소비자의 환기조 내에서 행해지는 평가이다. 품질의 평가는 주로 비교개념으로 이루어진다. 즉, 소비자들에게 서로 대체관계에 있는 서비스 상품들 간의 상대적 우월성 또는 우수성에 따라 고/저로 평가된다.

파라슈라만 등(1988, PZB)은 기존의 연구결과들을 토대로 하여 지각된 서비스 품질의 개념을 '서비스의 우월성과 관련한 전반적인 판단이나 태도'라고 정의하고, 소비자의 지각과 기대 간의 차이(gap)의 방향과 정도에 의해 지각된 서비스 품질을 평가하였다. 또 캐슬베리와 맥인티레(Castleberry and McIntyre, 1993)는 지각된 서비스 품질을 '서비스의 우월성의 정도에 대한 신념 또는 태도'라고 정의하였다.

본서에서는 지각된 서비스 품질을 '어떤 서비스의 우월성에 대한 소비자의 전반적인 평가 내지 태도'의 개념으로 정의하고자 한다.

(2) 서비스 품질의 특성

여러 연구문헌들을 통해 살펴볼 때, 지각된 서비스 품질의 개념적 특성은 다음과 같이 요약할 수 있다.

첫째, 서비스 품질은 태도와 유사한 개념으로서 서비스의 우월성과 우수성에 대한 소비자의 전반적인 판단을 나타내는 추상적이고 다차원적인 개념이다.

둘째, 서비스 품질은 제품의 질에 비하여 평가하기 어렵다. 서비스 구매시에는 재화의 구매와 달리 품질을 평가할 수 있는 유형적 단서(스타일, 색상, 견고성, 포장, 라벨 등)가 거의 없으며, 대개 간접적인 유형적 증거로서 서비스 제공자의 물리적 설비나 시설, 종업원 용모 정도로 제한된다.

셋째, 서비스 품질은 구체적인 속성에 바탕을 둔 객관적인 평가가 아니라 고객의 지각에 근거하여 주관적으로 평가되는 개념이다.

넷째, 서비스 품질은 서비스의 결과(outcomes)와 서비스 제공과정(process)에 대한 평가를 포함한다. 즉, 서비스 품질의 평가는 제공된 서비스의 결과뿐만 아니라 그 서비스가 제공되는 과정이나 방법을 포함하는 것이다.

다섯째, 서비스 품질은 서비스 성과를 평가하는 준거가 되는 서비스 기대와 제공받은 서비스에 대한 고객의 지각된 성과 간의 비교에 의해 평가된다.

2. 서비스 품질의 분류

대부분의 물리적 제품은 어떤 실체를 지니고 있기 때문에 그 제품의 구체적 속성을 바탕으로 하여 객관적 질을 평가할 수 있고, 품질을 평가하기가 쉽다. 그러나 무형의 서비스는 소비자가 경험한 품질에 기초하거나 서비스에 대하여 주관적으로 느끼는 품질에 기초하여 평가하기 때문에 물리적 제품에 비해 평가하기가 더 어렵다.

소비자가 제품이나 서비스를 평가할 때 고려할 수 있는 품질의 속성은 평가의 난이도에 따라 탐색품질, 경험품질, 신용품질 등으로 구분할 수 있다. 일반적으로 물리적인 제품은 탐색품질의 속성이 강하고, 무형의 서비스는 신용품질 또는 경험품질의 속성이 강하다.

(1) 탐색품질

탐색품질(search quality)은 소비자가 제품이나 서비스를 구매하기 전에 원하는 정보를 찾아봄으로써 쉽게 평가할 수 있는 속성을 말한다. 여기서 평가 속성으로는 색상, 스타일, 적합도, 느낌, 냄새, 가격 등과 같은 요소들을 포함한다. 신발, 청바지, 화장품, 냉장고와 같은 소비재들과 원자재, 부품, 사무용품과 같은 산업재들은 탐색품질의 속성이 강하다. 이러한 제품들은 소비자가 구매하기 전에 쉽게 품질을 평가할 수 있기 때문이다. 소비자들은 구매 이전에 서비스에 대한 정보를 획득하여 다양한 대안들을 비교 평가할 수 있으므로 탐색품질의 속성을 지닌 서비스는 수요탄력성이 높다고 할 수 있다.

(2) 경험품질

경험품질(experience quality)은 소비자들이 소비 중이나 소비 후에 실질적인 경험을 통해서만 품질을 평가할 수 있는 속성을 말한다. 음식, 캐이터링 서비스, 오락, 성형수술, 은행거래와 같은 소비자 서비스와 운송·배달 서비스나 건물관리 서비스, 각종 수리 서비스와 같은 기업 서비스가 경험품질의 속성이 강한 서비스에 속한다.

(3) 신용품질

신용품질(credence quality)은 소비자가 서비스를 제공받는 동안은 물론 서비스를 제공받은 후에도 품질을 평가하기 어려운 속성을 말한다. 교육, 병원진료, 증권투자, 각종 전문 서비스와 같은 개인 서비스와 컨설팅, 광고, 재무분석, 시장조사와 같은 기업 서비스가 신용품질의 속성이 강한 서비스에 속한다.

〈표 8-1〉 평가의 난이도에 따른 서비스 품질의 속성

품질 속성	개 념	적용 사례	
		개인 서비스	기업 서비스
탐색품질	구매 전에 평가할 수 있는 것(주로 재화)	신발, 보석, 냉장고, 화장품 등	원료, 부품, 사무용품, 공구 등
경험품질	소비 중이나 소비 후에 평가할 수 있는 것	음식, 캐이터링, 오락, 성형수술 등	건물관리, 운송·배달, 수리서비스 등
신용품질	서비스를 제공받은 후에도 평가하기 어려운 것	교육, 병원진료, 투자상담 등	광고, 보험, 재무분석, 컨설팅 등

3. 서비스 품질의 결정요인

(1) 과정 질과 결과 질

많은 연구자들은 서비스 품질을 다차원적인 구성개념을 갖는다는 데 동의하고 있다. 그렌루스(Grönroos, 1984)는 서비스 품질을 소비자가 실제로 무엇을(What) 제공받는가 하는 '기술적 질(technical quality)'과 서비스가 어떤 방법으로(How) 제공되는가 하는 '기능적 질(functional quality)'로 구분하였다. 그는 후속 연구(1990)에서 기술적 질과 기능적 질로 구분했던 서비스 품질을 다시 '결과 질(outcome quality)'과 '과정 질(process quality)'로 재분류하였다. 또, 존슨 등(Johnson et. al., 1995)은 시스템적 접근방법으로 지각된 서비스 품질의 측정을 시도하면서 서비스 품질을 투입 질(input quality), 과정 질(process quality) 및 산출 질(output quality)의 3개 차원으로 구분하고, 산출 질이 소비자들에게 가장 중요시되는 서비스 품질 요소라고 주장하였다.

이처럼 다양하게 제시되고 있는 서비스 품질의 유형은 서비스 제공과정과 관련한 '과정 질(기능적 질)'과 서비스 제공 결과로서 평가되는 '결과 질(기술적 질)'로 대별할 수 있다. 예컨대, 어떤 피자가게에서 유형적 제품인 피자를 무형적 서비스 차원에서 주문 후 20분 내에 배달한다고 하면, 소비자는 과정 질(예: 피자가 얼마나 신속하게 배달되는가?)과 결과 질(예: 배달된 피자가 맛이

〈표 8-2〉 연구자별 서비스 품질의 구성요소

연 구 자	서비스 품질의 구성요소
Lehtinen & Lehtinen(1982)	물리적 질, 기업 질, 상호작용적 질
Grönroos(1984)	기능적 질, 기술적 질
Grönroos(1990)	과정 질(기능적 질), 결과 질(기술적 질)
LeBlank & Nguyen(1988)	기업 이미지, 내부조직, 물적 지원, 직원－고객 상호작용, 고객만족
Edvardsson 등(1989)	기술적 질, 상호작용적 질, 기능적 질, 결과 질
Johnson 등(1995)	투입 질, 과정 질, 산출 질

있는가?)을 함께 생각하면서 그 피자가게에 대한 전반적 서비스 품질을 평가할 것이다.

여기서 '결과 질(기술적 질)'이란 서비스 거래의 결과를 나타내는 것으로서 고객이 서비스 거래를 통해 실제로 무엇을(What) 제공받는가를 의미하는 것이다. 또 '과정 질(기능적 질)'이란 고객이 서비스 제공자로부터 서비스를 어떤 방법(절차 또는 과정, How)으로 제공받는가를 나타내는 것으로서 '상호작용적 질'이라고도 한다. 이것은 고객과 서비스 제공자 간의 상호작용에서 무엇이 일어났으며, 고객들에게 서비스가 어떤 방법으로 배달되는가를 의미하는 것이다.

그렌루스는 서비스 품질의 또 다른 주요 구성차원으로 '기업 이미지'를 들고 있다. 기업 이미지(corporate image)는 소비자들이 그 기업을 어떻게 지각하는가에 대한 결과, 즉 기업에 대한 소비자의 견해로서 소비자의 서비스 기대에 중요한 영향을 미친다. 무형적인 특성을 갖는 서비스를 제공함에 있어서 기업 이미지는 매우 중요한 요소가 된다. 소비자들은 구매자–판매자 간의 상호작용 과정과 서비스를 제공받은 결과를 통해 서비스 품질을 평가하며, 이때 기업 이미지는 고객의 서비스 품질 지각을 여과하는 작용을 하게 된다. 고객이 서비스 기업에 대하여 좋은 이미지를 가지고 있으면 과정 질이나 결과 질이 다소 미흡하더라도 용인될 수 있지만, 기업 이미지가 나쁜 경우는 그렇지 못할 것이다.

[그림 8–1] 과정 질과 결과 질

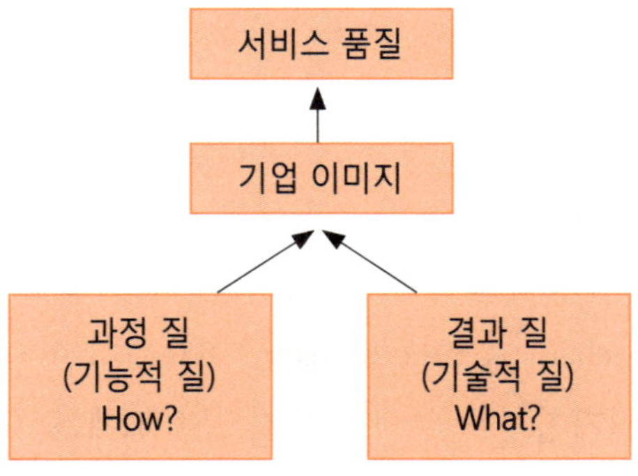

[그림 8-1]은 기업 이미지와 결과 질, 과정 질이 서비스 품질에 미치는 영향 관계를 나타내주고 있다.

변호사나 의사, 엔지니어, 건축가, 회계사, 교수 등이 제공하는 많은 서비스(특히 전문서비스)는 매우 복잡하고 그 결과가 분명하지 않아 고객의 입장에서 서비스가 제대로 수행되었는지 여부를 판단하기가 매우 어렵다.

고객이 서비스의 기술적 결과 질을 정확하게 평가하지 못할 때에는 서비스의 간접적 또는 추상적인 단서를 이용하여 서비스 제공자나 기술적 품질에 대한 인상을 갖게 된다. 고객은 서비스와 관련한 지식이나 전문성이 부족하기 때문에 기술적 결과 질보다는 서비스 접점에서의 과정 질에 더 큰 비중을 두고 평가하는 경향이 있다. 예를 들어, 뛰어난 기술과 공인 자격증을 가진 실력 있는 건축가가 대인관계가 좋은 건축가와 효과적으로 경쟁하지 못하고 어려움을 겪는 경우를 생각할 수 있다.

또 대학에서 교육서비스를 제공하는 경우, 학생들은 이전에 몰랐던 전공영역의 학문과 기술을 배우고 익히기 때문에 개별 교수의 역량을 객관적으로 평가하는 데 한계가 있다. 그러나 학생들은 교육에 동원되는 유형적 요소인 교육기자재나 시설, 교수의 자세나 태도, 신뢰감, 강의에 대한 열정, 학생들에 대한 관심도, 수업시간의 엄수 등으로 교수의 역량을 추론하게 된다. 따라서 서비스 제공자는 서비스 품질 평가에 사용되는 단서를 잘 이해함으로써 자신에 대한 고객의 인상을 통제할 수 있게 된다.

(2) 서브퀄의 5가지 서비스 품질 결정요인

서비스 품질에 관한 연구는 대부분 소비자나 사용자중심의 지각된 품질의 차원에서 이루어져 왔다. 서비스의 우월성에 대한 소비자의 전반적 평가 내지 태도로 개념화되는 서비스 품질은 다차원적인 개념으로 이해되고 있다.

베리 등(Berry, Zeithaml & Parasuraman, 1985)은 소비자들이 서비스 유형에 따라 서비스 품질 평가항목들 간의 상대적 중요도에는 차이를 보일지라도 기본적으로 유사한 평가기준을 가지고 있다고 주장하면서, 서비스 산업에 보편적으로 적용할 수 있는 서비스 품질의 결정요인을 〈표 8-3〉과 같이 10가지

로 제시하였다.[1]

〈표 8-3〉 서비스 품질의 결정요인

신 뢰 성 (reliability)	약속된 서비스를 정확하고 일관되게 수행하는 능력을 말한다. 제시된 약속의 정확한 이행, 대금청구와 기록의 정확성, 서비스 시간의 엄수 등을 포함한다.
반 응 성 (responsiveness)	고객을 돕고 즉각적인 서비스를 제공하려는 서비스 요원의 열의와 준비성을 말한다. 신속한 서비스 제공, 고객의 요구에 대한 신속한 응답조치 등 서비스의 적시성을 포함한다.
능 력 (competence)	서비스를 수행하는 데 필요한 지식과 기술의 보유를 말한다. 서비스 직원들의 지식과 기술, 조직의 연구개발력 등을 포함한다.
접 근 성 (access)	서비스 조직에 대한 접근가능성과 접촉의 용이성을 말한다. 전화, 인터넷 등을 이용한 접근의 용이성, 대기시간, 영업시간, 입지의 편리성을 포함한다.
예 절 성 (courtesy)	고객접촉요원의 친절성이나 정중함, 사려심을 말한다. 고객접촉요원들의 단정한 용모, 고객에 대한 배려 등을 포함한다.
커뮤니케이션 (communication)	고객이 이해할 수 있는 언어로 정보를 제공하고 고객의 말에 귀를 기울여야 함을 말한다. 서비스나 서비스 비용에 대한 설명, 고객의 고충처리 보장 등을 포함한다.
신 용 성 (credibility)	서비스의 진실성과 정직성, 신용성을 말한다. 회사의 명성이나 회사명, 접객요원들의 정직성 등이 신용성을 결정짓는다.
안 전 성 (security)	거래에 따른 위험이나 의심이 없어야 함을 말한다. 육체적 · 금전적 안전성과 서비스 관련 비밀성 유지 등을 포함한다.
고객이해 (understanding the customer)	고객의 욕구를 이해하려는 노력을 말한다. 고객의 구체적인 요구에 대한 학습, 개인화된 관심, 단골고객의 확인 등을 포함한다.
유 형 성 (tangibles)	서비스 평가를 위한 물적 증거를 말한다. 물리적 시설, 구성원들의 용모, 각종설비, 신용카드, 서비스 표현물, 다른 고객들 등을 포함한다.

1 Berry, L. L., Zeithaml, V. A. and Parasuraman, A.(1985), "Quality Counts in Services, Too," *Business Horizons*, Vol. 28(May–June), pp. 45~46.

여기서 제시된 10가지의 결정요인은 서비스 품질의 구성차원을 포괄적인 개념으로 제시한 그렌루스의 연구(과정 질과 결과 질)와 달리 서비스 품질의 결정요소들을 처음으로 구체적으로 제시했다는 점에서 그 가치가 인정된다.

[그림 8-2]는 서비스 품질의 결정요소를 기초로 한 서비스 품질의 기본모형을 보여주고 있다. 이 그림에서 서비스 품질의 결정요소들은 소비자의 사전기대와 성과 지각에 영향을 미치며, 기대와 성과 간의 비교를 통해 서비스 품질을 지각한다고 주장했다. 그리고 기대된 서비스는 소비자의 개인적 욕구나 구전 커뮤니케이션, 과거 경험, 기업의 약속, 전통과 사상 등에 의해 영향을 받으며, 지각된 서비스는 서비스 제공과정의 제 속성, 즉 서비스 요원이나 물리적 · 기술적 자원, 다른 참여고객들에 의해 영향을 받고 있음을 알 수 있다.

파라슈라만 등(PZB: Parasuraman, Zeithaml & Berry, 1988)은 서비스 산업에 보편적으로 적용할 수 있는 서비스 품질의 평가척도로서 '서브퀄(SERVQUAL)'을 개발하기 위한 후속 연구에서 10가지의 서비스 품질 구성요

[그림 8-2] 서비스 품질의 기본모형

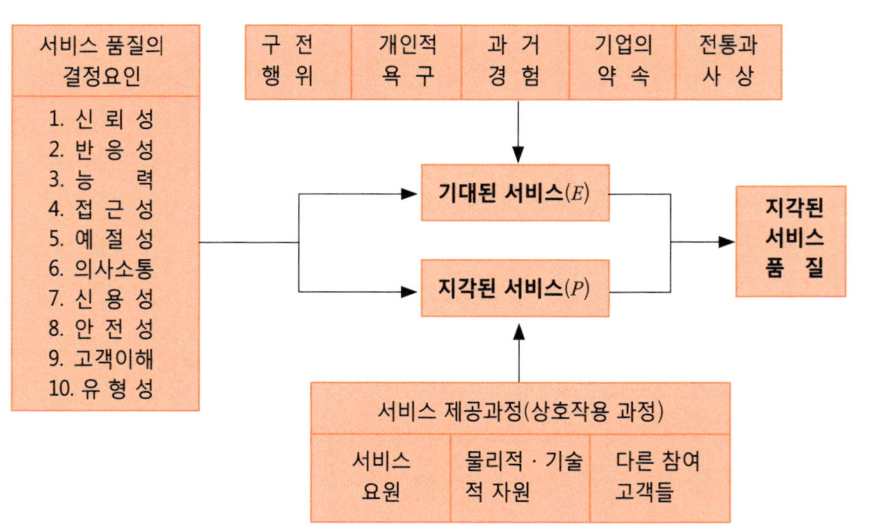

※ 자료: Parasuraman, A. et al.(1985), "A Conceptual Model of Service Quality and Its Implications for Future Research," *op. cit.*, p. 48 수정.

소를 축약하여 다음과 같은 5가지의 구성차원으로 제시하였다.[2]

㉠ **신뢰성(reliability)**: 약속한 서비스를 정확히 수행하는 능력

㉡ **반응성(responsiveness)**: 고객에게 신속하고 즉각적인 서비스를 제공하려는 종업원의 의지

㉢ **확신성(assurance)**: 종업원의 지식과 능력, 공손함, 믿음직함, 거래안전을 심어줄 수 있는 능력

㉣ **공감성(empathy)**: 고객의 개인적 요구에 대한 이해와 배려, 접근용이성과 원활한 커뮤니케이션

㉤ **유형성(tangibles)**: 물리적 시설, 장비, 종업원, 고객 커뮤니케이션 자료 등의 외형적 요소

〈표 8-4〉에서 보는 바와 같이 서비스 품질차원은 요인분석 결과 기존의 10개 차원들 중에서 '신뢰성', '응답성', '유형성'은 변동이 없으나, 능력, 예절성, 신용성, 안전성의 4개 차원은 '확신성'으로 묶이고, 접근가능성, 커뮤니케

〈표 8-4〉 서비스 품질 차원의 변화

PZB(1985) 10개 차원	PZB(1988) 5개 차원
신뢰성(reliability)	신뢰성(reliability)
반응성(responsiveness)	반응성(responsiveness)
접근성(access) 커뮤니케이션(communication) 고객이해(understanding customer)	공감성(empathy)
능력(competence) 예절성(courtesy) 신용성(credibility) 안전성(security)	확신성(assurance)
유형성(tangibles)	유형성(tangibles)

2 Parasuraman, A., Zeithaml, V. A. Berry, L. L.(1988), "SERVQUAL: A Multiple-Item Scale for Measuring Consumer Perceptions of Service Quality," *Journal of Retailing*, pp. 12~40.

이션, 고객이해의 3개 차원은 '공감성'으로 묶임으로써 5개의 품질차원으로 재구성되었다.

이처럼 서브퀄에서 제시된 '신뢰성, 반응성, 공감성, 확신성, 유형성' 등의 5가지 서비스 품질 결정요인은 서비스 산업에 보편적으로 적용할 수 있는 최초의 서비스 품질 평가기준이라는 점에서 많은 연구자들의 관심과 지지를 받아왔다.

(3) 상호작용 질, 결과 질, 물리적 환경 질

브래디와 크로닌(Brady & Cronin)은 SERVQUAL의 5가지 서비스 품질 차원인 유형성, 신뢰성, 반응성, 확신성, 공감성은 서비스 접점에서 종업원과 고객의 상호작용에서 발생하는 과정 질(기능 질) 중심으로 되어 있어 결과 질(기술 질) 측면을 간과하고 있고, 유형성에는 애매한 속성이 섞여 있다고 지적하였다. 즉, 유형성의 경우 고객과의 상호작용 범주에서 종업원의 용모가 해당되지만 건물과 실내 인테리어 같은 물리적 환경 요소까지 포함되어 있어서 유형성 차원의 성격이 명료하지 않은 문제가 있다는 것이다.

이에 브래디와 크로닌(Brady & Cronin)은 서비스 품질 차원을 다음과 같이 세 가지 차원으로 분류하여 적용할 것을 제안하였다.[3]

① 상호작용 질(interaction quality)

종업원과 고객과의 상호작용 과정에서 발생하는 종업원의 친절, 신뢰, 반응, 신속성 등을 말하며, 과정 질 또는 기능적 질 요소를 포함하는 것이다. 레스토랑의 경우 주문한 음식이 어떻게 제공되고 종업원이 얼마나 친절한가 등을 들 수 있다.

② 결과 질(outcome quality)

서비스 제공을 통해 얻어지는 기술적 산출요소를 말하며, 레스토랑의 경우 제공된 음식의 맛이나 양을 들 수 있다.

3 Brady and Cronin, "Some New Thoughts on Conceptualizing Perceived Service Quality."

③ **물리적 환경 질**(physical environment quality)

서비스를 제공하기 위한 유형적 · 물리적 환경요소로서 건물, 시설, 인테리어, 실내 청결성, 종업원 용모 등을 말한다.

브래디와 크로닌이 제시한 이러한 세 가지 서비스 품질 차원 분류는 과정질 중심의 SERVQUAL이 갖는 단점을 보완할 수 있다는 점에서 최근 많은 연구자들의 지지를 받고 있다.

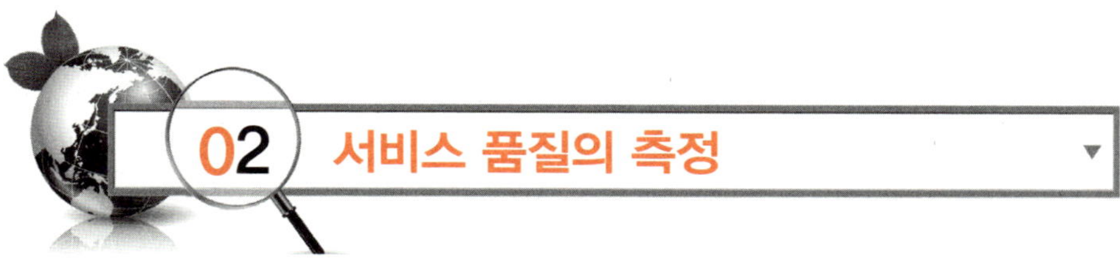

02 서비스 품질의 측정

서비스 품질을 측정 · 평가하기 위한 모형으로는 파라슈라만 등(PZB: Parasuraman, Zeithaml, Berry, 1988, 1991)에 의해 개발된 서브퀄 모델(SERVQUAL)과 이에 대한 대안적 방식으로 제시된 서브퍼프 모델(SERVPERF), 비차이점수 방식 등이 있다.

1. 서브퀄 모델(SERVQUAL)

(1) 서브퀄의 이해

PZB(1988)는 기대된 서비스와 지각된 서비스 성과를 비교하여 그 차이(gap)에 의해 소비자의 지각된 서비스 품질을 측정하는 '서브퀄 모델(SERVQUAL)'을 개발하였다. 서브퀄은 올리버(Oliver, 1980)의 기대불일치 모델에 기초하여 다양한 서비스 산업에 보편적으로 적용 가능한 일반화된 척도로 개발되었으며, 10가지의 서비스 품질의 결정요소를 나타내는 97개 항목에 대하여 반복적인 요인분석 과정을 거쳐 신뢰성(reliability), 반응성(responsiveness), 확신성(assurance), 공감성(empathy), 유형성(tangibles) 등 22개 항목 5개 차원으로 축약된 서비스 품질 평가척도로 구성되어 있다.

이 연구에서 PZB는 22개 각 문항에 대한 7점 리커트형 척도(전혀 동의하지 않는다(1)~전적으로 동의한다(7))를 이용하여 기대된 서비스(E)와 지각된 서비스 성과(P)를 각각 별도로 측정하여 그 차이(P−E)의 방향과 크기로 서비스 품질을 측정하였다.

PZB(1991)는 후속연구에서 기존의 서브퀄 평가척도를 개량하여 수정된 서브퀄을 제시하였다. 여기서 PZB는 당위적인 표현(should, ~하여야 한다)으로 측정된 기대수준이 너무 높은 기대수준을 야기할 수 있다는 이유 때문에 '~일 것이다(will)'의 형태로 표현을 수정하였다(예: 우수한 **회사는 기록에 착오가 없을 것이다). 또 부정적인 어구로 표현된 기대항목들(6개 항목)을 모두 긍정적인 표현으로 바꾸었다. 마지막으로 유형성과 확신성 차원에서 혼동의 소지가 있는 2개 항목은 새로운 표현으로 대체하였다.

서브퀄에서 고객의 지각된 서비스 품질을 측정하기 위한 설문지는 크게 두 부분으로 나누어져 있다. 하나는 서비스 산업에 대한 고객의 '기대(expectation)'를 평가하는 5개 차원 22개 항목들로서 '우수한 XYZ기업은 ~일 것이다'의 형식으로 구성되고, 다른 하나는 특정 서비스 기업에 대한 '지각된 성과(performance)'를 평가하는 5개 차원 22개 항목들로서 'XYZ기업은 ~하다'의 형식으로 구성되어 있다. 〈표 8-5〉에는 고객의 지각된 성과를 평가하기 위한 수정 SERVQUAL의 설문지를 보여주고 있다.

[그림 8-3] 서브퀄에 의한 서비스 품질의 지각

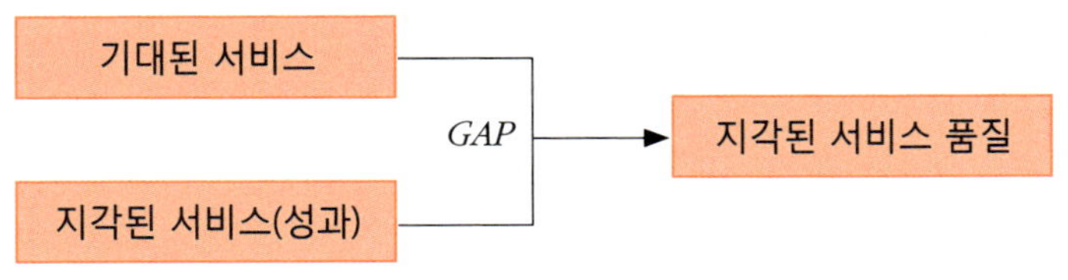

〈표 8-5〉 SERVQUAL의 설문지(지각된 성과 평가항목)

평가차원	평가항목
유 형 성	1. XYZ기업은 최신장비를 갖추고 있다. 2. XYZ기업의 물리적 시설은 시각적으로 보기에 좋다. 3. XYZ기업 종업원들은 옷차림과 용모가 단정하다. 4. XYZ기업은 업무에 적합한 시설과 분위기를 갖추고 있다.
신 뢰 성	5. XYZ기업은 정해진 시간에 무엇을 하기로 약속하면 반드시 지킨다. 6. 고객에게 문제가 있을 때, XYZ기업은 관심을 갖고 해결해 준다. 7. XYZ기업은 믿음직스럽다. 8. XYZ기업은 약속한 제 시간에 서비스를 제공해 준다. 9. XYZ기업은 업무기록을 정확하게 유지하고 있다.
반 응 성	10. XYZ기업은 고객들에게 언제 업무처리를 해 줄 것인지를 말해 준다. 11. XYZ기업 직원들은 고객에게 즉각적인 서비스를 제공해 준다. 12. XYZ기업 직원들은 항상 기꺼이 고객을 도와준다. 13. XYZ기업 직원들은 아주 바쁠 때에도 고객의 요구에 신속하게 반응한다.
확 신 성	14. 고객은 XYZ기업의 직원들을 신뢰한다. 15. 고객은 XYZ기업과 거래할 때 안전함을 느낀다. 16. XYZ기업 직원들은 정중하다. 17. XYZ기업 직원들은 고객의 질문에 답변할 충분한 지식을 가지고 있다.
공 감 성	18. XYZ기업은 고객에게 개별적인 관심을 가져 준다. 19. XYZ기업은 고객이 이용하기 편리한 영업시간으로 운영한다. 20. XYZ기업 직원들은 고객에게 개인적인 관심을 갖는다. 21. XYZ기업은 고객의 이익에 대해 진심으로 생각해 준다. 22. XYZ기업의 직원들은 고객의 니즈(욕구)를 잘 이해하고 있다.

※ 1. 모든 평가항목은 다음과 같은 7점 리커트형 척도로 응답된다.

전혀 동의하지 않는다 　　　　　　　　　 보통이다 　　　　　　　　　 전적으로 동의한다

① ——— ② ——— ③ ——— ④ ——— ⑤ ——— ⑥ ——— ⑦

2. SERVQUAL에서 기대 평가항목은 5개 차원 22개 질문항목에 대하여 모두 "우수한 XYZ기업은 ~ 일 것이다"의 형식으로 구성된다.

PZB는 서브퀄의 목적이 조직의 서비스 품질의 강·약점을 발견하기 위한 진단적 방법론을 제공하는 데 있으며, 서브퀄의 구성차원과 평가항목들은 서비스 산업 전반에 두루 적용 가능한 평가기준이 될 수 있다고 주장하였다.

(2) 서브퀄의 한계

서브퀄이 서비스 산업 전반에 걸쳐 범용적으로 개발된 훌륭한 서비스 품질 측정도구이기는 하지만 몇 가지 한계점을 안고 있다.

첫째, 서브퀄에서의 기대 측정과 관련한 문제점이다. 서브퀄의 기대에 대한 조작적 정의에서 제기되는 문제점은 이 척도가 실제 이상으로 높은 기대값으로 응답될 수 있으며, 서비스에 대한 기대값이 잘 형성되지 않을 경우 기대수준의 측정은 타당성 문제를 야기할 수 있고, 기대 질문항목들에 대한 응답자들의 해석의 차이로 인해 조사자의 질문의도와 다르게 응답할 소지가 많다는 점이다.

둘째, SERVQUAL의 범용성에 대한 문제이다. SERVQUAL이 특정 산업에 적용되는 것이 아니기 때문에 어떤 서비스 산업 고유의 변수를 측정할 수 없다는 것이다. 예컨대, 항공산업의 경우 정시출발 정시도착은 여행객들에게 매우 중요한 요인이다. 하지만 서브퀄은 여행객들의 이러한 변수들에 대한 인식을 제대로 측정하지 못하고 있다.

셋째, 서브퀄이 서비스 품질의 수준을 측정하는 데 있어서 P−E의 갭(gap) 분석 방법을 이용하는 것이 문제이다. 어떤 서비스가 제공된 후에 서비스를 경험한 고객을 대상으로 기대를 측정하는 것은 고객의 반응을 왜곡시킬 수 있다. 즉, 성과의 영향력이 작용하여 왜곡된 기대수준을 측정하게 할 수 있다는 것이다. 만일 고객이 어떤 여행사의 관광서비스에 대하여 긍정적인 경험을 했다면 그 고객은 자신의 서비스 기대에 대하여 낮은 점수를 매기고, 결과적으로 P−E 간에 긍정적인 갭이 생기게 된다. 이와 반대로 관광서비스에 대하여 부정적인 경험을 했다면 자신의 서비스 기대점수를 높게 평가하고, 결과적으로 부정적인 갭이 생기게 된다.

서브퀄을 이용하여 서비스 품질을 측정하고자 할 때에는 이러한 문제점들을 정확히 이해하고 극복할 수 있는 노력이 필요하다.

먼저, 서브퀄 척도를 특정 서비스 산업에 맞도록 수정하고 고객들에게 중요시되는 변수를 추가적으로 반영하는 방법을 고려할 수 있다.

둘째, P−E 갭 점수의 왜곡문제를 피하기 위해 서비스를 구매하기 전에 기대를 측정하고, 구매 후에 지각된 서비스 성과를 측정함으로써 시간의 흐름에 따른 종단적 측정방법을 적용한다.

셋째, 서비스 기대와 성과를 별도로 측정하는 대신에 '기대에 비교한 성과의 정도'로서 "내가 기대한 것보다 훨씬 더 ∼하다"의 형식으로 응답자에게 직접 질문하여 얻은 비차이점수(non−difference score)를 이용하여 서비스 품질을 측정할 수 있다.[4] 예컨대, 어느 서비스 기업의 '최신설비의 구비정도' 항목에 대하여 "내가 기대한 것보다 훨씬 더 못하다(1)∼훨씬 더 우수하다(7)"의 형태로 응답하게 할 수 있다.

2. 서브퍼프 모델(SERVPERF)

서브퍼프(SERVPERF)는 서브퀄(SERVQUAL)의 서비스 품질 평가척도(기대와 성과척도) 중 지각된 성과척도만으로 서비스 품질을 측정하는 방식으로서 크로닌과 테일러(Cronin & Taylor, 1992; 이하 C&T)에 의해 제안되었다. C&T는 지각된 성과와 기대 간의 갭(P−E)에 의해 서비스 품질을 개념화하고 측정하는 서브퀄 방식은 만족과 태도를 혼동하고 있기 때문에 서비스 품질의 측정방법으로 부적합하다고 비판하였다. 그리고 서브퀄에서 개발된 5개 차원의 22개 항목을 사용하여 4개 서비스 산업(은행, 방역, 세탁소, 패스트푸드업)을 대상으로 실증연구를 한 결과, 서브퍼프 모델이 서브퀄 모델에 비하여 상대적으로 더 우수함을 확인하였다.

서브퍼프는 기대수준을 개념화하고 측정하는 것과 관련한 여러 가지 문제점을 피할 수 있고, 서브퀄 척도에 비하여 질문항목의 수가 절반으로 줄어들 수 있다는 점 등에서 많은 학자들로부터 지지를 받아 왔다.

---

4 Brown, T. G., Churchill, Jr., and Peter, J. P.(1993), "Improving the Measure of Service quality," *Journal of Retailing*, Vol. 69(1), pp. 127∼139.

3. 서비스 품질의 측정방법

서비스 품질을 측정하는 방법으로는 내부측정과 고객측정의 두 가지 방식이 있다.

(1) 내부측정

내부측정(internal measure)은 서비스 기업의 성과에 대한 객관적 측정치를 통해 기업 내부적으로 서비스 품질을 측정하는 것으로 간접측정 방식이라고도 한다. 내부 서비스 품질을 측정하는 경우로서, 항공사는 정시운항비율이나, 수하물 클레임 횟수, 고객불평 횟수 등이 포함되고, 택배회사는 주문수취율, 정확한 주문이행률, 반송률, 정시도착률 등이 포함될 수 있다. 이러한 정보들은 고객에게 제공되는 서비스 품질의 수준을 결정하는 데 중요한 요소가 된다.

일반적으로 내부측정(간접측정) 방식의 서비스 품질 측정방법으로는 물리적 시설, 인적 서비스의 양, 사회경제적 지표 등으로 측정해 볼 수 있다.[5]

① 물리적 시설

서비스 이용자와 서비스 시설을 대비하여 서비스 품질을 측정하는 것을 말한다. 예를 들어, 학교의 서비스 품질 수준은 학생 수와 도서관 좌석의 비율, 강의실 수 등으로 평가할 수 있다.

② 인적 서비스의 양

서비스 이용자와 인적 서비스의 양을 대비하여 서비스 품질을 측정하는 것을 말한다. 예를 들어, 대학에서 교수 1인당 학생 수의 비율, 학생 1인당 장학금액 등으로 평가할 수 있다.

③ 사회적 · 경제적 지표

서비스가 지역사회나 경제에 미친 영향 등을 각종 사회적 · 경제적 지표에 의하여 서비스 품질을 측정하는 것을 말한다. 예를 들어, 한 국가의 의료서비

5 이정학(2009), 「서비스경영」(제3판), 기문사, p. 224.

스 수준은 평균수명이나 영아 사망률 등의 지표로 측정이 가능하다.

내부측정의 장점으로는 자사의 평가점수를 서비스 산업 내 경쟁업체들과 비교함으로써 자사의 취약한 부분을 찾아낼 수 있고, 기업이 촉진전략을 수립할 때 비교결과를 경쟁적 차별화 또는 경쟁우위 요소로 이용할 수 있다는 점이다. 노스웨스트 항공사는 내부측정을 통해 경쟁사들 간에 정시운항률이 가장 우수한 것으로 나타남에 따라 이 정보를 광고 및 촉진전략에 이용하였다.

내부측정의 단점으로는 측정결과가 서비스 기업의 관점에서 나온 것일 뿐 고객의 관점을 반영하지 못할 수 있고, 설사 기업이 특정한 분야에서 우월한 결과를 나타낸다고 해도 그것이 고객들에게는 중요하지 않은 것일 수 있다는 점이다. 그럴 경우, 고객들에게 중요하게 여겨지는 부분에 투자해야 할 자원을 낭비하고 결과적으로 기업에 손실을 가져오게 된다. 또한 내부측정은 서비스 경험의 행동적 측면을 측정하지 못한다는 단점이 있다.

(2) 고객측정

고객측정(customer measure)은 서비스에 대한 고객의 태도와 의견을 측정함으로써 고객이 지각하는 서비스 품질을 측정하는 것을 말하며, 직접측정 방식이라고도 한다. 고객측정은 내부측정의 한계를 보완해 줄 수 있다.

서브퀄이나 서브퍼프는 고객측정에 의한 서비스 품질을 측정하는 방법이라고 할 수 있다. 많은 기업들은 서비스 제공시점에서 비치된 고객카드나 기존 고객들을 대상으로 한 우편조사법을 사용하기도 한다.

고객측정의 장점은 고객들이 서비스에 대해서 갖는 느낌에 대한 정보를 얻을 수 있고, 이를 통해 자사가 제공하는 서비스의 강점과 약점을 파악하여 마케팅계획에 반영할 수 있을 뿐만 아니라 고객들의 욕구를 보다 더 잘 충족시킬 수 있다는 점이다. 예를 들어, 어느 치과에서 고객조사를 통해 고객들이 의사와 간호사의 불친절을 매우 문제시하고 있는 것으로 나타났다면, 진료절차상 고객응대와 관련한 노력을 강화함으로써 고객들의 욕구를 잘 충족해 주게 될 것이다.

고객측정의 단점은 고객이 아닌 사람들의 의견을 반영하지 못하기 때문에 이들이 특정 기업을 애호하지 않는 이유를 파악하지 못한다는 점이다. 또 고객측정은 비교되는 정보를 제공해 주지 못함에 따라 잘못된 해석을 내릴 수 있고, 극단적인 응답자들로 인해 왜곡된 정보가 제공될 수 있다는 단점이 있다. 경쟁기업의 측정치나 산업 내 평균치를 기준으로 하여 비교되는 정보를 활용할 수 있어야만 고객성과의 측정결과에 대한 정확한 판단을 할 수 있다.

예를 들어, 어느 병원의 고객성과 측정에서 의료진의 친절성에 대하여 7점 척도에서 5.2의 점수를 얻었다고 하자. 비교정보가 없는 상황에서는 이 점수에 대하여 상당히 우수한 친절도를 제공하는 것으로 생각할 수 있다. 그러나 인근에 있는 다른 병원 A, B의 점수가 각각 5.8, 6.5로 나타나고 있다면, 이 병원은 경쟁관계에 있는 세 병원들 중에서 가장 낮은 친절도를 보이는 것이 되며, 결과적으로 왜곡된 해석을 내린 것이 된다.

〈표 8-6〉에는 내부측정과 고객측정 방식의 장·단점을 비교해 주고 있다.

〈표 8-6〉 내부측정과 고객측정 방식의 장·단점

성과측정	장 점	단 점
내부측정	1. 기업의 취약부분 파악 2. 경쟁우위 영역 확인	1. 고객의 관점 결여 2. 내부성과와 고객 중요도 간의 불일치 가능성 3. 서비스의 행동적 측면을 측정하지 못함
고객측정	1. 고객관점의 평가정보 입수 2. 고객욕구에 관한 정보제공 3. 내부측정의 한계 보완	1. 비고객의 의견 미반영 2. 비교정보 미제공 3. 왜곡된 정보 제공가능성

03 서비스 품질의 관리

고객은 자신이 기대한 서비스와 제공받은 서비스를 비교하여 서비스 품질을 평가하게 된다. 만일 서비스 품질이 나쁘게 인식되면 고객은 불만족하게 되고 그 결과로써 다른 서비스 기업을 찾거나(고객이탈) 다양한 형태의 불평행동을 전개하게 된다. 반대로 서비스 품질을 좋게 평가하게 되면 고객은 만족하게 되고 그 결과로써 재구매의도와 기업에 대한 애호도가 형성되며, 다른 사람들에게 긍정적 구전을 통해 장기적으로 기업에게 이익을 가져다 준다. 이처럼 서비스 품질의 관리는 기업의 이익과 경쟁우위의 원천이 될 수 있는 것이다.

〈그림 8-4〉의 갭분석 모형에는 잠재적인 다섯 가지의 갭이 있는데, 점선 표시는 서비스 기업 쪽에서 발생하는 네 개의 갭(갭 1~4)과 고객 쪽에서 발생하는 한 개의 갭(갭 5)을 구분해 주고 있다. 여기서 고객이 지각하는 서비스 품질은 조직 안에서 발생하는 일련의 네 가지 갭(갭 1~갭 4)에 의해 영향을 받으며, 이들 네 가지 갭의 크기(고/저)와 방향(+/−)에 따라 갭 5, 즉 기대된 서비스와 지각된 서비스의 차이가 결정되고 이로써 지각된 서비스 품질 수준이 결정된다.

지각된 서비스 수준이 기대된 서비스보다 낮을 때(−)는 서비스 품질을 부정적으로 평가하고, 반대로 지각된 서비스 수준이 기대된 서비스보다 높을 때(+)는 긍정적으로 평가하며, 기대 서비스와 지각된 서비스 성과가 일치할 때(0)는 기대한 대로 서비스가 제공됨을 의미한다.

지각된 서비스 품질의 수준을 나타내는 갭 5는 갭 1에서 갭 4까지의 각 단계에서 발생한 네 가지 갭들의 가법적인 합이 되며, 다음과 같은 함수관계로 표시할 수 있다.

갭 5 = f(갭 1, 갭 2, 갭 3, 갭 4)

[그림 8-4] PZB의 갭분석 모형

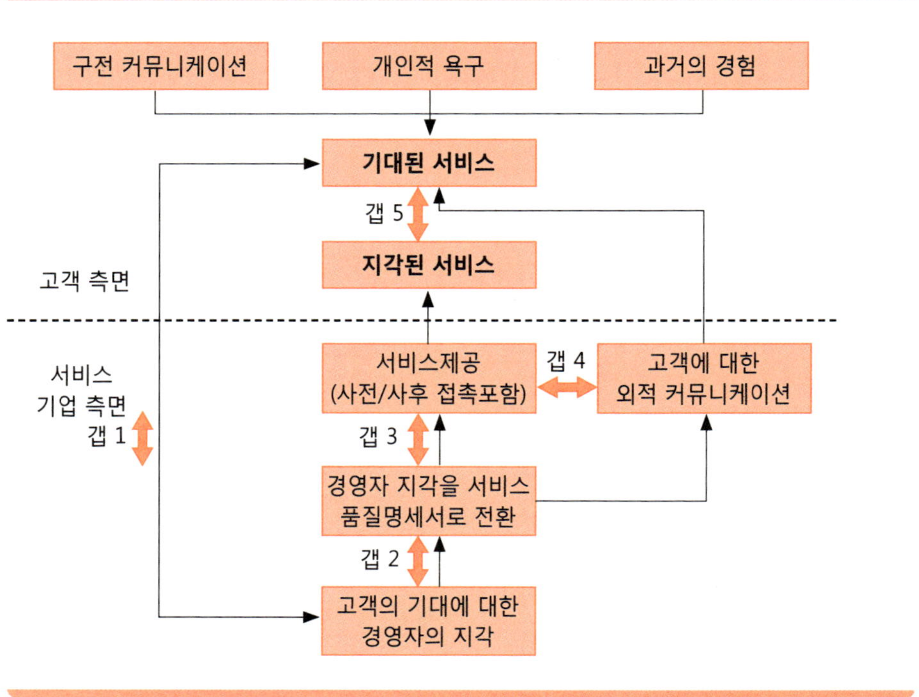

이 모형은 갭분석을 통해 서비스 기업이 품질문제를 야기하는 네 가지 갭의 원인을 파악하고 그 갭을 줄일 수 있는 전략을 개발함으로써 서비스 품질을 향상시킬 수 있게 해 준다.

1. 갭 1: 고객의 기대와 경영자 지각의 차이

갭 1은 고객의 기대와 이에 대한 기업 경영자의 인식 간의 차이를 말한다. 이는 서비스 기업의 경영자를 포함하는 서비스 제공자가 고객이 기대하는 바를 제대로 인식하지 못하고 있는 상황을 말한다.

갭 1이 발생하는 원인은 ① 고객과의 직접적인 상호작용이 없는 경우, ② 고객의 기대를 알려고 하는 의지가 없는 경우, ③ 고객기대에 응할 준비가 안된 경우 등이 있다. 기업이 고객의 기대를 제대로 이해하지 못하면 자원배분의 문제를 유발하여 질 낮은 서비스를 제공하는 결과를 낳게 된다. 예를 들어, 고객은 설비의 편의성이나 기능성을 중요시하고 있는데도 기업은 시설의 외양에만 과도하게 투자하는 경우를 생각할 수 있다.

고객의 기대에 대한 잘못된 인식은 결과적으로 고객기대에 미치지 못하는 서비스 성과를 가져오게 된다. 서비스 품질을 향상시키는 출발점은 서비스 제공자가 고객기대에 대한 정확한 정보를 획득하는 데 있다고 할 수 있다.

갭 1을 감소시키기 위해서는 다음과 같은 전략이 필요하다.

① 고객들과의 커뮤니케이션
② 마케팅조사 실시
③ 상향적 커뮤니케이션 활성화
④ 결재단계의 축소
⑤ 관계마케팅의 강화

2. 갭 2: 경영자의 지각과 서비스 품질명세서의 차이

갭 2는 고객의 기대에 대한 경영자의 지각과 양질의 서비스 제공을 위한 서비스 품질 명세서 간의 갭을 말한다. 이는 경영자가 고객의 기대를 정확히 이해하고 있지만 이를 정확한 서비스 품질명세서, 즉 '고객중심적 서비스 설계 및 표준'으로 전환시키지 못해 문제가 되는 경우라고 할 수 있다. 서비스 품질명세는 서비스 접점에 있는 종업원을 평가하고 보상하는 기준이 되며, 서비스 품질에 결정적인 영향을 미친다.

갭 2의 발생원인으로는 기업 자원의 제약, 고객의 욕구보다 시장의 경쟁상황에 대응한 서비스 전략 전개, 경영진의 무관심 등이 있다. 서비스 관리자들이 고객의 기대를 비현실적이라고 보고 소극적으로 대응하거나 서비스의 다양성과 수요의 불확실성으로 인해 서비스 표준 설정이 불가능한 것으로 인식하는 경우도 문제가 된다.

갭 2를 감소시키기 위해서는 다음과 같은 전략이 필요하다.

① 최고경영자의 관심
② 서비스 품질목표의 설정
③ 업무 표준화

3. 갭 3: 서비스 품질명세서와 실제 서비스제공의 차이

갭 3은 서비스 기업이 제공하고자 하는 서비스 품질명세서와 고객에게 실제로 제공된 서비스 간의 갭을 말한다. 이러한 갭의 주된 원인은 서비스 자체가 가지고 있는 가변성과 비분리성에 기인한다. 대개 서비스는 사람에 의해 수행되기 때문에 서비스 품질은 서비스 제공자가 얼마나 자신의 직무를 잘 수행하느냐에 좌우된다. 만일 종업원들이 서비스 품질명세서에 명시된 대로 서비스를 제공하지 않으면 고객들의 기대를 충족시킬 수 없게 되고 결과적으로 고객들은 불만족하게 된다.

갭 3이 발생하는 원인으로는 서비스 품질명세서에 대한 종업원들의 인식 부족, 종업원들의 서비스 수행에 필요한 능력과 자질의 부족, 서비스 명세서의 지침에 따라 종업원들이 서비스를 제공할 의지가 없는 경우 등이 있다.

갭 3을 감소시키기 위해서는 다음과 같은 전략이 필요하다.

① 종업원들의 팀워크 제고
② 종업원과 직무의 적합성
③ 기술과 직무의 적합성
④ 경영자의 통제시스템 개발
⑤ 역할갈등의 감소
⑥ 역할의 모호성 감소

4. 갭 4: 실제 서비스 제공과 외부 커뮤니케이션의 차이

갭 4는 고객에게 실제 제공된 서비스와 그 서비스에 대한 외부 커뮤니케이션 내용 간의 차이를 말한다. 기업은 광고나 판매촉진, 인적판매 등의 커뮤니케이션 활동을 통해 고객들에게 약속을 하며, 이러한 약속은 고객의 기대를 형성하게 한다. 서비스 기업이 약속된 서비스를 제대로 제공하지 못하면 고객 기대와 제공된 서비스 간에 갭이 생기게 된다.

갭 4가 발생하는 원인으로는 제공된 서비스에 대한 조직 내 부서 간의 수평적 커뮤니케이션이 문제가 되는 경우나 고객에 대한 과대약속이 있다. 예컨대, 광고부서와 서비스 제공 부서 간에 원활한 커뮤니케이션이 이루어지지 않거나 경쟁이 치열해지고 고객창출에 대한 압박이 가중됨에 따라 과대광고를 하는 경우가 해당된다.

따라서 갭 4를 감소시키기 위해서는 서비스 제공 부서와 광고 · 홍보부서, 영업부서의 임직원들 간에 긴밀한 협조관계를 유지하여 원활한 수평적 커뮤니케이션이 이루어지도록 하고, 고객들에게 과대약속을 하지 않도록 해야 할 것이다.

5. 갭 5: 서비스 기대와 서비스 지각의 차이

갭 5는 고객들에게 기대된 서비스와 지각된 서비스 간의 차이를 말하며, 갭 1에서 갭 4까지 각 단계에서 발생하는 네 가지 갭의 합이라고 할 수 있다. 고객에게 지각된 서비스 품질은 갭 5의 크기와 방향에 의해 결정된다. 서비스 마케터는 고객의 기대와 지각 사이에 존재하는 '고객 갭'을 줄임으로써 지각된 서비스 품질을 높일 수 있는바, 이를 위해서는 네 가지 갭을 감소시키기 위한 노력이 결합되어야 한다.

지금까지 살펴본 갭분석 모형은 '고객 갭'의 크기와 그 성격을 이해할 수 있게 해 주며, 서비스 마케터는 이를 바탕으로 고객의 욕구충족을 위한 서비스 마케팅전략을 수립할 수 있다.

현/장/사/례

KS-SQI(한국서비스품질지수)

KS-SQI(Korean Standard Service Quality Index: 한국서비스품질지수)는 한국표준협회(KSA)와 서울대 경영연구소가 공동 개발한 서비스 산업의 서비스 품질측정 모델로, 해당기업의 제품을 구매하여 본 고객을 대상으로 서비스 품질에 대한 만족도를 조사하여 발표하는 서비스 산업 전반의 품질수준을 나타내는 종합지표이다.

KS-SQI 모델은 SERVQUAL 모델의 5개 차원 22개 항목을 기초로 하여 국내 서비스산업의 특성에 맞게 세부 측정항목을 재조정하여 개발된 것으로, 서비스 성과측면(2개)과 과정측면(5개)의 7개 서비스 품질 결정요인으로 구성된다. 즉, 서비스 성과측면의 본원적 서비스와 예상 외 부가서비스, 서비스 과정 측면의 신뢰성, 친절성, 적극지원성, 접근용이성, 물리적 환경 등 총 7개의 서비스 품질 구성차원에 대한 평가로 조사가 이루어진다. 각각의 차원들은 업종별 특성에 맞게 실제로 측정 가능한 세부 항목들로 구성된다. 한국표준협회는 중앙일보와 공동으로 매년 서비스품질지수를 조사하여 발표한다.

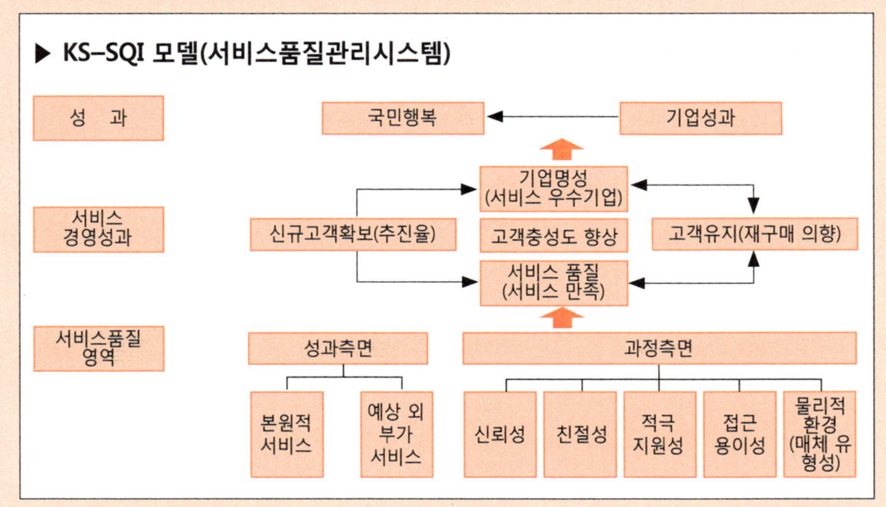

자료: 한국표준협회(2008).

연·구·문·제

1. 서비스 품질의 개념과 특성에 대하여 설명해 보시오.

2. 서비스 품질의 결정요인을 설명해 보시오.

3. 과정 질과 결과 질을 비교 설명하고, 이를 통해 서비스 품질을 향상시킬 수 있는 방법에 대하여 토의해 보시오.

4. SERVQUAL에 의한 서비스 품질 측정방법을 설명하고 평가해 보시오.

5. SERVQUAL과 SERVPERF에 의한 서비스 품질 측정방법을 비교 설명하시오.

6. GAP 분석모형에 의한 서비스 품질관리에 대하여 설명하시오.

7. 서비스 품질문제를 야기하는 네 가지 갭의 발생원인과 각각의 갭을 줄일 수 있는 전략대안에 대하여 토의해 보시오.

제 3 부

서비스 마케팅관리

제9장

서비스 마케팅의 이해

학 습 목 표

- 서비스 마케팅의 의의
- 서비스 마케팅시스템
- 서비스 마케팅믹스

01 서비스 마케팅의 의의

1. 서비스 마케팅의 개념

경제사회의 발전과 더불어 마케팅의 개념과 영역은 세월의 흐름에 따라 계속 발전되어 왔다. 한국마케팅학회는 2002년 최근의 마케팅 흐름을 반영하여 마케팅을 "조직이나 개인의 목적을 달성시키는 교환을 창출하고 유지할 수 있도록 시장을 정의하고 관리하는 과정"이라고 정의하였다. 미국마케팅협회(AMA)는 2004년 마케팅을 "고객에게 가치를 창출하고 전달하는 동시에 조직과 이해관계자 상호간에 이익이 되는 방향으로 고객관계를 관리하는 일련의 과정"이라고 정의하였다. 또 2007년에는 마케팅의 대상을 고객뿐만 아니라 사회에까지 확대하여 마케팅을 "고객과 파트너, 사회를 위해 가치를 창출하고 커뮤니케이션하고 전달하며 교환하는 일련의 과정 또는 활동"이라고 정의하였다.

서비스 마케팅은 기본적으로 서비스를 대상으로 수행하는 마케팅 활동이라고 할 수 있다. 본서에서는 서비스 마케팅을 현대적 마케팅의 제 정의에 기초하여 다음과 같이 정의하고자 한다.

"서비스 마케팅은 일관되고 신뢰성 있는 서비스 제공을 통하여 시장에서 개인과 조직의 목적을 충족시켜 주는 교환을 창출하고 유지할 수 있도록 고객 가치를 창출하고 고객관계를 관리하는 과정이다."

위의 정의가 함축하고 있는 의미를 구체적으로 살펴보면 다음과 같다.

첫째, 서비스 마케팅은 일관되고 신뢰성 있는 서비스 제공물을 대상으로 하는 마케팅이다.

둘째, 서비스 마케팅은 개인과 조직의 목적을 동시에 충족시키는 것을 추구한다.

셋째, 조직과 개인은 자신의 제공물과 그 반대급부로 얻고자 하는 것과의 교환(exchange)에 의해 각자의 목적을 달성할 수 있다.

넷째, 개인과 조직 간에 교환을 창출하고 유지하는 활동은 마케터가 신규 고객을 창출하고 기존고객을 유지하는 활동을 포함하는 것이다.

다섯째, 서비스 마케팅의 핵심은 교환을 통해 고객가치를 창출하고 고객관계를 관리하는 데 있다. 이것은 최근에 중요시되고 있는 고객관계관리(CRM)와 관계마케팅의 중요성을 반영하고 있는 것이다.

여섯째, 서비스 마케팅은 시장(market)을 통해 이루어지는 활동이다. 마케팅에서 시장은 '교환과정에 참여하는 잠재고객들의 집합'을 의미한다. 시장은 현존하는 시장과 앞으로 창출될 수 있는 시장을 모두 포함하며, 마케터는 이러한 시장의 요구에 적응할 뿐만 아니라 자사에 유리한 방향으로 시장을 선도해 나감으로써 시장에서의 불확실성을 줄이고 경쟁력을 확보해 나가야 한다. 따라서 마케터는 마케팅환경의 변화에 대응하여 시장을 정의하고 적절하게 관리해야 한다.

요컨대, 서비스 마케팅은 서비스 제공을 통하여 교환을 창출하고 유지할 수 있도록 고객가치를 창출하고 고객관계를 관리하는 활동이라 할 수 있다.

2. 서비스 마케팅과 제품 마케팅의 차이

일반적으로 서비스는 시장에서 유사한 편익을 제공하는 재화부문과 경쟁관계에 있다. 탁아 서비스나 설비유지 서비스와 같이 어떤 서비스를 구매한다는 것은 자가 서비스에 대한 대안으로 볼 수 있다. 임대서비스를 이용하는 상황 역시 자기 소유물을 이용하는 것에 대한 대안이라고 볼 수 있다. 그러나 서비스와 제품이 경쟁관계에 있다고 해서 마케팅 과업이 같다는 것을 의미하는 것은 아니다.

서비스 부문의 마케팅관리 과업은 제조부문과 다음과 같이 구별될 수 있다.[1]

1) 제품성격의 차이

일반적으로 재화를 '사물(object), 장치(device), 물건(thing)'이라고 정의한다면 서비스는 '행위(deed), 성과(performance), 노력(effort)'이라고 정의할 수 있다. 어떤 행위나 성과를 마케팅하는 것은 물리적인 대상물 그 자체를 마케팅하는 것과는 다르다. 서비스는 흔히 비행기를 탑승할 때나 레스토랑에서 식사를 하는 경우와 같은 유형적 행위를 수반하지만, 서비스 행위나 성과 그 자체는 무형적이다. 서비스는 시간 제약적이고 무형적이고 경험적인 특성을 갖고 있다.

2) 서비스 생산과정에의 고객 참여

서비스의 수행은 물리적 시설과 정신적, 육체적 노동의 결합으로 이루어진다. 고객은 셀프 서비스(패스트푸드점, 구내식당 등)나 서비스 제공자에게 협력(병원, 호텔 등)을 함으로써 서비스 생산과정에 참여하게 된다.

3) 서비스 상품의 일부로서의 사람

서비스를 이용할 때(특히 고접촉 서비스의 경우), 고객들은 서비스 종업원뿐만 아니라 다른 고객들과도 접촉하게 된다. 서비스 종업원의 태도나 서비스 과정에 함께 참여하는 다른 고객들의 행동은 서비스의 품질을 결정하는 중요한 요소가 된다. 따라서 서비스 참여자는 서비스 상품의 일부가 되는 것이다.

---

1 Lovelock, *op. cit.*, pp. 6~10.

4) 품질관리의 문제

물리적인 제품은 일정한 표준에 기초하여 품질관리가 사전에 이루어지지만 서비스는 생산과 동시에 소비가 이루어지기 때문에 품질관리가 어렵다. 또 서비스 제공자나 고객에 따라 서비스 품질은 달라진다.

5) 재고불능

서비스는 어떤 행위나 성과로 개념화되는 것이므로 소멸성의 특성을 가지며, 재고로 남겨둘 수 없다. 물론 필요한 시설이나 장비, 인력은 미리 준비할 수 있으나 이는 서비스 공급역량을 나타내고 있을 뿐이며 서비스 그 자체는 아니다. 따라서 서비스 수요와 공급역량을 균형시키는 일이 매우 중요하다.

6) 시간요인의 중요성

서비스는 대개 실시간으로 제공된다. 병원이나 미장원, 레스토랑 등 서비스 기업으로부터 고객이 서비스를 제공받기 위해서는 현장에서 차례를 기다리며 대기해야 한다. 이때 고객이 수용할 수 있는 대기시간에는 한계가 있으므로 가능한 한 신속하게 서비스가 제공될 수 있도록 해야 한다.

7) 상이한 유통경로

제조업에서는 공장에서 고객에 이르기까지 제품 이동을 위해 물리적 유통경로를 필요로 하지만, 서비스 기업들은 전자유통경로나 에이전트, 프랜차이즈 시스템 등의 중간상을 이용하거나 서비스 공장과 소매점포, 소비시점을 하나로 결합시켜 서비스를 유통시킨다. 일반적으로 서비스의 유통경로는 제조업에 비하여 짧고 단순하다.

서비스 기업은 서비스가 갖는 고유의 특성에 따라 소비재 기업과 상이한 마케팅 상황과 고객관계를 유발하게 해 준다. 그렌루스(Grönroos)는 서비스 마케팅과 전통적 제품(소비재) 마케팅의 기본적인 차이를 생산 · 소비 · 마케

[그림 9-1] 전통적(제품) 마케팅과 서비스 마케팅의 차이

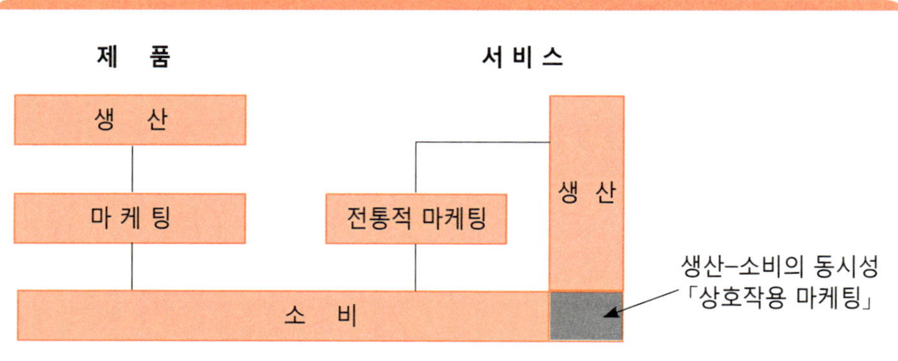

팅 간의 관계를 중심으로 [그림 9-1]과 같이 설명하고 있다.[2]

그림 좌측 부분의 제품 기업의 경우는 생산과 소비가 분리되어 있어 이 둘의 교량역할을 하는 전통적 마케팅 기능이 필요함을 보여준다. 또 그림 우측 부분의 서비스 기업의 경우는 생산-소비의 동시성에 기인하여 광고, 판매촉진 등의 전통적 마케팅기능과 함께 판매자와 구매자 간의 상호작용 마케팅 기능이 필요함을 보여주고 있다.

전통적 마케팅 기능은 주로 마케팅부서의 마케팅 전문가가 담당하지만 생산과 소비 간의 접촉영역에서 수행되는 상호작용 마케팅은 비마케팅 전문가들이 담당하게 된다. 결과적으로 서비스 기업에서는 흔히 마케팅 전문가와 비마케팅 전문가를 포함하는 전 종업원에 의해 마케팅 활동이 수행된다.

전통적 마케팅에서는 생산과 소비가 분리되어 있어 이를 매개하기 위한 마케팅활동이 요구된다. 즉 생산된 제품은 마케터의 마케팅믹스 활동을 통해 소비자에게 판매되며, 제품에 대한 소비자의 의견이나 정보는 마케팅조사를 통해 생산에 반영된다. 그러나 서비스 마케팅에서는 생산과 소비가 동시에 이루어지기 때문에 소비자가 서비스의 생산과정에 직접 들어가 일정한 역할을 수행하며 서비스 제공자와 소비자 간에 상호작용이 발생한다. 또 서비스는 무형적이고 평가하기가 어렵기 때문에 소비자는 서비스의 생산-소비과정에서

2 Grönroos, C.(1982), "An Applied Service Marketing Theory," *European Journal of Marketing*, Vol. 16, No. 7, pp. 31~42.

〈표 9-1〉 서비스 마케팅과 제품 마케팅의 비교

구 분	공 통 점	생산-소비의 관계	마케팅 기능	조 직
서비스 마케팅	시발점: 시장 초점: 고객	생산-소비의 동시성	상호작용 마케팅과 전통적 마케팅	전종업원의 참여
제 품 마케팅		생산-소비의 분리	생산과 소비의 매개 기능	마케팅부서 (마케팅 전문가)

무엇이 일어나는가에 영향을 받을 뿐만 아니라 자신의 행동에 의해 생산과정 그 자체에 영향을 미칠 수 있다. 따라서 서비스 기업은 판매자와 구매자 간의 상호작용과 접점을 관리하는 활동이 무엇보다도 중요하다. 〈표 9-1〉에는 서비스 마케팅과 전통적인 제품 마케팅을 비교 · 설명해 주고 있다.

그렌루스(Grönroos)는 서비스 기업이 고객지향적인 서비스를 개발하고 상호작용적 마케팅 기능과 관련 제 자원을 성공적으로 개발하기 위해서는 서비스 컨셉트, 서비스의 도달가능성, 종업원-고객 간의 상호작용적 커뮤니케이션, 부차적 서비스, 서비스에 대한 고객의 영향 등 다섯 가지의 상호작용적 마케팅 변수가 매우 중요하며, 이 변수들은 서비스 기업의 중요한 경쟁수단이 된다고 역설했다.

1. 서비스 마케팅시스템

서비스를 생산하고 제공하는 일련의 과정을 하나의 시스템으로 볼 때, 서비스 마케팅시스템(service marketing system)은 투입물이 처리되어 서비스 상품을 생산하는 서비스 운영시스템(service operation system)과 생산된 서비스 상품을 고객에게 전달하는 서비스 전달시스템(service delivery system)으로 구성되는 하나의 시스템으로 볼 수 있다.[3]

서비스 운영시스템은 고객들에게 보이지 않는 비가시적인 후방 부분(기술적

[그림 9-2] 서비스 마케팅시스템

(a) 고접촉 서비스

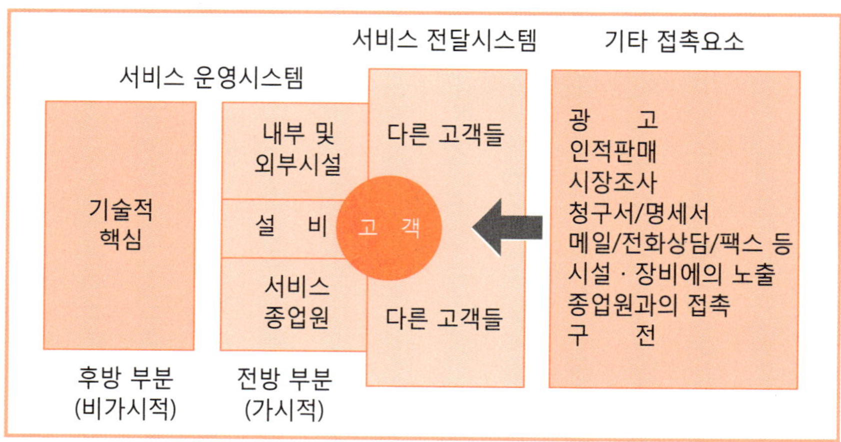

(b) 저접촉 서비스

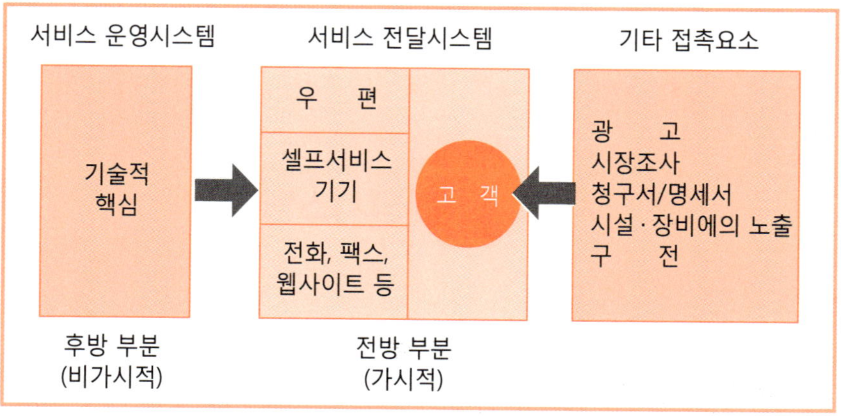

※ 자료: Lovelock, Christopher(2001), *Service Marketing*, 4th ed., Prentice-Hall, p. 66.

3 Lovelock, C.(2001), *Service Marketing*, 4th ed., Prentice-Hall, pp. 65~67.

핵심)과 고객들에게 노출되는 가시적인 전방 부분(물리적 환경, 종업원)으로 구분된다. 고객들은 후방 부분에 대해서 잘 모르고 또 별로 관심이 없지만 이곳에서 업무가 제대로 수행되지 않으면 서비스 품질이 크게 떨어지게 된다. 예컨대, 레스토랑의 주방은 후방 부분에 속하지만 주방에서 제대로 조리를 하지 않은 상태로 주문받은 메뉴를 제공하면 고객들은 매우 실망하게 될 것이다.

또 서비스 전달시스템은 서비스 상품을 고객에게 제공하는 장소나 시간, 방법에 관련된 것으로서 운영시스템의 물리적 시설과 설비, 종업원 및 다른 고객들까지 포함된다. 레스토랑의 경우 서비스 전달시스템은 주방에서 조리된 음식을 고객에게 배달 또는 전달하는 것과 관련된 시스템이라고 할 수 있다.

서비스 마케팅시스템에는 서비스 운영시스템과 서비스 전달시스템 외에 기타 접촉요소로서 광고나 인적판매, 시장조사, 청구서, 종업원과의 접촉, 장비 · 시설에의 노출, 구전 등이 서비스에 대한 고객의 지각에 영향을 미친다.

서비스 마케팅시스템의 구성요소와 이들 간의 관계는 [그림 9-2]와 같이 나타낼 수 있다. [그림 9-2]에서 (a)는 서비스 제공자와 고객 간에 대면접촉을 통해 서비스가 제공되는 '고접촉 서비스의 마케팅시스템'을 나타내며, (b)는 서비스 제공자와 고객 간에 접촉빈도가 낮고 우편이나 전화, 셀프서비스

〈표 9-2〉 서비스 마케팅시스템의 구성요소

서비스 종업원	서비스 시설 및 장비	비인적 커뮤니케이션	다른 사람들
• 대면이나 텔레커뮤니케이션, 우편 등을 이용한 고객 접촉 • 판매요원 • 고객서비스 요원 • 회계 및 청구서 발행 직원 • 고객 비접촉 직원(기술자 등) • 서비스 대행 또는 위탁 중간상(대리상 등)	• 건물외부, 주차장, 조경 등 • 건물내부 및 장식 • 차량 • 고객용 셀프서비스 기구 • 기타 장비	• 공식문서 • 브로셔, 카탈로그, 안내매뉴얼 • 광고 • 사인 • 대중매체를 통한 뉴스나 기사	• 서비스 제공 중에 마주치는 다른 고객들 • 친구, 친지, 주위 사람 등에 의한 구전내용

장비를 이용하여 서비스가 제공되는 '저접촉 서비스의 마케팅시스템'을 나타낸다. 저접촉 서비스의 마케팅시스템에서는 전방의 서비스 전달시스템과 후방의 서비스 운영시스템이 분리되어 기능하고 있음을 알 수 있다. 서비스 마케팅시스템의 구조와 범위는 서비스 조직에 따라 다르다.

〈표 9-2〉에는 서비스 마케팅시스템에서 서비스 제공과 관련하여 고객들에게 노출되는 유형적 커뮤니케이션 요소들을 제시해 주고 있다.

2. 서비스 마케팅의 삼각형

서비스 마케팅의 삼각형은 기업과 종업원, 고객의 3자 간에 이루어지는 외부마케팅, 내부마케팅, 상호작용 마케팅 등의 3가지 마케팅을 일컫는 것으로, 서비스 기업이 고객들을 향해 약속을 하고 이를 지키는 것과 관련된 마케팅활동을 말한다. [그림 9-3]에는 서비스 마케팅의 삼각형 관계를 보여주고 있다.

먼저, 외부마케팅(external marketing)은 기업이 외부고객을 향해 수행하는 마케팅으로, 기업이 고객의 기대를 설정하고 고객에게 제공할 것을 약속하는

[그림 9-3] 서비스 마케팅의 삼각형

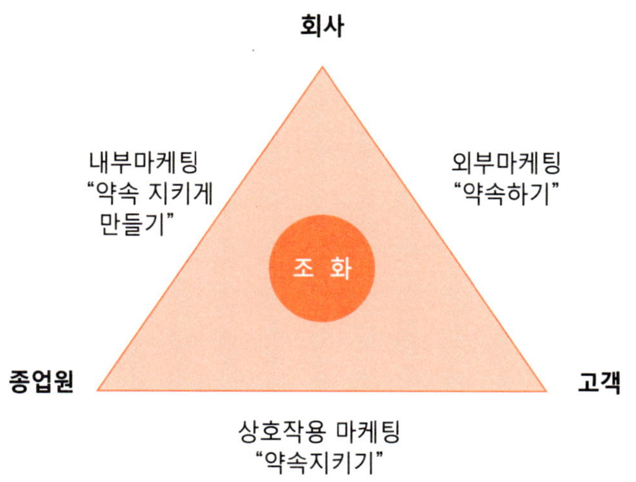

것과 관련된 마케팅을 의미한다. 서비스가 제공되기 전에 고객과 커뮤니케이션하는 것은 모두 외부마케팅 활동으로 간주할 수 있다. 서비스 기업에는 광고나 판매촉진, 판매, 홍보 등의 전통적인 커뮤니케이션 요소 외에도 기업의 설비나 인적자원 등 고객들에게 커뮤니케이션하는 많은 요소들이 있다.

내부마케팅(internal marketing)은 내부고객인 종업원을 향해 회사가 수행하는 마케팅으로, 종업원을 통해 기업이 고객들에게 제공하기로 한 서비스 약속을 지킬 수 있도록 하는 마케팅을 의미한다. 즉 내부마케팅은 기업이 고객과의 약속을 잘 지킬 수 있도록 종업원을 교육하고 동기부여하며 보상하는 일련의 활동을 말한다. 만일 종업원들이 고객과의 약속을 이행할 의지나 능력이 없다면 그 기업은 약속을 지킬 수 없게 되고, 결국 서비스 마케팅의 삼각형은 무너지게 될 것이다. 내부마케팅은 내부고객만족과 외부고객만족이 서로 긴밀히 연결되어 있다는 가정에 기초하고 있으며, 접점 종업원의 만족과 내부 부서 간의 소통, 종업원 관리에 마케팅 기법을 활용하는 개념을 내포하고 있다.

상호작용 마케팅(interactive marketing)은 고객접점에서 종업원이 고객을 향해 수행하는 마케팅으로 접점 마케팅(real-time marketing)이라고도 하며, 일선 종업원이 (외부)고객과의 상호작용을 통해 서비스 약속을 지키고 실행하는 마케팅을 말한다. 서비스 기업의 종업원들은 고객과 직접 접촉하여 상호작용하는 과정을 통해 서비스를 제공한다. 이때 외부마케팅을 통해 고객들에게 약속된 서비스와 상호작용 마케팅을 통해 실제로 제공된 서비스를 연계하여 일치시키는 일은 매우 중요하다. 고객들에게 약속한 서비스가 지켜지지 않으면 외부마케팅은 무의미하게 되고 만다.

서비스 마케팅의 삼각형은 삼각형의 3면이 모두 서비스 마케팅에 있어서 매우 중요하며, 이들 3면 중 어느 한 부분이라도 소홀하거나 미흡하면 성공적인 서비스 마케팅을 수행할 수 없다는 것을 의미한다. 따라서 외부마케팅과 내부마케팅 및 상호작용 마케팅 간에 조화를 유지하는 것은 서비스 마케팅의 성패를 좌우하는 매우 중요한 일이라고 할 수 있다.

03 서비스 마케팅믹스

마케팅믹스(marketing mix)는 시장에서 마케팅목표를 달성하기 위하여 기업이 통제가능한 마케팅 제 수단을 최적의 상태로 결합하는 것을 의미하는데, 일반적으로 맥카시(McCarthy)가 제시한 4P's, 즉 제품(product), 가격(price), 유통(place), 촉진(promotion)이 가장 전형적인 마케팅믹스 요소로 받아들여지고 있다. 그러나 서비스 마케팅에서는 서비스가 갖는 고유의 특성으로 인해 기존의 마케팅믹스를 그대로 적용하기에는 한계가 있다는 것이 학자들의 일반적인 견해이다. 이를테면, 서비스의 무형성은 고객 커뮤니케이션과 서비스 평가의 단서가 되는 유형적 증거물의 중요성을 낳게 한다. 또, 서비스의 동시성과 이질성 특성은 종업원과 고객 간의 상호작용과 서비스 접점 및 서비스 제공과정의 중요성을 낳게 하며, 내부고객인 종업원과 외부고객인 고객관리의 중요성을 암시해 준다.

서비스 마케팅에서는 이러한 추가적인 마케팅믹스 변수들의 필요성이 대두됨에 따라 전통적인 마케팅믹스 요소인 4P's(Product, Price, Place, Promotion)에 물리적 증거(physical evidence), 프로세스(process), 사람(people) 등의 확장적 마케팅믹스 요소인 3P's를 추가하여 7P's를 서비스 마케팅믹스(service marketing mix) 요소로 한다.

(1) 상품(product)

서비스 상품은 고객의 욕구를 충족하기 위하여 제공된 무형의 행위나 과정 또는 성과를 말한다. 서비스 상품에는 제공된 서비스의 범위와 품질수준, 보조서비스, 상품믹스, 상표, 보증, 사후서비스, 서비스수명주기, 신상품개발 등이 포함된다.

(2) 가격(price)

서비스 가격은 구매 상품에 대하여 지불되는 교환가치 내지 반대급부를 말한다. 서비스 가격에는 가격수준과 가격결정, 거래조건, 가격전략, 할인, 공제, 수요 · 공급관리, 가격차별화 등이 포함된다.

(3) 유통(place)

서비스 유통은 서비스 제공자가 서비스 전달시스템을 통해 고객에게 서비스를 전달해 주는 것을 말한다. 효과적인 서비스 유통을 위해서는 장소적 편의성을 도모하는 접근가능성과 시간적 편의성을 도모하는 이용가능성이 중요한 고려사항이 된다. 서비스 유통에서는 입지와 유통경로, 중간상, 경로관리, 유통 커버리지, 유통전략 등이 포함된다.

(4) 촉진(promotion)

서비스 촉진은 설득적 커뮤니케이션을 통해 고객의 수요를 자극하고 판매증대를 도모하는 활동을 말한다. 서비스 촉진에는 광고, 인적판매, 판매촉진, 홍보, 스폰스십 마케팅, 구전 등이 포함된다.

(5) 프로세스(process)

프로세스는 서비스가 실제로 수행되는 절차나 활동 메커니즘, 즉 서비스 운영 및 전달시스템을 말한다. 고객은 서비스가 제공되는 과정을 경험하면서 서비스를 평가하게 된다. 서비스 제공과정이 너무 지루하거나 복잡하면 고객을 상실할 수 있다. 서비스 기업은 서비스 제공과정을 표준화하거나 개별화하는 방법으로 고객에게 접근할 수 있는데, 이는 고객이 서비스를 평가하는 하나의 단서로 작용한다. 예컨대, 사우스웨스트 항공사는 운항횟수가 많은 단

거리 국내 항공편에 주력하면서 표준화된 무장식(no-frills) 서비스를 저가격으로 제공하여 경쟁력과 수익성을 확보하고 있다. 반면에 스칸디나비아 항공사(SAS)는 비즈니스 여행자에 초점을 두고 이들의 개별적인 여행욕구에 따라 개별화되고 비표준적인 서비스를 철저히 제공함으로써 성공적인 운영을 하고 있다.

(6) 물적 증거(physical evidence)

물적 증거는 서비스와 관련된 모든 유형적 요소 내지 서비스 제공현장에서 고객이 접촉하는 물리적 환경을 말한다. 물적 증거는 서비스의 성과나 커뮤니케이션을 촉진하는 기능을 하며, 건물, 간판, 실내장식, 설비, 안내책자, 명함, 청구서, 사인 등의 유형적 요소를 포함하는 것이다. 이러한 유형적 요소들은 서비스 품질의 중요한 지표가 될 수 있으며, 기업목표나 시장세분화, 서비스의 본질과 관련하여 고객들에게 기업 이미지에 대한 일관성 있고 강력한 메시지를 제공해 준다.

(7) 사람(참여자, people)

사람(참여자)은 서비스 제공과정에 참여하여 구매자의 지각에 영향을 미치는 모든 행위자로서 종업원과 고객 및 서비스 제공현장의 다른 고객들을 말한다. 서비스 제공에 참여하는 이들의 외모나 태도, 행동은 모두 고객의 서비스 지각에 영향을 미치며, 고객이 서비스를 미리 판단하게 하는 단서로 작용할 수 있다. 특히 컨설팅이나 교육, 진료, 기타 전문적인 관계중심의 서비스나 고접촉 서비스를 제공하는 경우는 서비스 접점에 있는 '사람'이 매우 중요한 역할을 한다. 종업원 관리를 위한 내부마케팅이나 고객관리를 위한 관계마케팅이 이 부분의 주요 이슈가 된다.

[그림 9-4]와 〈표 9-3〉에는 서비스 마케팅믹스의 구성요소와 주요 내용들을 제시해 주고 있다.

[그림 9-4] 서비스 마케팅믹스

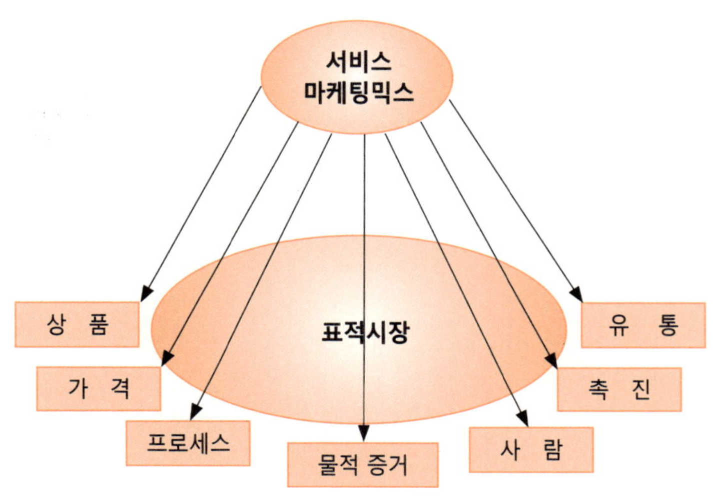

〈표 9-3〉 서비스 마케팅믹스의 구성요소

구성요소	주요 내용
상 품 (product)	서비스 상품믹스, 상표, 품질수준, 부가서비스, 포장, 보증 등
가 격 (price)	가격수준, 가격결정, 거래조건, 할인, 가격차별화, 수요 · 공급관리 등
유 통 (place)	경로유형, 경로관리, 입지/접근성, 이용가능성, 경로 커버리지 등
촉 진 (promotion)	광고, 인적판매, 판매촉진, 홍보, 스폰서십, 구전, 판매원 관리 등
프로세스 (process)	서비스 시스템, 서비스 청사진, 접점관리, 서비스 표준화 · 개별화 등
물적 증거 (physical evidence)	건물, 조경, 주변환경, 표지판, 종업원 유니폼, 실내장식, 소품, 명함, 팜플렛, 계산서, 영수증 등
사 람 (people)	종업원, 고객, 다른 고객 등

현/장/사/례

1위 기업들의 인기비결 - "독특한 고객감동 비법"

▶ 고객만족헌장 제정 선포

▽KB국민은행＝'고객만족 일등은행' 달성을 핵심목표 중 하나로 선정해 2005년부터 '고객만족 개선활동'을 강도 높게 추진했다. 전 임직원이 고객을 향한 마음을 담아 'KB 고객만족헌장'을 제정 · 선포했고, 은행권 최초로 서비스가치체계(SI)를 완성했다. 또 고객의 불만사항을 24시간 내에 해결하는 'Speed 고객감동 24Hr' 프로그램을 운영하고 전 영업채널에 대해 주기적으로 고객만족도를 조사해 업적평가에 반영한다.

▶ 3색 행복 주유소 캠페인

▽SK에너지＝SK주유소의 고객만족 수준을 정기적으로 체크해 그 결과를 현장의 영업조직과 주유소에 피드백한다. 올해부터는 '단정한 복장을 갖추고 친절하고 신속한 서비스 제공으로 고객에게 행복감을 느끼게 하는 주유소 이미지를 제공하자'는 '3색 행복 주유소 캠페인'을 시행하고 있다. 또 최근에는 유사 석유제품이 범람하자 '품질보증 프로그램'를 운영하고 있다.

겨울철 24시간 애프터서비스

▽린나이코리아＝보일러와 관련해 겨울철에는 애프터서비스(AS) 전문요원이 24시간 서비스를 제공하고, 여름철에는 각 가정을 방문해 보일러를 미리 점검해 주는 비포서비스(BS)를 실시하고 있다. 이달 1일부터는 린나이 AS 콜센터 서비스를 1544-3651로 단일화해 고객 편의를 도모하고 있다.

▶ 지역별 실질적 혜택 제공

▽삼성카드＝지역별 세분화를 통해 고객들이 생활거점 지역에서 실질적인 혜택을 누릴 수 있는 카드를 내놓았다. 올해 업계 최초로 공정거래위원회의 고객보호제도인 소비자불만 자율관리 프로그램(CCMS) 인증을 획득해 고객 불만요인을 사전에 차단하고 발생된 불만을 신속하게 해결하고 있다. 또 '백혈병 · 소아암 어린이 돕기 사랑의 펀드'를 운영하는 등 사회공헌 활동에도 적극 나서고 있다.

▶ 24시간 서비스 전 제품 확대

▽한국후지제록스=올해부터 24시간 서비스 제도를 모든 제품으로 확대해 기기 고장으로 인한 고객의 불편을 최소화했다. 소모품에 대해 긴급 무료 택배 서비스를 해 주고, 기기를 렌트한 고객에게는 같은 가격으로 3년마다 새 제품으로 교환해 준다. 애프터서비스를 받은 고객에게는 2시간 이내에 전화를 걸어 만족도를 점검하는 서비스도 실시하고 있다.

자료: 동아일보, 2007. 10. 25

연·구·문·제

1. 서비스 마케팅의 개념을 정의하여 보시오.

2. 서비스의 특성과 관련한 마케팅 문제와 마케팅전략 대안에 대하여 설명하시오.

3. 서비스 마케팅과 제품 마케팅의 차이점에 대하여 설명하시오.

4. 고접촉 서비스와 저접촉 서비스의 서비스 마케팅시스템에 대하여 사례를 찾아 설명해 보시오.

5. 서비스 마케팅의 삼각형이 의미하는 바를 설명하시오.

6. 서비스 마케팅믹스의 7P's를 설명하고, 실제 서비스를 대상으로 7P's를 적용해 보시오.

제10장

서비스 상품관리

학 습 목 표

- 서비스 상품의 이해
- 서비스 상품의 속성
- 서비스수명주기

01 서비스 상품의 이해

1. 서비스 상품의 의의

서비스는 기본적으로 고객의 욕구를 충족하기 위하여 고객의 요청에 따라 서비스 제공자가 제공하는 무형의 행위나 과정 또는 그 결과로서의 성과라는 개념을 지니고 있다. 이러한 서비스가 시장에서 판매를 위해 제공되거나 제품판매를 수반하여 제공되는 경우를 일컬어 '서비스 상품'이라고 한다. 마케팅적인 관점에서 볼 때, 서비스 상품은 고객의 욕구충족 대상물로서 시장에서 상품화될 수 있고 교환(exchange)을 통해 얻을 수 있는 무형적인 제 속성의 복합체라고 할 수 있다.

서비스 상품은 일반적으로 핵심 서비스와 이와 결합된 다양한 보조 서비스의 묶음으로 구성되어 있다. 핵심 서비스(core service)는 고객의 기본적인 욕구인 핵심가치를 충족하기 위한 서비스를 말한다. 운송회사의 상품 운송이나 병원의 질병 치료, 컴퓨터회사의 컴퓨터 수리 등은 핵심 서비스의 예에 속한다.

보조 서비스(supplementary service)는 '부가 서비스'라고도 하는데, 핵심 서비스의 이용을 편리하게 하거나 강화 또는 확장시키기 위한 서비스를 말한다. 보조 서비스에는 고객이 필요로 하는 정보를 제공하거나 문제해결을 위한 자료 제공, 기타 다양한 서비스 활동을 포함한다. 예를 들어, 이동전화 서비스에서 무선 전화통화는 핵심 서비스에 속하지만, 이와 관련하여 부가적으로 제공되는 문자 메시지, 음성사서함, 인터넷 접속, 전자우편, 전자수첩, 시간관리, 대금결제, 교통카드, 위치추적, 원격 PC제어, 모바일 경호 등의 기능은 모두 보조 서비스에 해당된다.

[그림 10-1] 핵심 서비스와 보조 서비스(이동전화의 예)

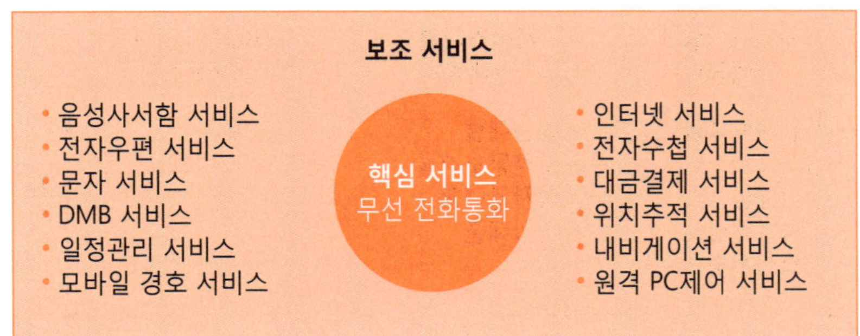

2. 서비스 상품믹스

(1) 서비스 상품믹스의 개념

어떤 서비스 기업이든 단일 서비스만으로 고객들의 다양한 욕구를 충족하기는 어려우며 경쟁상황에서 생존하기도 어렵다. 따라서 어떤 형태로든 서비스 상품믹스가 필요하다.

서비스 상품믹스(service mix)란 한 기업이 판매를 위하여 시장에 생산 · 공급하고 있는 모든 서비스 상품의 총합을 말하며, 모든 서비스 계열과 서비스 품목을 통틀어 일컫는 말이다. 여기서 서비스 계열(service line)이란 기업이 생산 · 판매하는 하나의 서비스 상품 군으로서 고객의 욕구나 용도, 기술적 특징, 기능, 가격범위 등이 서로 유사하여 밀접하게 관련되어 있는 서비스 상품들의 집단을 말한다. 이 서비스 계열들의 조합이 바로 서비스 상품믹스가 된다. 그리고 서비스 품목(service item)이란 가격이나 서비스 범위 등의 속성이 서로 다른 가장 기본적인 상품단위를 말한다. 〈그림 10-2〉에는 3개의 서비스 계열과 12개의 서비스 품목을 갖는 어느 은행의 서비스 상품믹스를 예시한 것이다.

서비스 상품믹스는 그 구성에 있어서 폭과 깊이, 길이 및 일관성의 개념도 고려해야 한다. 폭(width)이란 기업이 현재 취급하고 있는 서비스 계열의 수

[그림 10-2] 서비스 상품믹스의 예(은행 서비스)

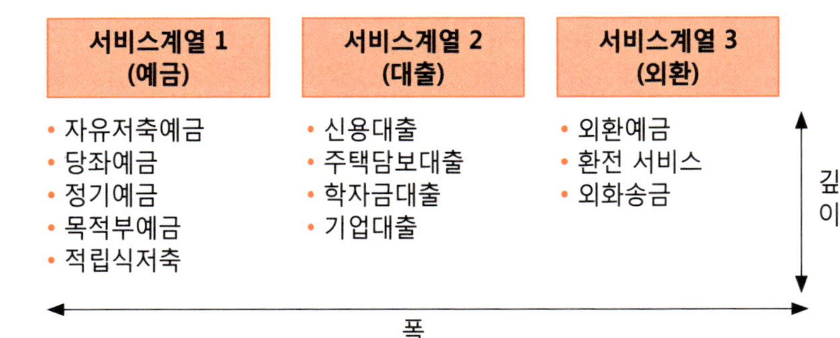

를 말한다. 그림에서 이 은행은 예금과 대출, 외환 등 3개의 서비스 계열을 갖는 서비스 상품믹스의 폭을 나타내고 있다. 깊이(depth)란 각 서비스 계열에 속해 있는 서비스 품목의 수를 의미하며, 길이(length)란 서비스 상품믹스 안에 있는 전체 서비스 품목의 수를 말한다. 그림에서 이 은행은 현재 예금과 대출, 외환계열에서 각각 5개, 4개, 3개의 깊이를 보이고 있으며, 총 길이는 12개, 평균길이는 4개(=12÷3)가 된다.

서비스 상품믹스의 일관성(consistency)이란 여러 서비스 계열들이 그 용도, 고객욕구, 경로 등에 있어서 서로 얼마나 연관되어 있는가 하는 것을 말한다. 위의 그림에서 예금이나 대출, 외환 서비스는 고객들의 금융·재테크 욕구를 충족시키는 서비스 군이라고 할 수 있으므로 이 은행의 서비스 상품믹스는 일관성이 있다고 말할 수 있다.

기업의 서비스 상품믹스는 전략적으로 중요한 의미를 갖는다. 서비스 상품믹스의 이러한 네 가지 차원(폭, 깊이, 길이, 일관성)은 기업의 서비스 상품전략을 수립하기 위한 조종간이 된다. 기업은 서비스 계열의 확대나 축소, 서비스 계열 내 서비스 품목의 추가나 제거, 서비스 계열의 일관성 유지 등의 서비스 상품믹스에 관한 의사결정을 통해 제공되는 서비스의 효율성과 효과성을 제고할 수 있다. 기업은 현재의 서비스 상품믹스에 대한 평가를 토대로 하여 기업의 목표와 가용자원, 핵심역량뿐만 아니라 변동적인 마케팅환경(경쟁상황, 고객욕구의 변화, 기술의 발달 등)에 가장 적합한 최적 서비스 상품믹스를 결정해야 한다.

예컨대, 은행은 글로벌화된 금융시장에서 경쟁력을 강화하기 위하여 은행 간의 합병을 통하여 규모의 경제와 시너지 효과를 극대화함과 동시에 기업금융, 신탁금융, 국제금융 등의 서비스 계열을 추가 확장하고, 이익을 창출하지 못하는 일부 서비스 품목이나 계열을 제거함으로써 서비스 상품믹스의 최적화를 기하고 은행 운영의 효율성과 효과성을 높일 수 있을 것이다.

(2) 서비스 상품믹스의 확대와 축소

기업의 서비스 상품믹스에 관한 결정은 크게 나누어 서비스 상품믹스의 확대와 축소라는 두 가지 차원으로 구분된다.

서비스 상품믹스의 확대는 서비스 계열을 추가하거나 서비스 계열 내의 품목을 추가하는 것으로서 '서비스 다양화(service diversification)'라고도 한다. 소비자 욕구의 다양화와 욕구수준의 향상, 급속한 기술의 진보와 혁신, 경제의 서비스화 현상, 기업 간의 치열한 경쟁, 서비스수명주기의 단축화 등의 요인으로 인해 기업은 서비스 신상품을 개발하고, 서비스 계열과 품목을 점차 확대하는 방향으로 나아가게 된다. 그러나 기업이 서비스 상품믹스의 확대를 위해서는 ① 수익성과 ② 서비스 상품에 대한 기업의 목적 또는 방침에의 부합성이라는 두 가지 제약사항을 고려할 필요가 있다.

한편, 서비스 상품믹스의 축소는 현재의 서비스 계열에서 이익이 적은 한계상품이나 적자상품 또는 해당 서비스 계열을 정리 · 축소해 나가는 것으로서 '서비스 단순화(service simplification)'라고도 한다. 적절한 상품믹스의 축소는 기업의 자원낭비를 막고 수익성을 제고시켜 기업의 체질을 강화해 주며, 마케터로 하여금 새로운 마케팅기회를 추구하고 남아 있는 서비스 상품의 관리에 시간과 노력을 집중하게 해 준다. 그러나 지나친 단순화는 서비스 상품의 구색이나 해당 산업부문에서의 기업의 이미지와 명성에 나쁜 영향을 미칠 수 있다. 특히, 완전계열(full line)을 추구하는 기업이라면 이익이 없는 서비스 상품이라고 하더라도 전체적인 서비스 상품믹스를 위해 그대로 남겨 둘 필요가 있다.

02 서비스 상품의 속성

1. 서비스 상표

(1) 서비스 상표의 의의

상표(brand)는 특정 기업의 제품이나 서비스임을 확인하고 그것이 경쟁사의 것과 구별될 수 있도록 하기 위해 사용하는 명칭, 용어, 기호, 상징, 디자인 또는 이들의 결합을 말한다. 이처럼 상표는 기본적으로 자사의 상품을 경쟁사의 상품과 분명하게 구별하기 위한 것으로서 물리적인 제품보다 무형적이고 구매위험이 더욱 크게 지각되는 서비스 마케팅에서 더욱 중요하게 다루어진다. 그리고 제품 마케팅에서는 기업의 제품상표(product brand)가 중요하지만 서비스 마케팅에서는 무형의 서비스 상품에 상표를 붙이기가 힘들기 때문에 기업상표(company brand)가 큰 의미를 갖고 중요시된다. 즉, 기업명이 서비스 기업의 상표명이 되는 경우가 일반적이라는 것이다. 소비자들이 에버랜드나 롯데리아, 하얏트호텔, 피자헛 등이 제공하는 서비스를 선택할 때 개별 서비스 상품의 상표를 평가하기보다는 해당 기업상표를 기준하여 평가하고 그 선택여부를 결정하는 경우를 흔히 볼 수 있다. 서비스 기업은 잠재고객이나 종업원, 주주 등에게 광고나 전단, 인쇄물, 판매촉진, 운송차량, 설비, 종업원 유니폼, 홍보 등의 커뮤니케이션 매체를 통해 기업의 상표를 알리게 된다.

기업의 상표는 상표명(brand name)뿐만 아니라 상표마크(brand mark), 등록상표(®, TM; trade mark),[1] 슬로건(slogan), 로고(logo), 심벌(symbol), 색

1 등록상표란 상표법에 의하여 특허청에 등록된 상표를 말하며, 독점적인 상표권을 얻게 된다. 상표등록의 출원은 선원등록주의이므로 원칙적으로 먼저 출원한 쪽에 등록이 허가된다. 존속기간은 10년이며 갱신할 수 있으므로 반영구적이다. 등록상표임을 나타내기 위하여 상표에 ® 또는 TM 기호를 붙인다.

상 등의 구성요소로 이루어진다. 이들 상표의 구성요소들은 서로 통합적인 조화를 이루어야 하며, 고객들에게 일관성 있게 제시되어야 강한 상표 정체성(brand identity)이 구축될 수 있다. 따라서 기업의 상표명에 수반되는 상표마크나 심벌과 같은 시각적 제공물은 상표의 차별화와 인지도 제고에 중요한 역할을 한다. 시각적 표현물이 문자나 단어보다 더 기억하기 쉽고 오래 기억되기 때문이다. 맥도널드의 황금아치나 KFC의 '커넬 샌더스 할아버지 상', 월트디즈니의 캐릭터 '미키마우스'는 우리들에게 친숙하게 기억되고 강한 브랜드 정체성을 갖고 있는 심벌들이다.

상표는 고객이나 서비스 제공자 모두에게 중요하다. 고객들은 서비스 상표의 명성이나 이미지를 통해 무형의 서비스를 시각화하고 서비스 품질을 평가하는 단서로 삼을 뿐만 아니라 서비스 구매와 관련한 금전적 · 사회적 위험을 감소시키고, 서비스 구매에 소요되는 시간을 절약할 수 있다.

서비스 제공자 입장에 볼 때, 상표는 고객의 반복구매를 통해 안정된 시장확보와 서비스 충성도를 구축할 수 있고, 서비스 차별화와 시장세분화의 수단으로 삼을 수 있으며, 서비스 기업이 제공하는 전체 서비스 상품에 대한 촉진노력에 도움이 된다. 또 좋은 상표는 기업 이미지를 제고시켜 주며, 등록상표를 통해 자사의 독특한 서비스 특성이나 혁신내용을 법적으로 보호받기도 한다.

[그림 10-3] 서비스 상표의 예

맥도날드

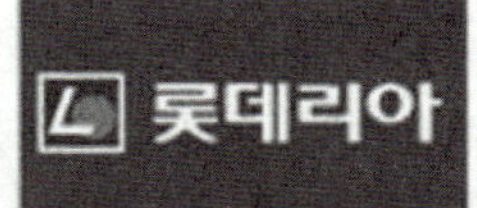

롯데리아

피자헛

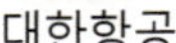
대한항공

아시아나항공

(2) 서비스 상표의 요건

일반적으로 서비스 기업의 상표명은 다음과 같은 네 가지 요건을 갖추고 있어야 한다.

1) 독 특 성

상표는 경쟁자의 상표와 쉽게 구별될 수 있는 독특함(distinctiveness)이 있어야 한다. 흔히 쓰이는 일반적인 용어를 상표로 사용하는 것은 부적절하며, 기업의 독특한 특성과 개성을 나타내는 것이어야 한다. 때로는 독특성을 나타내기 위해 기존의 해당 서비스 부문에서 사용되지 않는 개성 있고 참신한 이름, 창업주나 그 가문의 이름, 가공의 단어(fabricated word)를 사용한 이름 등의 상표를 창안하기도 한다. 서비스 기업의 특성을 나타내고 있는 '시티뱅크(City bank)' '에버랜드', 창업주 가문의 이름을 붙인 '송가네', 고객에게 친밀감을 주고 개성 있는 이름을 붙인 '예' 치과, '고른이' 치과 등이 있다.

2) 관 련 성

상표는 서비스의 특성이나 편익을 잘 나타내는 것이어야 한다. 즉, 상표와 서비스의 특성을 연관지을 수 있는 관련성(relevance)이 있어야 한다는 것이다. 관련성은 단순히 서비스의 특성을 나열하거나 묘사하는 것이 아니라 함축적이고 독특한 표현이 되도록 하는 것이 좋다. '비자(Visa)카드'는 해외여행 중 어느 나라에서나 사용 가능하다는 신뢰감을 주며, 'Speed 011'은 통화품질의 우수성이라는 고객 편익을 연상시키는 좋은 브랜드라고 할 수 있다.

3) 기억용이성

상표는 발음하기 쉽고 쓰기 쉬우며 기억하기 용이해야 한다(memorability). 가능한 한 간결하고 단순하여 사용하기 편리해야 한다. 상표의 간결성과 단순성은 로고를 효과적으로 도안하는데도 도움이 된다. KFC(Kentucky Fried

Chicken), LG(Lucky Goldstar), P&G(Proctor & Gamble), 3M(Minnesota Mining & Manufacturing)은 모두 기억용이성과 간결 · 단순성을 위해 축약된 상표를 사용한 예가 된다. 때로는 기억의 용이성을 위해 철자를 특이하게 사용하기도 한다. 미국의 장난감 유통업체인 '토이저러스(Toys Я Us)'는 'are'를 평범하게 표현하지 않고 'R'자를 거꾸로 표기하여 소비자들의 기억에 오래 남는 상표가 되도록 하였으며, 국내의 한글과 컴퓨터사는 한글 소프트웨어의 상표를 우리의 고어를 사용하여 '**ᄒᆞᆫ글**'이라고 표기함으로써 소비자들에게 독특하고 인상 깊은 상표로 기억되고 있다.

4) 유 연 성

시간이 지남에 따라 기업이 제공하는 서비스의 속성이나 범위는 변화하는 것이 불가피하기 때문에 상표는 유연성(flexibility) 있게 적응 또는 변경될 수 있어야 한다. 그리고 상표는 기업이 지향하는 사업방향이나 비전을 포함하는 장기적인 안목을 가지고 설정되어야 한다. 또 부정적이거나 저속하거나 진부하지 않은 것이어야 하며, 제한적인 인상을 주는 상표는 피하는 것이 좋다. 특정 지역 · 지명을 사용하거나 한정된 서비스 범위를 나타내는 상표를 설정하게 되면 서비스 제공 영역과 범위를 확장하는 데 장애요인이 되며, 세계화 전략을 추진하는데도 걸림돌이 된다. 예컨대, 국제적인 종합운송회사를 지향한다는 기업의 상표에 '**트럭'이나 '**철도', '서울**'라는 식의 표현이 들어가면 상표의 유연성에 문제가 야기된다.

선경그룹(SUNKYUNG)의 경우 영어로 읽으면 '가라앉은 젊은이'라는 뜻의 'Sunk Young'으로 발음되어 부정적인 인상을 주어 'SK'로 바꾸었으며, 한국화약도 영어로 'Korean Explosive'로 표현되어 무슨 테러단체인 것으로 오인되는 경우가 있어 한화(HANHWA)로 이름을 바꾸었다. 현대그룹(HUNDAI) 역시 영어로 'Hun Die'로 발음되어 부정적인 인상을 줄 수 있어 'Sunday'의 발음을 비유하는 현지광고를 통해 올바른 발음을 유도하는 노력을 기울였다.

(3) 브랜드 자산

1) 브랜드 자산의 의의

브랜드, 즉 상표는 한 회사가 생산·판매하는 제품이나 서비스의 얼굴이다. 그런데 기업의 상표가 시장에서 갖는 브랜드 파워와 가치는 제각기 다르다. 소비자들에게 별로 알려지지 않은 무명상표에서부터 강력한 브랜드 파워와 브랜드 충성도가 형성됨으로써 높은 브랜드 가치를 창출하는 유명상표에 이르기까지 다양하다. 오늘날 많은 기업들은 브랜드를 기업의 주요 무형자산으로 인식하고 브랜드 파워를 구축하기 위해 노력하고 있으며, 수천 수만의 브랜드들이 소비자들의 마음을 사로잡기 위해 각축을 벌이고 있다.

브랜드 자산(brand equity)이란 고객이 어떤 상표에 대하여 호감을 갖게 됨으로써 그 상표가 붙여진 상품의 가치가 증가된 부분을 의미한다. 즉, 어떤 제품이나 서비스에 상표를 붙임으로써 추가되는 가치를 말한다. 브랜드 자산의 효과는 상표인지도의 증가, 강력한 상표연상, 상표충성도 구축, 시장점유율이나 수익의 증가 등의 형태로 나타난다.

오늘날 우리 주변에 있는 많은 상품들은 경쟁상표들 간에 품질의 차이를 별로 느낄 수 없고 치열한 경쟁으로 인해 제품의 차별화가 점점 더 어려워지고 있다. 이러한 상황에서 자사 제품이나 서비스의 브랜드 이미지 차별화를 통한 브랜드 파워의 구축은 제품차별화의 한 도구로서 경쟁기업들 간에 파멸적 가격경쟁을 피하고 시장점유율과 수익성을 높이는 전략 대안이 될 수 있다.

일반적으로 브랜드 자산은 기업과 소비자 모두에게 가치를 창조한다. 먼저 기업측면에서 강력한 브랜드 자산은 시장점유율을 증대하거나 높은 가격 프리미엄을 획득할 수 있으며, 상표 라이선싱에 의해 수익을 얻을 수 있고, 상표확장을 통해 신상품의 성공 가능성을 높이거나 출시비용을 낮출 수 있다. 또한 소비자 측면에서 브랜드 자산은 소비자에게 상품의 가치를 평가하는 데 영향을 미친다. 즉 해당 상표에 대한 정보를 해석하고 처리하는 데 도움을 주며, 소비자의 구매결정에 대한 판단에 영향을 미칠 수 있다. 뿐만 아니라 브랜드 연상효과를 통해 구매제품에 대한 고객만족도에 영향을 미칠 수도 있다.

〈표 10-1〉 세계 브랜드 가치 10대 순위 (단위: 억 달러)

순 위	브 랜 드	브랜드 가치
1	코카콜라	778.4
2	애플	765.7
3	IBM	755.3
4	구글	697.3
5	마이크로소프트	578.5
6	GE	436.8
7	맥도날드	400.6
8	인텔	393.9
9	삼성	328.9
10	토요타	302.8

※ 자료: 인터브랜드(2012).

〈표 10-1〉에는 세계 기업들의 10대 브랜드 가치 순위를 보여주고 있다. 2012년 세계 최고의 브랜드는 778억 달러의 브랜드 가치를 가지고 있는 코카콜라이며, 2위는 애플(766억 달러), 3위는 IBM(755억 달러)였다. 구글(697억 달러), 마이크로소프트(579억 달러), GE(437억 달러), 맥도날드(401억 달러) 등이 그 뒤를 이었다. 우리나라에서 가장 브랜드 가치가 높은 삼성전자는 전년도보다 9위가 상승하여 세계 9위로서 329억 달러의 브랜드 가치를 갖고 있는 것으로 평가받고 있으며, 그 뒤를 이어 현대자동차가 53위(75억 달러), 기아자동차가 87위(41억 달러)로 세계 100대 브랜드 반열에 이름을 올렸다.

2) 브랜드 자산의 관리

브랜드 자산은 크게 브랜드 인지도와 브랜드 연상 두 가지 요소로 이루어진다. 따라서 강력한 브랜드 자산을 구축하기 위해서는 소비자의 브랜드 인지도와 브랜드 연상을 효과적으로 관리해야 한다.

① 브랜드 인지도

브랜드 인지도(brand awareness)란 브랜드가 소비자들에게 어느 정도 알려져 있는가 하는 것으로서 소비자가 어떤 브랜드를 인식하거나 회상할 수 있는 능력을 의미한다. 여기서 브랜드 인식(brand recognition)은 하나의 브랜드에 대한 제품정보가 소비자의 기억 속에 있는지 여부를 말하며, 브랜드 회상(brand recognition)은 소비자들이 자신의 기억 속에 이미 저장되어 있는 특정 브랜드의 정보를 그대로 인출할 수 있는 능력을 말한다.

② 브랜드 연상

브랜드 연상(brand association)이란 브랜드와 관련하여 소비자의 기억 속에서 떠오르는 모든 것을 말한다. 즉, 소비자가 어떤 상표를 듣거나 보았을 때 떠올리게 되는 모든 생각이나 느낌, 영상들을 총칭하는 말이다. '맥도널드'를 생각하면 황금색 아치모양의 로고와 햄버그, 친절하고 따뜻한 느낌을 연상하게 되고, '코카콜라'를 생각하면 빨간색 로고와 날씬한 병모양, 독특한 맛을 연상하게 된다.

브랜드 연상은 '호의적이고(favorable),' '강력하고(strong),' '독특할수록(unique)' 좋은 연상이 된다. 즉 어떤 브랜드를 들었을 때 얼마나 즉각적으로 브랜드와 관련한 연상이 머릿속에 떠오르고, 그 연상이 얼마나 긍정적이며, 경쟁상품에 비하여 얼마나 차별화된 이미지로 연상되는가 하는 것이 중요하다. 아무리 호의적이고 강력한 연상이 떠오를지라도 다른 경쟁제품과 뚜렷이 구별되지 못한다면 자사제품의 경쟁우위를 획득하기 어렵게 된다.

〈표 10-2〉 브랜드 연상의 유형과 예

브랜드 연상의 유형		브랜드 연상의 예
상품속성 관련 연상	상품범주	박카스 – 피로회복 강장제
	상품속성	Hite – 천연암반수 맥주
	품질/가격대	에쿠스 – 명품 고급자동차
상품속성과 관련 없는 연상	상표개성	나이키 신발(에어조던) – 마이클 조던
	사용자/사용용도	게토레이 – 갈증해소 음료
	기업 이미지	삼성 – 우리의 대표브랜드
	원 산 지	프랑스 – 향수(샤넬), 일본 – 전자제품(소니)

현/장/사/례

한국 브랜드 가치 1조 6,242억 달러 '세계 9위'

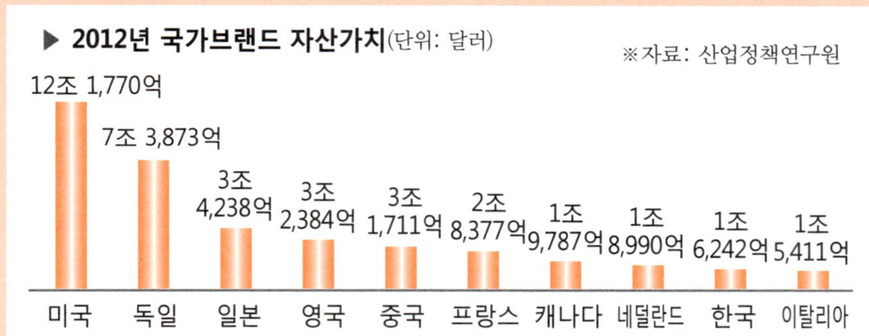

한국의 브랜드 가치가 1조 6,242억 달러(약 1,734조원)로 세계 주요 39개국 중 9위라는 조사 결과가 나왔다. 2010년과 2011년에는 각각 1조 2,000억 달러, 1조 5,000억 달러로 10위를 기록하는 등 2006년부터 줄곧 10위권에 들다가 올해 한 단계 상승했다.

산업정책연구원은 27일 대한상공회의소 국제회의장에서 열린 '2012 코리아 브랜드 콘퍼런스'에서 이 같은 국가 · 도시 · 기업 브랜드 가치 평가결과를 발표했다. 미국이 12조 1,770억 달러로 국가 브랜드 가치 1위를 차지했고, 독일이 7조 3,873억 달러로 2위, 일본이 3조 4,238억 달러로 3위를 기록했다. 또 최근 3년간 지역별 국가 브랜드 가치 평균 상승률을 보면 아시아 · 대양주 지역이 19.6%, 미주 7.4%, 유럽이 7.0%를 기록했다. 주요 신흥국 중에선 중국과 인도가 각각 21.8%와 47.2% 증가했고 한국은 16.5%의 상승률을 보였다.

국가 브랜드 자산가치는 산업정책연구원이 세계 60여 개국을 대상으로 조사한 심리적 친근도, 국가 브랜드 활동주체 평가 결과, 제품과 서비스 수출액 등을 반영해 산출된다.

한편 이번 조사에서 기업 브랜드 가치는 삼성전자가 95조원으로 13년 연속 국내 기업 중 1위를 차지했고, 현대차(30조원), LG전자(22조원)가 각각 2, 3위를 기록했다. 또 올해 국가 브랜드 가치 상승에 가장 많이 기여한 인물로 최근 유튜브 동영상 최다 조회 수 기록을 달성한 '강남스타일'의 싸이가 선정됐다.

자료: 서울신문, 2012. 11. 28

2. 서비스 보증과 사후 서비스

(1) 서비스 보증

보증(warranty)은 제품이나 서비스에 이상이 있을 경우에 생산자나 판매자가 어떻게 하겠다고 보장하는 것을 말하는 것으로, 제품의 한 부분이 된다. 보증의 유형에는 반품과 교환의 보증, 일정한 품질의 보증, 고장이나 손상에 대한 보증, 일정기간의 보증 등이 있다.

일반적으로 보증은 제품의 판매에서 중요한 전략적 수단이 되어 왔는데, 서비스의 판매에 있어서도 중요한 전략이 될 수 있다. 다만, 서비스는 무형성과 소멸성의 특성을 가지고 있기 때문에 교환이나 수리 보증은 어렵고, 대신에 환불이나 추가적인 서비스 제공, 일정한 품질보증 등을 제공할 수 있다. 기업이 제공하는 보증의 유형과 수준은 구매자에게 매우 중요한 관심사가 된다. 보증은 가격이 비싸고 기술적으로 복잡하거나 구매위험이 크고 구매자가 구매상품에 대한 지식이 없을 때 그 중요성이 커진다. 특히 서비스는 제품에 비해 구매위험이 높게 지각되고 품질관리가 어렵기 때문에 서비스 상품에 대한 보증은 소비자의 구매위험을 감소시키고 신뢰감을 갖게 한다. 뿐만 아니라 서비스 품질에 대한 확신으로 고객의 충성도를 높이고 구전효과를 통해 새로운 고객을 확보할 수 있다.

서비스 보증은 기업이 고객이 제공받을 서비스의 여러 측면에 대해 고객에게 공식적으로 약속(formal promises)하는 것으로서 기업이 사전에 약속한 서비스의 정확한 제공을 보장하는 것을 말한다. 기업이 서비스 보증 프로그램을 통해 실질적인 효과를 얻기 위해서는 무엇보다도 고객이 기업의 보증제도를 잘 알고 있고 그 보증이 확실히 제공될 것으로 믿어야 한다. 서비스 보증은 일관성 있는 서비스가 제공될 것을 약속하고, 불만족한 고객에게는 기업이 틀림없이 보상 또는 배상을 해 주겠다는 약속을 할 때 그 효과를 기대할 수 있다.

서비스 보증은 고객의 유지 · 창출과 호의구축에 중요한 기능을 하며, 보증이 잘 정착되기 위해서는 최고경영층의 적극적인 의지와 지원이 무엇보다도 중요하다. 불만족 고객을 골칫덩어리로 여기고 보증을 단순한 비용요인으로 간주하는 상황이라면 보증이 제대로 정착될 수 없을 것이다.

(2) 사후 서비스

사후 서비스(A/S: After Service)는 판매된 제품이나 서비스에 대하여 필요한 대체 부품을 공급하고 고장시에는 무료 또는 실비로 수리하거나 부품 교환을 통해 그 상품이 지니고 있는 본래의 정상적인 기능을 항시 유지할 수 있도록 하는 활동을 말한다. 사후 서비스는 구매 후 불만족을 감소시키고 자사 상품의 구매자를 영구적 고객으로 만들 수 있어 차별적 경쟁수단으로 매우 중요시되고 있다. 서비스는 무형적인 특성 때문에 물리적인 제품에 비해 사후 서비스의 범위가 일부 제한될 수는 있지만 사후 서비스의 중요성은 간과할 수 없다.

예를 들어, 백화점이나 할인점과 같은 소매점은 판매된 상품에 대하여 자체적으로 반품, 교환, 환불, 수리 등의 사후 서비스를 제공하고 있다. 또 치과 병원에서는 인공치아를 해 준 뒤에 문제가 있을 때 치아를 다시 해 주거나 교정해 줌으로써 고객만족을 도모하고 있다. 이 밖에 은행이나 증권회사와 같은 금융기관에서는 고객들의 재테크에 도움이 될 수 있는 다양한 투자정보와 투자자문 서비스를 제공하고 있다.

서비스 기업은 사후 서비스를 통해서 고객만족과 고객충성도를 획득할 뿐만 아니라 서비스에 대한 고객들의 반응이나 서비스 개선을 위한 아이디어를 얻을 수 있다.

현/장/사/례

서비스, 이제 '애프터(after)' 아니라 '비포(before)' 시대

고객을 먼저 찾아가 불만을 미리 처리하는 '비포 서비스(BS: Before Service)'가 케이블 방송시장에 등장했다.

국내 최대 복수종합유선방송사업자(MSO) 티브로드는 고객이 부르기 전에 방문해 고객 불만이나 서비스 품질을 체크하고 설치 시설을 점검해 고객의 만족도를 개선시키는 비포 서비스(BS: Before Service) 조직을 발족했다고 27일 발표했다. 우선 티브로드 수원방송, ABC방송, 한빛방송 등 3개 SO에 한해 SO당 20명씩 BS 조직을 발족했다. 지난 10월부터 시범운영해 27일부터 정식 운영에 들어갔으며 내년 상반기까지는 9개 지역 모든 SO에 확대, 총 180명을 확충할 계획이다.

티브로드 이상윤 총괄임원은 "비포 서비스 시행으로 서비스 품질 향상 및 가입자 망 안정화에 따른 고객 민원 감소, 티브로드 이미지 제고 등의 효과가 기대된다"며 "체계적인 기술과 서비스 교육을 통해 케이블 방송사의 새로운 서비스 형태를 만들 것"이라고 말했다.

자료: 조이뉴스, 2006. 11. 28

03 서비스수명주기

인간이 태어나서 성장과정을 거치면서 사망하기까지 일련의 주기가 있듯이 시장에 도입된 제품이나 서비스도 일정한 수명과 주기를 가지고 있다. 즉, 시장에 도입된 신상품은 일정한 기간이 지나면 소비자 욕구의 변화나 새로 개발된 대체 신상품의 등장으로 인하여 점차로 시장에서 쇠퇴하고 모습을 감추게 된다는 것이다.

서비스수명주기(SLC: service life cycle)란 서비스 신상품이 시장에 처음으로 도입(출시)되어 경쟁상품에 의하여 다시 그 시장에서 사라지기까지의 과정을 말한다. 제조업 부문의 제품수명주기와 마찬가지로 서비스수명주기도 시간의 흐름에 따른 매출을 기준으로 도입기, 성장기, 성숙기, 쇠퇴기의 4단계로 나누어진다. 그러나 서비스가 갖는 고유의 제 특성으로 인해 제품수명주기 전략이 서비스수명주기 전략에 그대로 적용되기는 곤란하며, 서비스 부문에 맞도록 전략의 수정이 필요하다.

[그림 10-4]에는 전형적인 S자형의 서비스수명주기 곡선을 보여주고 있는

[그림 10-4] 서비스수명주기 곡선

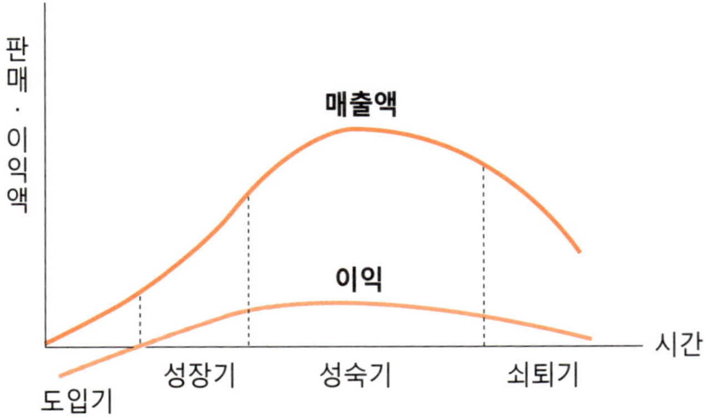

데, 서비스 신상품이 시장에 처음 출시된 도입기에는 완만한 매출성장을 보이고 이익도 기대할 수가 없으나, 성장기가 되면 매출의 급속한 신장과 함께 이익률도 절정에 달하게 된다. 기업 간의 치열한 경쟁과 서비스 상품에 대한 수요가 포화상태를 이루는 성숙기에는 매출성장이 둔화되고 이익률도 떨어지며, 종국에 가서는 대체적인 경쟁 신상품에 의하여 쇠퇴기를 맞이하고 시장에서 철수한다는 것이다.

어떤 서비스 상품이 수명주기를 가지고 있다고 하는 것은 다음과 같은 네 가지 의미를 지니고 있다.

① 서비스 상품은 유한한 수명을 가지고 있다.
② 서비스의 판매고는 여러 단계를 거치며, 각 단계는 판매자에게 상이한 도전기회가 제기된다.
③ 서비스수명주기의 각 단계별로 이익은 점차 증가하다가 감소한다.
④ 서비스수명주기에 따라 각기 상이한 마케팅전략이 요구된다.

그런데 서비스수명주기는 반드시 S자형 패턴을 그리지는 않는다. 서비스의 유형이나 시장상황에 따라 [그림 10-5]와 같은 다양한 모양을 가진 서비스수

[그림 10-5] 비S자형 서비스수명주기 곡선의 유형

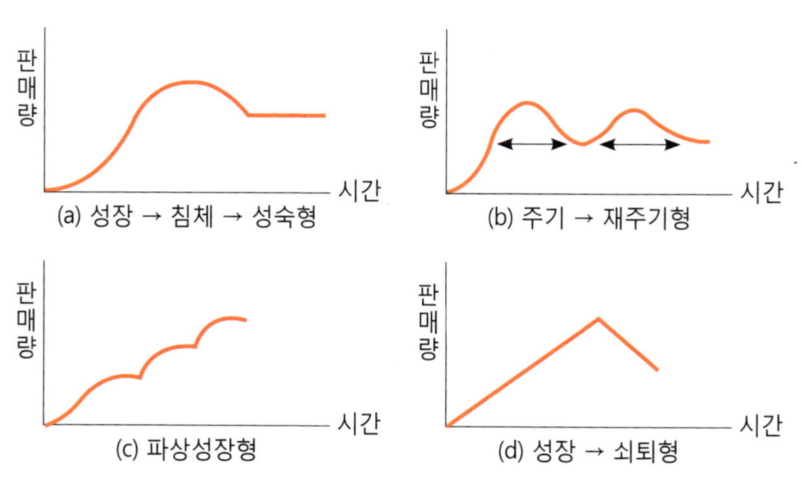

명주기를 보이기도 한다.

또 서비스수명주기의 길이는 서비스의 유형에 따라 다르며, 서비스수명주기가 갖는 의미는 각 주기의 정확한 길이보다는 향후 맞이할 새로운 단계를 예측하고 그에 따른 마케팅계획과 전략을 입안하는 데 있다. 일반적으로 기존서비스 상품에 비하여 신상품의 상대적 이점이 클수록, 또 서비스의 사용경험을 통해 호의적인 구전이 이루어질수록 그 서비스 상품의 매출 성장속도는 더 빠르다.

오늘날 서비스수명주기는 날로 단축되는 경향을 보이고 있는데, 그 원인은 다음과 같이 몇 가지로 요약할 수 있다.

① 급속한 기술혁신(특히, 컴퓨터와 정보기술 분야)
② 모방상품의 등장
③ 경쟁의 격화
④ 소비자욕구의 다양화 · 다변화 · 고급화
⑤ 유행의 빠른 변화

특히 무형성을 지닌 서비스는 제품에 비해 모방성이 강하고 서비스 혁신에 따른 대체 신상품의 도입이 빨라 서비스수명주기가 짧고 가변적인 경우가 많다.

서비스수명주기가 갖는 마케팅적 의미는 기존 상품의 수명과 장래성을 예측하고 서비스수명주기 단계별 특징과 마케팅전략을 효과적으로 수립할 수 있는 유용한 지침을 제공해 주는 데 있다.

서비스수명주기 단계별 특성과 마케팅전략은 〈표 10-3〉과 같이 정리할 수 있다.

〈표 10-3〉 서비스수명주기 단계별 특성과 마케팅전략

	도입기	성장기	성숙기	쇠퇴기
단계별 특성	• 경쟁이 없음 • 매출성장 완만 • 적자상황 • 세분시장 미구분	• 해당산업 급성장 • 매출증가 • 이익률 증가 • 세분시장 명확 • 경쟁자 진입증가	• 매출 제자리 걸음 • 경쟁이 극심함 • 부실기업 퇴출 • 브랜드 평준화 • 시장세분화 뚜렷	• 매출감소 • 이익감소 • 경쟁감소 • 시장성장률 감소 • 대체 신상품 등장
마케팅 전략	• 서비스 설계 · 진단시 고객 참여 • 초기수용자 확인 및 반응 확인 • 산업 수요 창출 • 촉진유인물 제공 • 긍정적 구전 자극	• 경쟁우위전략 개발 • 브랜드 선호 유도 • 서비스충성도 제고 • 반복구매 유도 • 시장점유율 확대	• 영업비용 절감 • 기술적 · 기능적 서비스 품질 제고 • 특정 세분시장 집중 • 보조 서비스 추가 • 설득형 광고 • 경쟁우위전략	• 철수전략 • 수확전략 • 정리전략 • 비용절감전략 • 재활성화전략

서비스수명주기 개념은 동태적인 시장에서 기존 상품의 현재 및 장래의 수명주기 단계적 특성을 토대로 하여 당면한 마케팅 과업을 이해하고, 그에 대응한 구체적인 마케팅계획과 전략을 수립하는 데 유용한 도구가 된다.

그러나 서비스수명주기 이론은 크게 두 가지의 한계를 지니고 있다.

첫째, 서비스수명주기의 형태는 서비스 상품의 특성에 따라 다르다. 즉 모든 서비스가 S자형 주기패턴을 따르지는 않는다는 것이다. 이것은 S자형에 기초한 제품수명주기이론의 유용성을 제약하는 요인이 될 수 있다.

둘째, 서비스수명주기의 길이와 각 단계별 구분이 명료하지 않아서 그 서비스가 현재 어느 단계에 도달해 있는지를 정확히 알 수 없다. 기업은 서비스의 일시적인 판매고 변화를 서비스수명주기 단계의 변화로 오인하기 쉽다는 점이다.

현/장/사/례

국내 브랜드 · 상품 수명 너무 짧다

수명 짧은 브랜드, 소비자 기억할 만하면 어느새 사라진다!

직장인 이현주 씨(29)는 지난 11월 말 겨울 옷을 장만하려고 아울렛을 찾았다가 씁쓸함을 느꼈다. 몇 년 전 꽤 비싼 값을 주고 샀던 'W'브랜드의 옷이 재고처리 브랜드로 전락해 헐값에 팔리고 있었기 때문이다. "외국 브랜드와 가격은 엇비슷한데 사고 나서 금세 브랜드가 사라지거나 가치가 떨어지니 괜히 손해 보는 느낌이 드네요."

우리나라 국내 브랜드와 상표의 수명이 세계 평균치에 비해 상대적으로 낮은 것으로 나타났다. 9일 글로벌 컨설팅업체 맥킨지의 보고서에 따르면 전 세계 기업들의 브랜드 평균 수명은 약 15년인 데 비해 우리나라는 10년이 채 못 되는 것으로 알려졌다. 특히 패션브랜드의 경우는 평균 수명이 약 5년으로 다른 종목에 비해 훨씬 짧은 것으로 나타났다. 특허청에 따르면 지난해 국내에 등록 출원된 상표 수는 12만 3,807건, 마드리드 국제상표출원 건수는 489건을 기록했다. 세계 16위의 수준이다. 이처럼 수많은 브랜드와 상표가 매년 시장에 등장하지만 그 중 장수하는 브랜드의 비중이 현저히 낮은 것이다. 전문가들은 브랜드의 평균수명을 높이는 것이 글로벌 시장에서 일류 브랜드로 우뚝 서기 위해 선행되어야 할 첫 번째 조건이라고 입을 모으고 있다.

▶ 패스트 전략, '빅브랜드' 못 만들어

우리나라의 브랜드 수명이 짧은 이유에 대해 전문가들은 브랜드에 대해 여전히 낮은 인식과 브랜드수명주기(Brand Life Cycle)관리 실패 등을 꼽았다.

서울여대 경영학과 허종호 교수는 "우리나라의 경우 기업 브랜드에 대한 인식은 높아졌지만 여전히 제품 브랜드에 대한 인식은 낮아 브랜드의 수명이 짧아지고 있다"고 말했다. 미국이나 유럽 등의 경우 제품을 선택하는 데 있어 브랜드의 전문성과 역사가 중요하지만 한국에서는 제품에 대한 브랜드 인식보다 자체 신뢰성이 중요하다는 지적이다. 제품 브랜드 자체에 대한 신뢰도가 낮기 때문에 신뢰를 줄 수 있는 대기업 브랜드에 의지하게 되면서 기업 브랜드와 제품 브랜드 육성의 양극화가 발생하고 있는 것이다.

브랜드수명주기(BLC) 관리를 제대로 못하고 있다는 점도 브랜드의 수명을 줄이는 주요 요인으로 지적되고 있다. 브랜드도 하나의 생명체처럼 도입기와 성장기, 성숙기, 쇠퇴기의 4단계 과정을 거친다. 그런데 국내 기업의 브랜드 담당자들은 이러한 점을 인식하지 못하고 시기에 맞는 관리를 하지 못하고 있다는 것이다. 사회적으로 '빨리빨리'를 중요시하는 문화와 잦은 경영진 교체 등으로 기존 브랜드 육성보다 새 브랜드 론칭 전략을 선호하는 경향도 있다. 빠르게 생산되고 빠르게 소비되는 패스트 패션처럼 브랜드도 패스트 브랜드가 양산돼 '빅 브랜드'로 이어가지 못하고 있는 것이다.

▶ 브랜드수명주기에 맞는 전략 필요

전문가들은 빅브랜드를 만들기 위해 기업의 인식개선과 더불어 브랜드수명주기를 고려한 브랜드 진화전략이 필요하다고 제시하고 있다.

BLC의 관리를 통해 브랜드수명을 점차 늘려가고 시장에서 입지를 굳히는 것이 일류 브랜드를 만들 수 있다는 것이다. 실제로 인터브랜드가 지난 10월 발표한 '2012 글로벌 100대 브랜드'의 평균 나이는 약 95년인 것으로 나타나 브랜드의 수명이 길어질수록 일류 브랜드 진입에 도움이 된다는 분석이다. 연세대 경영학과 이문규 교수는 "우리나라가 글로벌 시장에서 장수 브랜드가 없는 것은 대부분의 장수 브랜드가 내수용 브랜드 위치에 머물렀기 때문이며, 이제는 철저한 브랜드 관리를 통해 더 많은 브랜드를 글로벌 시장에서 히트시키고 그 브랜드가 장수한다면 국가 위상도 높아질 것"이라고 말했다. 시장 선도제품을 만들기 위해 노력하는 것도 국내 브랜드의 수명을 높일 수 있는 방안으로 제시됐다. 이 교수는 "시장 선점을 통한 우위를 확보하고 브랜드에 대한 지속적인 혁신을 해 나간다면 자연스레 브랜드의 수명과 파워도 커질 것"이라고 말했다.

자료: 파이낸셜 뉴스, 2012. 12. 9

연·구·문·제

1. 서비스 상품의 개념과 구성요소를 설명하고, '서비스의 꽃'이 갖는 의미에 대하여 설명하시오.

2. 서비스 상품믹스의 의미와 그 사례를 조사해 보시오.

3. 서비스 브랜드의 구성요소와 요건에 대하여 설명하시오.

4. 서비스 보증의 의미와 요건에 대하여 생각해 보시오.

5. 서비스 수명주기의 의미와 단계별 특성 및 마케팅전략에 대하여 설명해 보시오.

제11장

서비스 가격관리

학 습 목 표

- 서비스 가격의 의의
- 서비스 가격결정
- 서비스 가격전략

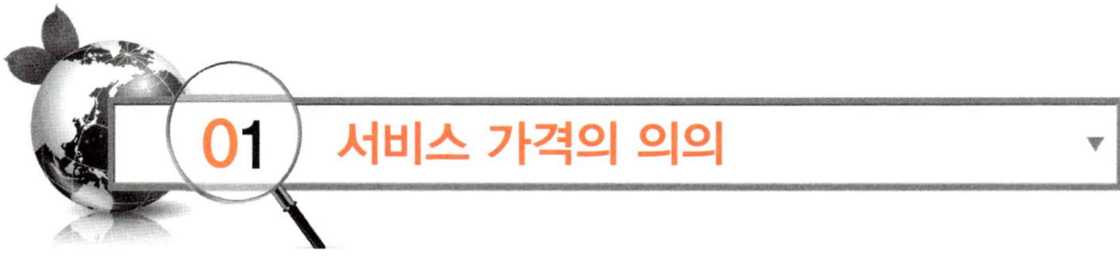

01 서비스 가격의 의의

1. 서비스 가격의 개념과 중요성

(1) 가격의 개념

일반적으로 가격(price)이란 구매자가 어떤 제품이나 서비스를 구입하고 그 대가로 지불하는 화폐가치, 또는 구매제품이나 서비스의 가치 또는 편익에 대하여 지불되는 반대급부를 말한다. 다시 말해 가격은 구매자에게 제공되는 '어떤 것(제품이나 서비스)'에 대하여 그 대가로 요구되는 교환금액이라고 할 수 있다. 이처럼 구매상품과 화폐의 교환비율을 의미하는 가격은 실제상황에서 여러 가지의 다양한 명칭으로 사용되고 있다.

즉, 시장에서 구매한 상품에 대해서는 대금(price)을 지불하며, 버스나 택시를 이용하면 차비(fare)를 낸다. 회사 종업원에게는 봉급(salary)이 지급되고, 병원 환자는 진료비(fee)를 내며, 학생들은 수업료(tuition)를 낸다. 또 은행 대출금에 대해서는 이자(interest)를 내고, 보험 가입자는 보험료(premium)를 내며, 판매원에게는 수수료(commission)가 지급된다. 이 모두가 제공된 상품이나 서비스에 대한 대가로서 가격의 의미를 갖는 것이다.

(2) 가격의 중요성

가격은 개별기업의 입장에서뿐만 아니라 소비자나 국가 경제적인 측면에서 다음과 같은 중요성을 지니고 있다.

첫째, 가격은 서비스를 포함하는 상품의 수요를 결정하는 중요한 요인이 된다. 일반적으로 가격과 구매상품에 대한 수요는 반비례 관계를 갖게 되며, 이는 기업의 시장점유율과 수익성에 영향을 미친다. 서비스 기업은 가격을 수요–공급의 균형을 위한 도구로 많이 사용한다.

둘째, 가격은 기업의 이익의 원천이 된다. 총수익에서 총비용을 차감한 값으로 산출되는 기업의 이익을 극대화하기 위해서는 상품의 가격탄력성이나 경쟁관계 등을 고려하면서 총수익(=가격×판매량)을 극대화할 수 있도록 가격을 결정해야 한다.

셋째, 가격은 기업의 다른 마케팅믹스 결정에 영향을 미친다. 즉, 기업 수익의 원천이 되는 가격은 서비스 상품, 촉진, 유통 등의 마케팅믹스 수단을 운용하는 데 필요한 자금원 역할을 한다.

넷째, 소비자들은 상품에 대한 불완전한 정보로 인해 가격을 품질의 지표로 삼는 경향(price–quality association)이 있다. 특히 서비스는 무형적이고 고객들에게 구매위험이 높게 지각되기 때문에 가격이 품질의 지표로 작용되는 경우가 많다.

다섯째, 가격은 불경기 상황이나 인플레이션이 심한 경우, 기업 간의 경쟁이 치열하거나 진입장벽을 구축하고자 할 때, 시장이 포화상태에 있을 때에 특히 중요한 마케팅 도구가 될 수 있다.

여섯째, 가격은 물가수준과 소비자의 생활수준에 큰 영향을 미치는 요인이며, 따라서 법률의 규제를 많이 받는다. 정부는 물가안정이나 생산자 또는 소비자 보호를 위하여 가격을 통제하는 경제정책을 취하기도 한다.

2. 서비스 가격의 역할

기업이 서비스의 가격을 책정할 때 서비스 가격에 대한 소비자들의 지각이나 반응을 정확히 이해하는 것은 매우 중요하다. 서비스 기업이 제시하는 가격이나 가격의 변화에 대하여 소비자들이 각기 다르게 지각하는 이유는 다음과 같다.

(1) 고객의 준거가격의 차이

고객은 어떤 서비스를 구매하고자 할 때 자신의 준거가격을 기초로 하여 가격을 평가한다. 준거가격(reference price)이란 제품이나 서비스를 평가하는 기준이 되는 기억 속의 가격을 말한다. 그런데 고객의 기억 속에 있는 서비스에 대한 준거가격은 제품에 비해 정확하지 못하며, 따라서 고객들마다 서비스 가격에 대하여 다르게 평가할 수 있다.

고객들이 부정확한 서비스 준거가격을 갖고 있다는 사실은 서비스의 경우 제품에 비해 가격이 덜 중요시되고, 특히 쿠폰이나 촉진가격의 의미가 덜할 수 있음을 시사해 주는 것이라고 할 수 있다. 또 고객의 적정한 준거가격 형성을 위해 기준가격을 형성하는 전략(price framing)을 사용할 필요가 있을 것이다.

(2) 비금전적 원가의 역할

소비자가 제품이나 서비스를 얻기 위해서는 금전적 가격(monetary price)만 희생하는 것이 아니라 여러 가지 비금전적 원가에 의해서도 많은 영향을 받는다. 비금전적 원가(nonmonetary costs)는 고객이 서비스를 구매하고 사용할 때 지각되는 희생을 총칭하는 것으로서 시간비용, 정보탐색 노력비용, 심리적 비용 등을 포함하는 것이다. 서비스를 구매할 때에는 금전적 가격보다 비금전적 원가가 더 중요하게 작용할 수도 있다.

비금전적 원가요소는 다음과 같이 네 가지로 구분할 수 있다.

1) 시 간

대부분의 서비스 제공과정에는 고객의 참여가 필연적이기 때문에 고객은 서비스제공에 참여하는 시간뿐만 아니라 대기시간을 필요로 하며, 이는 곧 비금전적 원가요인이 된다. 병원을 찾은 환자는 진료를 받기 위해 기다리는 대기시간과 의사의 진료시간을 소비하게 된다.

2) 정보탐색 노력

이는 고객이 원하는 서비스를 찾고 여러 대체안들 중에서 선택하는 데 들이는 노력을 말한다. 정보탐색 비용 역시 제품보다 서비스에서 더 높게 나타난다. 대개 서비스 가격은 경험을 통해서 알 수 있고, 서비스 제공자들은 경쟁자의 서비스를 함께 제시해 주지 않기 때문에 탐색비용이 많이 든다.

3) 불편비용

고객이 서비스를 제공받기 위해 감수해야 하는 여러 가지 불편비용을 말한다. 서비스 시간에 맞추기 위해 개인일정을 조정해야 하거나 서비스를 받기 위해 이동하는 데 따르는 불편, 서비스 준비를 하는 데 요구되는 시간과 노력(방역, 이사 등) 등의 불편에 따른 희생비용이 포함된다.

4) 심리적 원가

이는 어떤 서비스를 제공받기 위해 치러야 하는 심리적 비용을 말하며, 서비스의 몰이해에 따른 두려움, 서비스 제공자의 거절에 대한 두려움, 고가격이나 결과의 불확실성에 대한 두려움 등의 심리적 비용으로 구성된다.

고객은 이러한 비금전적 원가요인들에 대한 자신의 우선순위를 기준하여 서비스 대안들을 평가하고 선택하게 될 것이다. 예컨대, 독감에 걸려 병원을 찾고 있는 환자의 경우 시간적인 여유가 없고 불편비용을 감수하기 어려운 상황이라면 가까운 내과의원을 찾지만, 시간이 많고 심리적 비용이 크게 작용하는 환자라면 종합병원을 찾게 될 것이다.

(3) 서비스 품질의 지표

서비스는 품질을 평가하기 어렵기 때문에 가격을 서비스 품질의 지표로 삼는 경향이 있다. 또 동일한 서비스 부문 내에서 서비스의 품질과 가격의 변동폭이 클 때나 서비스의 구매위험이 크게 지각되는 경우에도 가격은 품질의 지표로 작용한다. 의료 서비스나 경영컨설팅, 법률 서비스와 같은 신뢰 질의 서비스는 가격을 품질의 지표로 인식하는 경우가 많다.

서비스 가격은 제 비용을 커버하고 경쟁자의 서비스에 대응할 수 있어야 하며, 적절한 품질의 신호로 전달될 수 있어야 한다. 가격이 너무 낮게 책정되면 서비스 품질을 의심할 수 있으며, 반대로 가격이 너무 높게 책정되면 기업이 감당하기 어려운 고객 기대를 갖게 하고 소비자 저항을 불러일으킬 수 있다.

02 서비스 가격결정

일반적으로 가격은 너무 낮아서 이익을 내지 못하는 하한수준과 너무 높아서 최소한의 수요도 창출하지 못하는 상한수준의 사이에 존재한다. 따라서 가격은 경쟁상황이나 수요관계를 고려하여 적정한 수준의 이익이 창출될 수 있는 수준에서 결정이 되어야 하는 것이다.

[그림 11-1]에는 가격결정시 주요 고려요인을 나타내고 있다. 이 그림에서 서비스 원가는 가격의 하한선이 되고, 자사의 서비스에 대한 소비자의 지각은 가격의 상한선이 된다. 서비스 기업은 이러한 양 극단 사이에서 경쟁사의 가

[그림 11-1] 가격결정시의 고려요인

최저가격 (이익이 없음)	서비스 원가	경쟁사 가격 내 · 외적 요인	가치에 대한 소비자 지각	최고가격 (수요가 없음)

격과 기타 내·외적 요인들을 고려하여 가장 적정한 수준의 가격을 결정하게 된다.

일반적으로 제품이나 서비스의 가격결정은 주요 가격결정요소라 할 수 있는 원가와 경쟁 및 수요에 의하여 주로 영향을 받게 된다. 따라서 전형적인 가격결정방법도 이들 세 요소를 중심으로 원가중심, 경쟁중심, 수요중심의 가격결정방법으로 나눌 수 있다.

1. 원가중심 가격결정

일반적으로 원가(cost)는 가격의 하한선이 된다. 원가중심 가격결정 방법(cost-based pricing)에서는 직접비와 간접비 및 마진을 더하여 가격을 결정하게 된다. 여기서 직접비와 간접비는 서비스의 원가를 구성한다. 직접비는 서비스와 관련된 재료비와 노무비로 구성되며, 간접비는 조업도나 매출액과 관계없이 일정하게 발생하는 비용으로서 건물임대료, 감가상각비, 각종 설비, 제 세금, 보험료, 급여, 자본비용, 보수·유지비 등을 말한다. 상품의 가격은 원가에 마진을 더한 값으로 이루어진다. 그리고 마진(margin)은 판매가격과 원가의 차액을 말하며, 마진율은 원가에 대한 마진의 비율이 된다. 원가 8천원인 상품에 2천원의 마진을 붙이면 판매가격은 만원이 되고, 마진률은 25%가 되는 것이다.

원가중심 가격결정의 기본공식은 다음과 같다.

가격 = 원가+마진
　　= 직접비+간접비+마진

원가중심 가격결정 방식은 가격결정이 매우 간단하고 사회적으로 공정한 것으로 인정될 수 있으며, 수요예측이 어려워도 일정한 적정이윤이 확보되고 가격경쟁이 최소화될 수 있다는 이점이 있다.

그러나 원가중심 가격결정 방식을 서비스 부문에 적용할 때에는 다음과 같은 몇 가지 문제점이 있다.

첫째, 서비스 부문에서는 원가를 추정하기가 어렵다는 점이다. 서비스는 산출물을 기준으로 하는 것이 아니라 서비스를 얻기 위한 투입요소(시간 등)를 기준으로 하여 판매되고 있기 때문이다.

둘째, 서비스 부문의 주요 원가요소는 재료가 아니라 종업원들의 시간인데, 그들의 시간가치를 계산하거나 추정하기가 매우 힘들다. 경영컨설팅이나 엔지니어링, 건축, 세무회계, 법률 서비스, 개인지도 등의 전문서비스는 대부분 활동시간을 기준으로 하여 수수료가 산정된다.

셋째, 서비스의 원가는 고객에게 제공된 서비스의 가치를 정확하게 반영하지 못할 수 있다는 점이다.

원가중심 가격결정법은 공공 서비스나 도·소매업, 건설, 엔지니어링 부문과 같이 원가를 미리 추정할 수 있는 서비스 산업에서 주로 이용된다.

2. 경쟁중심 가격결정

(1) 경쟁중심 가격결정의 개념

가격결정은 경쟁기업의 서비스 가격의 영향을 많이 받는다. 특히 시장에 다양한 경쟁상품들이 있을 경우에는 경쟁상품의 가격과 품질을 고려하여 가격을 결정해야 한다. 그렇지 않으면 자사상품의 판매가 어려워질 수 있기 때문이다.

경쟁중심 가격결정(competition-based pricing)이란 동일한 산업 내의 다른 경쟁사들의 가격에 기초하여 가격을 결정하는 방법이다. 즉, 기업은 경쟁사 가격이나 시장가격을 기준으로 하여 경쟁사와 동일한 수준으로 판매가격을 정하거나, 경쟁사보다 높게 또는 낮게 판매가격을 정할 수 있다.

경쟁중심 가격결정법은 기업 간에 과열경쟁을 막을 수 있으며, 업계의 조화를 도모하고 업계 평균수준의 적정이익을 창출할 수 있다는 이점이 있다. 하지만 경쟁사의 가격에 따라 자사의 가격이 결정되기 때문에 일관된 가격전략을 수행하기가 어려워진다는 단점이 있다. 또 동네 세탁소나 소매점과 같이 규모가 작은 서비스 기업은 규모가 큰 서비스 기업이나 체인점과 경쟁할 수 있는 낮은 가격으로는 적정한 마진을 얻지 못하는 문제가 생길 수 있다.

기업의 가격결정에 미치는 영향은 시장의 경쟁구조, 즉 독점 · 과점 · 독점적 경쟁 · 완전경쟁 상황인가에 따라 다르지만, 일반적인 경쟁상황은 독점적 경쟁 또는 과점 상황하에 있게 마련이다. 독과점 시장에서는 가격을 낮춤으로써 얻게 되는 이점을 상쇄시키기 위해 경쟁자 간에 가격을 서로 맞추려 하기 때문에 가격신호현상(price signaling)이 나타난다. 일반적으로 가격신호현상은 시장의 선도기업이 가격을 결정하면 이를 대외적으로 알려서 다른 경쟁기업들이 따라오게 하는 형태로 이루어진다.

(2) 경쟁중심 가격결정의 유형

시장의 경쟁관계를 기초로 하여 가격결정을 하는 방법으로는 시장대응가격결정법과 입찰가격결정법이 있다.

시장대응가격결정법(going-rate pricing)은 주요 경쟁사나 시장선도기업의 가격에 기초하여 자사의 가격을 결정하는 방법을 말한다. 과점상황에 있는 기업들은 가격을 비슷하게 책정하는 것이 보통이다. 또 동질적이고 표준화되어 있는 서비스 상품을 다수의 경쟁자가 제공하는 경우에는 개별기업의 독자적인 가격설정이 어렵게 되므로 시장의 대표적인 가격이나 업계의 평균가격 수준에서 가격을 설정한다.

입찰가격결정법(sealed-bid pricing)은 자사의 원가나 수요보다 경쟁사들이 어느 정도로 가격을 책정할 것인가에 기초하여 가격을 설정하는 방법을 말한다. 건축설계나 시스템 구축 같은 프로젝트의 공개입찰에서는 계약체결 가능성(확률)과 잠재이익의 가능성에 따른 기대이익을 검토하여 경쟁사보다 낮은 가격을 책정해야 계약을 따낼 수 있다.

3. 수요중심 가격결정

(1) 수요중심 가격결정의 의의

원가나 경쟁을 중심으로 가격을 결정하는 방법은 모두 고객이 준거가격을 가지고 있지 않거나 비금전적 원가에 민감할 수 있으며, 가격을 품질의 지표로 판단할 수 있다는 점을 고려하지 않고 있다. 기업은 이러한 요인들을 고려하여 고객들의 수요와 지각가치를 기준으로 가격을 결정할 수 있다. 즉 기업이 제공하는 서비스에 대하여 고객이 지불하고자 하는 금액을 기준하여 가격을 책정할 수 있다는 것이다.

수요중심 가격결정(demand-based pricing)은 제품이나 서비스의 시장수요와 고객의 지각가치를 기준하여 가격을 설정하는 방법을 말한다. 수요중심의 가격결정은 제품이나 서비스의 구매자인 고객의 관점에서 가격을 결정하는 것이기 때문에 고객(구매자)중심 가격결정이라고도 한다.

서비스에 대한 시장의 수요탄력성은 가격결정에 커다란 영향을 미친다. 수요가 탄력적인 경우에는 시장수요가 가격의 변화에 직접적으로 영향을 받게 되며, 따라서 가격을 인상하면 시장수요는 감소하고, 가격을 인하하면 시장수요는 증가하는 것이다. 그러나 수요가 비탄력적인 경우에는 가격의 변화가 수요에 대하여 크게 영향을 주지 않는다.

(2) 지각가치 가격결정

오늘날 많은 기업들은 서비스에 대한 고객들의 지각가치, 즉 고객들의 주관적인 평가를 기초로 하여 가격을 결정하고 있는데, 이를 지각가치 가격결정(perceived value pricing)이라고 한다. 고객의 지각가치에 부합되는 가격결정은 수요중심 또는 고객중심 가격결정의 핵심이 된다.

기업은 자사의 상품이나 경쟁상품에 대하여 고객들이 지각하고 있는 가치를 파악하여 가격을 지각가치에 맞도록 결정해야 한다. 고객들의 마음 속에 지각된 가치를 높이기 위해서는 상표 이미지나 서비스 품질, 시설, 내부장식 등의 비가격 변수를 많이 이용하여야 한다.

예컨대, 소비자들은 같은 커피라고 하더라도 다방에서는 3,000원에 마시는 커피를 호텔 커피숍에서는 10,000원이라도 기꺼이 지불할 수 있는데, 이는 분위기나 서비스에 따라 소비자들의 지각가치가 다르게 평가되기 때문이다. 고객들에게 지각되는 가치가 높을수록 가격은 비싸지는 것이다. 만일 서비스의 가격을 소비자가 지각하는 가치보다 높게 결정하면 판매량이 감소하게 되고, 반대로 지각가치 이하로 결정하면 이익기회를 잃거나 품질이 낮은 서비스로 지각할 수 있을 것이다.

고객은 서비스의 가격을 비교함에 있어서 지각된 가치 외에도 구매위험, 구매에 대한 고객의 관여수준, 서비스에 대한 개인적 참여도 등을 고려하게 된다.

고객의 지각가치는 자신의 과거경험이나 대체상품의 이용가능성, 전환원가, 개인적 욕구 등에 기초하여 결정된다. 그렇다면 고객에게 있어서 가치란 무엇이며, 어떤 의미를 갖는가?

자이스믈(Zeithaml)은 고객이 정의하는 가치의 개념을 [그림 11-2]와 같이 네 가지 유형으로 제시하고 있다.[1]

위에서 살펴본 가치에 대한 정의들을 하나의 통합적인 개념으로 표현한다면, 지각된 가치란 '주는 것 또는 희생된 것(give: 금전적 가격, 시간, 노력 등)'

[그림 11-2] 고객관점의 가치에 대한 네 가지 정의

가치란 낮은 가격	가치란 서비스에서 고객이 원하는 모든 것
가치란 고객이 지불한 가격에 대하여 얻은 품질	가치란 고객이 준 것에 대하여 받는 것

1 Zeithaml, Valarie L.(1988), "Consumer Perceptions of Price, Quality, and Value: A Means-End Model and Synthesis of Evidence," *Journal of Marketing*, 52(July), pp. 2~21.

과 '얻는 것(get: 품질, 양, 편의성, 경제성 등)'에 대한 고객의 지각에 기초하여 서비스의 효용(utility)을 전반적으로 평가하는 것이라고 할 수 있다. 이때 '주는 것'과 '얻는 것'은 고객에 따라 다르게 지각된다.

서비스 가치(service value)는 다음과 같이 고객이 얻는 것으로서의 서비스 품질(+)과 희생된 것(−)의 함수관계로 표시할 수 있다.

$$SV = f(SQ, SAC)$$

SV: 서비스 가치, SQ: 서비스 품질, SAC: 희생

서비스 가치는 '주는 요소'와 '얻는 요소' 간의 상쇄관계(trade-off)에 의해 결정되고 평가되는 것이라고 할 수 있다. 따라서 서비스 가치는 서비스 품질(+)과 그것을 얻기 위해 희생된 것(−)의 합으로 측정할 수 있다. 이를 가법모델(additive model) 또는 보상모델(compensatory model)이라고 하며, 아래와 같은 공식으로 나타낼 수 있다.

$$SV = SQ + SAC \quad \cdots\cdots \langle 가법모델 \rangle$$

03 서비스 가격전략

위에서 살펴본 바와 같이 서비스의 가격은 기본적으로 원가중심, 경쟁중심, 고객 수요중심의 관점에서 책정될 수 있다. 본 절에서는 이러한 가격결정 대안들을 기초로 하여 서비스 기업이 전개할 수 있는 가격전략 대안으로서 가격차별화 전략, 묶음가격 전략, 비선형가격 전략, 단골가격할인 전략, 수익관리 전략, 심리적 가격전략 등에 대하여 살펴보고자 한다.

1. 가격차별화 전략

가격차별화 전략(differential pricing strategy)은 동일한 서비스 상품에 대하여 두 가지 이상의 상이한 가격으로 판매가격을 설정하는 경우를 말한다. 가격차별화의 목적은 수요조절에 있으며, 수요가 많을 때에는 수요가 적은 시기로 옮기고, 수요가 저조할 때에는 수요를 자극하여 증가시키기 위한 것이다.

가격차별화의 방법으로는 시간대에 따른 차별화, 구매량에 따른 차별화, 고객에 따른 차별화, 장소에 따른 차별화 등이 있다.

(1) 시간에 따른 가격차별화

서비스의 이용시간대나 구매시간대에 따라 수요가 다를 때 가격을 차별화하는 방법이다.

① 서비스 이용 시간대별 가격차별화

심야전기요금 할인제, 영화관의 조조할인, 호텔이나 항공사 여행사의 비수기 요금할인제 등이 있다.

② 구매시간대별 가격차별화

연극이나 연주회, 가수콘서트의 경우 서비스 당일에 티켓을 구입하지 않고 사전에 예약을 하거나 티켓을 구매하게 되면 할인혜택을 받을 수 있다.

(2) 고객에 따른 가격차별화

고객의 연령이나 직업, 소속집단, 회원여부 등에 따라 가격을 차별화하는 경우를 말한다. 버스나 기차를 승차할 때 학생이나 노인 고객들에게 할인요금을 부과하는 경우, 소매점, 패스트푸드점에서 쿠폰을 모은 고객에게 할인혜택을 주는 경우 등이 해당된다.

(3) 장소에 따른 가격차별화

서비스 제공(소비)장소에 따라 가격을 달리 부과하는 방법이다. 예컨대, 경기장이나 공연장, 연주회의 경우 고객들이 선호하는 위치에 따라 등급을 부여하여 가격이 다르게 부과된다.

(4) 구매량에 따른 가격차별화

고객이 서비스를 구매하는 양에 따라 가격을 달리 부과하는 방법으로서 구매량에 따라 평균단가가 달라지기 때문에 '비선형 가격결정(nonlinear pricing)'이라고도 한다. 구매량에 따른 가격차별화 방법으로는 다음과 같은 세 가지 유형이 있다.

① 이중요율제

이중요율제(two-part tariff)는 구매량에 관계없이 기본가격과 단위가격이 부과되는 가격체계를 말한다. 기본요금에다 주행거리와 시간에 따라 일정 비율의 주행요금이 부과되는 택시요금이나 기본요금에다 전화사용량에 따라 일정한 전화료가 가산되는 전화요금의 경우가 해당된다.

② 2단계요율제

2단계요율제(two-block tariff)는 어떤 구매량을 기준으로 그 구매량보다 적은 양을 구매할 때에는 높은 단위가격이 적용되고, 그 구매량을 초과하는 구매량에 대해서는 낮은 단위가격을 부과하는 가격체계를 말한다.

③ 전량수량할인제

전량수량할인제(all-units quantity discount)는 어떤 수량할인점(x)을 기준하여 그 이하를 구매할 때에는 높은 단위가격을 적용하고, 수량할인점 이상을 구매할 때에는 전체 구매량에 대하여 낮은 단위가격을 적용하는 가격체계를 말한다.

구매량에 따른 가격차별화의 세 가지 유형은 [그림 11-3]과 같이 나타낼

[그림 11-3] 구매량에 따른 가격차별화의 유형

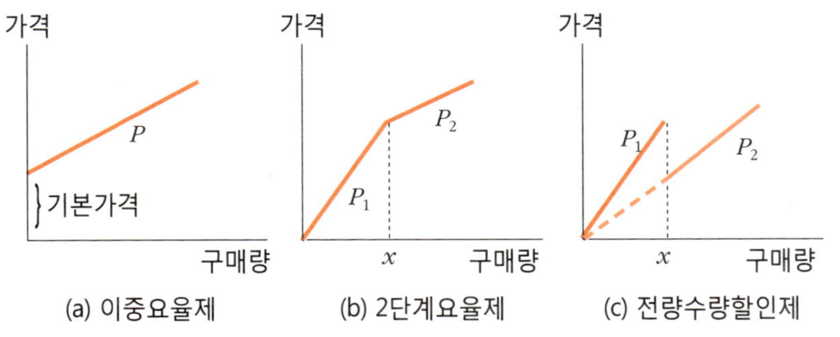

수 있다.

2. 묶음가격 전략

묶음가격(bundling price) 전략이란 두 개 이상의 제품이나 서비스를 하나의 패키지로 만들어 특별한 가격으로 제공하는 가격전략을 말한다. 서비스 부문에서 묶음가격을 사용하게 되는 배경은 서비스 산업의 원가구조상 초기 시설 투자비 등의 고정비 비중이 높기 때문에 다양한 형태의 서비스를 제공함으로써 공급능력을 유연성 있게 활용할 수 있고, 또 상호의존적이고 보완적인 관계에 있는 서비스 수요를 함께 창출할 수 있도록 하여 기업의 전체 수익을 증대시킬 수 있기 때문이다. 이는 고객과의 관계관리를 강화하고 이를 기반으로 하는 시스템 판매(system selling)의 차원으로 이해할 수 있다.

묶음가격에는 순수묶음가격과 혼합묶음가격이 있다.

순수묶음가격(pure bundling price)은 두 개 이상의 서비스를 개별적으로는 구매할 수 없고 패키지로만 구매할 수 있도록 하여 가격을 책정하는 방법을 말한다. 카센터의 자동차 오일교환이나 여행사의 스키캠프는 순수묶음가격의 예에 속한다.

혼합묶음가격(mixed bundling price)은 두 개 이상의 서비스를 패키지로 할인된 가격에 구매할 수 있도록 하면서 개별적으로도 구매할 수 있도록 하는 방법을 말한다. 이때 패키지로 구매하는 고객에게는 서비스를 따로따로 구매하는 가격보다 낮은 가격을 제시하게 된다. 맥도널드나 롯데리아에서 콤보 메뉴를 패키지로 판매하면서 햄버거, 음료수, 감자튀김 등을 개별적으로도 판매하는 경우를 예로 들 수 있다.

묶음가격은 핵심 서비스의 수요를 증대시키고 이와 연관되는 부수적인 서비스의 수요를 함께 창출할 수 있어 시너지 효과(synergy effect)를 얻는 효과가 있다. 즉, 서비스 제공자 입장에서는 보다 낮은 가격으로 서비스를 제공하면서도 전체적으로 높은 수익을 기대할 수 있고, 소비자는 보다 저렴한 가격으로 다양한 서비스를 구매할 수 있다는 이점이 있다.

3. 복수이용 할인가격전략

많은 서비스 제공자들은 기존고객들의 반복구매를 자극하고 신규고객을 유인하기 위해 복수이용객 할인가격전략을 사용한다. 복수이용 할인가격(multiple-use price discount)전략은 서비스를 반복 구매하거나 여러 가지 서비스를 복수로 이용하는 고객들에게 일정한 가격할인 혜택을 주는 것을 말한다. 복수이용 할인가격전략은 할인혜택을 받을 수 있는 서비스의 이용기간과 이용 수의 제한여부를 기준으로 〈표 11-1〉과 같이 네 가지 형태의 조합이 만들어질 수 있다.

〈표 11-1〉 복수이용 할인가격전략의 유형

서비스 이용기간	서비스 이용 수	예시(대학의 평생교육 프로그램 이용)
제 한	제 한	"1~2월 중 10만원에 3개 강좌 이용"
제 한	무제한	"1~2월 중 20만원에 전체 강좌(10개) 이용"
무제한	제 한	"10만원에 3개 강좌 이용"
무제한	무제한	"교직원 · 동문 가족 30% 할인"

예컨대, 어느 대학의 평생교육원에서 지역주민을 대상으로 전체 10가지의 평생교육 프로그램을 운영하고 있다고 하자. 교육 프로그램의 이용기간과 이용 수를 모두 제한하는 경우에는 "1~2월 중 10만원에 3개 강좌 이용"을, 이용기간은 제한하되 이용 수는 무제한으로 하는 경우에는 "1~2월 중 20만원에 전체 강좌(10개) 이용"을, 이용 수는 제한하되 이용기간은 무제한으로 하는 경우에는 "10만원에 3개 강좌 이용" 등의 가격할인 혜택을 제시할 수 있다.

4. 심리적 가격전략

기업은 가격전략을 수립할 때 가격에 대한 소비자의 심리적 측면을 고려할 필요가 있다. 심리적 가격전략(psychological pricing strategy)이란 소비자의 심리적 측면에서 구매행동을 분석하여 가격을 결정하는 방법을 말한다. 이러한 가격결정방법으로는 품위가격, 단수가격, 가격단계화, 유인가격 등이 있다.

(1) 품위가격

품위가격(prestige price)은 고품질의 서비스 이미지를 유지하면서 고가정책

[그림 11-4] 품위가격제하의 수요곡선

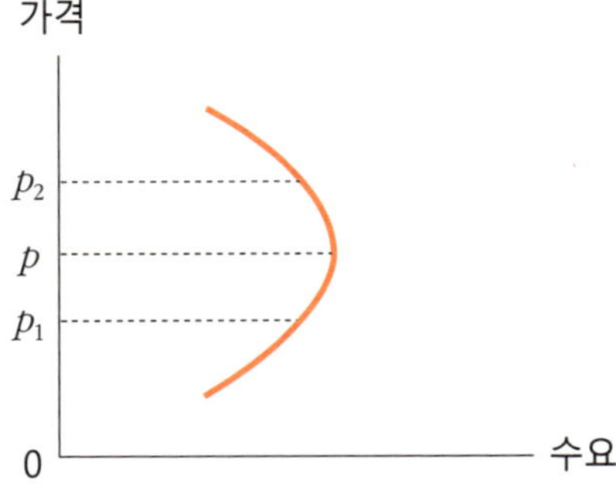

을 구사하는 것을 말한다. 즉, 가격이 높을수록 고급품질의 상품이며, 따라서 그것을 사용하는 소비자의 지위도 높게 여기는 소비자심리를 이용하는 방법이다. 주로 신분의 상징으로 고가격 서비스를 선호하는 소비자들을 표적으로 한다. 품위가격제하의 수요곡선은 일반적인 수요곡선과 달리 [그림 11-4]와 같은 D곡선(D curve) 형태를 띠게 된다.

위의 그림에서, 가격이 오를수록($p_1 \rightarrow p$) 수요가 증가하게 되지만, 소비자들이 감내하기 어려울 정도로 가격이 계속 오르게 되면 가격이 오를수록($p \rightarrow p_2$) 판매량이 감소하는 현상을 보인다. 이러한 가격방식에 의하여 가격이 결정되는 상품을 'D곡선 상품'이라고 한다.

(2) 단수가격

단수가격(odd price)은 판매가격에 단수의 가격을 붙이는 방식을 말하는데, 소비자에게 서비스 상품의 가격이 최대한 낮은 수준에서 결정되었다는 인상을 주어 판매량을 증가시키기 위한 것이다. 예를 들어, 어느 여행사에서 3박 4일 일정의 태국 관광상품의 가격을 500,000원이라고 하지 않고 499,000원으로 가격을 매기게 되면 실제로는 1,000원밖에 가격차이가 나지 않지만 심리적으로 그보다 훨씬 더 저렴한 가격(40만원대의 제품)이라는 인상을 준다. 슈퍼마켓과 같은 소매점에서 상품가격을 매길 때 많이 쓰인다. 1~9의 단수들 중에서 가장 많이 활용되는 단수는 9자이다.

(3) 가격단계화

가격단계화(price lining)는 가장 잘 팔리는 가격범위나 가격대를 정하고, 그 범위 내에서 몇 개의 가격단계로 구분하는 것을 말한다. 즉, 소비자들이 선호하는 가격대 안에서 몇 개의 가격층을 두어 소비자 선택의 폭을 넓혀 줌으로써 판매를 증대하고자 하는 것이다. 이때 소비자가 서비스 선택시 고려하게 되는 가격범위를 준거가격(reference price)이라고 한다. 예를 들어, 여행

상품 중 가장 선호되는 가격대가 300,000원에서 500,000원 사이라고 한다면, 300,000원, 400,000원, 500,000원의 형태로 층화하는 것을 말한다.

(4) 유인가격

유인가격(leader price, 유인용 손실가격)은 소비자의 반응을 유도하기 위한 목적으로 정책적으로 특정 품목의 가격을 매우 싸게 매기는 것을 말한다. 일단 서비스 기관이나 점포에 들어온 고객들로부터 그 안에 있는 다른 서비스 상품들도 함께 구매하는 효과를 노리는 것이다. 주로 호텔이나 레스토랑, 슈퍼마켓, 백화점 등에서 많이 사용된다.

현/장/사/례

'YES1000' · '다찌와 꼬지'
저가 불구 고품질 '경쟁력'

1인분 3,000원대의 삼겹살 전문점, 5,000원대의 치킨전문점 등 몇 년간 창업시장을 주도해 왔던 가격파괴 전문점들이 올해 들어 급격히 퇴조하고 있다. 불황 탓도 있지만 품질은 도외시하고 가격에만 치중한 결과다. 그렇다고 저가시장의 경쟁력이 사라진 것은 아니다. 다만 이전과 다른 것은 '다이소'의 성공에서 보듯 품질이 뒷받침돼야 살아남을 수 있다는 점이다.

최근 부상하는 업종 중 하나는 1,000~3,000원대의 저가 패션 액세서리 전문점이다. 프랜차이즈를 통해 기존의 액세서리 전문점보다 가격은 더 낮추고, 디자인 수준은 더 높인 업체들이 눈에 띈다. 'YES1000'은 디자인 수준을 높인 제품들을 선보여 눈길을 끌고 있다.

다른 저가 업체들처럼 중국에서 들여온 제품을 판매하는 것이 아니라 귀걸이, 목걸이, 헤어 액세서리 등 유행이나 시즌별로 인기 있는 제품의 디자인은 국내의 전문 디자이너에게 맡기고 생산만 중국에 의뢰하는 방식이다. 저가이지만 품질이 좋은 편이라 인기를 끌고 있다.

외식업에서도 '가격은 낮추고 품질은 높인' 아이템들이 선전하고 있다. '다찌와 꼬지'는 천연재료로 만든 해산물 요리와 꼬치류 및 구이류를 1인분씩 판매하는 퓨전 주점이다.

회 한 접시의 가격이 5,000~1만 1,000원으로 저렴하지만, 상당수 미숙어(800g 안팎)를 사용하는 다른 업체들과 달리 1.5~2kg 안팎의 생선을 사용하고, 화학조미료를 첨가하지 않은 천연재료 소스를 쓰는 등 품질관리에 각별한 신경을 쓰고 있다. 특히 국내 최초로 일반 주점에서 와인도 잔술로 판매하는 전략으로 여성 고객들의 좋은 반응을 얻고 있다. 와인 한 잔 가격은 2,900원 선이다.

강병오 FC창업코리아 대표는 "저가 전략으로 시장을 파고드는 아이템도 앞으로는 반드시 맛, 디자인 등 제품의 질을 높여야만 살아남을 수 있다"고 말했다.

자료: 한국일보, 2006. 11. 27

연·구·문·제

1. 서비스 가격의 중요성과 역할에 대하여 설명하시오.

2. 서비스 가격의 결정방법에 대하여 설명하시오.

3. 가격과 가치의 관계에 대하여 설명하시오.

4. 서비스 가격전략의 유형에 대하여 설명하시오.

5. 가격차별화전략의 유형에 대하여 살펴보고 실제 응용사례를 조사해 보시오.

6. 묶음가격전략의 유형과 적용사례를 조사해 보시오.

7. 심리적 가격전략의 유형과 실제 사례를 조사해 보시오.

제12장

서비스 유통관리

학 습 목 표

- 서비스 유통의 의미
- 서비스 유통경로의 설계
- 서비스 기업의 중간상

01 서비스 유통의 의의

1. 서비스 유통경로의 개념

일반적으로 유통(distribution)이란 생산자로부터 소비자에게 재화나 서비스를 이전하는 경제활동으로서 생산과 소비를 연결하는 가교적 역할을 한다. 유통은 경제, 사회, 문화시스템의 일부로서 경제 · 사회 · 문화의 발전과 변화에 따라 유통도 변화함과 동시에 그 역할이 점차 증대되어 왔다.

유통경로(distribution channel)는 '마케팅경로(marketing channel)'라고도 하는데, 어떤 제품이나 서비스를 생산자로부터 최종소비자나 사용자에게 옮겨가는 전 과정을 일컫는 말로 이해되고 있다. 다시 말해 유통경로란 어떤 유통구조하에서 특정 상품이나 서비스를 생산자로부터 소비자에게 이전시키는 과정에 참여하는 모든 개인이나 회사의 결합이라고 할 수 있다.

서비스는 제품의 경우처럼 복잡하고 다양한 유통경로를 갖지는 않지만 서비스 고유의 유통경로가 필요하다. 다만 생산지점으로부터 소비지점까지 재화의 이동을 관리하는 물적유통에 대해서는 극히 제한적으로 이용된다. 도 · 소매업이나 렌트회사, 항공사, 컴퓨터 수리업의 경우 정상적인 서비스 활동을 수행하기 위해서는 각종 지원물자의 배송이나 재고관리 문제가 발생할 수 있다.

서비스 유통경로란 기업의 서비스 전달시스템(delivery system)을 통해 서비스 제공자가 고객에게 서비스를 전달해 주는 것을 말한다. 제품(특히 소비재)의 유통경로에서는 다양한 형태의 중간상이 개입하는 간접유통이 주류를 이루고 있지만 서비스는 무형성과 소멸성, 생산과 소비의 비분리성으로 인해 제품의 유통경로와 다른 특성을 갖게 된다.

서비스는 제품과 달리 한 곳에서 생산하여 다른 곳으로 이동시킬 수 없기 때문에 고객에게 서비스를 제공하기 위해서는 고객의 욕구를 반영하는 적당한 곳에 점포를 두고 점포별로 마케팅믹스 활동을 전개해야 한다. 따라서 직접유통 방식이 많이 활용되고 있으며, 서비스 제공범위를 확장하기 위해 프랜차이즈 시스템이나 에이전트, 브로커 전자경로 등을 이용하게 된다.

서비스 기업이 효과적인 서비스 제공시스템을 구축하기 위해서는 고객이 원하는 시기에 고객에게 편리한 장소에서 서비스를 제공받을 수 있도록 유통경로를 설계해야 한다. 이것은 서비스 유통의 핵심적 두 가지 기능이자 요건으로서 이용가능성과 접근가능성으로 설명된다. 즉, 이용가능성(availability)은 고객이 서비스를 필요로 하는 시기에 서비스를 쉽게 이용할 수 있도록 하는 것을 말하고, 접근가능성(accessibility)이란 고객이 서비스 제공자와 거래하는 것이 편리하도록 장소적 편의를 도모하는 것을 말한다.

2. 서비스 유통경로의 특성

(1) 서비스 특성에 기초한 유통경로 특성

① 무형성에 따른 유통경로 특성

서비스는 기본적으로 무형적인 특성을 지니고 있기 때문에 서비스 제공자는 서비스가 실제로 제공되는 서비스 유통현장에서 서비스의 유형적 증거물들을 통해 서비스의 무형성을 극복해야 한다. 서비스가 직접 제공되는 서비스 유통경로는 고객들에게 서비스를 유형화하고 경쟁사 서비스와 차별화하는 강력한 기반을 제공해 준다. 고객들은 서비스 유통경로를 통해 서비스에 노출되고 서비스를 직접 경험하기 때문이다.

② 비분리성에 따른 유통경로 특성

서비스 생산과 소비가 동시에 이루어지기 때문에 생산현장에 항상 고객이 현존하게 된다. 서비스의 유통경로는 서비스 접점에서 고객들에게 가시적인 상태를 보여줌으로써 서비스 품질을 반영하는 것이 된다. 따라서 유통경로의 접근성과 서비스 기관의 유형적 요소들을 고객들로부터 긍정적인 반응을 얻어낼 수 있도록 설계해야 한다. 또한 서비스 접점에서 고객은 어느 정도의 관여와 역할을 필요로 한다. 미용실이나 병원, 교육 등의 서비스 상황에서 고객의 참여와 역할, 협조가 없으면 서비스 성과를 기대할 수 없게 된다.

③ 소멸성에 따른 유통경로 특성

서비스는 생산과 동시에 소멸되기 때문에 서비스가 표적시장에 노출되는 동안 서비스 판매가 극대화되고 고객들에게 최대한 효과적으로 전달될 수 있도록 유통구조를 설계해야 한다. 항공사나 호텔업계는 서비스의 노출을 극대화하기 위하여 많은 여행사들을 활용하고 있는 경우를 볼 수 있다.

④ 이질성에 따른 특성

서비스는 서비스 접점에서 서비스를 제공하는 종업원에 따라, 또 서비스를 제공받는 고객에 따라 서비스 품질이 달라질 수 있다. 따라서 서비스 기업은 일관되고 균일한 서비스를 제공하기 위하여 프랜차이즈 시스템을 도입하여 표준화된 양질의 서비스를 제공할 수 있다. 롯데리아나 맥도날드, KFC, 힐튼호텔 등의 체인화된 서비스 기업들은 제각기 서비스 표준을 만들어 이를 모든 가맹점들이 준수하도록 하고 있다.

(2) 짧은 유통경로

일반적으로 서비스는 생산과 소비가 동시에 이루어지기 때문에 제품에 비해 유통경로가 짧은 경향이 있다. 즉, 서비스의 특성상 서비스 제공자가 중간상을 거치지 않고 소비자에게 직접 서비스를 전달하는 직접유통 방식을 취하는 경우가 많다. 세탁소, 이·미용실과 같은 소규모 서비스 제공자나 의사, 변호사, 건축설계사, 세무사와 같은 전문서비스 제공자들이 그 대표적인 예이다.

그러나 다양한 서비스를 제공하는 대규모 서비스 제공자나 서비스의 제공범위(coverage)를 확대하고자 하는 경우에는 직영점포를 늘리거나 중간상을 이용할 수 있다. 은행이나 증권회사는 전국적으로 많은 직영 지점망을 구축하여 운영하고 있으며, 호텔이나 패스트푸드, 레스토랑, 편의점, 여행사와 같은 서비스 기업들은 프랜차이즈시스템, 에이전트, 전자경로 등의 중간상을 이용하는 경우를 볼 수 있다.

(3) 서비스의 이용가능성과 접근가능성의 증가

서비스의 유통경로는 고객들이 원하는 시간에 편리하게 서비스를 이용할 수 있게 하는 접근가능성과 이용가능성을 극대화할 수 있도록 설계되어야 한다. 정보기술의 발달과 급속한 서비스 혁신으로 인해 서비스 유통의 시간적 · 공간적 한계는 과거에 비해 많이 극복되고 있다.

서비스 기업의 영업시간은 서비스 업종에 따라 차이가 나지만 표적시장에 부합하는 시간대로 결정하는 것이 중요하며, 이는 서비스 유통의 중요한 의사결정 문제가 된다. 많은 유통업체들은 고객의 욕구를 반영하여 영업시간을 연장 또는 확대하고, 1일 24시간 영업체제를 갖추기도 한다.

인터넷이나 전화, CATV, 팩스 등의 텔레커뮤니케이션의 발달은 서비스 제공기회를 확대시켜줄 뿐만 아니라 고객의 접근가능성을 높여주고 있다. 많은 여행사들은 전화나 팩스, 인터넷 등의 전달매체를 이용하여 주문이나 예약을 받고 제공되는 서비스와 관련된 정보를 제공하며, 잠재고객들에게 접근하고 있다. 또 은행의 365일 자동화 코너나 텔레뱅킹, 인터넷 뱅킹은 고객들로 하여금 시간제한 없이 예금, 인출, 계좌이체, 대출 등의 금융 서비스를 편리하게 이용할 수 있게 함으로써 서비스의 이용가능성과 접근가능성을 크게 높여주고 있다.

02 서비스 유통경로의 실제

서비스 기업은 표적시장의 고객들이 원하는 욕구를 충족시킬 수 있는 최적의 유통경로를 설계해야 한다. 일반적으로 유통경로를 설계하기 위해서는 고객의 욕구에 기초한 경로목표의 설정, 경로구조의 검토, 유통정책의 수립, 경로대안의 평가 및 선정 등의 단계를 거치게 된다.

1. 경로목표의 설정

서비스 기업은 무엇보다도 고객의 욕구, 즉 고객들이 원하는 경로 서비스의 수준을 기초로 하여 경로목표를 설정해야 한다. 경로목표는 기업의 가용자원과 역량을 고려하여 고객들에게 제공할 경로 서비스의 수준을 정하는 것이 핵심적인 과제가 된다. 경로구성원들은 적정 수준의 서비스를 최소의 경로비용으로 제공할 수 있도록 기능적 직무를 조절한다. 기업은 소비자들이 원하는 서비스 수준에 따라 몇 개의 세분시장으로 나눌 수 있다. 효과적인 경로계획을 수립한다는 것은 기업이 어느 세분시장에, 어느 정도의 서비스를, 어떤 경로를 통해 제공할 것인가를 결정하는 것을 의미한다.

서비스 기업이 효과적인 경로목표를 설정하기 위해서는 표적시장 및 고객의 특성과 서비스 상품, 중간상, 자사와 경쟁사, 유통환경 등으로 인해 야기되는 제약조건들을 충분히 검토해야 한다.

2. 서비스 유통구조의 선정

기업이 경로목표를 달성하기 위해서는 최적의 유통구조를 선정해야 한다. 유통구조란 기업이 제품이나 서비스를 유통시키는 데 필요한 유통단계의 수와 경로구성원들의 유형을 말하는 것으로서 유통경로의 형태를 결정짓는 것이라고 할 수 있다. 서비스의 유통구조는 서비스를 유통시키는 방법에 따라 직접유통과 간접유통으로 분류할 수 있다. 유통경로는 일단 구축이 되면 쉽게 변경할 수 없을 뿐만 아니라 경로변경을 위해서는 많은 시간과 비용이 요구되기 때문에 신중하게 경로선정을 해야 한다.

(1) 직접유통

직접유통(direct channel)은 중간상을 거치지 않고 서비스 제공자가 직접 소비자에게 서비스를 제공하는 유통방법을 말한다. 경영컨설팅, 의료, 법률서비스, 이 · 미용서비스 등 대부분의 전문서비스나 사업서비스가 직접유통 방식으로 유통된다. 서비스는 생산과 소비가 동시에 이루어지고 소멸적인 특성을 갖고 있기 때문에 제품에 비해 유통경로가 짧은 경향이 있다.

직접유통을 하게 되면 서비스 접점관리가 용이하고 고객과의 개인적인 접촉을 통해 보다 차별화된 서비스를 제공할 수 있다. 즉, 고객과의 대면접촉을 통해 고객의 현재 욕구와 욕구의 변화동향을 파악할 수 있을 뿐만 아니라 자사와 경쟁사가 제공하는 서비스에 대하여 고객들이 어떻게 지각하고 평가하는지를 파악할 수 있다. 때로는 은행이나 보험회사와 같이 서비스 제공범위를 확대하기 위하여 전국적인 다점포를 운영하기도 한다.

(2) 간접유통

간접유통(indirect channel)은 중간상을 이용하여 고객들에게 서비스를 제공하는 유통방법을 말한다. 간접유통은 다양한 종류의 서비스를 제공하는 대규모 서비스제공자나 제공되는 서비스의 지리적 범위를 확대하고자 하는 경우에 이용된다. 서비스업에서 이용할 수 있는 중간상의 형태는 제품에 비해 제한된다.

서비스업의 중간상으로는 프랜차이즈 시스템이나 에이전트 또는 브로커, 전자경로 등이 있다. 항공사, 호텔, 패스트푸드, 편의점, 엔터테인먼트 등의 서비스 부문에서 이러한 중간상을 이용하는 경우를 흔히 볼 수 있다. 많은 호텔들은 여행사나 렌트카 회사, 인터넷 웹페이지 등을 이용하여 고객수요 창출을 도모하고 있다. 또 이동통신회사나 보험회사, 연예인들은 에이전트나 브로커를 이용하여 서비스를 제공하기도 한다.

그런데 서비스 부문의 중간상은 서비스 생산자의 서비스를 대행하거나 계약관계를 통해 서비스 생산자와 같은 형태의 서비스를 생산하는 경우 또는

[그림 12-1] 서비스의 유통방법

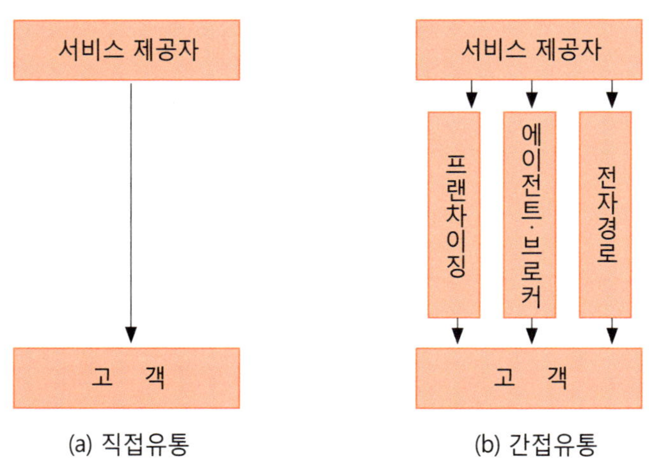

단순히 서비스 전달매체로서의 역할만을 수행하는 정도의 한정된 기능을 수행하므로 순수한 의미의 완전한 기능을 수행하는 중간상이라고 할 수 없다. 서비스 생산자는 중간상이 적정 수준의 서비스를 제공할 수 있도록 관리 · 감독하는 일이 중요하다.

(3) 복수경로 시스템

서비스 기업은 서비스를 제공할 시장 커버리지(market coverage)를 확대하기 위하여 두 가지 이상의 복수경로를 이용할 수 있다. 복수경로 시스템(multichannel system)이란 하나 이상의 세분시장에 접근하기 위해 두 가지 이상의 복수경로를 이용하는 것을 말한다. 복수경로를 이용하게 되면 시장범위를 넓힐 수 있을 뿐만 아니라 유통비용을 절감하는 효과를 가져 올 수 있다. 많은 항공사들은 복수경로 시스템을 이용하고 있다. 비행기표는 본사 영업점이나 지점망을 통해서 구입할 수도 있지만 각 지역에 산재해 있는 여행사나 인터넷을 통해 예매할 수 있다. 또 어떤 서비스 기업들은 판매범위를 확대하기 위하여 텔레마케팅 방법을 도입하거나 이를 제공하는 전문회사를 이용하기도 한다. 최근에는 인터넷의 보급과 이용이 확대됨에 따라 대부분의 서비스 기업들이 홈페이지를 구축하여 필요한 정보제공과 함께 고객의 접근성을 높이고 있다.

3. 서비스 유통정책

기업이 자사가 제공하는 서비스를 유통시키기 위한 경로구조와 중간상의 유형이 결정되면, 유통집중도와 관련하여 각 경로단계에서 몇 명의 중간상을 이용할 것인가를 결정해야 한다. 중간상의 수를 결정하는 것은 서비스 기업의 시장 커버리지(market coverage)의 정도를 결정하는 문제가 되며, 이것은 곧 유통경로정책을 개발 · 결정하는 문제가 된다.

유통경로정책을 수립하기 위해서는 다음과 같은 세 가지 문제가 검토되어야 한다.

㉠ **경로의 선정**: 어떤 유통경로를 이용할 것인가?
㉡ **경로의 검토와 강화**: 선정된 유통경로의 효율성을 어떻게 높일 것인가?
㉢ **중간상의 활용**: 중간상의 기능과 관계는 어떻게 설정할 것인가?

서비스 유통정책의 대안으로는 개방적 유통정책, 선택적 유통정책, 전속적 유통정책의 세 가지가 있다.

(1) 개방적 유통정책

개방적 유통정책(집중적 유통정책, intensive distribution policy)은 중간상의 수에 제한을 두지 않고 가능한 한 많은 점포에서 자사의 서비스를 취급하도록 하는 정책으로서 시장 커버리지를 극대화하려는 것을 말한다.

소비자들이 최소한의 노력이나 시간을 소비하여 구매하려고 하는 사진현상이나 우편서비스, 세탁서비스, 공중전화와 같은 편의서비스 제공자들이 주로 채택한다. 이러한 서비스를 구매하는 소비자들은 특정 상표의 구매를 위해 정보탐색이나 장시간 쇼핑을 하려고 하지 않는다. 따라서 가능한 한 많은 곳에서 서비스를 제공하여 서비스의 노출수준을 높여야 하며, 소비자 편의를 위하여 서비스의 접근성을 높여야 한다.

(2) 선택적 유통정책

선택적 유통정책(selective distribution policy)은 일정한 조건(서비스 제공능력, 신용도, 경영능력, 협조성 등)을 충족하는 중간상을 선정하고, 이들에게 자사의 서비스를 우선적으로 유통시키는 정책이다. 기업은 제한된 수의 중간상들과 우호적인 협력관계를 확보함으로써 보다 높은 판매성과를 기대할 수 있다. 따라서 개방적 유통방식에 비하여 적은 유통비용으로 중간상 통제력을 더 높일 수 있는 이점이 있다. 보험회사가 제한된 수의 독립적 보험대리점을 통해 보험상품을 판매하는 경우를 예로 들 수 있다. 이런 경우에 독립 보험대리점은 전속 보험대리점과 달리 여러 보험회사의 보험상품들을 함께 취급하게 된다.

(3) 전속적 유통정책

전속적 유통정책(exclusive distribution policy)은 특정 지역에서 자사의 서비스를 독점적으로 취급할 수 있는 중간상을 선정하여 서비스를 유통시키는 정책이다. 이 정책은 전속적인 서비스 판매권을 가진 판매업자(전속 대리점 등)에게 자사 상품의 판매노력을 집중하게 함으로써 경로통제와 함께 매출증대를 기하는 데 목적이 있다. 또 이 정책은 자사 상품의 노출수준을 엄격히 제한함으로써 서비스 품질을 유지·강화하고 서비스의 희소성을 높여 주기도 한다. 그리고 유통경로와 중간상에 대한 통제를 강화하는 대신에 중간상 마진을 높여주는 경향이 있다. 고품질의 서비스를 추구하는 전문서비스나 사업서비스 마케팅에 흔히 이용된다. 보험회사나 이동통신회사가 전속 대리점을 통해 서비스를 유통시키는 경우를 예로 들 수 있다.

서비스 기업은 전속 판매업자가 수행하는 가격이나 촉진, 신용, 여타 서비스 등의 영업정책에 대하여 강력하게 통제를 할 수 있다. 특정 지역에서 취급 판매점의 판매부진은 바로 서비스 기업에 영향을 미치게 된다. 판매업자는 강한 책임감을 가지고 영업활동을 하고 서비스 기업과 공동운명을 갖게 되므로 협조적이지만, 판매업자가 고객에게 호의나 이미지를 부각시키지 못하면 서비스 기업도 피해를 입을 수 있다. 따라서 서비스 제공자는 전속 판매업자의 선정에 신중을 기해야 한다.

03 서비스 기업의 중간상

서비스 기업이 이용할 수 있는 중간상의 유형에는 프랜차이즈 시스템, 에이전트 · 브로커, 전자유통경로 등이 있다. 본 절에서는 이들을 중심으로 살펴보고자 한다.

1. 프랜차이즈 시스템

(1) 프랜차이즈 시스템의 개념

프랜차이즈 시스템(가맹사업, franchise system or franchising)이란 가맹본부(franchisor)가 가맹점사업자(franchisee)와 일정한 계약을 맺고 일정기간 동안 특정 지역에서 자신들의 상표와 상호, 표준화된 상품 및 서비스, 사업운영방식 등을 사용하여 제품이나 서비스를 판매할 수 있는 특권(franchise)을 부여하고, 대신에 가맹점사업자는 가입비와 보증금, 매출에 대한 일정비율의 로열

[그림 12-2] 프랜차이즈 시스템의 구조

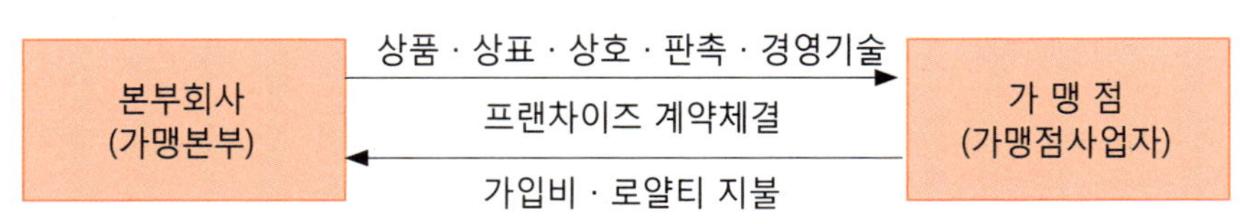

티(royalty) 등을 지급하는 형태의 계약형 수직적 마케팅시스템(VMS: Vertical Marketing System)을 말한다. 우리 주변에서 흔히 볼 수 있는 롯데리아, KFC, 맥도날드, 세븐일레븐, 버거킹 등의 각종 체인점들은 모두 프랜차이즈 시스템의 예이다.

프랜차이즈 시스템은 레스토랑이나 패스트푸드와 같은 외식업 부문을 비롯하여 호텔, 편의점, 할인점, 자동차 정비, 학습, 의류업, PC방, 세탁, 산후조리 등 다양한 서비스 산업분야로 확대되고 있으며, 서비스 부문의 가장 전형적인 중간상 형태가 되고 있다.

우리나라는 1979년에 설립된 롯데리아와 커피전문점 난다랑이 국내 최초의 프랜차이즈 시스템이었고, 이후 KFC(1984), 웬디스(1984년), 피자헛(1985년), 맥도날드(1988), 도미노피자(1990), 던킨도너츠(1994) 등의 미국계 프랜차이즈 업체들이 국내 시장에 많이 상륙하였다.

〈표 12-1〉에서 보는 바와 같이 우리나라는 2011년 현재 가맹본부업체 수가 2,405개, 가맹점 수가 170,926개, 직영점 수가 10,155개 운영되고 있다. 업종별로 살펴볼 때, 가맹본부 수를 기준하면 외식업체가 전체의 66.4%(1,598개)로 가장 많은 비중을 차지하고, 서비스업이 20.3%(489개), 도 · 소매업이 13.2%(318개)를 차지하고 있다. 가맹점 수를 기준해도 외식업이 39.8%로 가장 큰 비중을 차지하고, 그 다음으로 서비스업(36.5%), 도 · 소매업(23.7%)의 순으로 나타나고 있다.

〈표 12-1〉 우리나라 프랜차이즈산업 현황 (2011년)

프랜차이즈 업종	가맹본부 수(개)	가맹점 수(개)	직영점 수(개)
외 식 업	1,598(66.4%)	68,068(39.8%)	2,984(29.4%)
서비스업	489(20.3%)	62,377(36.5%)	3,036(29.9%)
도 · 소매업	318(13.2%)	40,481(23.7%)	4,135(40.7%)
계	2,405(100%)	170,926(100%)	10,155(100%)

※ 자료: 1. 가맹점 수 및 직영점 수는 등록된 가맹본부의 전년도 가맹점 수 및 직영점 수임.
2. 공정거래위원회 가맹정보제공시스템(2012).

(2) 프랜차이즈 시스템의 유형

1) 경로구성원들의 결합방법에 따른 분류

① 제조업자/소매상 프랜차이즈(예: 자동차업계의 딜러 시스템)

② 제조업자/도매상 프랜차이즈(예: 코카콜라, 세븐업, 정유사와 주유소)

③ 도매상/소매상 프랜차이즈(예: 의약품 도매상-약국, 온누리 약국 체인)

④ 서비스회사/소매상 프랜차이즈: 가장 전형적인 형태(예: 외식업, 호텔, 자동차 정비 등의 모든 서비스 업종)

2) 프랜차이즈 시스템의 속성 또는 목적에 따른 분류

① 상표명 프랜차이즈 시스템(trade-name franchise system)

프랜차이즈 본부가 가맹점에 대해 자사의 등록상표를 독점적으로 취급 · 판매할 수 있는 권리를 부여해 주는 형태의 프랜차이즈 시스템을 말한다. 주로 제품의 경우에 많이 적용되며, 폴사인제를 택하고 있는 정유사와 주유소 관계, 코카콜라, GM, 포드 등의 자동차회사 등의 예가 있다.

② 사업형 프랜차이즈 시스템(business-format franchise system)

프랜차이즈 본부가 가맹점에게 표준화된 상품과 등록상표, 사업운영방식, 경영 노하우 등을 패키지로 제공하고, 가맹점으로부터 가입비와 보증금, 로열티 등을 받는 가장 전형적인 프랜차이즈 시스템 형태이다. 대부분의 서비스 업종에서 이러한 형태의 프랜차이즈 시스템을 취한다.

③ **전환형 프랜차이즈 시스템**(conversion franchise system)

독립적으로 운영되고 있던 점포를 프랜차이즈 시스템으로 끌어들여 가맹점화하는 프랜차이즈 시스템 형태를 말한다. 독립 점포 입장에서는 프랜차이즈 본부의 브랜드 명성이나 고객확보능력, 사업운영 노하우 등을 활용할 수 있고, 본부는 단기간 내에 많은 가맹점을 확보하고 성장할 수 있다는 이점이 있다.

(3) 프랜차이즈 시스템의 장 · 단점

프랜차이즈 시스템의 장 · 단점을 프랜차이즈 본부와 가맹점 입장에서 비교하면 〈표 12-2〉와 같다.

〈표 12-2〉 프랜차이즈 시스템의 장 · 단점

	프랜차이즈 본부 입장	프랜차이즈 가맹점 입장
장점	• 자본확장의 용이성과 빠른 성장률 • 사업기회의 확장과 수익증대 • 점포의 일관성 유지 • 지역시장에 대한 지식의 습득 • 재무위험의 감소와 자본조달 용이	• 사업개시 위험의 최소화 • 검증된 사업기회 획득 • 전국적인 브랜드 명성 확보 • 소자본 창업 가능 • 본부회사의 전문적 지원 • 짧은 기간 내 안정된 수익가능
단점	• 가맹점 관리의 어려움 • 가맹점과의 갈등과 분쟁가능성 • 가맹점에 의한 본부의 명성 훼손 • 대 고객관계에서 주도권 상실 • 서비스 품질과 기업이미지 통제의 어려움	• 경쟁의 심화에 따른 이익 감소 • 시장의 포화와 잠식 가능성 • 본부의 지나친 통제와 간섭 • 가맹점의 창의성 발휘 곤란 • 높은 수수료와 본부중심의 계약 • 본부의 지원기능 미흡

2. 에이전트와 브로커

에이전트와 브로커는 거래 대상이 되는 서비스에 대한 소유권을 갖지 않고 서비스 제공자와 고객 간의 거래를 촉진 · 조성하는 중간상을 말한다.

(1) 에이전트

에이전트(agent)는 대리인 또는 대리상(점)이라고도 하는데, 서비스 제공자를 대신하여 고객과 서비스 제공자 사이의 계약을 체결하고 서비스 제공자를 위하여 다양한 마케팅기능을 수행하는 중간상을 말한다. 일반적으로 에이전트가 수행하는 마케팅 활동에 대해서는 법적인 권한을 갖는 경우가 많다. 기업들의 광고를 대행하는 광고대행사나 국내외 여행업무를 대행하는 여행사, 유명 가수나 스포츠 선수의 매니저는 에이전트의 대표적인 예가 된다. 에이전트가 받는 수수료(commission)는 대개 매출액의 2~6% 정도가 된다.

에이전트의 유형에는 판매 에이전트, 구매 에이전트, 구매촉진 에이전트 등이 있다.

1) 판매 에이전트

판매 에이전트(selling agent)는 서비스 제공자의 산출물을 판매할 수 있는 권한을 갖고 서비스 구매자와 협상하고 계약을 체결하는 에이전트를 말한다. 서비스의 계약조건이나 판매가격, 서비스 제공기간 등에 관한 모든 권한은 판매 에이전트에게 위임하고, 서비스 제공자는 오직 자신의 본연의 일에 전념할 수 있게 된다. 판매 에이전트는 영업지역의 제한을 받지 않으며, 판매가격의 일정지분을 수수료로 받는다. 가수, 개그맨, 영화배우와 같은 연예인이나 스포츠 선수의 매니저 등이 판매 에이전트의 대표적인 예가 된다.

2) 구매 에이전트

구매 에이전트(purchasing agent)는 구매자와 장기적인 관계를 가지면서 구매자를 대신하여 상품을 검사·평가하고 구매하는 대리인을 말한다. 구매 에이전트는 자신의 분야에 대한 지식이 풍부하여 최상의 조건으로 서비스를 구매하게 할 수 있으며, 자신의 고객에게 유익한 시장정보를 제공하기도 한다. 예술품이나 골동품, 보석 등의 전문가가 구매 에이전트로 활동하는 예를 들 수 있다.

3) 거래촉진 에이전트

거래촉진 에이전트(facilitating agent)는 어떤 거래를 위한 전문적 기술에다 금융 서비스나 위험관리, 운송과 같은 추가적인 지원서비스를 제공함으로써 마케팅이나 거래를 촉진하는 에이전트를 말한다. 기업의 양도나 인수합병 거래를 촉진하기 위해 노력하는 전문가가 그러한 예에 속한다.

(2) 브 로 커

브로커(broker)는 중개인 또는 거간이라고도 하는데, 서비스 제공자와 고객의 거래를 중개하여 촉진시키는 기능을 하는 중간상을 말한다. 거래가 성립되면 브로커를 고용한 당사자로부터 수수료(commission)를 받으며, 양쪽에서 수수료를 받기도 한다. 에이전트와 달리 브로커는 1회의 거래로 끝나는 단기적인 관계이며, 거래에 따른 위험부담을 지지 않는다. 부동산 중개인이나 보험, 증권, 결혼 등의 중개인이 대표적인 예에 속한다.

(3) 에이전트와 브로커의 장·단점

에이전트와 브로커가 갖는 장·단점을 살펴보면 다음과 같다.

1) 에이전트와 브로커의 장점

① 판매 및 유통비용의 절감

② 전문적인 기술과 지식의 소유
③ 광범한 지역으로의 진출 용이
④ 현지 지역시장에 대한 전문지식 보유
⑤ 고객의 서비스 선택을 용이하게 함(특히 독립 에이전트)

2) 에이전트와 브로커의 단점

① 서비스 제공자의 가격결정 및 여타 마케팅믹스에 대한 통제력 상실
② 복수 서비스 제공자의 서비스 대행과 이에 따른 품질통제 및 이미지에 나쁜 영향(독립 에이전트의 경우)
③ 과다한 수수료 부담

3. 전자유통경로

(1) 전자유통경로의 개념

전자유통경로(electronic channel)는 다양한 전자매체를 이용하여 서비스를 제공하는 유통경로로서 고객과 종업원의 직접적인 접촉을 필요로 하지 않는 유일한 경로라고 할 수 있다. 전자유통을 위해 필요한 요소는 고객에게 제공하고자 하는 서비스와 이를 제공할 전자매체이다.

서비스 제공자가 이용할 수 있는 전자매체로는 유 · 무선 전화, 팩스, 라디오, TV와 같은 전통적인 전자매체를 비롯하여 인터넷, 인공위성, 컴퓨터, 스마트폰 등의 새로운 전자매체들이 있다. 서비스 제공자는 이러한 전자매체를 통해 문자나 음성, 영상, 기타 다양한 정보들을 고객들에게 직접 전송할 수 있다. 고객이 이러한 전자매체를 통해 얻을 수 있는 서비스에는 교육, 오락, 정보 등의 주문형 서비스, 인터렉티브 뉴스와 음악, 은행과 금융서비스, 전자도서관과 데이터베이스, 원격학습, 영상회의, 원격진료, 인터렉티브 게임, 가상대학, 텔레마케팅, 인터넷 쇼핑몰, TV홈쇼핑 등이 있다.

서비스의 생산이 정보기술과 시설, 장비에 의존할수록 서비스 제공자와 고객간의 대면접촉은 더 줄어들고 서비스의 비 분리성과 이질성의 특성이 덜 나타난다. 즉, 전자경로는 서비스의 비분리성과 이질성 특성과 관련된 많은 문제점을 극복할 수 있게 해준다.

(2) 전자유통경로의 장 · 단점

1) 전자유통경로의 장점

① 일관된 서비스 제공에 따른 품질관리
② 인적 유통에 비해 저렴한 비용
③ 고객의 편의 증대(접근가능성과 이용가능성 제고)
④ 광범위한 유통(최종소비자와 중간상, 광역시장 유통)
⑤ 고객의 선택폭 증대

2) 전자유통경로의 단점

① 전자환경에 대한 통제력 부족(특히 인터넷 환경)
② 개별화된 서비스 제공의 한계
③ 고객의 매체활용능력과 관련한 고객참여 문제
④ 거래상의 보안 문제

현/장/사/례

'한국인의 입맛' 세계를 사로잡는다!

미국의 글로벌 프랜차이즈는 '맥도날드', 일본의 글로벌 프랜차이즈는 '세븐일레븐'을 각각 대표주자로 꼽을 만하다. 맥도날드는 전세계 119개국에 진출해 3만 개 이상의 가맹점을 운영 중이고, 세븐일레븐은 18개국 3만 3,000개 가량의 점포를 보유하고 있다. 이들 프랜차이즈 기업은 전세계 각국에 진출해 막대한 로열티 수입을 통해 국부 창출에 기여하는 동시에 자국의 문화와 라이프스타일을 전파하는 '첨병' 역할도 하고 있다.

일찍부터 프랜차이즈 산업이 발달한 미국과 일본은 이 밖에도 '스타벅스', '서브웨이', '피자헛', 'KFC', '훼미리마트' 등 세계적인 프랜차이즈 브랜드를 다수 보유하고 있다. 이에 비해 프랜차이즈 도입 역사가 짧은 한국은 세계 시장에 진출한 글로벌 브랜드가 아직 많지 않다. 그러나 최근 몇 년새 좁은 국내 시장에서 벗어나 해외 진출을 통해 새로운 성장동력을 확보하려는 토종 프랜차이즈 기업들이 늘면서 글로벌 브랜드의 탄생도 기대해 볼 만한 상황이다.

국내 프랜차이즈 업체들의 해외 진출이 이뤄지기 시작한 시기는 90년대 중반부터지만 당시는 해외시장에서의 성공 가능성을 타진해 보는 수준에 그쳤다. IMF 외환위기를 겪은 후 2000년대 들어 국내 창업 시장이 활기를 띠면서 기업 규모를 키운 프랜차이즈 업체들이 해외시장 진출을 적극적으로 모색하기 시작했다. 론칭 10년 만에 국내에만 1,700여 개 매장을 확보하는 데 성공한 치킨브랜드 'BBQ'가 가장 공격적으로 해외시장의 문을 두드렸다. 2003년 중국 기업과 합작으로 상하이에 진출한 BBQ는 매년 진출 국가 수를 늘려 현재 43개국에 진출, 250여 개 매장을 운영 중이다.

90년대 중국과 말레이시아에 진출해 실패를 맛봤던 한식브랜드 '놀부'는 와신상담 끝에 지난 2006년 일본과 중국에 진출해 안착화에 성공했다. 또 베이커리 전문점인 '뚜레쥬르'와 '파리바게뜨', 피자전문점인 '미스터피자', 생맥주전문점 '쪼끼쪼끼' 등은 중국에 진출해 순조롭게 영업하고 있다.

그동안 중국에 국한됐던 프랜차이즈 기업들의 진출국은 베트남, 말레이시아 등 동남아시아 신흥 경제 강국과 미국, 유럽, 중동, 중남미 등지로 확대되는 추세다. 이처럼 국내 프랜차이즈 기업들의 해외 진출이 이어지고 있지만 미국이나 일본 등 프랜차이즈 선진국에 비하면 진출 업체 수는 여전히 미미한 편이다.

프랜차이즈는 무형의 시스템과 노하우를 전수해 주고 이에 따른 로열티를 받는 지식 서비스 산업이다. 다른 나라에 진출해 국가 이미지를 높일 수 있는 동시에 국부를 창출할 수 있는 분야다. 브랜드 경쟁력을 높이기 위한 프랜차이즈 업체의 노력과 함께 정부 차원의 지원이 절실한 시점이다.

자료: 서울경제신문, 2008. 4. 17

연·구·문·제

1. 서비스 유통경로의 특성에 대하여 토의해 보시오.

2. 서비스 유통경로의 설계과정에 대하여 설명하시오.

3. 서비스 간접유통의 유형과 각각의 장 · 단점에 대하여 설명하시오.

4. 서비스 프랜차이즈 시스템의 운영사례와 경로갈등에 대하여 조사해 보시오.

5. 전자유통경로의 유형과 장 · 단점에 대하여 토의해 보시오.

6. 서비스 유통을 설계할 때 고려해야 할 사항에 대하여 토의해 보시오.

제13장

서비스 촉진관리

학 습 목 표

- 서비스 촉진의 의미와 목적
- 서비스 촉진믹스
- 광고와 판매촉진
- 인적판매
- 홍보와 공중관계 및 스폰서십 마케팅

01 서비스 촉진의 의의

1. 촉진과 커뮤니케이션

기업은 표적시장과 효과적인 커뮤니케이션을 하기 위하여 다양한 촉진적인 접근방법을 사용해야 한다. 즉, 서비스 기업이 아무리 훌륭한 상품을 적정한 가격에 적정한 경로를 통하여 표적시장에 유통시킨다고 하더라도 현재 및 잠재고객들에게 설득적 커뮤니케이션으로 적절한 촉진활동을 전개하지 못하면 효과적인 판매를 할 수 없을 뿐만 아니라 오늘날과 같이 치열한 경쟁상황에 대처할 수 없게 된다. 마케팅에서 커뮤니케이션은 정보를 전달하고, 잠재고객을 설득하며, 기업이나 상품을 다시 회상시키는 세 가지 기본적인 역할을 수행한다.

촉진이란 잠재고객의 태도와 행동에 영향을 주기 위하여 기업과 잠재구매자 간에 정보를 커뮤니케이션하는 것이다. 즉, 설득적 커뮤니케이션을 통해 제품이나 서비스의 유통을 보다 원활히 하고, 수요를 자극·환기시킴으로써 기업이 기대하는 판매증대를 도모하는 일련의 활동을 말한다.

촉진은 최종고객들에게만 한정되는 것은 아니다. 종업원들을 동기유발하고, 중간상들을 자극하기 위해서도 촉진활동이 필요하다. 마케터는 촉진의 효과를 극대화시키기 위해 커뮤니케이션을 적절하게 계획, 실행, 통제하기 위한 노력을 경주해야 한다. 결국 촉진은 종업원과 중간상을 포함하는 잠재고객과의 '마케팅 커뮤니케이션'이라고 할 수 있다.

2. 촉진의 목적

기업의 촉진활동은 고객과의 단순한 커뮤니케이션에만 관심이 있는 것이 아니라 그 커뮤니케이션 과정을 통해 자사의 서비스 상품이나 상표를 선택하도록 고객들을 고무시키고자 하는 데 있다. 따라서 서비스 마케터의 관심은 호의적인 행동을 유발할 수 있는 현재의 태도를 재강화하고, 표적시장의 태도와 행동을 실제로 변화시키는 데 초점이 모아진다.

경제학적인 측면에서 볼 때, 촉진은 [그림 13-1]에서 보는 바와 같이 수요곡선의 위치와 형태를 우측으로 이동시켜 매출증대를 기하며, 가격인상시에는 수요가 비탄력적이 되고 가격인하시에는 수요가 탄력적이 되도록 유도함으로써 소비자의 구매행동에 영향을 미치는 데 그 목적이 있다. 즉, 기업은 촉진활동을 통하여 주어진 가격에서 매출의 증대를 꾀하고, 가격인상시에는 비탄력적이고 가격인하시에는 탄력적인 수요탄력성을 갖도록 잠재고객들을 유도하고자 하는 것이다.

[그림 13-1] 촉진의 수요곡선 변화 효과

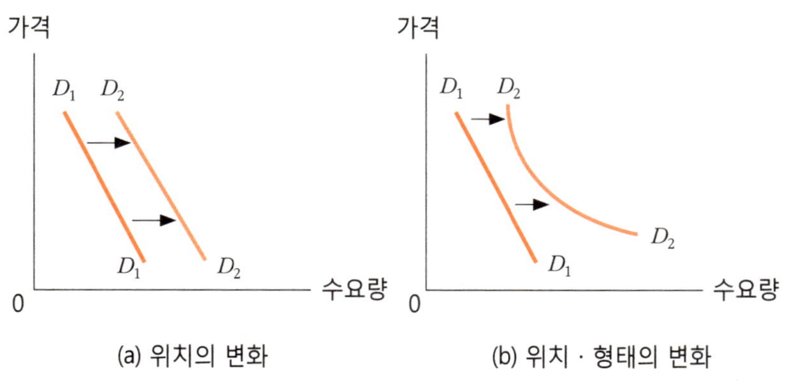

(1) 촉진의 기본 목적

소비자의 구매행동에 영향을 미치고자 하는 촉진활동은 정보제공, 설득,

회상이라는 세 가지의 기본적인 목적을 가지고 있다. 마케터는 누구에게, 왜 정보를 제공하고, 설득하며, 회상하게 하는지를 구체적이고 정확하게 표현하는 촉진활동을 전개해야 한다.

1) 정보제공(informing)

잠재고객이 어떤 상품을 구매하려면 우선 그 상품의 존재와 특성에 대하여 알아야 하므로 정보제공은 촉진의 가장 기본적이고 중요한 목표이자 기능이라고 할 수 있다. 정보제공 기능은 기업이 신상품을 출시하여 본원적 수요를 창출하고자 하는 경우에 특히 중요시된다. 서비스 신상품을 가지고 있는 기업은 상품의 구매를 촉구하기보다는 그 상품의 존재가치나 특성 또는 경쟁상품보다 우수함을 알려주는 촉진활동을 하게 된다.

2) 설득(persuading)

경쟁적 시장상황에서 기업은 상품에 대한 정보를 제공할 뿐만 아니라 잠재고객들에게 자사의 상품을 구매하도록 설득하지 않으면 안 된다. 설득기능이란 구매행동에 영향을 끼칠 목적으로 긍정적이고 호의적인 소비자 태도를 개발하거나 재강화하기 위해 노력하는 촉진활동을 말한다. 주로 서비스수명주기상 경쟁상품이 등장하는 성장기 단계의 촉진목표가 된다.

3) 회상(reminding)

표적고객들이 이미 기업의 서비스 상품에 대하여 긍정적인 태도를 가지고 있는 상황이라면, 마케터는 적절한 회상적 촉진목표를 전개해야 한다. 고객이 호감을 갖고 자사의 상품을 일단 구매했다고 하더라도 그는 여전히 경쟁자의 표적 소구대상이 될 수 있으며, 이들에게 과거 구매의 만족감이나 상품의 편익을 회상시키는 일은 고객의 상표전환을 막고 자사 상품의 구매고객으로 계속 남아 있게 해 준다. 회상기능은 주로 서비스수명주기에서 성숙기 상품의 주요 촉진목표가 된다.

(2) 구매단계별 촉진 목적

촉진의 기본적인 목적이 정보제공과 설득 및 회상에 있다고 한다면, 그 구체적인 목적은 구매단계에 따라 다르게 설정될 수 있다. 소비자들의 서비스 구매단계는 구매 전 단계, 소비 단계, 구매 후 단계의 3단계로 구성된다. [그림 13-2]에는 촉진의 구매단계별 목적을 나타내고 있다.

1) 구매 전 단계

구매 전 단계에서는 네 가지의 촉진목적을 제시할 수 있다. 첫째, 구매위험을 줄이는 것이다. 구매위험을 줄이면 구매가능성을 높일 수 있다. 둘째, 브랜드 자산을 구축하거나 브랜드 인지도를 증가시키기 위해서 고유의 기업 이미지를 개발하는 것이다. 독특한 기업 이미지를 개발함으로써 서비스 기업은 구체적인 표적시장에 소구할 수 있다. 셋째, 브랜드 자산을 구축하는 것이다. 브

[그림 13-2] 구매단계별 촉진의 목적

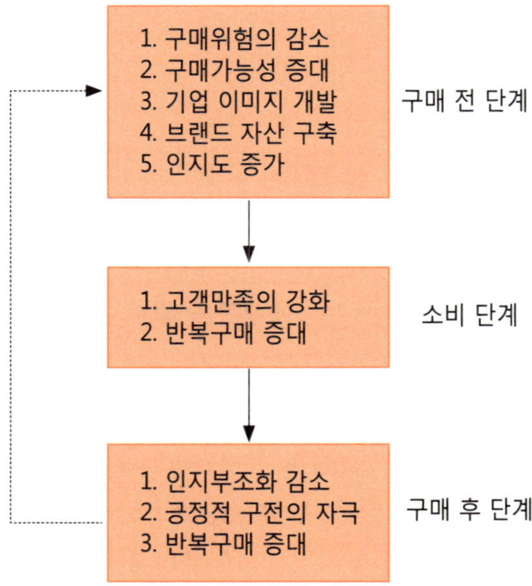

랜드 파워가 강화되면 소비자들에게 그 서비스가 보다 균일한 서비스 품질을 제공해 줄 수 있다는 믿음을 주게 된다. 브랜드 자산은 소비자의 구매위험을 감소시키고 구매 확률을 높여준다. 넷째, 서비스 기업과 브랜드에 대한 인지도를 높이는 것이다. 소비자의 구매결정은 그들의 환기상표군(evoked set)에서 이루어지기 때문에 기업이 소비자의 환기상표군 속에 들지 않고서는 선택되기 어렵다. 소비자의 환기상표군으로 편입되기 위해서는 기업이나 브랜드의 인지도를 강화하는 촉진 커뮤니케이션이 필수적이다.

2) 소비 단계

서비스 소비 단계에서 촉진은 주로 고객만족을 제고시키고 반복구매를 증가시킬 목적으로 수행한다. 고객만족을 제고시키기 위해서는 고객의 기대를 형성하고 서비스 성과를 평가하는 데 영향을 줄 수 있는 정보를 제공하는 데 초점을 두어야 한다. 또 서비스 제공절차에 대한 정보를 제공함으로써 소비 단계에서 고객만족도를 높일 수 있다. 예를 들어, 카센터에서 자동차 수리과정을 도표로 만들어 고객들이 보고 이해할 수 있도록 게시해 놓는다든지, 놀이공원에서 놀이시설이나 매점 · 식당, 화장실, 안내소, 출구 등의 표지판을 고객들이 잘 알아볼 수 있도록 설치해 놓는다면 서비스에 대한 고객의 신뢰도와 만족도를 높일 수 있을 것이다.

3) 구매 후 단계

구매 후 단계에서 촉진은 고객의 인지부조화(cognitive dissonance)를 줄이고 긍정적인 구전을 자극하며 반복구매행동을 증가시키는 방향으로 설계되어야 한다. 인지부조화를 줄이려면 고객의 선택이 훌륭했다고 안심시켜 주면 되는데, 이는 광고나 구매시점 진열, 서비스 요원과의 인적접촉 등을 통해 이루어질 수 있다. 인지부조화가 감소하면 긍정적인 구전 커뮤니케이션과 재구매 가능성이 높아지게 된다. 서비스의 무형성과 구전에 대한 고객들의 높은 신뢰성 때문에 구전 커뮤니케이션은 마케팅 구매결정에 있어서 특히 중요하다.

서비스 기업은 긍정적 구전을 촉진시키기 위해 고객들에게 인센티브를 제공할 수 있다. 이동통신회사에서 기존고객이 신규고객을 추천하면 무료 통화 시간 100분을 제공하거나, 영어회화 학원에서 기초과정을 이수한 수강생이 곧바로 중급과정에 들어가면 수강료의 20%를 할인해 주는 경우를 예로 들 수 있다.

3. 서비스 촉진의 특징

유형의 재화와 구별되는 서비스는 그 고유의 특성으로 인해 서비스 촉진활동을 전개함에 있어서 일반 제품의 경우와 여러 가지 면에서 차이가 있다. 이러한 관점에서 서비스 촉진의 특성은 재고의 불능, 중간상의 제한된 역할, 고객접촉요원의 중요성, 서비스 생산과정에의 고객 참여 등 네 가지로 설명할 수 있다.

(1) 재고가 없음

서비스는 재고로 저장될 수 없기 때문에 촉진활동은 서비스 기업이 주어진 시점에서 서비스 공급능력에 대응하는 수요를 창출하는 데 도움을 줄 수 있다. 즉, 서비스 수요가 피크일 때에는 수요를 줄이고 수요가 적을 때에는 수요를 촉진하는 촉진관리가 필요하다.

서비스는 재고를 유지할 수 없지만 서비스 기업은 고객들에게 어떤 인센티브를 제공함으로써 효과적으로 고객들의 서비스 이용 확대를 꾀할 수 있다. 한정된 기간 동안만 대규모 할인가격으로 서비스를 이용할 수 있다고 광고하면 이것이 바로 촉진이 되는 셈이다.

서비스업의 촉진은 제조업보다 훨씬 더 신속하게 수행할 수 있다. 제조업의 경우는 예상 수요 증가분에 맞추어 많은 추가 물량을 소매상들에게 공급해 주어야 하고, 특판가격이나 쿠폰을 표시하기 위해 제품의 포장이나 라벨을 바꾸어야 한다. 그러나 서비스의 경우는 중간상이나 일선 점포들을 위한 구매

시점 광고를 하지 않는 한 이러한 경과시간(lead time)이 별로 필요하지 않다.

(2) 중간상의 제한된 역할

서비스는 제품과 달리 중간상을 통해 판매하는 경우가 별로 없고, 중간상이 있다 하더라도 제한된 기능을 수행한다. 제조기업은 광고와 소비자촉진, 거래촉진 등에 전체 촉진예산을 어떻게 배분할 것인가에 대하여 신중한 의사결정이 필요하다. 그러나 서비스 기업은 중간상을 대상으로 하는 거래촉진 비용은 크게 발생하지 않는다.

때로는 서비스 중간상들에게 인센티브를 제공하는 것이 필요하다. 독립 에이전트나 브로커를 많이 이용하는 여행사나 보험사의 경우 물리적인 전시공간을 확보하고 중간상을 통해 소비자의 최초 상기브랜드(top-of mind recall)가 되도록 하기 위해서는 촉진 인센티브를 제공할 필요가 있고, 이로써 경쟁사 서비스와 경쟁할 수 있게 된다.

(3) 고객접촉요원의 중요성

서비스의 경우 대개 중간상이 없기 때문에 고객과 직접 접촉하는 서비스 종업원들을 위한 인센티브 프로그램이 매우 중요하다. 고객접촉요원과 고객들 간의 상호작용은 고객만족에 결정적인 영향을 미치기 때문이다. 서비스접촉요원들을 위한 인센티브 프로그램은 내부마케팅의 일부가 되는 것으로, 현금보너스, 포상, 회식, 특별시상 등의 인센티브를 제공할 수 있다.

또 고객접촉요원은 서비스 기업의 촉진활동을 전개하는 데도 도움을 준다. 예를 들어, 패스트푸드점에서 제공되는 경품은 판매시점에서 고객접촉요원들을 통해 고객들에게 제공된다. 따라서 고객접촉요원들에게는 대 고객 서비스나 판매증대를 위해서 뿐만 아니라 판촉 프로그램의 일부로서 충분한 보상과 동기유발이 이루어져야 한다.

(4) 고객 참여의 중요성

서비스 기업은 생산성 향상을 위해 흔히 고객과 서비스 제공자 간의 상호 접촉부분이 되는 전방단계를 변경하려고 한다. 그런데 종업원의 노동으로 이루어지던 서비스를 기술이나 서비스 혁신에 근거한 다른 서비스 제공 시스템이나 셀프서비스 방법으로 대체하는 것에 대하여 고객들이 수용하는 경우에는 비용을 절감하고 생산성을 높일 수 있지만 고객들이 이를 거부 또는 회피하게 되면 효과를 거둘 수 없게 된다.

문제는 고객들의 단순한 타성(inertia)이다. 사람들은 어떤 전환에 대한 인센티브가 없는 한 변화를 싫어하기 때문이다. 또 다른 문제는 고객들이 어떤 새로운 접근방법을 시도하다 실패를 경험하게 될 때 발생한다.

가격할인이나 프리미엄, 경품, 사은품 등은 고객들이 새로운 서비스 제공방법을 채택하도록 유인하는 혜택이 될 수 있으며 셀프 주유소가 그 예가 된다.

4. 서비스 촉진믹스

(1) 촉진믹스의 개념

서비스 기업은 여러 가지 방법으로 촉진 커뮤니케이션을 할 수 있다. 기업이 특정 상품을 촉진하기 위하여 여러 가지 촉진수단을 결합할 때, 이러한 결합을 그 상품에 대한 촉진믹스(promotion mix)라고 한다. 촉진믹스는 마케팅 믹스의 최종적 요소로서, 광고, 인적판매, 판매촉진, 홍보 등의 촉진수단(promotion tools)으로 이루어진다. 다시 말해, 촉진믹스는 소비자에게 구매를 환기시키기 위한 촉진수단들의 가장 적절하고 유효한 조합을 말한다.

촉진수단들은 제각기 상이한 특성과 촉진효과를 지니고 있으며, 고유의 장 · 단점을 지니고 있다. 따라서 효과적인 촉진믹스를 위해서는 각 촉진수단의 장 · 단점을 상호 보완하여 조화가 되도록 결합해야 하며, 마케팅 믹스와 밀접한 통합관계를 이루도록 해야 한다. 아울러 서비스 기업이 처한 상황, 즉 소비자들의 구매패턴이나 라이프 스타일, 경쟁관계, 법적 규제, 경제상황 등의 기업 외적인 환경요인과 서비스의 유형에 따라 촉진믹스의 중요도와 촉진믹스 요소 간의 결합관계는 달라지게 된다.

(2) 서비스 촉진수단

서비스 기업이 촉진믹스의 요소로서 서비스 촉진을 위해 사용할 수 있는 수단으로는 광고와 인적판매, 홍보, 판매촉진 등의 전통적인 촉진수단뿐만 아니라 서비스의 무형성으로 인해 추가적으로 중요시되는 공중관계, 스폰서십 마케팅, 구전 등의 부가적 촉진수단이 있다. 이러한 촉진수단들은 제각기 그 특징과 비용이 서로 다르기 때문에 마케터는 이러한 제 특징을 잘 이해하여 촉진믹스를 조합해야 한다.

1) 광고(advertising)

광고란 확인된 광고주(sponsor)가 유료의 광고대금을 지불하고 제품이나 서비스, 아이디어 등에 관한 메시지를 신문, TV, 라디오, 잡지 등의 비인적 대중매체를 이용하여 촉진하는 커뮤니케이션 수단을 말한다.

2) 인적판매(personal selling)

인적판매는 판매자가 잠재구매자를 만나 대화를 통해 제품이나 서비스의 판매를 실현시키고자 하는 방법으로서, 대면판매(face-to-face selling)라고도 한다. 이것은 교환 상황에서 인적 커뮤니케이션을 통하여 잠재고객에게 제품에 대한 정보를 제공하고 구매하도록 설득하게 된다. 현장 판매원의 방문판매나 점원의 판매조성행위가 그 대표적인 예가 된다.

3) 홍보(publicity)

홍보는 대금 지불이 없이 비인적 대중매체를 통하여 기업 또는 기업의 제품이나 서비스가 뉴스화됨으로써 촉진효과를 거두는 방법이다. 매스컴에 의하여 무료로 홍보가 이루어진다는 점에서 광고와 다르다.

4) 판매촉진(sales promotion)

판매촉진은 제품이나 서비스의 판매를 촉진하기 위한 단기적 유인수단으로서 광고와 인적판매, 홍보에 속하지 않는 일체의 촉진활동을 포함하는 개념이다. 판매촉진의 유형으로는 소비자촉진, 거래촉진, 판매원촉진 등이 있다.

5) 공중관계(PR: public relation)

공중관계(PR)란 조직이 그 공중(고객, 종업원, 주주, 정부기관 및 사회대중 등)들과 호의적인 관계를 창조하고 유지할 목적으로 수행하는 광범한 일체의 커뮤니케이션 활동을 말한다. 일반적으로 공중관계는 홍보보다 넓고 포괄적인 커뮤니케이션 기능을 지닌 개념으로 이해된다.

6) 스폰서십 마케팅(sponsorship marketing)

스폰서십 마케팅은 기업이 각종 스포츠나 문화, 사회, 환경 분야와 관련 있는 사람, 단체, 행사 또는 캠페인에 대하여 현금이나 물품 또는 서비스의 형태로 지원함으로써 스폰서십 타이틀을 얻어 기업이 목표로 하는 다양한 마케팅 활동을 수행하는 것을 말한다.

7) 구전(word-of-mouth communication)

구전이란 소비자들의 입을 통해 비공식적으로 기업의 제품이나 서비스에 대한 정보가 전달되는 것을 말한다. 일반적으로 구전은 가족이나 친지, 친구, 이웃, 동료 등의 개인적인 인간관계를 통해 전해지는 정보이기 때문에 메시지에 대한 신뢰성과 설득력이 매우 높게 작용한다. 특히 서비스는 무형적이기 때문에 구전이 매우 중요한 촉진도구가 될 수 있다.

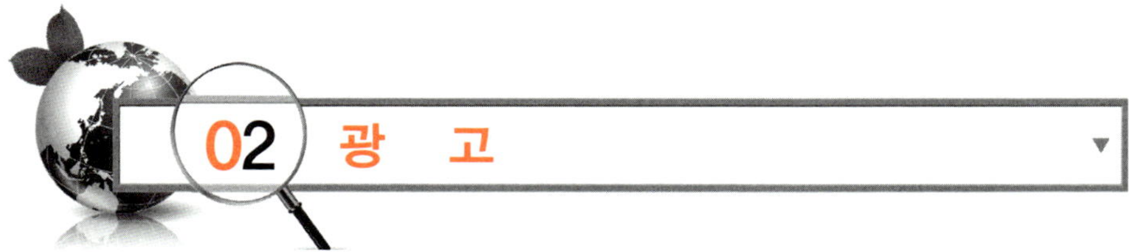

02 광 고

1. 광고의 특성과 기능

(1) 광고의 특성

광고는 수많은 잠재고객들에게 노출단위당 비용이 저렴하게 도달할 수 있고, 기업 및 브랜드 자산을 구축하는 데 가장 효과적인 수단이라고 할 수 있다. 광고는 종류가 다양하고 다양한 용도로 이용되고 있기 때문에 그 특성을 일반화하기 어렵지만 대체적으로 다음과 같이 요약할 수 있다.

1) 대중적 제시(public presentation)

광고는 매우 대중성을 지닌 커뮤니케이션 수단이다. 많은 사람들이 동일한 메시지를 접하게 되므로 구매자들은 그 상품에 대한 자신들의 구매동기가 대중적으로 널리 이해될 수 있는 것으로 믿는다.

2) 보급성(pervasiveness)

광고는 판매자가 메시지를 여러 번 되풀이하여 침투시키는 보급적인 매체이다. 또 구매자들이 여러 경쟁자들의 메시지를 접하고 비교하게 해 준다.

3) 과장표현(amplified expressiveness)

광고는 인쇄물이나 소리, 색상 등을 교묘하게 사용하여 묘사함으로써 기업이나 상품에 대하여 극화할 수 있는 기회를 제공해 준다. 때로는 너무 뛰어난 표현력으로 인해 메시지의 전달효과를 오히려 약화시키는 경우도 있다.

4) 비인성(impersonality)

광고를 접하는 청중들은 광고에 주의를 기울이거나 반응해야 할 의무감을 느끼지 않는다. 광고는 청중들과의 대화가 아닌 독백으로 전개되고, 일방적인 비인적 커뮤니케이션 수단이라고 할 수 있다.

이 밖에 광고는 사용하는 매체에 따라 수많은 청중(신문, TV 등)에게 소구하거나 소수의 표적청중(직접우편, 전문잡지 등)에게 소구할 수 있다는 점에서 융통성(flexibility)이 있다.

(2) 광고의 기능

광고를 사람들의 심리적 반응을 목적으로 하는 것으로 볼 때, 광고는 다음과 같은 다섯 가지의 반응, 즉 'AIDMA 모델'의 반응을 일으키는 기능을 갖는다.

① 사람의 주의를 끌게 한다(Attention).
② 광고물을 보거나 들은 사람이 흥미나 관심을 갖게 한다(Interest).
③ 광고상품에 대하여 구매욕구를 일으키게 한다(Desire).
④ 광고상품을 구매할 수 있다는 확신을 갖고 그 제품을 기억한다(Memory).
⑤ 상품에 대한 구매결심을 하고 실제로 구매행위를 한다(Action).

기업경영적인 측면에서 볼 때, 광고의 궁극적인 목적은 판매량의 유지 내지 증대에 있다고 할 수 있으며, 이를 위한 광고의 구체적인 기능은 다음과 같이 8가지로 세분할 수 있다.

① 정보제공
② 설득
③ 회상
④ 구매행동 유발
⑤ 시장확대
⑥ 판로확보
⑦ 수요창조

2. 광고 메시지의 결정

광고전략의 성패여부는 기업의 수익성에 큰 영향을 끼친다. 광고전략의 성패를 가늠하는 중요한 사항은 올바른 표적집단을 향하여 적절한 광고매체로 적절한 소구를 하는 데 있다고 할 수 있다. 다시 말해, 광고는 정확히 확인된 표적집단에 대하여 얼마만큼 강도 있게 소구할 수 있는가에 의하여 그 효과가 좌우된다는 것이다.

광고 메시지는 ① 메시지의 작성, ② 메시지의 평가와 선택, ③ 메시지의 실현이라는 '크리에이티브 전략(creative strategy)'을 개발하기 위한 세 단계를 거쳐 이루어진다. 광고 메시지는 가능한 한 여러 가지의 대안을 작성하고, 이들 대안들에 대한 비교 평가를 통하여 메시지 전달에 가장 효과적이라고 판단되는 광고 메시지를 선택하여야 한다.

이상적인 광고 메시지는 잠재고객의 주의(attention)를 집중시키고, 흥미(interest)를 끌며, 욕구(desire)를 유발시키고, 기억(memory)하게 하여, 행동(action)으로 이르게 하는 것이다(AIDMA 모델).

광고 메시지가 갖추어야 할 요건으로 불리는 USP(Unique Selling Proposition, 특유의 판매제언)는 다음과 같은 세 가지 의미를 함축하고 있다.

첫째, 명확한 제언을 하여야 한다. "이 제품을 구매하라, 그러면 이러한 특유의 혜택을 얻는다"고 하는 제언이다.

둘째, 특유한 제언이어야 한다. 이것은 경쟁업자가 현재 행하지 않고 있거나 행할 수 없는 제언이어야 하며 그 주장 또한 특유해야 한다.

셋째, 그 제언은 대중을 움직이게 할 수 있을 정도로 강력해야 한다.

3. 광고매체의 결정

광고 메시지가 결정되고 나면, 이것을 전달할 광고매체를 선정하여야 한다. 광고매체에는 신문, 잡지 등의 인쇄매체와 텔레비전, 라디오 등의 전파매체, 그리고 직접우편(DM), 옥외광고, 교통광고, POP광고 등이 있다. 이들 중 신문, 잡지, 텔레비전, 라디오 매체를 보통 '4대 광고매체'라고 하며, 각 매체들은 서로 다른 매체가치와 장 · 단점을 지니고 있다.

〈표 13-1〉에는 주요 광고매체의 장 · 단점이 요약되어 있다.

〈표 13-1〉 주요 광고매체별 장 · 단점

매체유형	주요대상	장 점	단 점
신 문	일반대중	• 탄력성, 적시성, 수용성, 신뢰성, 반복성 • 특정지역이나 독자층에 소구 가능	• 짧은 수명 • 낮은 재현능력과 통독률
TV	일반대중	• 시청각 및 동적 효과 • 높은 주목률과 도달률 • 오관에 소구	• 높은 비용 • 짧은 광고시간 · 노출 • 청중의 선택성이 낮음
라 디 오	학생 운전자	• 저렴한 비용 • 인구 통계적 · 지역적 선별 가능(프로그램별)	• 청각에만 의존 • TV에 비해 낮은 주목률 • 짧은 광고시간 · 노출
잡 지	전문가	• 긴 수명 • 지역적 · 인구 통계적 선별가능 • 높은 신뢰성과 권위 • 높은 재현능력과 통독률 • 신문보다 우수한 칼라광고	• 광고 게재까지의 소요시간이 길다. • 광고위치의 보장이 없음.

직 접 우 편	개인별	• 높은 청중 선별, 신축성 • 매체 내 광고경쟁이 없음 • 목표고객의 요구 반영	• 비교적 비용이 높음 • 쓰레기 우편물화(junk mail) 가능성이 높음
옥 외 광 고	번화가	• 높은 신축성 • 높은 반복노출 • 낮은 비용, 낮은 경쟁	• 청중 선별 불가 • 정보의 양이 제한됨
인 터 넷	개인별 이용자	• 시간 · 공간의 제약이 없다. • 쌍방향 커뮤니케이션 가능 • 광고의 수신, 반응측정 용이 • 1대1 마케팅 가능 • 즉각적인 구매유도 가능	• 정보의 양이 제한됨 • 정크메일화 가능성 • 사용자의 반감 가능성

매체계획자는 광고 상품에 대한 최대한의 구매력을 가진 독자층이 접촉하는 매체를 선택하고, 경우에 따라서는 매체믹스(media mix)를 만들어야 한다. 또 매체계획자는 최적의 매체를 유지하기 위하여 여러 매체대안들의 상대적 효과와 비용 관계를 주기적으로 재검토하여야 한다. 특히 최근에 와서는 기존의 매체유형뿐만 아니라 유선TV, 비디오텍스, 인터넷광고와 같은 새로운 매체가 생겨나고 있기 때문에 이들 매체의 광고효과와 비용을 함께 검토해야 할 것이다. 매체계획자는 각 매체별 특성과 비용을 기초로 하여 주요 매체유형에 대하여 예산을 배분하여야 한다.

매체유형이 결정되면, 광고주는 비용면에서 도달범위와 노출빈도 및 효과강도가 가장 우수한 매체기관을 선정하고 광고 시기를 결정한다.

1. 판매촉진의 의의

(1) 판매촉진의 개념과 특성

판매촉진(sales promotion)은 제품이나 서비스의 판매를 촉진하기 위한 단기적 유인수단으로서 광고와 인적판매 및 홍보 이외의 모든 촉진활동을 말한다. 판매촉진에는 판촉대상이 누구냐에 따라 소비자촉진, 거래촉진, 종업원촉진의 세 가지 유형이 있다.

판매촉진 수단은 그 구체적인 목적이 각기 다르지만, 기본적으로 신규 사용자를 유인하고, 단골고객들에게 보답하며, 일반사용자들의 재구매율을 증가시키는 데 목적이 있다. 상표의 동질성이 높은 시장에서는 판매촉진이 단기적인 판매증대 효과는 가져올 수 있으나, 장기적인 시장점유 효과는 없다. 하지만 상표의 동질성이 낮은 시장에서는 판매촉진이 장기적인 시장점유율 확대효과를 가져올 수 있다.

일반적으로 판매촉진은 다음과 같은 특성이 있다.

㉠ **커뮤니케이션**(communication): 판매촉진은 소비자의 주의를 끌고, 소비자들을 그 제품이나 서비스로 유인할 수 있는 정보를 제공한다.

㉡ **자극제**(incentive): 판매촉진은 소비자들에게 가치를 부가해 줄 수 있는 어떤 이권이나 자극물을 제공한다.

㉢ **초대**(invitation) · **권유**: 판매촉진은 잠재고객들에게 지금 당장 거래에 참여할 수 있도록 제안하고 권유한다.

기업들은 직접적이고 강력한 반응을 창출하기 위하여 판촉수단을 사용하며, 상품을 극화하거나 판매부진을 진작시키기 위하여 판매촉진이 이용되기도 한다. 그러나 판매촉진의 효과는 항상 단기적이기 때문에 장기적인 상표선호도를 구축하는 데는 적합하지 않다.

(2) 판매촉진의 중요성

최근 많은 기업들은 촉진예산을 편성함에 있어서 광고 일변도에서 벗어나 판매촉진의 예산 비중을 높여가는 경향을 보이고 있다. 이러한 경향을 보이는 데에는 다음과 같은 몇 가지 이유가 있다.

첫째, 광고가 매출에 영향을 미치는 데에는 오랜 기간이 소요되지만 판매촉진은 즉각적으로 매출에 영향을 미치기 때문이다.

둘째, 서비스 기업 간에 브랜드의 차이가 나지 않거나 서로 구분하기 어렵기 때문이다.

셋째, 판촉에 민감한 소비자가 많아지고, 어떤 경우에는 소비자들이 판촉을 요구하기도 한다.

넷째, 광고의 범람과 뉴미디어의 등장으로 광고의 영향력이 줄어들고 있기 때문이다.

서비스 기업은 다양한 판매촉진 수단들의 장 · 단점을 파악하여 최적의 판촉수단을 선정해야 할 것이다. 판매촉진이 너무 자주 남용되면, 소비자들이 싸구려 상표로 인식하고 가격할인이 있을 때에만 구매하려고 한다. 이것은 상품의 품위를 손상시키고 상표 이미지, 더 나아가 기업 이미지를 떨어뜨리는 결과를 초래하게 된다.

2. 판매촉진의 유형

서비스 기업은 유형적인 제품과 달리 서비스의 무형성을 기반으로 한 판촉수단을 개발하고 활용해야 한다.

서비스 마케터는 이용할 판매촉진 방법을 결정하기에 앞서 서비스의 특성, 표적시장의 특성, 판매촉진의 목적, 서비스의 유통방법, 중간상의 수와 유형, 경쟁조건, 법적 환경, 각 판촉수단들의 비용-효과면 등을 고려하여야 한다.

(1) 소비자촉진(consumer promotion)

소비자촉진은 판매자가 소비자를 대상으로 소비자의 구매를 자극하고 환기시키기 위한 커뮤니케이션의 한 형태이다. 소비자촉진은 서비스 제공자에 의한 직접판매나 자사 상품을 취급하는 중간상의 판촉활동을 지원하기 위한 촉진활동의 일환으로 이루어진다.

서비스 기업이 이용할 수 있는 소비자촉진 수단은 다음과 같다.

1) 가격할인(price-offs)

이는 고객을 유인할 목적으로 정상 판매가격에서 일정한 할인된 가격으로 서비스를 판매하는 것이다.

2) 리베이트(rebates)

현금반환(money refund)이라고도 한다. 소비자가 특정 상품을 구매했다는 증거를 제시하면 일정한 현금을 돌려주는 것이다.

3) 쿠폰(coupon)

쿠폰은 특정 서비스 구매시에 구매자가 그 증서를 제시하면 증서에 명기된 일정한 할인혜택을 받을 수 있도록 하는 증서이다. 쿠폰은 DM, 신문이나 잡지의 광고에 삽입, 다른 상품에 끼워 넣기, 전자우편, 인터넷 쇼핑몰 등을 이용하여 제공된다.

4) 샘플(견본, sampling)

이는 소비자에게 어떤 서비스를 무료로 시용할 기회를 제공하는 것이다.

서비스의 무형성에 기인한 소비자의 구매위험을 줄일 수 있다. 견본제공은 신상품 도입시 가장 효과적인 방법이라고 할 수 있다.

5) 프리미엄(premiums or gifts)

이는 어떤 서비스를 구매한 고객에게 사례의 뜻으로 무료로 다른 서비스를 이용할 수 있도록 제공되는 것을 말한다. 지정된 서비스를 무료로 이용할 수 있고 기업의 이미지에 부정적인 영향을 미치지 않는다는 점이 쿠폰과 다른 점이다.

6) 경연대회와 경품(contests & sweepstakes)

경연대회와 경품은 고객에게 상금이나 여행티켓, 상품 등의 상을 탈 수 있는 기회를 주는 것이다. 쿠폰이 가격에 민감한 고객들에게 효과적인 촉진수단이라면 경연대회와 경품은 고객들에게 재미있고 자극적이며 흥미를 유발하는 판촉수단이라고 할 수 있다.

7) 단골고객 프로그램(regular customer programs)

이는 현재의 기존고객들을 대상으로 그들의 애호도(patronage)를 보상함으로써 재구매율의 증가와 브랜드 충성도를 구축하는 것을 목적으로 하는 판촉수단이다. 단골고객 프로그램은 ⅰ) 일정기간 동안 많은 구매를 한 고객을 대상으로 하며, ⅱ) 구매실적에 대해 포인트를 누적하는 공식적 수단이 있으며, ⅲ) 표준화된 보상절차가 있고, ⅳ) 보상은 일정 포인트가 누적되었을 때 제품이나 서비스의 추가 제공, 가격할인, 현금 보상 등의 형태로 이루어진다는 특징을 갖고 있다.

위에서 살펴본 소비자촉진 수단 중 가격할인과 리베이트는 가격지향형 판촉수단이고, 나머지는 모두 비가격지향형 판촉수단이라고 할 수 있다.

(2) 판매원촉진(salesman promotion)

판매원촉진은 사내 판매원들을 자극하고 동기유발함으로써 보다 적극적인 고객접촉과 판매목표를 달성할 수 있도록 하기 위해 제공하는 촉진수단을 말한다.

판매원촉진 수단으로는 다음과 같은 유형이 있다.

① 판매원 회의(sales meeting)
② 판매원 훈련(salesman training)
③ 판매교본(sales manual)
④ 판매경연대회(sales contests)
⑤ 각종 판매용구(sales tools or materials)

(3) 거래촉진(trade promotion)

거래촉진은 판매상촉진(dealer promotion)이라고도 하는데, 서비스 제공자가 자사의 서비스 상품을 취급하는 중간상들에게 제시하는 각종 촉진수단을 말한다. 서비스 제공자는 서비스의 성격이나 중간상의 선호도, 표적시장 내 경쟁상황, 촉진예산의 크기 등에 따라 거래촉진수단을 선택하게 된다.

서비스는 제품에 비해 중간상의 수나 역할이 제한되기 때문에 거래촉진의 비중이 상대적으로 덜 하다고 할 수 있다. 그러나 독립 에이전트나 브로커를 이용하는 경우에는 중간상들에게 적절한 판촉 인센티브를 제공함으로써 유리한 전시공간을 확보하고 자사 브랜드에 대한 우선적인 취급과 고객추천을 유도하여 경쟁사 서비스와 효과적으로 경쟁할 수 있다.

거래촉진 수단으로는 다음과 같은 유형이 있다.

① 가격할인(price-offs)
② 공제(allowance)
③ 무료상품(free merchandise)

④ 협동광고(cooperative advertising)
⑤ 프리미엄 또는 경로조성금(premium or PM: push money)
⑥ 판매경연대회(sales contests)
⑦ 리베이트(rebate)
⑧ 기관지(house organ)

04 인적판매

1. 인적판매의 의의

(1) 인적판매의 개념과 특성

인적판매(personal selling)는 인적 커뮤니케이션을 통하여 고객들로 하여금 제품이나 서비스를 구매하도록 하기 위하여 정보를 제공하고 설득하는 촉진활동이라고 할 수 있다. 인적판매는 구매과정상 일정 단계 이후인 구매자의 상품선호, 확신 및 구매행동을 유발시키는 데 효과적인 방법이다. 따라서 인적판매는 구매과정상 초기 단계에 특히 효과적인 광고와 비교해 볼 때, 다음과 같은 특성을 지니고 있다.

1) 인적대면(personal confrontation)

인적판매는 2인 이상의 사람들 간의 생동적 · 즉각적 · 상호작용적 관계 속에서 이루어진다. 판매자와 구매자는 서로 상대방의 특성과 욕구를 면전에서 관찰하여 즉각적으로 필요한 조정을 할 수 있다.

2) 교화(cultivation)

인적판매는 일상적인 판매관계로부터 깊은 유대관계에 이르기까지 다양한 유형의 관계를 형성할 수 있게 해 준다. 판매원이 구매자와 효과적이고 장기적인 유대관계를 맺기 위해서는 고객의 관심사를 깊이 간파해야 한다.

3) 반응(response)

인적판매는 고객들로 하여금 판매원의 말에 귀를 기울이도록 하는 어떤 의무감을 느끼게 한다. 정중히 거절하는 반응을 나타낼 경우에도 구매자들은 상대방에게 주의를 기울이고 반응을 보일 필요성 같은 것을 느낀다.

인적판매는 고객 단위당 비용이 비싸기 때문에 광고나 판매촉진과 같은 다른 촉진수단과 결합하여 사용하는 것이 일반적이다.

(2) 인적판매의 장 · 단점

인적판매는 소비자에게 단순히 상품을 판매하는 데 그치지 않고 고객의 욕구를 파악하고 상품의 장 · 단점을 설명하면서 고객의 반응을 직접 확인하여 그에 따라 메시지를 조정할 수 있어서 그 운용상 탄력성(flexibility)이 있다. 그리고 노력의 낭비를 최소화할 수 있고, 다른 촉진도구들에 비하여 보다 효과적으로 표적시장의 핵심고객을 겨냥할 수 있다는 이점이 있다. 즉, 여타의 다른 촉진믹스 요소들은 어떤 집단의 사람들을 목표로 하기 때문에 그들 중에는 예상고객이 아닌 사람도 포함될 수 있을 뿐만 아니라 고객의 반응에 적절히 대응할 수 없다는 것이다.

인적판매의 주요 단점은 높은 비용인데, 전통적으로 촉진믹스 요소들 중에서 가장 비용이 큰 촉진수단으로 인식되어 왔다. 또 다른 주요 결점은 유능한 판매원을 확보하는 것이 용이하지 않다는 점이다.

2. 판매원의 역할

서비스 기업에서 판매원은 고객과 서비스 기업 사이에서 연결고리 역할을 하기 때문에 매우 중요하다. 판매원은 고객에 대해서는 서비스 기업을 대표하며, 서비스 기업을 위해서 고객접촉요원으로서의 역할을 한다.

인적판매를 위해 판매원이 수행하는 역할은 구매단계별로 구매 전 단계, 소비 단계, 구매 후 단계로 나누어 설명할 수 있다.

(1) 구매 전 단계

1) 구매위험의 감소

판매원은 고객이 불량 서비스를 받게 될 불확실성이나 잘못된 서비스의 결과를 효과적으로 감소시킴으로써 서비스 구매에 관련된 위험을 줄일 수 있다. 판매원은 구매위험이라는 불확실성을 줄이기 위해 잠재고객들에게 불량 서비스를 받게 될 가능성이 별로 없다는 것을 주지시키는 정보를 제공한다.

또한 판매원은 잘못된 서비스 결과에 대한 위험을 줄이기 위해 고객이 제공받은 서비스가 자신이 생각하는 만큼 불량한 것이 아니라는 점을 확신시켜 주어야 한다. 이러한 위험을 줄이기 위해 서비스 기업은 고객들에게 서비스 품질 보증서를 제공해 줄 수 있다.

2) 구매가능성의 증대

판매원은 구매가능성을 증대시키는 커뮤니케이션 목적을 달성하는 데 효과적인 역할을 한다. 잠재고객들의 욕구를 충족시켜 주기 위해 고객에 맞도록 판매제시를 하고 고객들의 거절이나 반대의견에 적절하게 대응할 수 있다. 이러한 노력은 잠재고객들의 구매가능성을 그 만큼 더 커지게 하며, 판매원은 그 자리에서 판매를 완결지을 수도 있게 된다.

3) 기업 이미지와 브랜드 자산의 강화

인적판매 활동이 성공적으로 수행되면 기업 이미지와 브랜드 자산을 강화할 수 있다. 판매원의 활동은 부분적으로 강력한 기업 이미지와 브랜드 자산을 구축하는 데 도움을 주기 때문이다. 판매원이 잠재고객들과 장기적인 우호관계를 맺게 되면 강력한 기업 이미지와 브랜드 자산이 구축된다. 기업 이미지와 브랜드 자산을 구축하는 일은 서비스 품질과 서비스 개별화를 지향하는 기업에서 특히 중요하다. 그러나 인적판매는 고객별 접촉비용이 많이 들기 때문에 기업의 인지도를 높이기 위해 인적판매를 이용하지는 않는다.

(2) 소비 단계 – 고객만족과 반복구매율 증가

소비 단계에서 종업원은 고객만족과 반복구매율의 증가라는 두 가지 커뮤니케이션 목적을 잘 달성할 수 있다. 서비스 접점에 있는 판매원이 고객만족과 반복구매행동에 커다란 영향을 미칠 수 있다.

고객만족은 고객의 기대를 명확하게 함으로써 강화될 수 있다. 판매원은 판매제시를 통해 고객이 어떤 기대를 갖도록 할 수 있다. 만일 판매원이 서비스를 판매할 욕심으로 과대약속을 했다면, 서비스 제공 종업원은 약속된 서비스를 수행할 수 없게 되고 그런 서비스를 제공받은 고객은 매우 불만족하게 될 것이다. 판매원은 고객이 기대할 수 있는 서비스를 정확하고 명료하게 설명해 주어야 하며, 이로써 고객만족과 반복구매율을 증가시킬 수 있다.

(3) 구매 후 단계 – 인지부조화 감소

구매 후 단계에서 판매원은 고객의 인지부조화를 감소시키는 역할을 한다. 또 고객이 다른 사람들에게 자사의 서비스에 대해 긍정적 구전 커뮤니케이션을 하도록 하는 역할을 한다. 그리고 판매원은 충실한 구매 후 서비스를 통해 고객들의 반복구매행동을 자극하는 역할을 한다.

서비스 기업과 고객 간의 구매 후 커뮤니케이션은 장기적인 관계를 구축하는 데 매우 중요하다. 고객이 구매계약서에 서명 날인했다고 해서 판매가 종료된 것이 아니다. 판매원은 고객에게 약속한 서비스가 정확히 제공되었음을 확인시켜 주어야 한다. 일반적으로 거래규모가 큰 경우에는 인지부조화를 겪기 쉽다. 즉 구매가격이 크고 구매의 중요성이 클수록 구매자들이 인지부조화 수준은 높아진다.

3. 인적판매의 과정

판매원이 수행하는 인적판매 과정은 일반적으로 다음과 같은 7단계로 구분된다.

(1) 예상고객의 발굴과 평가

예상고객의 발굴이란 잠재고객의 명부를 작성하는 과정을 말한다. 판매원은 회사의 판매기록이나 공공기록, 신문기사, 전화번호부, 무역협회 명부 등의 다양한 출처로부터 예상고객의 명단을 발굴한다. 예상고객의 명부가 완성되면 판매원은 각 예상고객이 서비스를 구매할 능력과 구매의사 및 구매권한이 있는지 여부를 평가한다.

(2) 준　비

예상고객을 접촉하기에 앞서 판매원은 각 예상고객의 구체적인 상품 욕구와 현재 사용중인 상표, 개성이나 성격 등에 관한 정보를 찾아 분석해야 한다. 성공적인 판매의 비결은 이러한 준비를 철저히 하는 데 있다.

판매원은 핵심 의사결정자를 확인하고 그들의 재무상태나 신용도를 평가 · 검토하며, 판매제시물(sales presentations)을 준비하고 그들의 상품 욕구와 관련되는 모든 자료를 참고하는 등의 준비를 한다.

(3) 고객에 접근

접근(approaching)은 판매원이 잠재고객을 접촉하는 것으로서 판매과정 중에서 가장 중요한 단계이다. 최초의 판매방문의 80% 이상은 구매자의 욕구와 목표에 관한 정보를 얻는 데 목적이 있다. 판매원에 대한 잠재고객의 첫인상은 대개 오래 지속되고 장기적인 결과를 낳을 수 있기 때문에, 잠재고객에게 우호적 인상과 신뢰감을 구축하는 일은 접근의 중요한 과제가 된다.

(4) 판매제시

판매제시를 하는 동안 판매원은 잠재고객의 흥미를 유발하고 그 서비스 상품에 대한 구매욕구를 불러일으키도록 주의를 끌어야 한다. 판매원은 서비스 상품의 편익을 제시하고 유형적 단서들을 통해 이해시킴으로써 고객의 호기심을 자극하고 그 상품에 깊이 몰입하게 만들어야 한다.

판매제시는 잠재고객의 질문과 평가를 듣고 그 반응을 관찰함으로써 고객의 구체적인 욕구를 파악할 수 있는 가장 좋은 기회가 된다. 실제상, 판매제시는 잠재고객으로 하여금 주의를 끌고(attention), 관심을 갖게 하며(interest), 구매욕구를 불러일으켜(desire), 마지막으로 구매행동에 이르게 하는(action) 4단계의 'AIDA'과정을 따라 전개된다.

(5) 이견 극복

예상고객의 이견에 부딪쳤을 때, 판매원이 분명하고 효과적으로 그 이견을 해소해 주지 못하면 상품을 구매하도록 설득할 수 없게 된다. 예상고객의 반대를 극복하는 가장 좋은 방법 중의 하나는 고객이 반대의견을 제시하기에 앞서 그러한 심경을 예상하고 적절하게 대응하는 것이다.

(6) 종 결

종결(closing)은 판매원이 예상고객에게 그 서비스 상품을 구매할 것인지

[그림 13-3] 인적판매의 과정

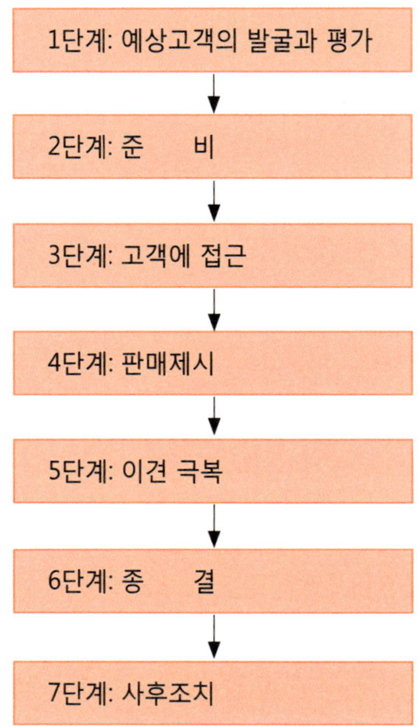

여부를 확인하는 판매과정이다.

판매원은 판매제시를 하는 동안 고객이 구매의사를 가질지도 모르기 때문에 다각도로 종결을 시도해야 한다. 판매원은 고객이 만족하지 못할 경우에 대비하여 서비스 보증을 해 주어야 한다. 흔히 판매종결을 시도할 때 고객의 반대에 부딪히기도 하는데, 이는 잠재된 반대를 확인하고 해소할 수 있는 중요한 자극제 내지 기회가 된다.

(7) 사후조치

성공적인 종결을 한 뒤에 판매원은 판매 후 조치(follow-up)를 취해야 한다. 즉, 판매과정의 최종단계는 소비자의 호의(goodwill)와 고객의 미래 상품욕구를 형성하게 하기 위하여 판매 후 서비스를 제공해야 한다. 그리고 서비스 이용과 관련하여 어떤 문제가 있는지를 확인하기 위해 고객과 대화를 해야 한다. 이것은 고객만족도를 높이고 고객과의 장기적인 유대관계를 유지 · 조성하는 데 도움이 된다. 판매원의 이러한 활동은 고객의 구매 후 인지부조화를 감소시키는 데 도움이 된다.

이 단계에서 판매원이 해야 될 직무는 고객의 인지부조화를 최소화하는 데 있으며, 이를 위해 자사 서비스 상품의 편익과 상대적 우수성을 설명하고, 고객의 구매결정이 옳았음을 확신시켜 주어야 한다.

현/장/사/례

성공하는 판매사원의 7가지 습관

고객은 제품 때문에 매장을 찾지만, 일단 매장에 들어서면 판매 직원의 수완이 구매에 상당한 영향을 미친다. 현대백화점 인재개발원 김경호 부장은 "고객의 인맥까지 자신의 고객으로 흡수하는 '네트워크 서비스'가 백화점의 차별화 전략이 될 수 있다"고 강조했다.

▶ '첫인상은 10초 만에 결정'

"우리는 '쇼맨십'이 필요해요." 롯데백화점 여성의류 부르다문 홍순옥(53) 매니저는 23년차 베테랑 판매사원이다. 홍 매니저는 "제품만 팔면 재래시장과 백화점이 뭐가 다르냐"며 "손짓, 발짓, 허리 굽힘까지 고객의 시선을 의식하고 서비스해야 한다"고 했다. 그는 화장실 갈 때도 하이힐을 고집한다. 태도를 바르게 하기 위해서다.

현대백화점 인재개발원이 백화점 고객 211명을 대상으로 설문조사한 결과, 응답자의 65.9%는 '판매사원의 첫인상은 10초 만에 결정된다'고 답했다. 고객들

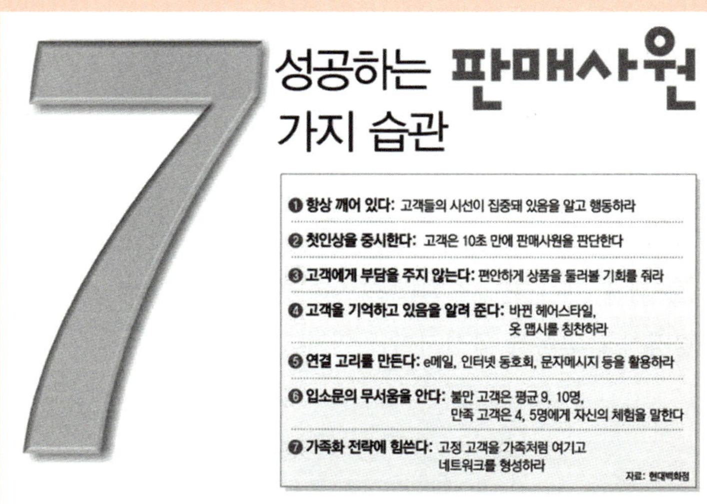

은 판매사원의 태도, 자세(62.1%)를 외모(28%), 상품지식(5.2%), 화술(4.7%)보다 더 중요하게 여겼다.

▶ '쇼핑도 맛볼 시간이 필요해'

"음식도 맛볼 시간이 필요하잖아요. 쇼핑도 그래요." 구경하러 들어간 한 백화점 매장. 물건을 보기도 전에 판매사원이 따라온다면? 대부분의 고객은 이럴 때 부담스러워한다. 류희수(39) 매니저는 "고객 뒤를 졸졸 따라다니는 것은 음식을 막 시킨 고객에게 '맛이 어떠냐'고 묻는 것"이라며 "천천히 둘러보게 한 후 도움이 필요한 적절한 타이밍을 찾아야 한다"고 말했다. 그는 "구매하면서 즐거움을 느끼게 해야 평생 고객이 된다"고 했다.

▶ '고객 친구까지 내 사람으로'

"저희는 성형외과도 고객과 같이 가요." 류 매니저는 '인맥'이 가장 큰 자랑이다. 친한 고객 한 명이 7, 8명을 연달아 소개한 경우도 있다고 한다. 일종의 고객 네트워크가 형성된다는 것이다. 그는 "고객에게 절대 칭찬을 먼저 하지 않는다"며 "'허벅지가 굵은 고객', '턱이 네모난 고객'의 단점을 어떻게 보완할지 솔직히 얘기하면 결국엔 믿고 맡긴다"고 말했다.

자료: 동아일보, 2006. 7. 5

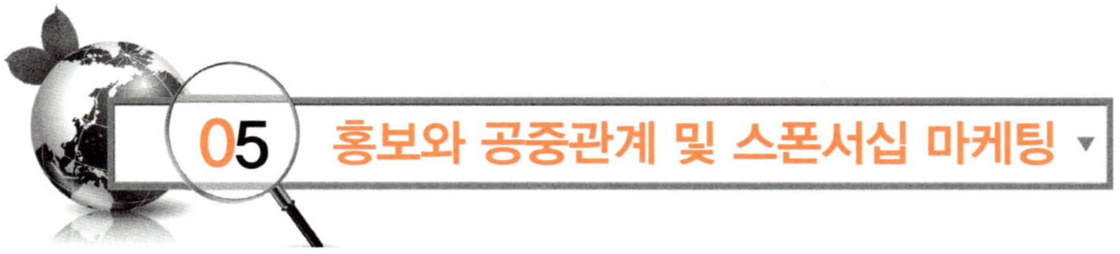

05 홍보와 공중관계 및 스폰서십 마케팅

1. 홍보와 공중관계

(1) 홍 보

1) 홍보의 의의

홍보(publicity)는 대금 지불이 없이 비인적 대중매체를 통하여 기업이나 제품 또는 서비스가 뉴스화됨으로써 촉진효과를 거두는 방법이다. 대중매체를 통해 무료로 홍보가 이루어진다는 점에서 광고와 다르며, 다음과 같은 특성이 있다.

㉠ **높은 신뢰성**(high credibility): 뉴스형식으로 된 특성은 독자들에게 광고보다 훨씬 더 진실되고 신뢰성 있게 보인다.
㉡ **무방비**(off-guard): 홍보는 뉴스의 형태로 메시지가 전달되기 때문에 판매원이나 광고라면 회피할지도 모를 많은 잠재고객들에게 쉽게 접근할 수 있다.
㉢ **극화**(dramatization): 홍보는 광고와 마찬가지로 기업이나 상품에 대하여 극화시킬 수 있다.

2) 홍보의 수단

홍보를 위해서는 다음과 같은 수단을 이용할 수 있다.

① 뉴스거리(news release)
② 특집기사(feature article)
③ 표제사진(captioned photograph)
④ 기자회견(press conference)

⑤ 서한 발송(letters)
⑥ 녹음물 및 녹화물 제공(tapes and films)

(2) 공중관계(PR)

공중관계(PR)란 조직이 그 공중(고객, 종업원, 주주, 정부기관 및 사회대중 등)들과 호의적인 관계를 창조하고 유지할 목적으로 수행하는 광범한 일체의 커뮤니케이션 활동을 말한다. 일반적으로 공중관계는 홍보보다 넓고 포괄적인 커뮤니케이션 기능을 지닌 개념으로 이해된다.

마케팅 측면에서 공중관계는 다음과 같은 유용성이 있다.

① 기업의 신상품 출시에 도움이 된다.
② 성숙기 상품을 재포지셔닝하는 데 도움이 된다.
③ 특정 상품범주(product category)에 대한 관심을 고조시킨다.
④ 특정 표적집단에게 영향을 미친다.
⑤ 공중의 부정적인 평가에 직면한 상품을 방어하고 보호한다.
⑥ 기업이미지를 제고시킨다.

오늘날 매체비용의 상승과 점증하는 메시지 잡음요인과 줄어드는 표적 청중은 대량광고의 소구력을 떨어뜨리는 결과를 초래하여 마케팅관리자들은 점차 홍보나 공중관계에 많은 관심을 갖게 되었다. 홍보는 광고에 비하여 비용 · 효과면에서 훨씬 더 효과적이며, 낮은 비용으로 대중의 높은 인지도를 획득할 수 있는 영향력을 지니고 있다.

2. 스폰서십 마케팅

최근에 서비스 마케팅 분야에서 부각되고 있는 추세는 바로 스폰서십이다. 스폰서십 마케팅(sponsorship marketing)은 기업이 스포츠나 문화, 사회, 환경

분야와 관련 있는 개인이나 단체, 행사에 현금이나 물품, 제품, 서비스 등의 형태로 지원함으로써 기업이 의도하는 여러 가지 마케팅 목표를 달성하고자 하는 촉진활동을 말한다. 스폰서십 마케팅의 가장 대표적인 유형에는 올림픽이나 월드컵, 골프투어, 장애자 올림픽 등의 스포츠 행사를 지원하는 형태의 스포츠 마케팅이다.

기업이 스폰서십 마케팅을 통해 얻고자 하는 목표는 다음과 같은 세 가지로 요약된다.

① 매출증대
② 기업 이미지 강화
③ 기업 및 브랜드인지도 강화

기업이 어떤 행사나 이벤트에 스폰서로 참여하여 금전적인 지원을 하는 것은 적어도 단기적으로는 기업의 매출신장에 도움이 되지 않는다. 그러나 브랜드 인지도나 기업의 인지도를 증가시키고 기업 이미지를 크게 향상시킬 수 있다. 만일 기업의 스폰서십 활동이 기업 및 브랜드 인지도나 기업 이미지를 형성하지 못한다면 매출에 미치는 긍정적 영향은 기대할 수 없을 것이다.

기업이 스폰서십 마케팅을 이용하는 이유는 다음과 같다.

첫째, 광고의 홍수 속에서 매체의 혼잡성(media clutter)을 피하기 위해서이다. 다양한 뉴미디어가 등장하고, 리모콘의 영향으로 광고가 나오면 채널을 쉽게 전환하게 되어 광고의 인지율과 광고효과가 급격히 떨어지게 되었다.

둘째, 기업이 다양한 세분시장에 도달할 수 있게 해 주기 때문이다. 기업은 스폰서십을 통해 표적시장뿐만 아니라 보다 광범한 소비자층의 수많은 잠재고객들에게 기업과 브랜드를 인지시키고 긍정적인 이미지를 구축하며, 기업과 잠재고객들 간에 장기적인 관계를 구축할 수 있게 된다.

현/장/사/례

홍보는 이벤트 농사 '감동의 씨앗을 뿌려야 …'

'고객감동 홍보가 최고!' 많은 창업자가 늘 고민하는 문제가 효과적인 매장 홍보다. 이를 위해 다양한 시도와 투자를 하지만 업종에 따라 고객을 흡입하는 요소가 다르고, 효과 또한 천차만별이다. 홍보는 농부가 씨앗을 뿌리는 마음가짐이 필요하다. 단 한 번의 판촉이나 홍보 활동으로 기대하는 효과를 얻는 것은 사실상 불가능하기 때문이다. 먼저 고객의 심리를 이해하고 차별화된 방법과 끈질긴 인내가 필요하다.

홍보 방법에는 전단지, 사은품, 이벤트, 도우미 행사, 시식 행사, 상가수첩, 스피커, 쿠폰, 할인권, 포인트제도, 할인행사, 덤 행사 등이 있다. 그 가운데 어떤 방법을 택하느냐에 따라 결과는 다르게 나타날 수 있다. 그 중 전단지 홍보는 어느 업종이나 기본이다. 하지만 전단지는 100장을 뿌려 단 2명의 고객이 매장을 찾아도 성공이라고 한다. 그만큼 전단지 홍보가 어렵다는 뜻이다.

전단지 홍보는 고객이 관심을 끌 만한 감동적인 요소가 담겨 있어야 한다. 통상적인 배포 방식보다 전단지를 원통형으로 감아서 리본 장식을 한 후 고객에게 직접 전달하면 정성과 느낌을 고객에게 건넬 수 있어 효과가 더 좋을 수 있다. 전단지 제작시 여백에 할인 행사 문구나 무료 쿠폰을 인쇄해 함께 전달하는 방식도 유용하다. 배달업종이라면 아파트 등 주차장에 세워진 차량 앞유리를 닦아주는 서비스와 함께 와이퍼에 할인권을 끼워놓는 것도 좋은 방법이다.

판촉행사시에는 주구매고객이 항상 주변에서 사용하는 아이템을 판촉물로 선정하고, 이벤트는 가족이 함께 참여할 수 있는 기획이 중요하다. 공동 마케팅은 시간과 비용을 절약할 수 있는 홍보 방법이다. 주구매고객이 비슷한 업종의 점포끼리 전단지 등 판촉물, 포인트 교환, 할인 행사를 공동으로 실시하고 고객을 공유할 수 있다. 주고객이 여성인 업종이라면 일정 요일을 정해 꽃을 선물하는 것도 센스 있는 홍보 요령이다.

'덤'은 점주와 고객 모두에게 유익한 판촉술이다. 고객들은 10~30% 할인 행사에는 쉽게 마음을 움직이지 않는다. 하지만 원플러스원(1+1) 행사는 고객에게는 할인의 만족을, 점주들에게는 판매가의 30% 미만 할인으로 매출액 향상 효과를 거둘 수 있다.

자료: 이상헌, 동아일보, 2008. 5. 8

연·구·문·제

1. 촉진의 의미와 목적에 대하여 설명하시오.

2. 서비스 촉진믹스의 개념과 그 구성요소에 대하여 설명하시오.

3. 서비스 판촉의 중요성과 그 유형에 대하여 조사해 보시오.

4. 서비스 촉진관리에서 IMC적 접근의 의미에 대하여 설명하시오.

5. 광고의 기능과 다양한 광고 매체의 장 · 단점에 대하여 설명하시오.

6. 단골고객 우대 프로그램의 유형과 그 시사점에 대하여 설명하시오.

7. 스폰서십 마케팅의 개념과 기대효과에 대하여 설명하시오.

제14장

확장적 마케팅믹스

학 습 목 표

- 서비스 물적 증거 관리
- 서비스 사람 관리
- 서비스 프로세스 관리

서비스 마케팅믹스 요소의 7P's 중 확장적 마케팅믹스는 유형의 제품과 구별되는 서비스 고유의 특성에 따라 요구되는 마케팅믹스 요소로서 물적 증거(Physical evidence), 과정(Process), 사람(People) 등의 3P's를 말한다. 이것은 서비스 기업이 고객접점에서 상호작용 마케팅 또는 접점마케팅 차원에서 수행되는 마케팅활동이라고도 할 수 있다.

01 서비스 물적 증거관리

1. 물적 증거의 개념

서비스는 재화와 달리 무형성을 특징으로 하고 어떤 과정(process)이나 행위(deeds) 또는 성과(performance)로 개념화되기 때문에 서비스 자체를 구체적으로 표현하지 못한다. 서비스를 구매하고자 하는 소비자들은 서비스 자체는 볼 수 없지만 서비스를 알기 위해 노력한다. 소비자들은 서비스를 구매하기 전에 유형적 단서가 되는 물적 증거를 통해 그 가치를 측정하고, 서비스의 소비 중이나 소비 후에 서비스에 대한 만족도를 평가한다. 즉, 고객은 주변환경이나 외관, 건물, 내부장식, 레이아웃, 실내외 표지판, 안내책자, 종업원, 가격표 등의 물적 증거요소들을 통해 그 기업 또는 서비스에 대한 지각과 인상을 형성하고 구매의사결정을 하게 된다.

서비스 기업이 이러한 물적 증거요소들을 효과적으로 관리하지 않으면 고객은 그 기업이 제공하는 서비스에 대하여 잘못된 인식과 이미지를 갖게 되어 서비스 품질과 고객만족에 나쁜 영향을 미치게 된다.

물적 증거(physical evidence)란 서비스가 제공되고 서비스 기업과 고객 간에 상호작용이 이루어지는 환경을 말한다. 물적 증거는 고객이 서비스를 이해하고 평가하기 위한 유형적 단서(tangible cues)가 되고, 비언어적 단서로서 커뮤니케이션 기능을 수행할 뿐만 아니라 기업 이미지를 형성하는 데 중요한 기능을 한다. 서비스 마케팅관리자의 중요한 책무는 고객을 향해 적절한 신호를 보내어 고객이 그 서비스를 잘 알 수 있도록 유형적 증거물을 관리하는 것이다.

2. 물적 증거의 구성요소

서비스의 물적 증거는 포괄적인 의미로 서비스 환경이라고도 하는데, 크게 나누어 물리적 환경과 기타 유형적 요소로 이루어진다.

〈표 14-1〉은 서비스의 물적 증거 구성요소들을 보여주고 있다.

〈표 14-1〉 물적 증거의 구성요소

물리적 환경(서비스스케이프)		기타 유형적 요소
▷ 외부환경 • 건물/토지 • 조경 • 외관/디자인 • 조형물 • 간판 • 주차장 • 주변환경	▷ 내부환경 • 인테리어 • 디자인 • 내부사인 • 레이아웃 • 보고서 • 실내공기와 온도 • 설비/장비	▷ 기타 유형적 요소 • 종업원 복장 • 유니폼 • 안내책자 • 명함 • 사무용품 • 계산서 • 영수증

(1) 물리적 환경

서비스의 물리적 환경(physical environment)은 서비스 제공과 관련하여 구축된 환경적 자극물 내지 물리적 요인들을 의미한다. 비트너(Bitner)는 서비스의 물리적 환경을 서비스스케이프(servicescape)[1]라고 표현하고, 기업이 통

1 서비스스케이프(servicescape)란 용어는 경치나 풍경의 뜻을 가진 'landscape'와 바다경치의 뜻을 가진 'seascape'의 합성어로서 인간이 만들어 낸 환경이라는 의미를 갖고 있다.

제할 수 있는 객관적이고 물리적인 요인으로 정의했다. 물리적 환경은 고객의 서비스 평가를 위한 정보적·상징적 단서가 되며, 서비스 이미지와 서비스 품질 및 고객만족의 주요 영향요인이 된다.

물리적 환경은 다시 외부환경과 내부환경으로 구분할 수 있다. 외부환경은 서비스 시설의 외형이나 주변환경 요소로서 건물, 토지, 조경, 외관의 디자인, 간판, 주차장, 주변환경 등을 말한다. 외부환경은 신규고객을 유인하고 기업의 차별화된 이미지를 창출하는 데 중요한 역할을 한다. 또한 내부환경은 시설물 내부의 인테리어, 디자인, 내부사인물, 레이아웃, 실내공기와 온도, 각종 설비나 장비 등을 말한다. 서비스의 내부환경은 고객과 종업원의 만족과 업무 생산성에 특히 중요한 영향을 미친다.

(2) 기타 유형적 요소

기타 유형적 요소는 종업원의 복장이나 유니폼, 팸플릿, 브로슈어, 회사 명함, 사무용품, 계산서, 영수증, 공인인증서 등 서비스의 물적 증거 중에서 물리적 환경 이외의 유형적 단서가 되는 요소들을 말한다.

모든 서비스업종에서 물적 증거가 똑같이 중요시되지는 않는다. 병원이나 백화점, 리조트, 테마파크, 예식장과 같은 고접촉 서비스는 물적 증거요소가 사업의 성패를 좌우할 만큼 중요한 역할을 하지만 이동통신이나 홈쇼핑, 온라인교육 등의 원격 서비스나 보험, 택배 서비스 같은 저접촉 서비스는 물적 증거가 크게 중요하지 않다. 〈표 14-2〉는 고객관점에서 본 서비스 물적 증거의 예를 보여주고 있다.

〈표 14-2〉 고객관점에서 본 물적 증거의 예

서비스 업종	물적 증거	
	물리적 환경	기타 유형적 요소
보험회사	중요하지 않음	보험증서, 보험료 청구서, 영수증, 팸플릿, 보험상품 등
병 원	건물외관, 주차장, 의료장비, 입원실, 실내사인, 진료대기실, 안내데스크, 진료실 등	의료진과 직원 유니폼, 청구서, 의무기록부, 사무용품, 영수증, 안내책자 등
항 공 사	탑승구, 비행기 외관과 내부설비, 인테리어, 실내온도 등	항공티켓, 기내식, 승무원 유니폼, 항공안내책자 등
택 배 업	중요하지 않음	화물포장상태, 배달원 유니폼, 운송트럭, 대금청구서 등

3. 물리적 환경의 역할

서비스에서 유형적 증거의 전략적 중요성은 물리적 환경의 다양한 역할과 각 요소 간의 상호작용 관계를 살펴봄으로써 잘 이해할 수 있다(Zeithaml & Bitner, 1996).

(1) 서비스 포장

제품의 포장(package)과 마찬가지로 서비스의 물리적 환경은 무형의 서비스를 감싸고 내부적인 것을 이미지화하여 외부로 전달하는 역할을 한다. 즉, 서비스는 물리적 환경의 설계를 통해 어떤 고유의 이미지를 창출하고 고객들에게 감성적 반응이 환기되도록 한다. 물리적 환경은 무형의 서비스를 시각적으로 표현하는 유형적 단서가 되기 때문에 서비스에 대한 고객의 첫인상과 기대를 형성하는 데 매우 중요하다. 이러한 포장의 역할은 서비스기업이 신규고객을 창출하고 그들에게 특정한 고유 이미지와 서비스 기대를 구축할 때 특히 중요하다. 호텔의 품격 높은 인테리어와 집기들, 서비스 종업원의 세련된 유니폼 등은 서비스의 포장 역할의 유형적 단서가 된다.

(2) 촉 진 자

물리적 환경은 서비스 환경 내에서 활동하는 사람, 즉 고객과 종업원의 성과를 지원 · 촉진하는 촉진자(facilitator)로서의 역할을 한다. 물리적 환경이 어떻게 설계되느냐에 따라 서비스 환경 내에서 이루어지는 활동의 흐름이 촉진되거나 억제될 수 있고, 고객과 종업원이 추구하는 목적이 달성되기 쉬워질 수도 있고 어려워질 수도 있다. 편리하고 효율적인 구조로 설계된 물리적 환경은 고객에게는 고객중심의 서비스를 경험하는 즐거움을 제공하고, 종업원에게는 양질의 서비스를 제공하는 즐거움을 준다. 서비스의 물리적 환경이 고객과 종업원의 편의성을 높일 수 있도록 설계되어 있다면 고객과 종업원 모두에게 만족스러운 서비스 경험을 갖게 해 주지만 그렇지 못할 때에는 고객과 종업원 모두에게 불만족과 낮은 서비스 성과를 낳게 된다. 은행에서 시력이 좋지 않은 노인들을 위해 돋보기를 비치하는 것은 서비스의 촉진적 기능을 위한 노력이라고 할 수 있다.

(3) 종업원과 고객의 사회화

서비스의 물리적 환경은 고객과 종업원으로 하여금 기대되는 역할과 행동 및 관계를 형성하는 데 도움을 준다는 점에서 고객과 종업원을 사회화(socialization)시키는 역할을 한다. 예컨대, 회사에 입사하여 첫 출근하는 사람은 근무할 사무실에 배치된 자리의 위치나 사무집기의 크기와 질을 통해 회사 내에서 자신의 지위와 서열관계를 이해할 수 있다.

또한 물리적 환경의 설계는 서비스 제공상황에서 고객 자신이 어떤 역할과 행동을 하며, 어떤 상호작용이 필요한지를 알 수 있게 해 준다. 음악콘서트에 참석한 청중이나 도서관을 찾은 학생은 자연스레 정숙해야 함을 알게 된다.

(4) 경쟁적 차별화

서비스 기업은 물리적 환경의 설계를 통해 경쟁사와 차별화하고 표적고객을 향한 시장세분화를 할 수 있다. 또 각종 시설이나 장비, 인테리어, 레이아웃 등의 물리적 환경을 재설계함으로써 기업을 재포지셔닝하고 신규고객을 유치하는 데 이용할 수도 있다. 락카페나 나이트클럽에서는 빠른 템포의 시끄러운 음악과 어두운 조명 등의 서비스 환경을 통해 청소년층의 출입을 자극하고 장년층이나 노년층의 출입을 억제하곤 한다. 많은 레스토랑이나 카페, 쇼핑몰에서는 실내 인테리어나 심볼, 색상, 배경음악, 메뉴 등의 요소를 통해 고객을 차별화하고 있다.

물리적 환경의 설계는 기업 내 서비스 영역 간의 차별화에도 이용할 수 있다. 대형호텔이나 숙박업계에서는 실내 디자인이나 시설의 차별화를 통해 음식메뉴의 등급을 구분하고 있다. 또 물리적 시설의 차이는 서비스의 가격차별화를 만들어 낸다. 항공기나 기차의 넓은 공간의 좌석은 일반좌석에 비해 요금이 더 비싸고, 호텔이나 콘도는 객실의 규모에 따라 가격이 차등 적용된다.

서비스 기업은 서비스 내용의 차별화에 대한 대안으로 물리적 환경의 차별화를 통해 고객창출을 도모할 수 있다. 서비스 매장 내에 고객이 선호하는 향기를 낸다든지, 청결하고 잘 단장된 화장실을 갖추어 서비스를 차별화하기도 한다.

현/장/사/례

IT서비스 업계 최초 ISO 14001, OHSAS 18001 국제인증 동시 획득

SK C&C(대표 정철길)가 IT서비스 업계 최초로 전사를 대상으로 한 환경경영시스템 'ISO 14001'과 안전보건경영시스템 'OHSAS 18001' 등 2건의 국제 인증을 동시 취득했다고 31일 밝혔다. SK C&C는 이 날 경기도 분당 본사에서 정철길 사장과 인증 심사기관인 한국품질재단 김재룡 대표 등 인증 관계자 30여 명이 참석한 가운데 'ISO 14001 및 OHSAS 18001 인증서 전달행사'를 가졌다.

'ISO 14001'은 조직이 환경에 악영향을 미치는 요인들을 지속적으로 파악하고 개선하기 위한 국제 규격을 갖췄는지 평가하는 환경경영시스템 인증 제도다. 'OHSAS 18001'은 각종 재해 유발 요인을 없애고 건강한 업무환경의 조성에 대한 조직의 노력을 평가하는 안전, 보건 경영시스템 국제 인증이다. 이번 동시 인증으로 SK C&C는 환경보호와 사업 현장의 안전, 보건을 경영활동의 최우선 순위로 삼고 책임감 있는 사회 일원으로서 활동해 왔음을 인정받게 됐다. 특히 IT서비스 업계에서 환경과 안전, 보건 인증을 둘다 획득했거나, 전사에 걸쳐 환경경영시스템과 안전, 보건경영시스템을 성공적으로 통합해 정착시킨 곳은 SK C&C가 처음이다.

SK C&C는 이번 인증으로 'Beyond Domestic, Beyond IT서비스'를 표방하는 'IT기반 토털 서비스 기업으로의 변신'을 위한 그린 IT와 ICT 융합 등 신성장 사업 영역과 글로벌 시장에서의 사업 경쟁력을 한층 강화할 수 있게 됐다. 해외 고객은 사업 사전 입찰 자격 심사 및 계약 조건으로 해당 인증을 요구하는 사례가 많은 상황이다. 한국품질재단 김재룡 대표는 "SK C&C의 환경과 안전, 보건경영의 동시 인증은 매우 고무적인 일"이라며 SK C&C의 대외 신뢰도 향상과 국내외 사업 확대에 큰 기여를 할 것" 이라고 말했다.

자료: 경제투데이, 2012. 10. 31

02 서비스 사람관리

1. 사람(people)의 의의

서비스는 생산과 소비가 동시에 이루어지기 때문에 서비스 제공자인 종업원과 서비스 이용자인 고객이 접점에서 상호작용을 통해 서비스가 제공된다. 고객은 기업의 종업원과 직접 접촉하고 서비스 생산과정에 참여하여 일정한 역할을 수행하기도 한다. 따라서 고객은 서비스 생산과정에 일정 부분 생산자이자 소비자로서 참여하게 된다.

서비스 사람(참여자, people)은 서비스 제공과정에 참여하여 구매자의 지각에 영향을 미치는 모든 사람들로서 서비스를 제공하는 종업원과 서비스 구매주체인 고객 및 함께 자리하는 여타 고객들을 말한다. 결국 서비스 사람관리는 내부고객인 종업원과 외부고객인 소비자고객을 관리하는 것이라고 할 수 있다.

서비스의 생산과정에서 서비스 제공자와 구매자는 서로 떼놓을 수 없는 관계에 있고, 각기 서비스의 평가에 영향을 미친다. 서비스를 제공하는 종업원의 복장이나 외모, 태도, 행동은 고객이 서비스를 미리 평가하고 판단하는 단서가 되고 고객만족에 영향을 미친다. 또 서비스 현장의 고객이나 다른 고객들의 외모나 태도, 행동패턴 역시 서비스 산출과정과 서비스의 질에 영향을 미친다. 교육이나 컨설팅, 카운슬링과 같은 관계지향적인 전문 서비스업에서는 서비스 접점에 참여하는 사람들의 역할이 특히 중요하다.

2. 종업원의 중요성과 역할

(1) 종업원의 중요성

서비스 기업의 종업원은 고객접점에서 고객과 직접 접촉하는 접객요원(contact personnel)과 고객과 직접 접촉하지 않는 지원요원(support personnel)으로 구분할 수 있으며, 이 중 내부마케팅에서는 서비스 현장의 접객요원의 역할을 특히 중요시한다. 접객요원의 중요성은 은행에 일을 보러간 고객이 창구 직원의 접객태도나 매너를 통해 그 은행의 서비스를 평가하는 예로도 알 수 있다.

서비스 기업에서 접점 종업원은 곧 서비스이며, 이들이 마케팅활동을 수행하는 마케터이다. 이 · 미용업이나 컨설팅, 변호사, 교육 서비스와 같은 인적 서비스에서 서비스 제공물은 바로 종업원이 된다. 또 고객의 눈으로 볼 때, 종업원은 곧 서비스이자 서비스 기업 그 자체로 인식된다. 예컨대, 환자입장에서는 병원에서 마주치는 모든 직원이 병원을 대표하며, 이들의 말과 행동이 병원 서비스를 나타내고 환자의 병원 서비스 지각에 영향을 미친다. 따라서 서비스의 품질을 높이고 고객만족을 얻기 위해서는 종업원에 대한 투자와 관리가 무엇보다 중요하다.

또한 서비스 종업원의 행동은 서비스 품질에 직접적으로 영향을 미친다. 서비스의 품질차원이 되는 신뢰성과 반응성, 확신성, 공감성은 전적으로 접점 종업원에 의해 결정되며, 종업원의 외모나 복장, 매너, 시설, 설비, 인테리어, 사인 등을 포함하는 유형성도 상당 부분 접점 종업원에 의해 결정되기 때문이다.

또한 서비스 접점 종업원은 조직의 경계지점에서 일을 하기 때문에 '경계연결자(boundary spanner)'라고 한다. 택배회사의 배달원이나 전화교환원, 도서관의 안내데스크 직원, 교수나 의사, 변호사 등은 모두 조직의 경계연결자들로서 고객관리의 중요한 역할을 한다. 경계연결자는 조직의 외부 고객과 환경을 내부운영상황과 연결하여 조직 내 · 외부의 정보와 자원을 이해하고 여과, 해석하는 역할을 한다.

[그림 14-1] 종업원과 고객만족의 관계

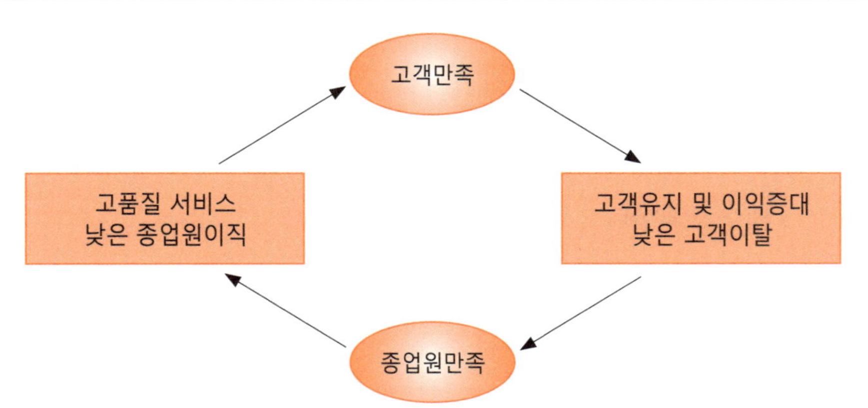

(2) 종업원만족과 고객만족

종업원만족은 고객만족의 선행조건이 된다. 종업원이 회사에 만족하게 되면 애사심이 생기고 보다 오래 근무하길 원하기 때문에 이직률이 낮아지고 고객들에게 양질의 서비스를 제공하게 된다. 이는 고객만족을 낳고 고객만족은 낮은 고객이탈률과 고객유지 증대를 가져오며, 결과적으로 기업의 이익증대와 종업원에 대한 보상 등으로 종업원만족으로 이어지는 순환과정을 거치게 된다. [그림 14-1]은 종업원과 고객만족의 관계를 보여주고 있다.

3. 내부마케팅

(1) 내부마케팅의 개념

내부마케팅(internal marketing)은 종업원을 내부고객으로 보고 이들이 자신의 직무에 만족하고 고객 지향적인 사고와 태도를 가질 수 있도록 동기부여하는 마케팅활동을 의미한다. 다시 말해 내부마케팅은 기업이 고객들에게 제시한 약속을 충실하게 지킬 수 있도록 종업원들을 지속적으로 교육훈련하고 보상하며 동기부여하는 마케팅활동을 말한다. 종업원은 서비스 제공자인 일선 종업원과 고객이 만나서 상호작용하는 '진실의 순간(MOT)'에서 성공적인 서비스 제공을 위한 핵심적인 역할을 한다. 서비스 제공자의 업무역량과 서비스 마인드가 실질적인 서비스의 결과를 나타내기 때문에 종업원에 대한 내부마케팅은 매우 중요하다.

고객을 낙담시키고 서비스 실패를 가져오는 '서비스 7거지악'은 〈표 14-3〉에서 보는 바와 같이 무관심, 무시, 냉담, 건방떨기, 로봇화, 규정핑계, 뺑뺑이 돌리기 등의 7가지가 있다.

〈표 14-3〉 서비스의 7거지악(惡)

유형	내용
① 무관심(apathy)	고객이 방문해도 무표정하고 관심이 없음
② 무시(brush-off)	고객의 요구를 못들은 척하고 외면함
③ 냉담(coldness)	퉁명스럽고 귀찮은 듯한 인상이나 말투
④ 건방떨기 · 생색내기 (condescension)	직무상의 당연한 행위에 대하여 생색을 내며 고압적이고 건방진 태도를 보임
⑤ 로봇화(robotism)	기계적으로 응대하고 인간미 없는 태도
⑥ 규정핑계(rule book)	고객의 입장보다 조직의 규정만 내세우고 상식이 통하지 않는 상황
⑦ 뺑뺑이 돌리기 (runaround)	"우리 소관사항이 아닙니다. 다른 부서로 가 주세요"라는 식으로 민원인을 뺑뺑이 돌리는 행위

내부마케팅은 마케팅 관점에서 기업의 인적자원을 관리하기 위한 철학이다. 마케팅의 궁극적인 초점이 되는 고객만족을 위해서는 먼저 내부고객을 만족시켜야 한다. 그렌루스(Grönroos, 1985)는 내부마케팅의 두 가지 구성요소로서 동기유발과 기업의 마케팅 지향적 특성을 제시하고 있다.

종업원이 서비스 지향적이고 고객지향적인 행동을 할 수 있도록 동기유발할 때 기업 내부에서 마케팅 지향적인 활동이 전개된다는 것이다. 종업원이 마케팅 지향적인 사고로 무장하지 않으면 고객중심의 업무를 수행하지 못하게 되고, 결과적으로 고객이 원하는 양질의 서비스를 제공할 수 없게 된다. 따라서 종업원만족이 없이는 고객만족을 획득할 수 없고, 종업원만족은 고객만족의 선행조건이 되는 것이다.

내부마케팅을 성공적으로 전개하기 위해서는 다음과 같은 요건이 필요하다.

① 내부마케팅을 전략적 경영의 중요한 부분으로 인식해야 한다.
② 내부마케팅의 전개과정에서 조직 내부의 이해와 적극적인 협조가 있어야 한다.
③ 최고경영층의 지속적이고 적극적인 의지와 지원이 있어야 한다.

(2) 내부마케팅의 목적과 역할

내부마케팅의 목적은 현장 종업원을 동기유발하고 고객 지향적인 접객요원으로 개발하는 데 있다. 다시 말해 종업원들이 고객 지향적이고 서비스 마인드를 갖출 수 있도록 동기유발하고 유능한 종업원을 유지 개발함으로써 종업원만족을 통한 성공적인 직무수행을 하게 하는 데 있다. 이러한 목적을 달성하기 위해서는 접점 종업원들의 서비스 마인드를 토대로 조직 내 부서 간 또는 구성원들 간의 협조적인 분위기를 유지하고, 서비스 관련 지식과 기술 및 내부지원체제를 갖추어야 한다.

따라서 내부마케팅은 서비스기업의 인적자원을 관리하는 것이며, 종업원들이 자신의 소속 부서와 관계없이 고객 지향적인 서비스 마인드를 갖춘 마케팅요원이 될 수 있도록 동기유발하는 활동이라고 할 수 있다.

이러한 관점에서 내부마케팅의 역할은 다음과 같이 세 가지로 정리할 수 있다(곽동성 · 강기두, 1999).

1) 조직 내 서비스문화의 창조와 유지

종업원들이 서비스 마인드를 가지고 고객 지향적인 행동을 하게 하고 다른 종업원들이 이를 지원하려면 먼저 조직 내 서비스문화의 구축이 필요하다. 강력한 서비스문화를 확립한 기업은 권한이나 가치관, 규범이 모두 고객만족을 목적으로 하여 이루어지고 시행된다. 고객 지향적인 서비스문화를 창조하는 데는 내부마케팅이 유용한 도구가 된다.

2) 서비스품질의 향상과 유지

기업이 고품질의 서비스를 제공하기 위해서는 종업원의 태도와 역할이 매우 중요하다. 위의 〈그림 14-1〉에서 살펴본 바와 같이 종업원만족은 양질의 서비스를 제공하게 하고, 이로써 고객만족과 기업의 이익증가 결과를 낳게 된다. 서비스 종업원이 우수한 능력을 발휘하게 하려면 종업원만족을 목표로 동기유발을 하고 체계적인 교육훈련과 인적·물적 내부서비스 지원체제가 갖추어져야 한다. 조직의 모든 구성원이 서비스 종업원을 중심으로 유기적인 협력체제를 구축하고 공동운명체 의식을 가져야 한다.

3) 조직의 통합

효과적인 내부마케팅의 실천을 위해서는 무엇보다도 최고경영자의 지원과 내부활동의 통합이 필요하다. 실제로 기업 최고의 목적은 제일선에서 고객과 접촉하는 종업원들을 지원하여 그들이 창조력과 열의를 가지고 일할 수 있게 하는 것이다. 중간관리자는 협조성과 열의를 가지고 쌍방의 의사소통이 잘 되도록 하고 필요한 것을 지원하는 책임이 있다. 제품에서는 마케팅전략과 전술이 전문스탭에 의해 수립되지만, 서비스에서는 전략은 전문스탭이 수립하더라도 전술적인 것은 서비스 종업원에게 위임된다. 서비스에서는 고객만족을 지향하는 현장중심의 서비스 조직, 즉 역피라미드 조직의 발상이 필요하다. 역피라미드형 조직구조에서는 일선 종업원에게 많은 권한을 부여하여 고객의 요구나 불만요인에 대하여 신속하게 처리할 수 있는 커뮤니케이션 통로가 필요하다.

4. 관계마케팅

(1) 고객의 중요성

대부분의 경우 무형의 서비스는 생산과 소비가 동시에 이루어지기 때문에 서비스의 제공과정에는 고객의 참여가 불가피하며, 고객의 참여는 자신의 만족에도 영향을 미칠 수 있다. 다시 말해 서비스는 접점 종업원과 고객 및 서비스 현장에 있는 다른 고객들과의 상호작용을 통해 생산되고 제공된다.

서비스 제공에 있어서 고객의 중요성은 연극에 비유하여 설명할 수 있다. [그림 14-2]에는 서비스 제공과정에서 종업원과 고객의 역할을 연극에 비유하고 있다.

연극은 무대 위에서 배우의 연기와 관객의 참여가 함께 잘 어우러질 때 좋은 연극이 되는 것처럼 서비스의 경우도 건물, 설비와 같은 물리적 환경 위에서 서비스 제공자인 종업원과 고객이 함께 참여하여 상호작용할 수 있을 때 양질의 서비스가 제공된다는 것이다.

서비스 현장에 있는 다른 고객들의 태도나 행위는 서비스의 성과에 긍정적

[그림 14-2] 연극에 비유한 서비스 제공상황

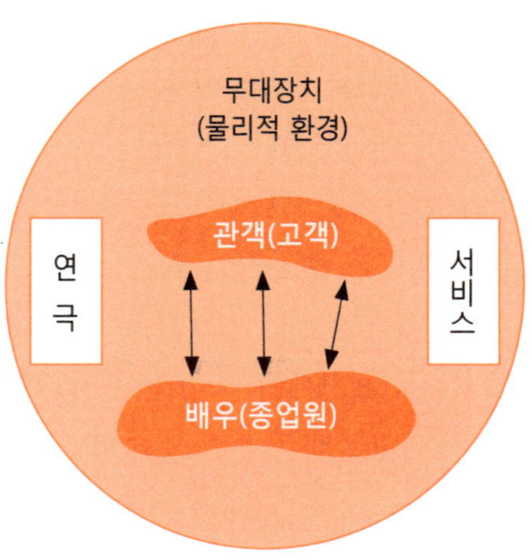

※ 자료: Zeithaml, V. A. and M. J. Bitner(1996), *op. cit.*, p. 366.

또는 부정적 영향을 미친다. 특히 다른 고객들의 돌출행동이나 시간지연, 과용, 혼잡, 서로 모순된 욕구 등은 서비스 성과에 부정적인 영향을 미친다. 때로는 다른 고객들의 관심을 다른 곳으로 돌리거나 어떤 방향으로 유도함으로써 서비스의 질과 만족도를 높이기도 한다. 예컨대 가수공연에서 열광하는 관객들을 통해 서비스 경험을 만끽하는 경우나 교회나 동아리, 헬스클럽에서 기존회원들이 신입회원을 도와 친목을 도모하고 사회화시키는 경우가 해당된다.

서비스 제공과정에서 고객의 참여수준은 서비스에 따라 다르다. 예컨대, 음악콘서트와 같이 서비스 제공자가 서비스 생산을 전담하는 경우는 고객은 단지 정숙하게 자신의 자리를 지키기만 하면 된다. 반면에 경영컨설팅이나 카운슬링과 같은 서비스에서는 고객이 적극적으로 참여해야 소기의 서비스 성과를 달성할 수 있다.

(2) 관계마케팅의 개념과 목표

관계마케팅(relationship marketing)은 관계의 대상과 범위에 따라, 또 연구대상 산업과 연구방법에 따라 다양하게 정의되고 있다.

Grönroos(1990)는 관계마케팅을 기업의 이익을 확보하는 수준에서 관련 당사자의 목표가 충족될 수 있도록 고객 및 다른 파트너들과의 관계를 유지 · 강화하는 것이라고 정의했다. 또 Morgan과 Hunt(1994)는 관계마케팅을 기업을 중심으로 공급자 파트너십(재화 · 서비스 공급자), 측면적 파트너십(경쟁기업, 정부, 비영리조직), 구매자 파트너십(중간고객, 최종고객), 내부적 파트너십(사업부, 종업원, 기능부서) 등과 성공적인 관계적 교환을 수립 · 창출 · 유지하는 것이라고 정의하였다.

본서에서는 이러한 제 정의를 토대로 하여 관계마케팅을 "고객, 구매자, 공급자, 경쟁자 등의 기업 파트너들과 장기적인 유대관계를 창출하고, 유지, 강화함으로써 기업의 수익증대를 도모하는 마케팅 활동"이라고 정의한다.

관계마케팅은 기본적으로 고객과의 지속적인 유대관계를 통해 고객충성도를 확보해 나가는 과정이다. 따라서 관계마케팅의 기본적인 목표는 다음과 같이 세 가지로 제시할 수 있다.

1) 신규고객의 창출

관계마케팅의 첫 번째 목표는 장기적 관계를 유지할 수 있을 만한 신규고객을 창출(attraction)하는 것이다. 기업은 신규고객을 유치할 때 고객의 기대나 욕구 선호를 기준하여 시장세분화를 하고, 이를 통해 지속적인 고객관계를 구축할 수 있는 최적의 표적시장(고객)을 파악할 수 있다. 관계마케팅을 잘 수행하는 기업은 기존고객들의 구전효과를 통해 신규고객의 유치가 쉬워진다. 신규고객을 추천하는 고객들에게 일정한 인센티브를 제공하는 MGM기법(Members Get Members)은 고객유치에 큰 도움이 된다. 국내 이동통신회사들이 신규고객을 추천하는 고객에게 무료통화시간을 제공하는 사례는 MGM마케팅의 대표적인 예가 된다.

2) 기존고객의 유지

관계마케팅의 두 번째 목표는 기존고객을 유지(retention)하는 데 있다. 앞에서 살펴본 바와 같이 관계마케팅은 기본적으로 신규고객의 창출보다 기존고객의 유지 · 강화에 초점을 둔다. 일단 어떤 기업과 관계를 구축한 고객은 기업이 지속적으로 가치 있는 제품이나 서비스를 제공해 주는 한 계속 관계를 유지하려고 할 것이다. 기업이 변화하는 고객의 욕구를 잘 이해하고 이를 자사의 서비스에 반영해 나간다면 고객만족에 의한 반복구매를 통해 지속적인 고객관계가 유지될 수 있다. 고객에게 가치를 높여줄 수 있는 서비스를 제공하는 일은 기존고객의 유지를 위해 매우 중요하다.

3) 고객관계의 강화

관계마케팅의 세 번째 목표는 고객관계를 강화(enhancement)하는 것이다.

이는 고객이 시간이 지남에 따라 특정 기업의 제품이나 서비스를 계속 구입하게 되면 고객관계가 더욱 강화되고 충성스런 고객이 될 수 있다는 것이다. 충성스런 단골고객을 확보하는 것은 기업의 굳건한 기반이 되고 기업의 성장잠재력을 나타내 준다. 고객관계가 강화될수록 기업의 고객점유율과 시장점유율 및 이익기반은 점차 향상된다.

(3) 관계마케팅의 특성

관계마케팅은 구매자와 판매자 간의 결혼과 같은 관계에 비유할 수 있다. 판매는 단지 구애를 완료하고 결혼을 하는 것에 불과하다. 얼마나 좋은 결혼생활이 되느냐 여부는 판매자가 구매자와의 관계유지를 위해 얼마나 노력하는가에 달려 있다. 남편과 아내의 동반자적 관계 속에서 좋은 결혼생활을 이루어 나가는 것은 구매자－판매자 간의 장기적 관계를 유지 · 강화함으로써 관계마케팅의 목표를 달성하는 것과 같은 맥락으로 이해할 수 있다. 관계마케팅에서 다루어지는 관계는 '장기적 관계'를 기초로 하며, 장기적 관계관리를 통해 얻게 된 고객관계는 지속적 경쟁우위의 원천을 제공해 준다.

관계마케팅의 특성은 〈표 14－4〉와 같이 전통적 거래마케팅과의 비교를 통해 살펴볼 수 있다.

〈표 14－4〉 관계마케팅과 거래마케팅의 비교

구 분	거래마케팅(전통적 마케팅)	관계마케팅(새로운 마케팅)
마케팅전략의 방향	신규고객의 창출	기존고객의 유지 · 관리
시간적 관점	단기적 관점	장기적 관점
초 점	제품판매/제품(교환객체) 단기적 교환	고객유지/거래파트너(교환주체) 장기적 관계
목 표	거래성과	고객관계 형성 · 유지 · 강화
지배적 마케팅기능	전통적 마케팅 (마케팅믹스 관리)	상호작용 마케팅 (마케팅믹스에 의해 지원됨)
주요 성과지표	시장점유율(간접평가)	고객점유율(직접평가)

경 제 성	규모의 경제 추구	범위의 경제 추구
가격민감도	높 음	낮 음
경쟁자에 대한 인식	경쟁관계	경쟁과 협력관계
품질 차원	제품의 질(결과 질) 중시	상호작용 질(과정 질) 중시
내부마케팅	중요하지 않음	매우 중요한 성공요인임
고객서비스	별로 강조하지 않음	매우 강조함
고객관여 정도	한정된 고객관여	높은 고객관여
커뮤니케이션 방향	일방적 커뮤니케이션	쌍방향 커뮤니케이션

(4) 관계마케팅의 효과

관계마케팅을 성공적으로 수행하게 되면 고객충성도 구축과 이에 따른 구전효과, 학습효과에 따른 운영비 절감 등으로 기업의 수익을 증대시키는 효과를 가져 오게 된다. 관계마케팅의 효과는 시장, 기업, 경쟁 차원에서 살펴볼 수 있다.

1) 기업측면의 효과

① 장기적인 고객관계를 통해 고객유지의 경제성을 확보할 수 있다.
② 개별화된 제공물과 생산과정에의 고객참여를 통해 고객에게 가치를 증대시켜준다.
③ 고객관계를 기초로 새로운 시장세분화 전략을 구사할 수 있다.
④ 고객 데이터베이스에 의한 일대일 마케팅을 통해 차별적 경쟁우위를 확보할 수 있다.
⑤ 장기적 고객관계를 활용하여 교차판매나 교차촉진을 할 수 있고, 대중매체를 이용한 낭비적 촉진비용을 절약할 수 있다.
⑥ 고객관계상의 신뢰와 고객충성도, 관계몰입이 증가함에 따라 장기적 관계의 강화와 경쟁기업에 대한 교체장벽을 구축할 수 있다.

2) 시장측면의 효과

① 고객에 대한 정보와 지식을 축적하여 개별화된 제공물을 제공할 수 있다.
② 고객관계의 개별화를 통해 고객의 지각가치와 관계가치를 극대화시킬 수 있다.
③ 고객 의사결정의 효율성을 높이고, 지각된 위험을 감소시킬 수 있다.
④ 고객충성도와 안정된 수익기반을 확보하고 긍정적 구전효과를 얻을 수 있다.
⑤ 관계 파트너들과의 좋은 유대관계가 경쟁우위의 원천이 된다.

3) 경쟁측면의 효과

① 전략적 제휴 등의 수평적 협력관계를 통해 위험과 비용을 줄일 수 있다.
② 기업 간의 협력관계를 통해 규모의 경제성, 생산합리화, 기업 간 비교우위를 활용한 원가절감, 공동연구개발, 기술적 시너지효과를 얻을 수 있다.
③ 기업 간의 수평적 협력관계를 통해 자원풀링(resource pooling), 중간재의 확보, 상호보완적 능력의 확보 및 개발 효과를 얻을 수 있다.
④ 속도의 경제성을 향상시킬 수 있다. 즉, 신제품 도입기간의 단축, 신속한 신기술과 신시장 확보, 초기진입자 우위 확보, 시장반응속도 향상 등의 효과를 얻을 수 있다.
⑤ 산업 내 다른 기업들과 경쟁적 · 공생적 상호의존성과 불확실성을 효과적으로 관리할 수 있다.
⑥ 수평적 협력관계 구조가 경쟁우위의 원천이 될 수 있다.

03 서비스 프로세스 관리

서비스 프로세스(service process)는 서비스가 제공되는 절차나 메커니즘 또는 그 활동들의 흐름을 의미하며, 서비스 상품의 품질과 경쟁력을 좌우하는 중요한 요소가 된다. 확장적 마케팅믹스 요소로서 서비스 프로세스의 관리에 대한 자세한 내용은 제7장에서 서술하고 있으므로 여기서는 생략한다.

현/장/사/례

경험경제시대의 도래

경제구조 변천사는 생일축하 케이크 생산과정의 네 단계 발달상황을 살펴보는 것으로 일목요연하게 요약될 수 있다. 농업경제사회에서 어머니는 아주 적은 비용으로 원료(밀가루, 설탕, 버터, 계란 등)를 이용해 손수 생일 케이크를 만들었다. 2차상품 위주의 산업구조에서는 케이크 원료가 혼합된 제품을 1~2달러에 구입해 생일 케이크를 만들었다. 3차산업이 경제의 핵심으로 부상하면서 바쁜 부모는 케이크를 직접 만들지 않고 10배나 비싼 비용을 치르며 제과점에 주문했다. 1990년대에는 부모는 생일 케이크를 직접 만들지도 않으며 생일축하잔치를 집에서 치르지도 않는다. 100달러 이상의 비용을 받으며 아이들 생일잔치를 전문적으로 대행해 주는 피자집이나, 더 디스커버리 존(the Discovery Zone), 더 마이닝 컴퍼니(the Mining Company) 또는 전문대행사를 통해 아웃소싱하고 있다. 이 경우 생일 케이크는 무료로 제공된다. 새로운 경험경제시대가 도래한 것이다.

일반적으로 경제학자들은 서비스와 일반상품이 다른 것처럼 경험재와 서비스 역시 상이한 경제적 재화임에도 불구하고 이 둘을 구분 없이 받아들이는 경향이 있다. 소비자는 자신이 참여하는 경험재를 갈망하고 있으며, 이러한 욕구에 부응해 점차 많은 기업이 경험의 디자인과 판매전략에 적극적으로 대처하고 있으므로 이제 제4단계의 재화인 경험재의 실체가 가시화되고 있다고 보아야 할 것이다. 경험재는 이른바 '경제적 가치의 진보' 과정에서 다음 단계로 향하는 위치를 확보하고 있다. 향후 가장 경쟁이 치열한 부문이 경험을 연출하는 재화임을 초일류기업은 인식하게 될 것이다.

경험은 추상적인 것이 아니며 이전 단계의 서비스, 재화 및 상품과 마찬가지로 구체적인 재화다. 서비스 중심의 현 경제구조하에서 많은 기업들이 기존제품의 판촉을 위해 경험재를 보조적으로 사용하고 있다. 서비스산업 중심에서 경험재 경제로의 변화과정은 과거 2차산업 중심에서 3차산업으로의 변신과정보다 결코 쉽지 않을 것이다. 그러나 균질화된 사업에 안주하고 싶지 않다면 고차원적인 경제적 가치를 창출하도록 제품형태를 개선하는 것이 기업의 시급한 당면과제라 할 수 있다.

경험경제시대가 가시적으로 도래하면 기업은 어떤 형태로든 참여하게 될 것이다. 보다 중요한 것은 과연 어느 시점에 어떠한 방법으로 진입할 것인가 하는 점인데, 이러한 문제에 대한 해답은 기존 경험재의 특성 및 디자인을 살펴봄으로써 찾을 수 있다.

자료: By B. Joseph Pine II & James H. Gilmore

연·구·문·제

1. 물적 증거의 중요성과 구성요소에 대하여 설명하시오.

2. 서비스 물리적 환경의 구성요소에 대하여 설명하시오.

3. 물리적 환경의 역할에 대하여 설명하시오.

4. 서비스 마케팅믹스 중 '참여자(people)'가 갖는 의미에 대하여 토의해 보시오.

5. 내부마케팅의 의미와 전략에 대하여 설명하시오.

6. 관계마케팅의 의미와 접근방법에 대하여 설명하시오.

7. 서비스 프로세스 관리의 의미와 중요성에 대하여 토의해 보시오.

색　인

ㅇ

[공저자 약력]

이 영 희(yhlee@bscu.ac.kr)

- 성균관대학교 및 경희대학교 대학원 졸업(경영학 박사)
- 서비스마케팅·CS 컨설턴트
- 현) 백석문화대학교 광고·마케팅학부 교수

〈저서 및 주요논문〉

- 『최신 마케팅』(삼우사), 『창업과 경영』(삼영사)
- 『경영학원론』(유원북스), 『최신 서비스마케팅』(두남)
- 『성공취업과 진로』(전교협), 『자기주도형 인성과 경력개발』(전교협)
- 『대인관계능력』(산업인력공단)
- 서비스마케팅의 본질과 전략개발에 관한 연구
- 소비자몰입이 고객의 지각된 서비스 품질에 미치는 영향
- 교육서비스품질의 측정과 평가에 관한 연구 외 다수

황 복 주(bokju@konyang.ac.kr)

- 서강대학교 대학원 졸업(경영학 박사)
- 서강대학교 경영대학 강사
- 생산관리학회 편집위원
- 한국경영교육학회 편집위원
- 건양대학교 학사관리처장, 기획연구처장, 대학종합평가위원장 역임
- 현) 건양대학교 글로벌경영대학장 겸 경영사회복지대학원장

〈저서 및 주요논문〉

- 『경영학원론』(공저), 유원북스
- 『생산시스템 운영관리』(공저), 『통계학』(공저)
- 『물류관리론』, 『화물운송론』, 『보관하역론』, 『전자상거래』

서비스경영

2013년 7월 20일 초판발행
2014년 9월 20일 초판2쇄 발행

공저자 이영희 · 황복주
발행인 이구만
발행처 유원북스 도서출판

121-130 서울특별시 마포구 토정로 198, 204호
전화 (02)593-1800 FAX (02)593-1801
등록 2011. 9. 6. 제25100-2012-3호

www.uwonbooks.com uwbooks@daum.net

정 가 25,000원 ISBN 978-89-97926-15-2

이 도서의 국립중앙도서관 출판시도서목록(CIP)은 서지정보유통지원시스템 홈페이지(http://seoji.nl.go.kr)와 국가자료공동목록시스템(http://www.nl.go.kr/kolisnet)에서 이용하실 수 있습니다.(CIP제어번호: CIP2013010291)